W0470452

Hohnstein

Jüterbog

Lindau

Marienberg

Schafstädt

Schwaan

Städtenamenbuch der DDR

Ernst Eichler · Hans Walther

Städtenamenbuch der DDR

VEB Bibliographisches Institut Leipzig

Autoren:

Prof. Dr. sc. Ernst Eichler: Slawische Namen und Namendeutungen
Prof. Dr. sc. Hans Walther: Deutsche Namen und Namendeutungen, historische Daten und Überblick

Eichler, Ernst:
Städtenamenbuch der DDR/Ernst Eichler; Hans Walther. – 1. Aufl. – Leipzig : Bibliographisches Institut, 1986. – 327 S. : 646 Abb., 1 Kt.

NE: 2. Verf.:

ISBN 3-323-00007-2

1. Auflage
© VEB Bibliographisches Institut Leipzig, 1986
Verlagslizenz-Nr. 433 130/15/86
Printed in the German Democratic Republic
Gesamtherstellung:
Karl-Marx-Werk Pößneck, Graphischer Großbetrieb V 15/30
Einbandgestaltung: Rolf Kunze
Illustrationen: Harald Stier
Karte: Matthias Weis
Lektor: Brigitte Dalitz
Gestaltung: Ingrid Weniger
LSV: 0817
Best.-Nr.: 577 792 1
01300

Inhalt

Einleitung 7
Die Städte der DDR – ihre historische Entstehung und Entwicklung bis zur Gegenwart 8
Die sprachliche Herkunft der Städtenamen – Namenschichten und Namentypen 12
  Deutsche Ortsnamen 14
  Slawische Ortsnamen 26
Namenüberlieferung und historische Quellen 31
Die Städtenamen der DDR von A–Z 35
  Anlage und Aufbau der einzelnen Ortsnamenartikel 36

Abkürzungsverzeichnis 313
Stadtgeschichtliche Fachausdrücke und ihnen entsprechende lateinische Quellenbegriffe 316
Weiterführende Literatur zur Ortsnamenkunde 320
Rückläufiges Register der Städtenamen 322

Einleitung

Im Ensemble unserer heutigen Städte vereinigen sich die zeitlich, typologisch und benennungsmäßig unterschiedlichsten Siedlungsgebilde. Unter dem historisch entstandenen Stadtbegriff sind nicht nur entstehungs- und entwicklungsgeschichtlich sehr heterogene Siedlungskörper zusammengeschlossen, auch ihr Stadtstatus hängt von vielen historisch-gesellschaftlichen Bedingungen und Zufällen ab; er wurde ihnen zu den verschiedensten Zeiten amtlich zuerkannt und zeitweise auch wieder entzogen. Unser Anliegen kann es hier allerdings nicht sein, stadtgeschichtliche und stadttypologische Aspekte abzuhandeln und darzubieten; das bleibt Aufgabe der breit entwikkelten stadtgeschichtlichen und stadtgeographischen Forschung. Wir erfassen diejenigen Siedlungen, die heute die amtliche Bezeichnung einer ‚Stadt' führen und erläutern ihre Namenentstehung und Namenentwicklung. Da zwischen Stadtwerdung und Namengeschichte engste Beziehungen bestehen, ist es allerdings unerläßlich, die Namenentwicklung auf den historischen Ausgangspunkten, den Überlieferungsdaten und den historisch-gesellschaftlichen Anfangssituationen (vor- und frühstädtische Entwicklungsstufen, Stadtgründung bzw. Stadterhebung) aufzubauen. Es geht uns darum, Sach- und Namenverständnis zusammenzuführen, da sich beide wechselseitig erhellen und ergänzen. Der Name einer Stadt kann für ihre Entstehung einen wichtigen Hinweis geben und hilft somit, unsere Städte in ihrer historisch-gesellschaftlichen und kulturellen Bedeutung besser verstehen zu lernen.

Die Städte der DDR – ihre historische Entstehung und Entwicklung bis zur Gegenwart

Unter einer Stadt verstehen wir heute im wesentlichen eine dichtbebaute, ausgedehnte und bewohnerreiche Siedlung mit Wohn- und Arbeitsstätten, öffentlichen Verkehrs-, Verwaltungs-, Dienstleistungs-, Kultur-, Bildungs- und Erholungseinrichtungen für ihre Bürger, die vorwiegend in der nichtagrarischen Produktion tätig sind. Als komplexes gesellschaftliches politisch-ökonomisch-kulturelles Gebilde erfüllt die Stadt nicht nur lokale innerstädtische Funktionen, sondern ist aufs engste in überlokale, regionale, nationale und internationale Beziehungen eingebunden, innerhalb deren sie eine mehr oder weniger große Zahl solcher ‚Zentralitäts'funktionen erfüllt. Im Prozeß ihrer Herausbildung in unserem Raum gab es mehrere Etappen, die mit der gesellschaftlichen Entwicklung seit dem aufsteigenden Feudalismus eng verknüpft waren.

In der frühfeudalen mitteleuropäischen Klassengesellschaft gab es erst etwa seit dem 6. Jh. einige wenige Siedlungen mit überörtlichen Funktionen, etwa Stapel- und Handelsplätze an alten Handelswegen, vor allem an wichtigen Flußdurchgängen, Pässen und Meeresbuchten oder Versammlungs- und Gerichtsorte, Kultstätten von Kleinlandschaften (Wohngauen), die man noch nicht als ‚städtische' Plätze bezeichnen kann. Auch die von der archäologischen Forschung erkundeten spätgentilzeitlichen bis frühfeudalen weiträumigeren ‚Volksburgen' können allenfalls teilweise als Vorstufen von Städten angesehen werden, doch sind sie meistens nur zeitweilig benutzte Wehranlagen gewesen und weisen keine volle, dauerhafte Bebauung mit Wohngebäuden auf. Auf diese ursprüngliche Entwicklungsstufe sind in unserem Raum nur einige wenige der heutigen Städte sicher oder vermutungsweise zurückzuführen, die das auch in ihrem Namen erkennen lassen: Brandenburg, Magdeburg, Halberstadt, Quedlinburg, Halle, Eisleben, Querfurt, Merseburg, Allstedt, Sömmerda(?), Erfurt, Gotha, Arnstadt, Meiningen, Heiligenstadt, Mühlhausen, Nordhausen, Weimar, Saalfeld, Zeitz, Altenburg, Rochlitz, Torgau, Bautzen, Lübben(?), Guben(?), Lebus; Lenzen, Mecklenburg (Burg und Dorf nördl. von Schwerin), Wismar, Demmin, Menzlin (bei Anklam, untergegangen), Wolgast, Wolin (VR Polen), Bergen (Rugard) und Garz (Rügen). Ins Gewicht fällt dabei in unserem

Raum das Fehlen alter Römerstädte. Bis 900 bestanden somit etwa 35 alte Zentralorte, 5% aller heute vorhandenen Städte.

Als dem aufsteigenden Feudalismus wesenseigenes Element muß die stabilere Herrschafts- und Staatsbildung angesehen werden, die in zunehmendem Maße vom Ausbau von Machtstützpunkten und Grenzensicherung begleitet war. Der Aufstieg der feudalen Herren-, Grafen- oder auch Bischofsburgen, die einen weiteren Ansatzpunkt für eine spätere Stadtentwicklung bildeten, begann. Neben der Aneignung des Mehrprodukts aus der Agrarproduktion ihres Herrschaftsraumes verstanden es die Feudalherren, die sich arbeitsteilig immer stärker profilierenden Bereiche des Handwerks und des Nah- und Fernhandels an ihre festen Sitze heranzuziehen und in unmittelbarer Burgen- oder Kirchennähe zu konzentrieren. Auf diese Weise entstanden nichtagrarische ‚Vorburgsiedlungen' (Suburbien), die den zunehmenden Warenaustausch und die (einfache) Warenproduktion unter einem feudalen Schutzherrn entwickeln konnten. Mit dem ‚Burgmarkt' (Straßenmarkt, Marktgasse, Brühl, Wik u. ä.) entstand so die mitteleuropäische ‚Burgstadt' bzw. ‚Frühstadt', die meist – nach einem früheren Wortgebrauch – als ‚gewachsene' Stadt im Gegensatz zur ‚Gründungsstadt' der Folgezeit bezeichnet wurde. In unserem Elbe-Oder-Gebiet gehören dazu die bereits genannten Altsiedlungen, wo sich frühfeudale Machthaber zuerst festsetzten, dazu etwa noch Bad Salzungen, Creuzburg, Eisenach, Sangerhausen, Bad Frankenhausen, Sondershausen, Calbe (Saale), Staßfurt, Aschersleben, Mansfeld, Naumburg, Gera, Leipzig, Schkeuditz, Eilenburg, Döbeln, Meißen, Görlitz, Cottbus; Havelberg; Parchim, Quetzin (bei Plau, Kr. Lübz), Röbel(?), Wittstock, Penzlin, (Burg) Stargard, Prenzlau, Gartz (nördl. von Schwedt), Pasewalk, Schwerin, Schwaan(?), Tessin, Tribsees, Barth, Dargun, Loitz(?), Jarmen(?). Bis 1000/1100 hat sich demzufolge die Zahl feudaler Zentralorte mit nunmehr 65 auf etwa das Doppelte erhöht (ca. 10%).

Etwa um 1150 war sozial und ökonomisch in unserem Gebiet ein solcher Entwicklungsstand erreicht, der es den aufkommenden feudalen Landesgewalten (Königtum, Grafengeschlechtern, Erzbischöfen und Bischöfen) ermöglichte, planmäßig und gezielt städtische Siedlungen als Machtstützpunkte und Einkommensquellen weiter auszubauen oder gar ganz neu anzulegen, dies insbesondere im Zusammenhang mit dem gleichzeitigen bäuerlichen Landesausbau, der der zentralen Marktorte im Neusiedelgebiet unbedingt bedurfte. Wichtig wurde dabei die rechtliche Privilegierung der neuen städtischen Gemeinwesen, die Gewährung einer beschränkten Selbstverwaltung bei Sicherung der stadt- oder landesherrlichen Einkünfte aus ihnen, aus der nun aufblühenden Stadtwirtschaft. Das positive Beispiel einzelner Vorläufer wirkte so förderlich, daß seit 1150 – im Norden erst seit 1170/1200 – eine wahre Flut von neuen Stadtgründungen, ‚Bürgerstädten', durch die Gebietsgewalten einsetzte, mit der das gesamte Siedlungsgefüge die Grundgestaltung erfuhr, die uns noch heute erhalten ist. Zwar kam es dabei auch zu Fehlgründungen und teilweise zur ‚Überstädterung', doch wurden alle bisherigen Erfahrungen des sozialökonomisch fortgeschrittenen europäischen Westens auf diesem Gebiet aufgegriffen und im Raum östlich von Elbe und Saale nunmehr entsprechend umgesetzt und angewendet. Dabei erfolgte hinsichtlich der Benennung der Neustädte in der Regel ein Anknüpfen an die Vorgängersiedlung(en) oder an bereits benannte räumliche Gegebenheiten (Flußnamen, altsorbische bzw. altpolabische Siedlungs- und Geländenamen u. ä.), oder es wurden deutsche Namen neugebildet bzw. von Mutterstädten übertragen (z. B. Brandenburg – Neubrandenburg, Naumburg, Neustadt, Angermünde, Aken, Genthin).

Diese hochmittelalterliche Stadtgründungswelle hielt bis gegen 1400 an: Im 12. Jh. waren es etwa 12% unserer Gesamtzahl von rund 650 Städten, in absoluter Zahl etwa 80, die neu angelegt oder planmäßig ausgebaut wurden. Die Zahl wird im 13. Jh. nochmals um rund 340 neue Städte (ca. 53%) erhöht. Zwischen 1400 und 1450 erscheinen nur 25 weitere Gründungen oder Stadtrechtsverleihungen (ca. 4%). Ein erneuter Aufschwung ergab sich vor allem durch die Anlage neuer Bergbaustädte im Erzgebirge und der allgemeinen Wirtschafts- und Gesellschaftsentwicklung zwischen 1450 und 1600, als etwa 50 neue Städte hinzukommen (ca. 7,5%).

Von 1600 bis 1850 entstehen vor allem einige neue Residenzstädte, oder es werden wirtschaftlich erstarkende, bisher nichtstädtische Siedlungen zu Städten erhoben, was teilweise auf den Zuzug fremder Bevölkerung (Exulanten, Refugiés, Hugenotten, Böhmische Brüder u. a.) zurückzuführen ist: etwa 12 Städte (ca. 2%).

Mit der industriellen Revolution seit etwa 1850 wachsen einige Städte zu Großstädten heran, neue treten hinzu, doch macht sich das meist erst um 1900 und danach deutlich bemerkbar, so daß es gerechtfertigt erscheint, den Zeitraum von 1850–1945 zusammenzufassen, in welchem 50 neue Städte zu verzeichnen sind (ca. 7,5%).

Die gesellschaftliche Umwälzung, die sich nach der Vernichtung des Hitlerfaschismus 1945 im Osten Deutschlands vollzog und 1949 zur Gründung der DDR führte, schuf völlig neue sozialökonomische Grundlagen für die weitere Entwicklung der Städte. Diese Umwälzung ermöglichte den teilweisen Wiederaufbau der im zweiten Weltkrieg zerstörten Städte bzw. deren Neugestaltung. Beträchtliche Mittel wurden aufgebracht, um wertvolles bauliches Kulturerbe vor dem Untergang zu bewahren und durch Restaurierung den kommenden Generationen zu erhalten.

Durch die Neustrukturierung der Volkswirtschaft und die Neuerrichtung industrieller Großbetriebe an geeigneten Standorten kam es zu erneuten Stadterhebungen oder -erweiterungen, Zusammenlegungen u. ä. Auf diesem Wege erhielt die DDR von 1945 bis 1980 etwa 30 neue Stadtgemeinden (4,5 %). Von einschneidender Wirkung für einzelne bestehende Städte in diesem Zeitraum war auch die Verwaltungs- und Gebietsreform von 1951, die die alten Ländergrenzen aufhob. Es wurden 14 neue Bezirke gebildet mit 14 Bezirksstädten und der Hauptstadt Berlin. Zu den Bezirksstädten gehören 218 Stadt- und Landkreise mit den entsprechenden Kreisstädten.

Bei einzelnen Städten war die Entwicklung zur vollen Rechtsstadt ein langwieriger und zeitweilig auch unterbrochener oder gar rückläufiger Prozeß. Als Zwischen- oder Übergangsform zwischen dörflicher Gemeinde und Stadtgemeinde bezeichnen wir den Marktflekken (oder nur Flecken, Städtchen), dem nur in begrenztem Maße städtische Selbstverwaltung und andere Privilegien zuerkannt wurden. Dazu rechnen wir auch den Typus der ‚Ackerbürgerstadt‘, deren Bewohner im wesentlichen noch agrarisch tätig blieben. In jüngster Zeit hat sich neben der Industriestadt bzw. Großstadt noch der Typus der Garten- oder Wohnstadt herausgebildet (z. B. Dresden-Hellerau, Leipzig-Marienbrunn, Leipzig-Grünau, Berlin-Marzahn, Halle-Neustadt, Gera-Lusan).

In rein quantitativem Sinne unterscheidet man heute Zwergstädte (unter 5000 Einwohner), Kleinstädte (5000–20000 Einwohner), Mittelstädte (20000–100000 Einwohner), Großstädte (über 100000 Einwohner), Weltstädte (über 1000000 Einwohner).

Die sprachliche Herkunft der Städtenamen – Namenschichten und Namentypen

Unsere Orts- bzw. Städtenamen entstammen den Sprachen oder auch Sprachschichten, die in den historischen Epochen in unserem Raum gesprochen wurden. Sie sind dann von hohem Alter, wenn wechselnde Bevölkerungsgruppen einander ihre Siedlungs-, Landschafts-, Fluß- und andere Namen gegenseitig übermittelten und damit eine Kontinuität der Namen über lange Zeiten hinweg bewirkten. Als ältestes Namengut gelten mit Recht die Namen unserer großen Flüsse, die aus dem alteuropäischen, d. h. indoeuropäischen, wenn nicht gar vorindoeuropäischen Namenschatz stammen. Mit nur minimalen sprachlichen Veränderungen (Anpassungen) wurden diese Fluß- und Geländenamen auch über Sprach- und Bevölkerungswechsel hinweg beibehalten.

Im Verlaufe der Ausgliederung der indoeuropäischen Einzelsprachen (von etwa 3000 bis 800 v. u. Z.) entstanden im westlichen, nördlichen und östlichen Mitteleuropa das Keltische, Germanische, das Baltische und Slawische, was zu einer entsprechenden Benennung alter Siedlungskernräume und Siedlungszentren, meist mittels ‚Örtlichkeitsnamen', führte. Auch von diesen sind uns bei vorhandener Festigkeit und Kontinuität einzelne bis heute erhalten geblieben. Die Entwicklung vom Germanischen zum Altdeutschen (Althochdeutschen und Altniederdeutschen, etwa 500–1050/1150), zum Mittelhochdeutschen und Mittelniederdeutschen (etwa 1050/1150–1350 bzw. 1650), zum Neuhochdeutschen (etwa 1350/1650 bis heute) hat sich mit entsprechenden lautlichen Veränderungen (2. Lautverschiebung, Abschwächung der Endungen usw.) auch an den altüberlieferten Namen westlich von Elbe und Saale vollzogen. Östlich dieser Linie brachten seit etwa 600 die slawischen Stämme und Stammesverbände ihre eigenen Dialekte mit (Altsorbisch und Altpolabisch) und gaben ihren Ansiedlungen eigene Namen; nur wenige germanische und vorgermanische Namen wurden beibehalten und ihrem Namengut angepaßt.

Als seit dem 12. Jh. deutsche Siedler aus dem westlichen Altland ins ostelbische Slawengebiet einzogen und neue Siedlungen gründeten, benannten sie diese in ihrer jeweiligen westmitteldeutschen, westniederdeutschen, teilweise auch oberdeutschen Mundart. Die

Namen der vielen slawischen Altsiedlungen, welche des öfteren erweitert und neustrukturiert bzw. umfunktioniert wurden, haben die Zuzügler meistens übernommen und lediglich ihrer Aussprache bzw. dem deutschen Namensystem angepaßt. Diese deutsche Überformung ist dann bis in unsere Gegenwart, auch durch die Verschriftlichung und Veramtlichung der Namen, erhalten geblieben. In der neuhochdeutschen Epoche unserer Sprachentwicklung haben sich vielfach die südlicheren hochdeutschen, d. h. hochsprachlichen Namenformen auch im niederdeutschen Sprachgebiet durchgesetzt, wie die älteren Namenbelege für zahlreiche Städte im Norden der DDR erkennen lassen.

Städtenamen sind Siedlungsnamen (Ortsnamen im engeren Sinne), und weil grundsätzlich jede Art von Siedlung zur Stadt aufsteigen konnte, konnte auch jeder ursprünglich ländlich-dörfliche Siedlungsname zum Stadtnamen werden. Daher bilden die Städtenamen eine sehr heterogene Gruppe von Siedlungsnamen und keine eigenständige Kategorie. Für sie gilt nahezu das Gleiche wie für alle Siedlungsnamen. So kann demzufolge ein (jüngerer) Stadtname ein ursprünglicher Dorfname, Burgname, Kirchen- oder Klostername, Fluß-, Wald-, Gebirgs- oder sonstiger Geländename, Gebietsname (Raumname) oder auch Bewohnername gewesen sein und ist dann metonymisch (stellvertretend) und meist auch sprachlich verkürzt (elliptisch) zum Stadtnamen geworden (z. B. Saalfeld: der Ort auf dem Gefilde an der Saale; Orlamünde: der Ort an der Mündung der Orla in die Saale; Forst: der Ort am Forst). Die Motivierung für eine Siedlungsbenennung kann daher in drei Grundrichtungen erfolgen:

- Herstellung eines Raumbezuges, was eine *Lagebezeichnung* zur Folge hat, unter anderem auch durch metaphorische bzw. metonymische Verwendung vorhandener Bezeichnungen, z. B. Auerbach, Buchholz, Eibenstock, Eisenach, Elsterwerda, Erfurt, Gefell, Havelberg, Hohenstein, Kühlungsborn, Leinefelde, Mittenwalde, Oberhof, Orlamünde, Saalfeld, Salzwedel, Schneeberg, Schwarzheide, Stendal, Stralsund, Tangermünde, Wasungen, Weißensee, Weißwasser, Woldegk, Ziegenrück,
- Herstellung eines Personenbezuges (im Plural oder Singular) durch Nennung der Siedlungsinsassen oder des Siedlungsgründers, -eigentümers, Grundherren, Dorf-, Stadt- oder Landesherren, was eine *Personenzugehörigkeitsbezeichnung* hervorruft (Insassenbezeichnung, Zugehörigkeitsbezeichnung), z. B. Artern, Frankenhausen, Frankfurt, Heiligenstadt, Meiningen; Augustusburg, Aschersleben, Benneckenstein, Bischofswerda, Bismark, Dippoldiswalde, Fried-

richroda, Fürstenberg, Geringswalde, Gräfenhainichen, Hoyerswerda, Joachimsthal, Königsbrück, Königstein, Ludwigslust, Rudolstadt, Waltershausen, Wernigerode, Wilsdruff, Wittichenau, Wolmirstedt; Ortrand ('zum Ortnand'?), Ruhland ('zum Roland'),

– Kennzeichnung der betreffenden Siedlung durch Angabe von Eigenmerkmalen derselben in ihrem Namen, was eine *Eigenbezeichnung* hervorruft, z. B. Blankenburg, Dornburg, Eisenhüttenstadt, Freiberg, Freital, Mark(t)neukirchen, Mühlhausen, Neuhaus, Neukloster, Neustadt, Osterwieck, Stadtroda.

Deutsche Ortsnamen

Da im Deutschen die meisten Namen durch Zusammensetzung (Komposition) zweier Namenglieder (Bestimmungswort und Grundwort) gebildet werden, enthält das Grundwort (Zweitglied) meist ein siedlungsbezeichnendes Substantiv (*-burg*, *-dorf*, *-haus(en)*, *-heim*, *-hof(en)*, *-kirch(en)*, *-leben*, *-markt*, *-stadt* usw.) oder ein lagebezeichnendes Substantiv (*-au*, *-bach/-beck(e)*, *-berg*, *-brück*, *-feld(e)*, *-holz/-holt*, *-tal*, *-walde* usw.), während das Bestimmungswort (Erstglied) das Grundwort spezifiziert, differenziert, individuiert (Determinativkomposita) und alle genannten Bezüge herstellen kann. Daneben begegnen seltener einige Einfachbenennungen (Simplizia) durch Einzelwörter bzw. Begriffe wie etwa *Aue*, *Bergen*, *Born(a)*, *Brück*, *Burg*, *Bürgel*, *Forst*, *Halle*, *Suhl*, *Thale*, *Thum*, *Vach(a)*, *Werder* u.a. und ebenso selten Ableitungen (Derivata) mit meist eine Zugehörigkeit oder eine Mehrzahl bezeichnenden Bildungselementen (Suffixen) wie etwa *-a(ha)*, *-idi*, *-ig*, *-ik*, *-ingen/-ungen* u.a.

Die drei grundsätzlichen Namenbildungsweisen (Simplex, Derivation, Komposition) stehen auch in einer – allerdings nicht scharf geschiedenen – zeitlichen Abfolge: Simplizia und Derivata gehören im allgemeinen einer frühen, alten Namenschicht an, z. B. Stadtnamen, die ursprüngliche Flußnamen (Derivata) darstellen, während Komposita und noch jüngere zusätzlich differenzierte Namen aus späteren Schichten stammen. Westlich der Elbe/Saale herrschen die altdeutschen Namentypen auf *-a(ha)*, *-furt*, *-hūsen/-hausen*, *-heim*, *-idi*, *-ingen/-ungen*, *-leben*, *-mār*, *-stedt* vor, die vorwiegend in der ausgehenden Stammeszeit (1.–8. Jh., vereinzelt auch später) entstanden sind. Östlich dieser Siedlungsscheide haben vom 6. Jh. an die slawischen Siedlungsnamen die älteren Schichten nahezu völlig überdeckt. Auch bei ihnen sind grundsätzlich dieselben Benennungsmotive und Bildungsweisen zu verzeichnen, nur machen hier die Komposita einen wesentlich geringeren Teil des Gesamtbestandes aus, und die Derivata herrschen weithin vor.

Über diese zwei alten Namenschichten legt sich dann seit dem 12. Jh. im östlichen, südöstlichen und nördlichen Teil der heutigen DDR das Namennetz des hochmittelalterlichen Landesausbaus und der Hauptepoche der Stadtgründungen mit neuen, vorwiegend deutschen zeitgemäßen Namenschöpfungen, außer in den Fällen, in denen alte Lokalnamen beibehalten wurden. Hier sind es vor allem die Grundwörter *-au*, *-bach/-beck*, *-berg*, *-born*, *-burg*, *-hain/-hagen*, *-markt*, *-rode*, *-stadt*, *-stein*, *-walde*, *-werde* u. a.

Die spätfeudale Zeit bringt vor allem noch einige Neubenennungen für Residenzstädte (z. B. Annaburg, Ludwigslust, Oranienbaum, Oranienburg), danach verändert sich das Städtenamenbild nur noch punkthaft (Freital, Eisenhüttenstadt, Karl-Marx-Stadt). Eine Besonderheit der Stadtnamenbildung in jüngster Zeit stellen die sogenannten „Bindestrichnamen" dar, z. B. Annaberg-Buchholz, Hohenstein-Ernstthal, Limbach-Oberfrohna, Neusalza-Spremberg, Regis-Breitingen, Ribnitz-Damgarten, Steinbach-Hallenberg, Tambach-Dietharz, Zella-Mehlis.

Ein Symptom für das Anwachsen der Städte durch Neustadtgründungen seit dem 12./13. Jh. ist die Differenzierung von gleichnamigen Altsiedlungen durch entsprechende zusätzliche Bestimmungswörter, z. B. *Alt-/Neu-*, *Groß-*, *Unter-/Ober-*, *Markt-*, *Stadt-*, etwa Altenburg – Nienburg, Altentreptow, Altkalen – Neukalen, Altlandsberg – Landsberg, Alt Ruppin – Neuruppin, Altstrelitz – Neustrelitz, Brandenburg – Neubrandenburg, Fehrbellin, Gräfenhainichen, Großalsleben, Großbreitenbach, Großenehrich, Großenhain, Großräschen, Großröhrsdorf, Halle-Neustadt, Kaltennordheim, Königs Wusterhausen, Markkleeberg, Markneukirchen, Markranstädt, Münchenbernsdorf, Neubukow, Neugersdorf, Neumark(t), Neusalza, Neustadt (Dosse), Neustadt-Glewe, Neustadt (Orla), Neustadt (Sachsen), Oberfrohna, Oberlungwitz, Oberweißbach, Oberwiesenthal, Seifhennersdorf, Stadtlengsfeld, Stadtroda, Stadtwehlen, Tangermünde – Angermünde, Treuenbrietzen.

Einzelne der erwähnten Differenzierungen sind auch durch postalische Unterscheidungsbedürfnisse entstanden, dazu kommen noch differenzierende Schreibungen wie (früheres) Chemnitz – Kemnitz, Bad Elster – Elstra, Freyburg – Freiberg, Gartz – Garz, Lengefeld – Lengenfeld, Lichtenstein – Callenberg, Lindau – Lindow, Lucka – Lukkau, Plau – Plaue – Plauen, Sayda – Seyda, Stolberg – Stollberg, Strasburg (– Straßburg), Waren – Warin, Wittenberg – Wittenberge und andere nachgestellte Zusätze, wie etwa bei mehrmaligem Berka, Blankenburg, Buckow, Coswig, Frankfurt, Friedland, Fürstenberg, Oelsnitz, Reichenbach und Seehausen.

Die zur Namenbildung als Zweit- oder Erstglied in Zusammensetzungen und in Einfachbenennungen am häufigsten verwendeten deutschen Wörter sind:

-au(e): ahd. *ouwa* (*ouwi̯a*), mhd. *ouwe* 'Land am Wasser, nasse Wiese, Insel'; *w* ist im Neuhochdeutschen geschwunden; mnd. auch *ōg(e)*, *ōj(e)*; vgl. Gransee (umgedeutet zu *-s-ee*), z. B. Aue, Bernau, Heidenau, Lindau, Olbern(h)au, Rabenau, Sandau, Schalkau, Schandau, Schildau, Schlettau, Schraplau, Werdau, Wittichenau. – Angeglichen wurden die ursprünglich slawischen Ortsnamen mit *-ov*-Suffix: Calau, Crimmitschau, Dessau, Drebkau, Glauchau, Löbau, Lübbenau, Luckau, Lugau, Lunzenau, Bad Muskau, Mylau, Nerchau, Netzschkau, Pegau, Prenzlau, Roßlau, Torgau, Übigau, Wilkau(-Haßlau), Zittau, Zwenkau, Zwickau. – Flußnamen auf *-a* liegen zugrunde bei Ilmenau und Zschopau; übertragen ist Vetschau. Vgl. auch *A*dorf.

-bach/-beke (-beck): ahd. *bah*, altsächs. *beki, biki* (palatalisiert auch *-bizi*), mhd. *bach*, mnd. *bēke* 'fließendes Wasser, Wasserlauf', z. B. Auerbach, (Groß)breitenbach, Ebersbach, Limbach, Reichenbach, Steinbach, (Ober)weißbach, Wurzbach bzw. Schönebeck, Schwanebeck. – Zu *-bizi* evtl. Worbis.

-berg: ahd. altsächs. *bërg* 'Berg, Hügel, Anhöhe', urverwandt mit *-burg*; dazu altpolab. *breg-* 'erhöhtes Ufer, Rain, Hügel', wohl die Grundlage von Havelberg als Zentralort der Brizanen (Ableitung von *breg-*). *-berg* wechselt anfangs noch öfter mit *-burg*, beides konnte die 'befestigte Höhensiedlung' bezeichnen, z. B. Altenberg, Annaberg, Berga, Bergen, Bad Dürrenberg, Eckartsberga, Eisenberg, Elsterberg, Falkenberg, Feldberg, Frankenberg, Freiberg, Fürstenberg, Goldberg, Greiffenberg, Güntersberge, (Steinbach-) Hallenberg, Havelberg, Herzberg, Hirschberg, Kemberg, Kirchberg, Markkleeberg, Landsberg, Leutenberg, Marienberg, Mühlberg, Müncheberg, Oderberg, Perleberg, Radeberg, Rastenberg, Rheinsberg, Richtenberg, Scheibenberg, Schmiedeberg, Schneeberg, Schönberg, Schwarzenberg, Senftenberg, Sonneberg, Spremberg, Sternberg, Stollberg, Strausberg, Weißenberg, Wesenberg, Wittenberg, Wittenberge.

-born: mhd. *brun(ne)*, mnd. *borne* 'Quelle, Brunnen'. Die *r*-Umstellung erfolgte im Niederdeutschen und Mitteldeutschen, z. B. Kühlungsborn (moderne Namenbildung) und Borna.

-brücke/-brügge: mhd. *brücke*, mnd. *brügge* 'Brücke, Gerüst', älter 'Knüppeldamm', z. B. Brück, Kindelbrück, Königsbrück, Thamsbrück, Wahrenbrück.

-burg/-borg (-borch): ahd. altsächs. *burg*, mhd. *burc*, mnd. *borg*, *borch* 'Burg, Schloß, Feste', älter 'geschützte volkreiche Siedlung, vor- bzw. frühstädtische Siedlung'; wortverwandt mit Berg. Im Indoeuropäischen und Germanischen 'befestigte Höhe, Flucht-, Volksburg'. Bei manchen Namen auf *-burg* wechselte dieses Grundwort anfangs zuweilen noch mit *-berg*, z. B. Altenburg, Annaburg, Arneburg, Augustusburg, Bernburg, Blankenburg, Boizenburg, Brandenburg, Camburg, Creuzburg, Derenburg, Dornburg, Eilenburg, Franzburg, Freyburg, Frohburg, Heldburg, Ilsenburg, Loburg, Magdeburg, Merseburg, Meyenburg, Naumburg, Neubrandenburg, Nienburg, Oranienburg, Osterburg, Quedlinburg, Radeburg, Ronneburg, Rothenburg, Saalburg, Strasburg, Waldenburg, Wittenburg und Burg bei Magdeburg.

-dorf (-druf)/-dorp (-trop, -trup): ahd. mhd. *dorf*, altsächs. *thorp*, mnd. *dorp* 'Gehöft, Dorf'; bedeutete ursprünglich 'Einfassung, Einzäunung', auch 'Viehpferch' und ist dann zur allgemeinen Bezeichnung der ländlichen bäuerlichen Siedlung im Gegensatz zu nichtagrarischen Siedlungen (Wik, Markt, Stadt) geworden und hat ursprünglich in unserem Begriffsbereich ‚Stadt' nichts zu suchen. Jedoch sind bei Erhebungen von Großdörfern zu Städten die alten Namen meist erhalten geblieben; deshalb sind hier zu nennen: Adorf, Bernsdorf, (München)bernsdorf, Ehrenfriedersdorf, (Brand-)Erbisdorf, (Neu)gersdorf, (Seif)hennersdorf, Hennigsdorf, Hermsdorf, (Groß)röhrsdorf. – Wie Mühltroff, Ohrdruf und Wilsdruff, zeitweise auch Adorf, zeigen, konnte in dem kurzen Wortkörper leicht *r*-Umstellung eintreten.

-eck/-egk: ursprünglich als Zweitglied in Burgennamen verwendet, ahd. *ecka*, mhd. *ecke, egge* 'Ecke, Kante, Spitze', so auch hier in Schöneck und Woldegk. Doch wurden auch ursprünglich slawische Namen mit *k*-Endung angeglichen, wie Pößneck zeigt; dagegen ist Niemegk sehr wahrscheinlich vom niederländischen Nijmegen (um 1100 Niumago) übertragen.

-feld(e): ahd. altsächs. *fëld*, mhd. mnd. *vëlt, vëld*; bezeichnete ursprünglich das 'offene, ebene, flache Siedlungsland (Gefilde)' im Gegensatz zum Waldland und begegnet somit vor allem in Lagebezeichnungen: Bitterfeld, Eisfeld, Hasselfelde, Kranichfeld, Leinefelde, Lenge(n)feld, (Stadt)lengsfeld, Ludwigsfelde, Mansfeld, Oebisfelde, Osterfeld, Saalfeld.

-fels: in unserem Gebiet nur in ursprünglichen Burgnamen vertreten:

Weißenfels, Wildenfels. Im Mittelhochdeutschen lautete es *vels(e)* 'Klippe'. Vgl. auch *-stein.*

-furt/-fort, -ford: ahd. *furt,* mhd. *vurt,* md. *fort,* nd. *ford* 'Flußdurchgang, Furt'; auch vor allem in Lagebezeichnungen: Erfurt (an einem Fluß Erfa, Erpa; heute Gera), Frankfurt, Querfurt (am Bach Quirnaha 'Mühlbach'), Staßfurt, Treffurt.

-hagen (-hain): ahd. *hagan,* mhd. mnd. *hagen,* eigentlich 'Dornstrauch, Hecke'; wurde früh verallgemeinert zu 'Hegung', dann 'umzäuntes, gehegtes Grundstück, Dorf', auch 'Burg, Umwallung, Schanze'. Im mitteldeutschen Sprachgebiet trat früh die Kontraktion zu *-hain* ein, z. B. Blankenhain, Gräfenhainichen, Grünhain, Hainichen, Kirchhain. Eindeutschungen stellen Geithain und (Großen)hain (ursprünglich altsorb. *Osěk* 'Verhau, Schanze', Übersetzung) dar. Die niederdeutsche Form ist mit Stavenhagen und Hagenow vertreten.

-hammer: mhd. *hamer* 'Hammerwerk', in Lauchhammer.

-hart: mhd. mnd. *hart* (*hard-*); bezeichnete den 'waldigen Höhenzug' oder 'Bergwald', noch enthalten in Waldnamen die Haarth u. ä., in Spessart (Spechtswald) und Harz; hier nur vertreten in Hartha.

-hausen/-hūsen: ahd. mhd. mnd. *hūs* 'Haus, Wohnhaus, Hütte', später auch 'festes, steinernes Haus, Burg'; in den Ortsnamen mit alter Dativ-/Lokativendung *-en,* z. B. Frankenhausen, Hildburghausen, Mühlhausen, Neuhaus (jung), Nordhausen, Sangerhausen, Seehausen, Sondershausen, Waltershausen; (Königs) Wusterhausen (aus slawischer Endung angeglichen).

-heide: mhd. *heide,* mnd. *hēde;* bedeutete ursprünglich 'unbebautes, wildbewachsenes Land', auch 'Waldgebiet'; es begegnet hier nur in der Namenübersetzung Schwarzheide aus niedersorb. *čorny g(v)ozd* (Zschornegosda).

-heim: ahd. mhd. *heim,* altsächs. *hēm;* war ursprünglich 'Heimat, Wohnort, Wohnplatz, Dorf, Haus, Wohnung' und wurde schon seit germanischer Zeit auch als Ortsnamengrundwort verwendet, z. B. Dardesheim, (Kalten)nordheim, Schlotheim, Thalheim, Waldheim; Hoym ist zusammengezogen aus Hohheim.

-holz/-holt: so schon ahd. und mhd. bzw. altsächs. und mnd. 'Gehölz, Wald'; hier nur ursprünglicher Waldname Buchholz (Annaberg-B., Märkisch-B.) als Lagebezeichnung. Ebenso in westnd. Bocholt bei Köln.

-hübel: westdt. für hochsprachliches *-hügel;* ist vermutlich nur eingedeutet in (Berg)gießhübel.

-hütte: in Ortsnamen überwiegend gewerblich-industrieller Fachausdruck für ein Hüttenwerk (Erzaufbereitungsbetrieb), z. B. Eisenhüttenstadt, Glashütte, Tangerhütte; seltener 'kleine ärmliche Behausung'.

-kirchen/-kerken: ahd. *kirihha,* altsächs. *kirika,* mhd. *kirche,* mnd. *kerke* 'Gotteshaus'; hier nur auftretend in (Mark)neukirchen. Das *-en* ist die alte Dativ-/Lokativendung. Als Erstglied noch in Kirchberg, (Doberlug-)Kirchhain.

-kloster: mhd. mnd. *klōster* (aus lat. *claustrum*) 'Mönchs- oder Nonnenkonvent'; hier nur in Neukloster enthalten.

-land: ahd. mhd. *lant,* altsächs. *land* 'Land, freie oder bebaute Fläche' und 'Herrschaftsbereich, Territorium' (vgl. Landesherr), z. B. Friedland, Landsberg. – In Ruhland ist das Wort auch enthalten, aber nicht als Ortsnamenzweitglied, sondern als Personennamenzweitglied ('zum Roland').

-leben: ahd. *leiba,* mnd. *lēve,* germ. *laibā*; hatte die Bedeutung 'Erbe, Hinterlassenschaft', evtl. auch 'Bleibe, Familiengut'. Ein vermutlich aus dem Norden (Dänemark, Südschweden) nach der Magdeburger Börde und nach Thüringen übertragenes Ortsnamenzweitglied, das etwa 400–600 in Blüte stand und mit jüngerer germanischer Zuwanderung in Verbindung gebracht wird (Einzelvertreter noch im Maingebiet). Diese Namen sind fast ausnahmslos mit germanischen Personennamen komponiert, z. B. Alsleben, (Groß)alsleben, Aschersleben, Ebeleben, Eisleben, Ermsleben, Hadmersleben, Haldensleben, Oschersleben, Sandersleben, Wanzleben, Wegeleben. – Zu dieser Gruppe gehört auch das heutige Gardelegen, das anfänglich als Gardeleve bezeugt ist.

-legen s. *-leben.*

-lehen: mhd. *lēhen* 'geliehener Besitz, herrschaftlicher oder bäuerlicher Landbesitz zu Lehenrecht'; hier in Siebenlehn (aus sieben Bauernlehen bestehende Flur).

-mār: als Zweitglied in germanischen Personennamen ahd. *māri, -mēri* 'berühmt, hervorragend'; dies im Ortsnamen Themar. – Andererseits enthält der Ortsname Weimar ahd. *mari, meri* 'stehendes Gewässer, wässeriges Gelände, Landsee, Sumpf' (dazu auch 'Meer'). Bei Wismar kann zwischen beiden Wortstämmen nicht mehr sicher entschieden werden. Einzelne dieser Namen können schon vor der Völkerwanderung entstanden sein.

-mark: ahd. altsächs. *marka,* mhd. mnd. *marke* 'Grenz- oder Randgebiet, Landstrich, Feldmark'; hier in Bismark.

-markt: ahd. *markāt,* mhd. mnd. *market* 'Handelsort, -platz, -geschehen', entlehnt aus lat. *mercātus, marcātus,* z. B. Neumark(t); als vorangestellter Zusatz: Mark(t)neukirchen, Mark(t)ranstädt.

-mühle(n)/-m(ö)le(n): ahd. altsächs. *mulin,* mhd. *mül(e),* mnd.

mö̆le(ne), entlehnt aus lat. *molīna(e)* 'Mahlwerk, Wasser- oder Windmühle'; hier in Grevesmühlen. *-en* ist Dativ-/Lokativendung. Als Erstglied in Mühlberg, Mühlhausen, Mühltroff. Vgl. auch Vierraden.

-münde: ahd. altsächs. *mundi, gimundi* 'Mund, Mündung'; stets mit Flußnamen zusammengesetzt als Lagebezeichnung: Angermünde/Tangermünde (A. ist Übertragung), Orlamünde, Ueckermünde.

-(r)ich/-(r)ik: entweder Zweitglied ahd. *rībhi*, mhd. *rīch(e)*, altsächs. *rīki*, mnd. *rīke* 'Gebiet, Gegend, Bereich' oder kollektivierendes Suffix, ahd. altsächs. *-ih* bzw. *-ik* 'wo das Genannte gehäuft vorkommt', z. B. (Großen)ehrich, Ellrich.

-rode: ahd. mhd. *rot*, mnd. *rod* 'urbar gemachter Boden, Rodung', z. B. Bleicherode, Brotterode, Elbingerode, Friedrichroda, Gernrode, Harzgerode, (Stadt)roda, Tannroda, Wernigerode, Zeulenroda. Als Erstglied in Radeberg, -burg(?), Rodewisch(?).

-see: ahd. altsächs. *sēo*, mhd. mnd. *sē* 'Landsee, Binnensee, Meer'; hier als Lagebezeichnung in Arendsee, Falkensee, Gebesee, Königsee, Weißensee. In Gransee ist eine Umdeutung erfolgt. Als Erstglied in Seehausen.

-stadt/-stedt (-städt): ahd. *stat(i)*, altsächs. *stedi, stidi*, mhd. *stat*; bedeutete zunächst nur 'Stätte, Stelle, Platz, Ort, wo etwas steht'. Erst im Laufe des Aufkommens des neuen Siedlungstyps Stadt (10.–12. Jh.) wurde seine Bedeutung eingeengt auf 'Bürgersiedlung, Rechtsstadt' im Gegensatz zum 'Dorf'. Es verdrängte das ältere gleichwertige 'Burg', weil dieses auf die Bezeichnung der Feudalherrenburg eingeengt wurde. Die ältere Bedeutung 'Stätte' war bereits in germanischer Zeit für die Bezeichnung eines Siedlungsplatzes geeignet. Diese enthalten etwa Arnstadt, Halberstadt, Heiligenstadt, Rudolstadt, Ummerstadt bzw. Allstedt, Ballenstedt, Buttelstedt, Buttstädt, Cochstedt, Dingelstädt, Gerbstedt, Hettstedt, Kroppenstedt, Lauchstädt, (Mark)ranstädt, Schafstädt, Tennstedt, Wolmirstedt. – Mit dem jüngeren Stadtbegriff gebildet sind Bernstadt, Eisenhüttenstadt, Johanngeorgenstadt, Jöhstadt, Liebstadt, Neustadt (mehrere), Halle-Neustadt, Karl-Marx-Stadt bzw. Burgstädt. Als Erstglied in Stadtilm, Stadtlengsfeld, Stadtroda u. a.

-stein: ahd. mhd. *stein*, mnd. *stēn* 'Stein, Felsen'; bezeichnet im allgemeinen die Ortslage auf hartem felsigen Boden, metonymisch dann die '(gemauerte) Felsenburg', z. B. Bärenstein, Benneckenstein, Falkenstein, Frauenstein, Freyenstein, Hartenstein, Hoh(e)nstein, Königstein, Lauenstein, Lichtenstein, Liebenstein, Lobenstein, Wolkenstein. Als Erstglied in Steinbach und Stendal.

-sund: mnd. *sund* 'Meerenge, Durchgang, Durchfahrt'; begegnet nur in der Lagebenennung Stralsund.

-tal/-dal: ahd. mhd. *tal*, altsächs. *dal* 'Tal, Einsenkung des Bodens'; ebenfalls zu Lagebezeichnungen verwendet. Zuweilen als Simplex die unter einer Burg liegende Siedlung bezeichnend, vgl. hier Thale und Thal bei Eisenach (zwischen Scharfenberg und Schloßberg liegend) oder Thalbürgel unterhalb von Bürgel bei Jena, z. B. Biesenthal, (Hohenstein-)Ernstthal, Freital, Gräfenthal, Joachimsthal, Klingenthal, Stendal, Oberwiesenthal. Als Erstglied in Thalheim.

-wald(e)/-wold(e): ahd. altsächs. *wald*, mnd. *wold* 'Wald, Gehölz', auch 'Waldwildnis'; wird erst seit dem 12./13. Jh. in Lagebenennungen für Neusiedlungen in oder an größeren Waldgebieten als Ortsnamengrundwort verwendet, z. B. Dippoldiswalde, Eberswalde, Finsterwalde, (Bad) Freienwalde, Fürstenwalde, Geringswalde, Greifswald, Liebenwalde, Luckenwalde, Mittenwalde, Schirgiswalde, Schönewalde, Sonnewalde. Als Erstglied in Waldenburg, Waldheim und Woldegk.

-wedel: altsächs. *widil*, mnd. *wedel* 'Furt'; gehört zum Verbum *waten*; nur in Salzwedel.

-weide: mhd. mnd. *weide* 'Weideland, Viehweide, Futtergebiet, wildreiche Gegend'; nur in Mittweida.

-werd(e)/-werder: mhd. *wert* (*werd-*), *werder* 'Insel, Halbinsel, erhöhtes wasserfreies Land zwischen Sümpfen, Ufer'. Die erstgenannte Form ist die mitteldeutsche, letztere die niederdeutsche Form des Wortes, die sich in der Schriftsprache durchgesetzt hat. Als Simplex vertreten in Werder und Werd(au), als Zweitglied in Bischofswerda, Elsterwerda, Hoyerswerda, Liebenwerda.

-wi(e)k: altsächs. mnd. *wik*, hier nur in Osterwieck; sonst in Bardowick, Schleswig, Braunschweig und anderen Orten außerhalb der DDR, des weiteren in den Dorf- und Stadtteilnamen Ralswiek (Rügen), Wieck (Darß) und Wieck in Greifswald und Güstrow; bezeichnete eine nichtagrarische, meist gassenartig angelegte frühstädtische Händler- und Handwerkersiedlung, die sich nicht in allen Fällen zur Vollstadt entwickelte (lateinisches Äquivalent war *vicus*). Oft wurden Burgmärkte so benannt. Als Lehnwort auch im Sorbischen, z. B. Elsterwerda, früher sorb. Wikow.

-zelle: mhd. *zelle*, entlehnt aus lat. *cella* 'Kammer, Mönchszelle, Einsiedelei'; nur in Zella-Mehlis.

Durch Angleichung altsorbischer oder altpolabischer Namen sind im Deutschen eine Art „Pseudogrundwörter" entstanden, so z. B. *-dam(m)* in Potsdam, *-busch* in Gadebusch, *-garten* in Damgarten, *-rose* in Lieberose und Müllrose, *-stock* in Rostock und Wittstock (Eibenstock ist bereits appellativisches Kompositum), *-wiesen* in Langewiesen, *-walk* in Pasewalk und Pritzwalk, *-wisch*(?) in Rodewisch. Eine Umdeutung im Deutschen selbst erfuhren Römhild (aus *Rotemulte* 'rote Erde'), Ruhland (bloßer Personenname, 'zum Roland'), Ortrand (ebenso, 'zum Ortnand'). Als Abstrakta treten auf: *-hut* ('Schutz') in Herrnhut und *-lust* in Ludwigslust (Anlehnung an den französischen Schloßnamen Monplaisir).

Einige wenige Simplizia treten noch als Örtlichkeitsbezeichnungen auf, die im heutigen Wortschatz nur mit veränderter Wortbedeutung oder gar nicht mehr begegnen, z. B. Brüel (hd. *Brühl,* zu mhd. *brüel* 'feuchte Wiese mit Buschwerk, Aue, Rasenfläche'); Clingen (ahd. *chlinga,* mhd. *klinge* 'Bachgrund, Wasserrinne'); Gehren (mhd. *gēre* 'Spitze, keilförmiges Stück Land'); Halle (ahd. *halhūs* 'Siedehaus, Salzwerk, Saline' und *halle* 'Salzquelle'); Jena (ahd. *jani,* mhd. *jān* 'Reihe, Gang, Streifen mit Getreide, Gras oder Weinstöcken'); Meerane (mhd. *mer* 'See, Tümpel, Sumpfstelle'); Sulza, Sülten (mhd. *sulz(e),* mnd. *sulte, sülte* 'Salzwasser, Salzlache, Schlammstelle, Morast, Brühe'); Thum (nhd. *tuom* 'Herrschaft, Besitz (?), Gerichtsstätte(?)'; Vacha (ahd. *fah,* mhd. *vach* 'abgeteilter Raum in einem Gewässer, Fischzaun'); Wiehe (mnd. *vī(g), vīhe* 'Sumpf, Bruch').

Mit bereits vorhandenen Gewässernamen als Erst- oder Zweitglied gebildet sind Biesenthal (*Biese*), Elsterberg, Elsterwerda (*Elster*), Erfurt (*Erpisa, Erfesa*?), Havelberg (*Havel*), Ilsenburg (*Ilse*), Leinefelde (*Leine*), Oderberg (*Oder*), Ohrdurf (*Ohra*), Orlamünde (*Orla*), Querfurt (*Querna*), Rhinow (*Rhin*), Saalburg, Saalfeld (*Saale*), Schleusingen (*Schleuse*), Schmalkalden (*Schmalkalde*), Spremberg (*Spree*), Stadtilm (*Ilm*), Stadtroda (*Roda*), Tangerhütte, Tangermünde (*Tanger*), Ueckermünde (*Uecker*), Warnemünde (*Warnow*).

Die Erstglieder der zusammengesetzten Stadtnamen verteilen sich auf Geländeeigenheiten (Lagebezug), auf Personennamen (hier nicht gesondert aufgeführt) und Personenbezeichnungen (Personenbezug) und auf Eigencharakteristika der betreffenden Siedlungen (Eigenmerkmale).

Gelände- bzw. *Lagemerkmale* sind in den folgenden Namen enthalten: Feldberg, Forst, Gröningen, Hecklingen (Wald Hakel), Loburg, Meerane, Nordhausen, Oberhof, Oberwiesenthal, Osterburg, Osterfeld, Osterwieck, Schandau, Scheibenberg, Schlotheim, Schneeberg, Sömmerda, Sonneberg, Sonnewalde, Steinach, Steinbach, Strasburg, Sulza, Sülze, Thalheim, Treffurt, Waldenburg, Waldheim, Wasungen, Wesenberg, Woldegk und Wolkenstein. – Zum Pflanzenkleid in Bezug stehen Apolda, Boizenburg, Buchholz, Eibenstock, Ellrich, Kölleda, Lauchstädt, Limbach, Lindau, Lindow, (Mark)kleeberg, Meyenburg, Oranienbaum, Oranienburg (Orangen), Ronneburg, Tambach, Tanna, Tannroda, Tennstedt. – Tiere sind angesprochen in Auerbach, Bärenstein, Falkenberg, Falkensee, Falkenstein, Geyer, Greiffenberg, Greifswald, Herzberg, Hirschberg, Kranichfeld, Lauenstein (Löwe), Oebisfelde (Schaf), Rabenau, Schafstädt, Schwanebeck, Wolfen, Ziegenrück. – Andere Substantive enthalten Creuzburg, Friedland, Landsberg, Perleberg, Schildau und Sternberg.

Personenbezeichnungen sind enthalten in Bischofswerda, Bismark, Frauenstein, Fürstenberg, Fürstenwalde, Gräfenhainichen, Gräfenthal, Herrnhut, Königsbrück, Königsee, Königstein, Königs Wusterhausen, Mansfeld. – Plurale von Personenbezeichnungen und Personennamen (Personengruppennamen) liegen vor in Artern, Frankenberg, Frankenhausen, Frankfurt, Heiligenstadt, Magdeburg, Merseburg(?), Müncheberg, Sangerhausen und Schalkau.

Eigenmerkmale werden überwiegend durch adjektivische Erstglieder angegeben: Altenberg, Altenburg, Bitterfeld, Blankenburg, Blankenhain, Dürrenberg, Finsterwalde, Freiberg, Freital, Freyburg, Freyenstein, Freienwalde, Großenhain, Grünhain, Hartenstein, Hohenstein, Hoym, Kaltennordheim, Langensalza, Lenge(n)feld, Lichtenstein, Liebenstein, Liebenwalde, Liebenwerda, Liebstadt, (Mark)neukirchen, Mittenwalde, Mittweida, Naumburg, Naunhof, Neuhaus, Neukloster, Neumark, Neustadt, Nienburg, Reichenbach, Römhild (rot), Rothenburg, Schönberg, Schönebeck, Schöneck, Schönewalde, Schwarzenberg, Schwarzheide, Senftenberg, Weimar, Weißenberg, Weißenfels, Weißensee, Wildenfels, Wittenberg(e) und Wittenburg. – Nach hervorragenden Gebäuden gekennzeichnet wurden: Eisenhüttenstadt, Glashütte, Halle, Kirchberg, Kirchhain, Mühlberg, Mühlhausen, Mühltroff, Schmiedeberg, Vierraden, Wahrenbrück und Zella(-Mehlis). – Nach bestimmten Materialien (Rohprodukten) oder auch in vergleichender Weise mit solchen sind benannt: Eisenberg, Glashütte, Goldberg, Salzungen, Salzwedel, Sandau und Stol(l)berg (Stahl).

Die in abgeleiteten Namen deutscher Herkunft auftretenden Suffixe sind:

-a: 1. altes indoeuropäisches und germanisch-deutsches gewässernamenbildendes Suffix, z. B. Elbe (alt Albia), Saale (alt Sala), Auma (alt Uma), Ilmena(u), Ohra, Orla, Zschopa(u); sekundäres *-a* (wie 3.) haben Elstra, Flöha. Das alte *-a* haben verloren (Bad) Elster,

Havel(berg), Ilsen(burg), Lauter, Oder(berg), Ohr(druf), Tanger(hütte, -münde), Uecker(münde).

2. aus ahd. altsächs. *aha* oder aus *-au* (ahd. *ouwa*) entstandenes *-a*, vgl. *-au(e)*, S. 16.

3. seit dem 16. Jh. allgemein durchgesetzte kanzleimäßige amtliche Ortsnamenendung (besonders häufig bei Simplizia zur Unterscheidung von den entsprechenden Gattungswörtern), z. B. Apolda, Borna, Hartha, Jena, Nebra, (Ober)frohna, Tanna, Vacha, Zella(-Mehlis) und die meisten der auf *-rode*, *-werde* und *-(i)de* endenden Namen, z. B. Friedrichroda, Stadtroda, Zeulenroda; Bischofs-, Elster-, Liebenwerda; Kölleda, Remda.

4. aus ursprünglich slawischen Ortsnamensuffixen (*-ov-*, *-av-* u. a.) entstandenes bzw. angeglichenes *-a*, z. B. Brehna, Dohna, Grimma, Kahla, Leuna, Lucka, Pausa, Pirna, Riesa, Rötha, Sayda, Strehla, Taucha, Zahna.

-ach(-a): ursprünglich selbständiges Wort, ahd. altsächs. *aha* 'fließendes Wasser', im mitteldeutschen Sprachraum bereits seit dem 10. Jh. zu *-ā* (geschrieben *a* und *aa*) vereinfacht und mit dem noch älteren indoeuropäischen gewässernamenbildenen Suffix *-a* zusammengefallen; urverwandt mit lat. *aqua* 'Wasser', z. B. Eisenach, Steinach; Berka, Bibra, Geisa, Gera, Gotha, Kelbra, Laucha, Magdala, (Stadt)roda, Ruhla, (Langen)salza, Weida.

-(i)chen, -(i)ken: Verkleinerungsendung; ursprüngliches nd. *-k(e)n* wurde meist amtlich verhochdeutscht zu *-chen*, z. B. (Gräfen)hainichen, Hainichen, Werneuchen.

-(i)da, -(i)di, -(i)de: Dieses Suffix in der Bedeutung 'versehen sein mit' bildete kollektivierende und lokalisierende Namen, z. B. Apolda, Kölleda, Remda, Sömmerda. Das *-a* ist sekundär für *-e* oder *-i* verallgemeinert worden. In Gattungswörtern ist es noch reichlich vertreten, z. B. Gebäude, Gemälde, Freude, Gemeinde, Milde.

-ingen/-ungen: Dieses Suffix (mit *i-/u*-Ablaut) hat seit ältester germanischer Zeit die Funktion, eine Zugehörigkeit zu der genannten Erscheinung, ein Verknüpftsein mit ihr (Person, Örtlichkeit, Besitztum, Verwandtschaft usw.) auszudrücken. Die pluralischen althochdeutschen bzw. altsächsischen Endungen auf *-a* und *-i* (Nominativ Plural) oder *-um*, *-un* (Dativ/Lokativ Plural) deuten darauf, daß es sich überwiegend um Bezeichnungen der Bewohner oder Angehörigen der genannten Örtlichkeit oder Person handelt, z. B. Breitingen, Gröningen, Hecklingen, Heldrungen, Heringen, Meiningen, Salzungen, Schleusingen und Wasungen. *-ungen* hat sich in Inner- und Westthüringen allgemein durchgesetzt, *-ingen* mehr im altsächsischen und ostthüringischen Gebiet. – Geising ist eine – vielleicht schon appellativische – junge Bildung.

Aus ursprünglich verschiedenen slawischen Suffixen stammen die an deutsche *a*- und *au*-Endungen angeglichenen Formen:

-a: Brehna, Dohna, Grimma, Kahla, Lauta, Leuna, Lucka, Pausa, Pirna, Riesa, Rötha, Sayda, Seyda, Strehla, Taucha, Zahna.

-ack, -eck, -i(c)k: entstanden aus ursprünglich mit verschiedenen Vokalen verbundenen slawischen *-k*-Suffixen, z. B. Friesack, Bad Lausick, Pößneck, Wilsnack, Zehdenik. Vgl. auch *-ig*.

-au: vgl. *-a* (4.).

-en: Abschwächungsprodukt aus slawischen *-n*-Suffixen verschiedener Art (mit vorangehendem und nachfolgendem Vokal), z. B. Bautzen, Böhlen, (Treuen)brietzen, Dresden, Düben, Gnoien, Golßen, Guben, Jarmen, Kohren, Köthen, Kremmen, Lehesten, Lenzen, (Hohen)leuben, Lychen, Lübben, Lützen, Meißen, Mutzschen, Nauen, Nossen, Plauen, (Groß)räschen, Schkölen, Schlieben, Stolpen, Stößen, Treuen, Waren, Wehlen, Werben, Wilthen, Wriezen, Wurzen, Zossen.

-ig: meist Abschwächungsprodukt aus slawischen *-k*-Suffixen, z. B. Coswig, Leisnig, Penig, Zörbig. Vgl. auch *-ack, -eck, -i(c)k*.

-īn: vor allem im Norden der DDR geläufiges Eindeutschungsprodukt slawischer *-n*-Suffixe (besonders *-in*-) unter Beibehaltung der Endsilbenbetonung, z. B. Berlin, (Fehr)bellin, Demmin, Eggesin, Ketzin, Kröpelin, Malchin, Penzlin, Prettin, (Alt-/Neu)ruppin, Schwerin, Templin, Tessin, Trebbin, Warin, Wettin, Zarrentin.

-is: Diese Endung ist unterschiedlichen Ursprungs und begegnet auch bei Namen nichtslawischer Herkunft; ihr lagen meist *-s*-, *-š*- oder -z-Suffixe zugrunde, z. B. Brandis, (Zella-)Mehlis, Ranis, Regis(-Breitingen), (Kohren-)Sahlis, Triptis, Worbis.

Konsonant + itz (*-litz, -mitz, -nitz, -ritz, -sitz, -schitz, -titz, -witz* u. a.): Bei der Eindeutschung slawischer Ortsnamen wurde vor den verschiedenen *-c*-Suffixen (*-ici, -ica, -ьca, -ec*) die Silbengrenze verlegt und der stammauslautende Konsonant zur Endung gezogen, z. B. Beelitz, Colditz, Crivitz, Dönitz, Görlitz, Gößnitz, Gröditz, Jeßnitz, Bad Köstritz, Kyritz, Lößnitz, (Ober)lungwitz, Meuselwitz, Oelsnitz, Ostritz, Premnitz, Pulsnitz, Putlitz, Ribnitz(-Damgarten), Saßnitz, Schkeuditz, Schweinitz, Sebnitz, (Neu)strelitz, Teupitz, Wörlitz, Zöblitz (angeglichen), Zwönitz.

-n (*-en*, Konsonant + *n*): ist hervorgegangen aus verschiedenen slawischen *-n*-Suffixen (vgl. *-en*), z. B. Döbeln, Mügeln (dt. Egeln und

Mücheln stammen aus Dativ-/Lokativendungen auf -*n*); Döbern, Könnern, Möckern, Teuchern; sekundär angetreten ist -*n* in Artern und Gommern (deutscher Dativ/Lokativ auf -*n*).

-ō(w): beruht – wie teilweise im Süden der DDR -*au* und -*a* – auf slawischen -*ov*-Suffixen, z. B. Beeskow, Brüssow, Buckow, (Neu)bukow, Bützow, Dassow, Grabow, Güstrow, Gützkow, Jerichow, Krakow, Malchow, Marlow, Mirow, Rathenow, Seelow, Storkow, Teltow, Teterow, Torgelow, (Alten)treptow. – Angleichungen an diese Gruppe erfolgte bei den deutschen Namen Hagenow und Lindow.

-t(z)sch und -z: meist durch Zusammenziehung von Endsilben auf slawisch -*c*, -*č* u.ä. entstandene Endung, auch durch „Verzischung" (wie auch in dem Personennamen *Fritze* – *Fritzsche*), z. B. Delitzsch, Dommitzsch, Groitzsch, Lommatzsch, Pretzsch. – Durch Kontraktion entstand im Deutschen auch meistens das heutige -*z*, z. B. Gartz, Garz, Greiz, Loitz, Lübz, Kamenz, Schleiz, Zeitz.

-zig: meist Eindeutschungsprodukt aus dem slawischen Suffix -*'sk*-, z. B. Belzig, Gröbzig, Leipzig.

Slawische Ortsnamen

In diesem Kapitel sind die slawischen Ortsnamen schon mehrfach erwähnt worden. Sie sind Zeugen eines Jahrhunderte währenden Zusammenwohnens von Slawen und Deutschen und einer sich vielfältig äußernden sprachlichen Durchdringung. Bis auf wenige Landstriche in der Ober- und Niederlausitz, wo heute noch Obersorben und Niedersorben leben und ihre angestammte Sprache und somit auch die sorbischen Namenformen (z. B. obersorb. *Budyšin* für *Bautzen* und niedersorb. *Chośebuz* für *Cottbus*) gut bewahrt haben, sind die slawischen Namen ins Deutsche übernommen, „eingedeutscht" worden. Aus ihnen läßt sich das frühere slawische Sprachgebiet in der DDR und in Teilen der BRD annähernd abgrenzen, wobei Gebiete mit dichterer slawischer Besiedlung und solche mit verstreuten Sprachspuren sich herausheben.

Im Norden begann das slawische Sprachgebiet an der Kieler Förde, in Ostholstein mit Lübeck und Lauenburg; die Grenzzone – oftmals ein flächenartiges Übergangsgebiet – verlief über die Schwentine westlich des Großen Plöner Sees nach Süden, in der späteren Provinz Hannover durch die Kreise Lüneburg-Land und Bleckede, Uelzen, Isenhagen und Gifhorn bis an den Drömling, weiter durch die Kreise Neuhaldensleben, Wolmirstedt und Wanzleben bis zur Mündung der Saale in die Elbe. Die Saale bleibt im groben die Grenze, außer im Hassegau (westlich von Halle/Merseburg), wo Slawen dichter siedelten. Das geht aus dem Hersfelder Zehntverzeichnis hervor, das eine stattliche Reihe altsorbischer Ortsnamen gut überliefert. Auch in Thüringen haben die Slawen die Saale überschritten; sie gelangten bis an Ilm und Gera, vereinzelt auch ins Eichsfeld. In Nordostbayern haben im heutigen Oberfranken und in der Oberpfalz Slawen neben Deutschen gewohnt; die Westgrenze kann etwa mit einer Linie Bamberg–Forchheim–Regensburg angegeben werden. Innerhalb dieses slawischen Sprachgebietes herrschen zwei sprachliche Idiome, und zwar die altpolabischen und die altsorbischen Mundarten, erstere im ehemaligen Mecklenburg, Brandenburg und in nördlichen Teilen des ehemaligen Sachsen-Anhalt, letztere in Thüringen, Sachsen (einschließlich Oberlausitz) und in der südlichen Provinz Sachsen; das Altpolabische hatte enge Beziehungen zum Polnischen, das Altsorbische, aus dem das heutige Obersorbische und Niedersorbische hervorgingen, stand mit dem Tschechischen in engem Kontakt und erreichte in Spuren sogar Nordböhmen.

Für die Rekonstruktion dieser frühen slawischen Dialekte, die an der westlichen Peripherie des mittelalterlichen gesamtslawischen Sprachgebietes gesprochen wurden, haben gerade die alten Eigennamen (Orts- und Personennamen) große Bedeutung, lassen sie doch Einblicke in Lautgestalt und Wortbildung zu, und dies um Jahrhunderte früher als etwa die aus dem 16. Jahrhundert erstmals überlieferten sorbischen Bibeltexte. Deshalb finden die Eigennamen in der slawistischen Sprachforschung immer stärker die ihnen gebührende Beachtung.

Wir wollen uns einen kurzen Einblick in die *Bildung* der hier vertretenen ehemaligen slawischen (altpolabischen und altsorbischen) Ortsnamen verschaffen.

Der slawische Ortsnamenbestand kann in drei Gruppen, in primäre, sekundäre und zusammengesetzte Ortsnamen gegliedert werden.

Bei den *primären Ortsnamen* wurde ein Appellativum (Gattungsbegriff) ohne Heranziehung eines Namenbildungssuffixes zum Ortsnamen erhoben; so wurde z. B. altpolab. *rostok* 'Wassergabelung' zum Ortsnamen *Rostok*, heute *Rostock*, altsorb. *osěč* 'Aushau im Walde' zu *Osěč*, heute *Oschatz* usw. Das zum Namen erhobene Appellativum kann selbst schon abgeleitet gewesen sein, so altpolab. *gardec* bzw. altsorb. *grod'c*, die als *Gartz* bzw. *Greiz* usw. erscheinen. Da den Appellativa wie den Ortsnamen (echten Siedlungsnamen und Flurnamen) im Slawischen oftmals dieselben Suffixe zugrunde lagen, ist eine Entscheidung darüber, ob eine primäre oder eine sekundäre Bildung vorliegt, oft erschwert. Heute ist man geneigt anzunehmen, daß viele bereits suffigierte slawische Appellativa zu Ortsnamen wurden; dies könnte z. B. für altsorb. *Děl'c,* heute *Delitzsch,* zu *děl'c* 'kleiner Berg', oder für altsorb. *Pěsnik,* heute *Pößneck,* zu *pěsnik* 'Sandgrube' usw. gelten, ebenso dürfte *Wilsnack* auf dem abgeleiteten altpolabischen Appellativum *vil'šńak* 'Erlengehölz' beruhen.

Zu den primären Ortsnamen möchten wir demnach rechnen: Barth, Berlin, Böhlen, Brehna, Delitzsch, (Fehr)bellin, Friesack, Gartz, Garz, Greiz, Grimma, Groitzsch, evtl. Kahla, Kitzscher, Klütz, Kremmen, Laage, (Bad) Lausick, Lehesten, Netzschkau, Oschatz, Rostock, Schwedt, Taucha, (Bad) Wilsnack, Wittstock, Zerbst, Zossen u. a.

Die *sekundären Ortsnamen* zeigen den Reichtum der slawischen Sprachen an Suffixen. Dabei dienten diese Suffixe zur Ableitung von Ortsnamen aus Appellativa und Personennamen. Manche Suffixe (z. B. *-ov-* und *-in-*) sind in beiden dieser Bereiche zu beobachten, so daß eine Differenzierung wiederum schwierig ist, zumal jede appellativische Wurzel theoretisch als Stamm eines Personennamens erscheinen kann; so könnte für den Ortsnamen *Buckow,* den wir zu *buk* 'Buche' stellen, auch ein sogar bekannter Personenname *Buk,* der aus dieser Baumbezeichnung entstand, angenommen werden.

Zur Ableitung von Ortsnamen aus Appellativa dienten u. a. folgende, in unserem Material belegte Suffixe:

-ica (-nica, -ovica): Mit diesem Suffix abgeleitete Namen waren alte Stellenbezeichnungen, oft bei Gewässernamen zu beobachten. Sicher ist z. B. die Übertragung vom Bachnamen auf den Ort bei Chemnitz (heute Karl-Marx-Stadt) und bei Oelsnitz. Hierher gehören noch: Crivitz, Gößnitz, (Bad) Köstritz, Oberlungwitz (Bachname), Ribnitz, Schweinitz; Sebnitz und Zwönitz (Bachnamen).

-jane: leitete Bewohnerbezeichnungen ab (in unserem Material selten vorkommend), so Dahlen aus altsorb. **Dol'ane* 'Talbewohner', entsprechend auch Dresden und Lassan.

-n-: slaw. *-ъn-*, *-in-*, *-ina* usw., leitete alte Stellenbezeichnungen ab; ergab im Deutschen nach der Übernahme einfach ein *-en* o. ä. (im Norden auch *-in,* betont), z. B. Demmin, (Bad) Düben, Gnoien, Guben, Köthen, Lenzen, Lützen, Möckern, Mügeln, (Neu)ruppin, Nossen, Peitz (niedersorb. Picno), Pirna, Plauen, Pretzsch (Abfall des *-n*), Schlieben, Schmölln, Schwerin, Stolpen, Teuchern, Treuen, Werben, Wriezen, Wusterhausen.

-ov-: Bevorzugt wurden Pflanzen- und Tiernamen mit diesem Suffix erweitert, das vor allem auch possessivische Ortsnamen ableitete, z. B. Beeskow, Buckow, Glauchau, Grabow, Lucka, Luckau, Riesa, Rötha, Torgau, aber auch Güstrow, Leuna.

Seltenere Suffixe sind:

-ava: Calau, Zittau.
-c: Görlitz, Kamenz (falls nicht schon appellativisch).
-nik: Leisnig, evtl. auch Pößneck.
-sk-: Gröbzig, Leipzig.

Eine Reihe anderer Suffixe (z. B. *-š*-Elemente) sind in unseren Städtenamen nicht vertreten. Zuweilen wurde die Suffigierung mit der Präfigierung verbunden, so beruht der Ortsname *Ziesar* auf altpolab. *Zajezer'e* 'hinter dem See gelegener Ort' (Präfix *za-* und Suffix *-'e*).

Zur Bildung von Ortsnamen aus Personennamen dienten folgende Suffixe:

-ici, -ovici: Bezeichnung einer Siedlergruppe, die in engen Beziehungen zu der mit dem betreffenden Personennamen bezeichneten Person (oft wohl der Grundherr oder Ortsälteste) stand. In unserem Material ist charakteristischerweise dieser sonst bei Dorfnamen sehr häufige Namentyp nur ganz selten vertreten; hier nur in Kyritz und Schleiz.

Diese sogenannten patronymischen Namen haben sich meist als Bezeichnungen ursprünglich kleinerer Siedlungen, heute meist Dörfer, erhalten, dagegen wurden Städte öfter nach Personen mit den possessivischen Suffixen *-in-*, *-j-* und *-ov-* benannt. Diese bezeichnen wir als possessivische Ortsnamen, da sie die Zugehörigkeit anzeigen.

-in-: Bei Bildungen mit *-in-* treten keine Vollnamen, sondern nur Kurznamen und charakterisierende Beinamen auf; z. B. Bautzen (obersorb. Budyšin), Döbeln, Golßen, Kröpelin, Lübben, Mutzschen, Penzlin, Roßwein, Tessin, Wettin, Wilthen, Zarrentin. Ganz wenige Namen zeigen nicht *-in-*, sondern *-yn-* (ursprünglich wohl *-yńi*, auch *-yńa*), z. B. Löbejün, Malchin.

-j-: Im Urslawischen, das den slawischen Einzelsprachen zugrunde liegt, wurde der auslautende Konsonant verändert (palatalisiert), wenn ein *-j*-Suffix an den Stamm (hier an den Personennamen) herantrat, z. B. *Cottbus*, niedersorb. *Chośebuz*, gehört zum altsorbischen Personennamen *Chotěbud*. Nachdem an diesen zweigliedrigen Personennamen (auch als Vollname bezeichnet) das Suffix *-j-* getreten war und damit der Ortsname entstand, ergab die Lautgruppe *dj* ein weiches *z*: **Chotěbudj-* wurde zu *Chotěbuz* 'Ort des Chotěbud'. Weitere Beispiele sind: Gadebusch, Lieberose, Meuselwitz, Müllrose, Prenzlau, Radebeul, Radegast, Roßlau, Wolgast. Von Personennamen, die zum Teil Kurzformen zu Vollnamen sind, stammen z. B. Dargun, (Bad) Doberan, Lychen, Prettin, Ranis.

-ov-: Bei diesem Namentyp treten keine Vollnamen, sondern nur Kurznamen und charakterisierende Beinamen auf, z. B. Crimmitschau, Dassow, Gützkow, Jerichow, Löbau, Lübbenau, Malchow, Mirow, (Bad) Muskau, Nerchau, Pausa, Rathenow, Sayda, Seelow, (Alten)treptow.

Zur Gruppe der *zusammengesetzten Ortsnamen* gehören Belgern, aus altsorb. *Běla* + *gora*; (Burg) Stargard, aus altpolab. *Stary* + *gard*; Doberlug(-Kirchhain) aus *Dobry* + *ług*.

Eine Sonderstellung nehmen zwei Ortsnamen ein: *Kötzschenbroda* (heute zu Radebeul) dürfte ein Satzname 'spring über die Furt' als Hinweis auf die Möglichkeit, den Fluß zu überschreiten, sein; *Torgelow* enthält altpolab. **Turogłovy* 'Auerochsenköpfe' als einen Beinamen für eine Siedlergruppe. Auch aus dieser Gruppe sind wenige zu Städtenamen aufgerückt; sie bezeichneten oft kleinere Siedlungen, deren Bewohner von den Nachbarn mit einem derben Spott bedacht wurden.

Die Siedlungsbenennung erfolgte bei den Slawen im Grunde nach denselben Prinzipien wie bei den Deutschen, so daß die für die deutsche Namengebung herausgestellten Gruppen (Lage-, Insassen- und Zugehörigkeits- sowie Eigenmerkmalbezeichnungen) auch hier zu beobachten sind. Auf eine Aufgliederung der altsorbischen und altpolabischen Ortsnamen nach diesen Prinzipien wird hier verzichtet, zumal der Benennungsanlaß bei ihnen nicht immer feststellbar ist und so die Zuordnung erschwert wird. Wir verweisen daher auf die im Namenbuch angegebenen Deutungen und Erklärungsmöglichkeiten.

Namenüberlieferung und historische Quellen

Nach einem unumstößlichen methodischen Grundsatz der wissenschaftlichen Namenforschung hat jeder Nameninterpretation der Nachweis der historischen Namenentwicklung, die Namengeschichte, voranzugehen. Nur so kann man zu sicheren Ergebnissen gelangen. Auch in unserem Städtenamenbuch haben wir daher die wichtigsten älteren Namenbelege bzw. Namenschreibungen aus den ergiebigen historischen Quellen der Namenerklärung vorangestellt. Im wesentlichen handelt es sich dabei um Schriftquellen, neben denen vereinzelt auch gegenständliche Quellen mit erhaltenen Inschriften, etwa bauliche Reste, Grabdenkmäler, Münzen u. ä. heranzuziehen sind.

Bei den Schriftquellen unterscheidet der Historiker gewöhnlich zwischen Urkunden, Besitz-, Zins- und Einkünfteverzeichnissen, Matrikeln u. ä. registerartigen Quellen, Akten usw. einerseits und den sogenannten „erzählenden" Quellen andererseits, etwa Jahrbüchern (Annalen), Chroniken, Lebensbeschreibungen (Viten), Schöffenspruchsammlungen u. ä. Der Unterschied, der zwischen den Dokumenten und erzählenden Quellen besteht, muß bei der Namenbelegsammlung streng beachtet werden: Bringen die dokumentarischen Quellen die Namenschreibung – von Ausnahmen wie späteren Kopien, Fälschungen, nachträglichen Einfügungen (Interpolationen) u. ä. abgesehen – in zeitgleicher, zeitgemäßer Form, so schreiben dagegen die Annalisten und Chronisten, wenn sie über vergangene Geschehnisse berichten, die dabei erwähnten Eigennamen fast immer in der für ihre eigene Zeit (Abfassungszeit) gültigen jüngeren Gestalt. Das Jahr des geschilderten Ereignisses kann dann nicht als zutreffend für die Namenschreibweise angesehen werden, sondern für sie gilt die Zeit der Niederschrift durch den Autor. Auf diese Kriterien müssen wir stets hinweisen, weil sonst ein Wirrwarr hinsichtlich der Sprach- und Schreibentwicklung entstünde. Bei Urkundenabschriften in späterer Zeit muß man ebenfalls darauf achten, ob der Kopist die alte echte Namenform aus der Originalurkunde originalgetreu übernommen oder ob er in der Namenschreibung „geneuert", d. h. eine für ihn zeitgemäße Form eingesetzt hat.

In bezug auf den Stand der Sprachentwicklung ist ferner zu berücksichtigen, daß die in der mündlichen Kommunikation bereits eingetretenen Wandlungen (z. B. Konsonantenverschiebungen, Diphthongierungen oder Monophthongierungen, Lautverstärkungen, Lautschwächungen, Lautersatz) in der Schrift vielfach erst später hervortreten. Ein Beispiel ist die sogenannte ‚neuhochdeutsche Diphthongierung' der alten mittelhochdeutschen Langvokale *ī, ū, iu* zu den neuhochdeutschen Diphthongen *ei, au, eu* (*mīn niuwes hūs* – mein neues Haus), die in der gesprochenen Sprache bereits Ende des 12. und im 13. Jh. eingetreten ist, in der Schrift aber im allgemeinen seit etwa 1450/70 ihren Niederschlag findet. Von diesem Vorgang wurden auch einschlägige im 12./13. Jh. übernommene slawische Ortsnamen erfaßt, etwa Auma, Bautzen, Glauchau, Greiz, Lausick, Leipzig, Leisnig, Leuna, Meuselwitz, Pausa, Peitz, Schkeuditz, Schweinitz, Taucha, Teuchern, Teupitz, Zeitz. Nach dem Norden der DDR, ins niederdeutsche Sprachgebiet, sind die Diphthonge erst mit der neuhochdeutschen Schriftsprache vorgedrungen. – Ähnlich verzögert erfolgte die Kennzeichnung des durch palatale Folgelaute bewirkten Umlautes von *a, o, u* und *ou* zu *ä, ö, ü* und *äu, eu*, etwa Böhlen, Brück, Bützow, Döbeln, Döbern, Dömitz, Fürstenberg, Fürstenwalde, Görlitz, Gößnitz, Gröbzig, Gröditz, Gröningen, Grünhain, Güstrow, Gützkow, Jüterbog, Kölleda, Könnern, Königsbrück, -see, -stein, Köstritz, Köthen, Löbau, Lößnitz, Lübben, Lützen, Mügeln, Oelsnitz, Schmölln, Schönebeck, Sömmerda, Uebigau, Zöblitz, Zörbig u. a. Durch die Tendenz zu – etymologisch falscher – 'hyperkorrekter' Rundung ursprünglich nicht gerundeter Vokale oder Diphthonge sind seit dem 16. Jh. auch unberechtigt gerundete Vokale und Diphthonge in die Namenschreibung eingedrungen, z. B. Düben, Müllrose, Pößneck.

Zur Beurteilung von Namenschreibungen ist ferner wichtig, daß die Urkunden und erzählenden Quellen bis ins 13. Jh. überwiegend in lateinischer Sprache geschrieben sind und daher auch die in ihnen enthaltenen Namen vielfach mit lateinischen Kasusendungen versehen worden sind, die bei der Namendeutung zu berücksichtigen sind. Ebenso können Schreib- bzw. Hörfehler durch den Reinschreiber der betreffenden Urkunde nicht immer ausgeschlossen werden, das kommt vor allem bei nichtdeutschen Schreibern in der königlichen oder päpstlichen Kanzlei gelegentlich vor, seltener in den bischöflichen, landesherrlichen oder klösterlichen und städtischen Kanzleien. Es ist daher erforderlich, stets auch quellenkritisch an altüberlieferte Namenformen heranzutreten.

Die für unsere Städtenamen wichtigsten gedruckten Quellenwerke sind:

Urkundenbücher und Regestenwerke

Monumenta Germaniae Historica (Geschichtsdenkmäler Deutschlands). Diplomata (Urkunden der Karolinger, der deutschen Karolinger, der deutschen Könige und Kaiser).
Codex diplomaticus Anhaltinus. Dessau 1867 ff.
Codex diplomaticus Brandenburgensis. Berlin 1838 ff.
Codex diplomaticus Lusatiae superioris. Görlitz 1856 ff.
Codex Pomeraniae diplomaticus. Greifswald 1843 ff.
Codex diplomaticus Saxoniae (regiae). Leipzig 1864 ff.
Mecklenburgisches Urkundenbuch. Schwerin 1863 ff.
Pommersches Urkundenbuch. Stettin 1868 ff.
Regesta archiepiscopatus Magdeburgensis. Magdeburg 1876 ff.
Regesta diplomatica nec non epistolaria historiae Thuringiae. Jena 1896 ff.
Regesta Imperii. Innsbruck 1881 ff.
Regesten der Markgrafen von Brandenburg aus askanischem Hause. Berlin 1910 ff.
Regesten der Urkunden des Sächsischen Landeshauptarchivs Dresden. Berlin 1960

Daneben zahlreiche Urkundenbücher und Matrikeln der ehemaligen geistlichen Hochstifter, Stifter, Klöster und Orden; der Städte, Territorien bzw. Herrschaften und Dynastien.

Schriftsteller des Mittelalters

Monumenta Germaniae Historica. Reihe Scriptores: Annalenwerke und Chroniken von Stiftern, Klöstern und Städten. Darunter besonders: Adam von Bremen, Helmold von Bosau, Arnold von Lübeck, Detmar von Lübeck, Thietmar von Merseburg, Widukind von Korvei; außerdem die Magdeburger Schöppenchronik (1869).

Auf die genauen Quellenangaben im Städtenamenteil wurde aus Platzgründen verzichtet.

Die Städtenamen der DDR von A–Z

Anlage und Aufbau der einzelnen Ortsnamenartikel

Die Ortsnamenartikel sind alphabetisch geordnet und enthalten die heutige amtliche Form des betreffenden Stadtnamens (im sorbischen Sprachgebiet zusätzlich die – vereinzelt nur noch historische – sorbische Form hinter dem Schrägstrich). Beifügungen vor dem Namen (z. B. Bad) und Beinamen (z. B. Wilhelm-Pieck-Stadt) werden, durch Komma getrennt, nachgestellt. Nach dem Stadtnamen folgt die Angabe der Kreis- und Bezirkszugehörigkeit bzw. des Status als Kreis- oder Bezirksstadt, die Kennzeichnung ihrer Lage im geographischen Raum und die (abgerundete) Einwohnerzahl von 1980 zur Kennzeichnung ihrer Größe. Danach stehen die wichtigsten Daten der betreffenden historischen Stadtentstehung, der früh- bzw. vorstädtischen und städtischen Entwicklung, der Erhebung zur Stadt durch den Stadtherrn und ausgewählte Charakteristika ihrer jeweiligen Funktion, ihrer wirtschaftlichen und kulturellen Besonderheiten.
Die sprachliche Erläuterung bietet zuerst die historisch bezeugten frühesten Nennungen des betreffenden Ortes unter kritischer Wertung der entsprechenden Quellen bzw. Namenschreibungen und weitere für die Namenentwicklung wichtige bezeugte Namenformen. Bei ausführlichen Quellenzitaten mit Kontext, der zusätzliche Angaben zum Charakter der namentlich genannten Siedlung, Burg oder dem zugehörigen Gebiet liefert, ist stets die Schreibweise der Quelle beibehalten. Die gegebenen Namenerklärungen sind kurz und allgemeinverständlich gehalten. Wo es angebracht erschien, wurden Hinweise auf entsprechende vergleichbare Namen beigefügt. Bei früher selbständigen, heute eingemeindeten Städten erfolgt die Erläuterung unter dem heutigen Stadtnamen. Eine Auseinandersetzung mit abzulehnenden älteren Erklärungen konnte hier nur andeutungsweise und sporadisch erfolgen. Sprachwissenschaftliche Grundkenntnisse des Lesers werden vorausgesetzt.

Adorf Kr. Oelsnitz, Bez. Karl-Marx-Stadt; im oberen Vogtland, an der Weißen Elster. 8100 E. – Dorfgründung um 1200; Stadtanlage um 1290 oberhalb des Dorfes mit Übernahme des Dorfnamens aus dem Tale (1294 oppidum).

Eine um 1400 gefälschte Urkunde nennt zu 1290 die Kirche in Adorff; 1294 wird das Städtchen (oppidum) Adorf bzw. die Kirche in Adorph erwähnt, 1328 stat czu Ahdorf. Wie im Falle Mühltroff wurde auch hier das *r* in -dorf zeitweilig umgestellt: 1461 Adruff, 1557 Adroff. – Der Name bezeichnet es als 'Dorf in der *Aue*', mundartl. *ā*, zu mhd. *ouwe* 'wasserreiches, von Wasser umflossenes Land, nasse Wiese, Insel', enthalten auch in *Ei*land. Vgl. auch Aue und Adorf bei Karl-Marx-Stadt.

Aken Kr. Köthen, Bez. Halle; an der Mittelelbe, westl. von Dessau. 11300 E. – Burgmarkt bei Burg Gloworp im 12. Jh. (Altstadt); planmäßig angelegte Neustadt nach 1212 (1270 civitas).

Durch Nennung seines Bürgermeisters (magister) Waltherus de Aken zuerst bezeugt 1219; weitere Nachweise, zum Teil in lateinischer Urkundenform, 1227, 1230, 1241 in Aquis, Aqua (lat. *aqua* 'Wasser'), 1270 Aken, 1552 Agken. – Sehr wahrscheinlich von niederrheinischen Siedlern übertragener Name der Stadt Aachen, das nd. *Aken* lautete und ebenfalls auf lat. *aqua* bzw. *aquis* (Lokativ) 'Ort bei den Wasserläufen oder Quellen, auch Heilquellen' zurückgeht. Auch der Burgname *Gloworp* weist auf den Niederrhein: Altsächs. *warp, worp* 'Wurf, Aufwurf, erhöhter Platz im wasserreichen Gelände' ist z. B. im Namen der belgischen Stadt *Antwerpen* enthalten.

Allstedt Kr. Sangerhausen, Bez. Halle; am Ostrand der Helmeniederung (Goldene Aue). 4300 E. – Altthüringisches Dorf etwa des 5./6. Jh.; deutsche Königspfalz (935 curtis) seit 10. Jh.; → Frühstadt im 11./12. Jh. (Altstadt, 1154 villicus 'Stadtvogt' erwähnt); 1323/30 Neustadt angelegt.

Der 'seit alter Zeit bestehende Siedelplatz' ist bereits 777 als Altstedi bezeugt. Die Pfalz heißt 935 ff. curtis Altsteti; 936 begegnet zum ersten Mal die jüngere Form Alsteti, 937 Alstete (*-tst-* vereinfacht zu *-st-*). Bischof Thietmar von Merseburg bietet in seiner berühmten Chronik von 1012/18 die altniederdeutsche Variante Alstidi. – Es ist von einer niederdeutschen Namenform Aldstedi (so

z. B. 1062) auszugehen; die *t*-Schreibungen sind durch hochdeutsche Urkundenschreiber bedingt. Die jüngere Form setzte sich seit Mitte 12. Jh. durch: 1154 bzw. 1174 Alstede, Allstede; sie kam zustande durch Konsonantenerleichterung *-ldst-* > *-lst-*.

Alsleben Kr. Bernburg, Bez. Halle; am Westufer der unteren Saale. 4000 E. – Altthüringisches Dorf um 500; später mit Grenzburg gegen die Sorben; Burgmarkt; Grafensitz seit 10. Jh. (1142 castrum, forum); Benediktinerkloster seit vor 979; → Stadt im 12. Jh.
Leider gestatten die frühen Nennungen 973 Elesleba, 979 Eleslebo, 1003 Elesleuo, 1100, 1142 Alesleve, 1131 Alsleve keine eindeutige Erklärung des Erstgliedes, das sicher einen – vielleicht schon verkürzten – germanisch-deutschen Personennamen, etwa *Adalwolf, Adalwalt* o. ä., enthält. Die Formen mit anlautendem *e-* könnten den Umlaut von *a-* oder eine altniederdeutsche mundartliche Vertretung des *a-* widerspiegeln; auch daß sich dieses *a-* in der schriftlichen Überlieferung durchgesetzt hat, weist auf einen solchen Anlaut. Ein vergleichbares *Alsleben* findet sich im Grenzgebiet der BRD südl. von Römhild, das zu 866 als Adalolfesleiba überliefert ist, jedoch nicht unbedingt sprachlich mit unserem Ortsnamen gleichgesetzt werden darf. Vgl. auch Großalsleben. Bemerkenswert sind dagegen allein acht *Alslev, Alslöv* im dänischen Raum, deren späte Überlieferung (nach 1200) allerdings auch keine weiteren Aufschlüsse bietet (meist Alsleff geschrieben). Zum Zweitglied *-leben* vgl. S. 19.

Altenberg Kr. Dippoldiswalde, Bez. Dresden; Bergstadt im Osterzgebirge, an der Straße Dresden–Zinnwald–Prag. 2600 E. – Ursprüngliche Dorfsiedlung; durch Zinnerzfunde seit Mitte 15. Jh. → Bergstadt; Marktort; 1512–1531 Neustadt angelegt.
Der ältere Name Geisingberg (1451 off dem Geußingisberg, 1468 uff dem Gewsinge, 1470 und 1492 auf dem Geyßingsberge) – eine Parallele zum anschließenden Ortsnamen Geising (1477 Gusingeßgrunt, 1517 Geussingsgrundt) – bezeichnete wohl den Berg, der häufig übergossen wurde (vom Regen): ahd. **guzjan*, frühnhd. *geuzzen* '(über)gießen', mit personifizierendem *-ing*, evtl. auch auf das Zinngießen in seiner Umgebung bezogen (Zinnerzbergbau). Der Name A. kam auf, als neue Zinnlagerstätten in seiner Nachbarschaft entdeckt und ausgebeutet wurden: 1489 uf dem Aldenberge, 1534 zum Aldenbergk.

Altenburg Kreisstadt, Bez. Leipzig; südl. der Bezirksstadt, westl. der Pleiße. 53800 E. – Alter Zentralort des ehemaligen Pleißengaues und späteren Pleißenlandes; altsorbischer Burgwall und Burgsiedlung (Pauritz); seit Mitte 10. Jh. deutscher Burgward; im 11.–13. Jh. Kaiserpfalz und königliches Tafelgut; seit 11. Jh. frühstädtisch; Altstadt um Brühl und Bartholomäuskirche um 1135; planmäßige Erweiterung (Neumarkt) und Stadterhebung 1165 durch Friedrich Barbarossa (1205 civitas).
Älterer Name *Plis(i)na*: 1064 Blisna; Anmerkung zu 1113 in den Pegauer Annalen: olim (einst) Plisna; beim Fortsetzer des Cosmas von Prag zu 1132: in castro Plysn, Plizn. 1209 heißt es in der Slawenchronik Arnolds von Lübeck: Aldenburch, que alio nomine Plisne nuncupatur; noch 1117 ist ein Heinricus de Plisna Urkundenzeuge des Bischofs von Meißen. Seit 10. Jh. heutiger Name: 976 Altenburg, danach sehr häufig auch Altenburc, Aldenburch, Aldinburc u. ä. – Unterburgsiedlung *Pauritz*: 976 Podegrodici, zu altsorb. **Pod-grod-ici* 'die Leute unter der Burg'. – *Plis(i)na* ist eine adjektivische Ableitung zum Flußnamen Pleiße, zu erschließen als **Plisa*, der wohl aus vorslawischer Zeit stammt.

Altentreptow Kreisstadt, Bez. Neubrandenburg; nördl. der Bezirksstadt, an der Tollense. 7800 E. – Im frühen Mittelalter slawische Burg mit Burgsiedlung; nach 1200 Stadtanlage (1245 civitas).
Ursprünglich nur Treptow: 1175 Trybethowe; 1191, 1239 Trebutowe, 1245 Tributowe, 1254 Treptowe; seit 1295 Antiquum Treptowe, Olden Treptow im Unterschied zu dem jüngeren Treptow in Pommern, dem heutigen Trzebiatów in Polen, nordöstl. von Szczecin. Die Umschrift des Stadtsiegels von etwa 1300 lautet: 'Sigillum civium de Tribetowa'. – Der Name bezeichnete die Siedlung des *Trebota*: altpolab. *Trebotov* 'Ort des Trebota'. Personennamen zum Stamm *Treb-* waren in den slawischen Sprachen sehr häufig.

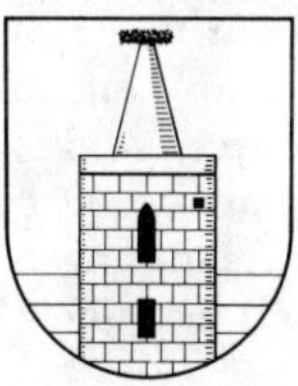

Altlandsberg Kr. Strausberg, Bez. Frankfurt; auf dem Barnim, östl. von Berlin. 3000 E. – In vordeutscher Zeit slawischer Burgwall mit Burgsiedlung; seit 1230 markgräflich-brandenburgische Burg und Burgflecken im Rodungsgebiet; vor 1257 planmäßig angelegte Stadt.
Auf die Existenz von A. vor 1257 ist zu schließen,

weil in diesem Jahre Landisberch Nova 'Neulandsberg' in der damaligen Neumark angelegt wurde. Seit 1300 ist A. sehr oft belegt als Landesberg, -berch, zunehmend (1324ff.) auch als Antiqua Landisberg, -perg usw. Der Name sollte den Charakter der Gründung als 'Ort, Stadt des Landesherrn' bzw. der 'Landesherrschaft' bezeugen. Evtl. von den Wettinern von Landsberg bei Halle (vgl. dort) hierher übertragener Name.

Alt Ruppin Kr. Neuruppin, Bez. Potsdam; an der Nordostecke des Ruppiner Sees, 3 km nordöstl. der Kreisstadt, nordwestl. von Berlin. 3000 E. – Frühmittelalterlicher slawischer Burgwall auf einer Halbinsel im Ruppiner See; Zentrum des Gaues Zamcici; nach 1147 deutsche Burg und Burgflecken; Stadtrecht seit 1840. Seit der Gründung von Neuruppin Zusatz 'Alt' für A. Bekannter Erholungsort am Südrand der reizvollen „Ruppiner Schweiz".

Die gesicherten Nennungen lauten: 1256 Olden Ruppyn, 1273 Rupin, 1291 Antiqua Rupin; im 14. Jh. tritt öfter Repin, Reppin (z. B. 1325, 1337, 1373) hervor. Die Formen für Neuruppin zeigen *e* schon seit 1272. – Wegen der alten Schreibungen mit *u* wohl zu altpolab. *rupa* 'Grube' (evtl. 'Wasserloch') zu stellen; das Wort ist in den südslawischen Sprachen gut belegt. Das *e* dürfte auf Akzentverlagerung auf die letzte Silbe beruhen. Vgl. auch Neuruppin.

Angermünde Kreisstadt, Bez. Frankfurt; in der südl. Uckermark, westl. von Schwedt. 11600 E. – Etwa 1230/50 brandenburgische Grenzburg gegen Pommern; Stadtanlage um 1260 an der Fernstraße Berlin–Stettin (heute Szczecin) durch den Markgrafen.

Die Nennung von A. in der brandenburgischen Markgrafenchronik zu 1267 als Novin-Tangermunde verweist auf die Namenübertragung vom altmärkischen Tangermünde. Wahrscheinlich waren sich aber die Benutzer des Namens der Tochterstadt sehr bald nicht mehr dieses Zusammenhangs bewußt und faßten das anlautende *t*- als verkümmerte Präposition, nd. *to* 'zu', auf, so daß das Gemeinwort *Anger* leicht in Tanger- eingedeutet werden konnte: 1277, 1287, 1296, 1305 usw. schon stets Angermunde. Den Zusammenhang mit Tangermünde lassen aber auch die Nennungen 1292 Nova Angermunde, 1305 Nien Angermunde noch erkennen. Vgl. auch Tangermünde.

Anklam Kreisstadt, Bez. Neubrandenburg; an der unteren Peene, vor deren Mündung in das Oderhaff. 20100 E. – Im 12. Jh. herzoglich-pommersche Burg mit Burgmarkt am Peeneübergang; Stadtanlage 1200/1243 (1247 oppidum).

1243 erscheint zuerst ein Stadtvogt (Albertus scultetus) in Tanchlim; weitere Nennungen als Stadt folgen dicht hintereinander: 1247 Tanchlym, Tanclem; 1251 und 1264 Tanchlim; 1280 und 1283 Tanglim; 1272 Tanclam. Der *t*-Anlaut erscheint im 13./14. Jh. noch vereinzelt, doch wird die *t*-lose Form seit 1283 immer häufiger und setzt sich dann durch: 1283 Anclem, 1284 Anclim, 1307 Anclym; 1298 Anchclam, 1321 Anclam. *t*- im Anlaut entfiel wohl, weil es als Präposition, nd. *to, te* 'zu', aufgefaßt wurde; vgl. hier Angermünde. – Es liegt ein Personenname, altpolab. *Tąglim*, zugrunde, der durch das Suffix *-j-* zum Ortsnamen erweitert wurde, das jedoch bei der Eindeutschung des Namens keine Spuren hinterließ. Die eingedeutschte Form lautete vor Abfall des *t*- seit dem 13. Jh. *Anklim*. Auch der Ortsname *Tangeln*, Kr. Klötze, enthält einen Personennamen, der zu diesem Stamm gehört.

Annaberg

Annaberg-Buchholz Kreisstadt, Bez. Karl-Marx-Stadt; im oberen Erzgebirge, am Westhang des Pöhlberges. 25700 E. – Aufgrund von Silbererzfunden seit 1493 Ansiedlung von Bergleuten am Schreckenberg; geordneter Anbau seit 1496 (Bergstadt 1497). Der südl. Nachbarort Buchholz entwickelte sich 1501–1515 zum Bergstädtchen; Vereinigung beider zu einer Stadtgemeinde 1949.

Buchholz

Der ursprünglich von bäuerlichen Siedlern so benannte *Schreckenberg* wurde von den Bergleuten als 'Berg zu St. Annen' bezeichnet, nach dem ersten der *heiligen Anna* gewidmeten Kirchlein: 1495 mons sancte Anne (lat.). So konkurrierten beide Namen miteinander in der neuaufgebauten Stadt: 1497 Newe Stadt bey dem Schreckenperg, 1499 Newenstadt ader Sankt Annabergk. Durch landesherrliche Entscheidung galt ab 1501 der heutige Name, zumal die prächtige St.-Annen-Kirche 1499–1525 erbaut wurde. – Im Bergnamen Schreckenberg ist mhd. *schrecken* 'jäh aufspringen' enthalten, wie z. B. auch in dem Gebirgszug *die Schrecke* in Thüringen und in dem Insektennamen *Heuschrecke*.

Buchholz war zunächst eine Waldbezeichnung; in ihm bzw. an ihm entstand die Siedlung gleichen Namens: 1501 Puchholtz, Bucholz; 1520 St.-Katharinen-Berg im Buchholz (so noch 1764), nach der 1504–1520 errichteten St.-Katharinen-Kirche benannt.

Annaburg Kr. Jessen, Bez. Cottus; am Nordwestrand der Annaburger Heide, nordöstl. von Torgau. 4300 E. – Anfänglich Dorf Lochau mit herzoglich-sächsischem Jagdschloß; Städtchen seit 15./16. Jh.; nach dem Schloßneubau 1572/73 Umbenennung nach der Kurfürstin Anna.

Das ältere *Lochau* ist 1339 und 1378 als Lochow bezeugt, 1500 Lochaw, 1528 Lochau (stetlein). *Annaburg* war ursprünglich der Name des Jagdschlosses und wurde auf das Städtchen Lochau übertragen. – *Lochau* beruht auf altsorb. **Lochov* 'Ort des Loch'.

Apolda Kreisstadt, Bez. Erfurt; nahe der unteren Ilm, nordöstl. von Weimar. 28700 E. – Altthüringisches oder bereits germanisches Dorf der ersten Jahrhunderte u. Z.; im 9./10. Jh. Grafenburg und Mittelpunkt des Gaues Husitin; → Stadt im 12./13. Jh. (1289 cives genannt, 1308 civitas). Seit etwa 1600 Entwicklung der Strickerei; Glockenguß(Museum).

Seit 1123 ist A. im Namen des ansässigen erzbischöflich-mainzischen Ministerialengeschlechtes oft bezeugt; zuvor heißt es bereits 1119 und 1123 in Appolde; 1123 ff. Thidericus bzw. Ditericus de und in Ap(p)olde, Abbolde. Als Latinisierungen sind die frühen Formen auf *a* aufzufassen: 1171 in Apolda, 1308 Appolda; als amtliche Form setzt sich diese erst im 16. Jh. durch. Die mundartliche Aussprache spiegelt sich in dem Beleg Appulde von 1438. – Der mit dem kollektivierenden Suffix ahd. *-idi*, and. *-ithi*, mhd. mnd. *-de* gebildete Name bezeichnet einen 'Ort, wo es (viel) *Äpfel* gibt', zu and. *appel*, ahd. *apful* 'Apfel, Apfelbaum'. Das nicht zu *pf* verschobene *pp* läßt die ehemalige Zugehörigkeit Ostthüringens zum altniederdeutschen Sprachgebiet erkennen.

Arendsee Kr. Osterburg, Bez. Magdeburg; am Arendsee in der nördl. Altmark. 3200 E. – Bis Ende 13. Jh. dörflich, seitdem Marktflecken (1289 oppidum).

Der *See*, nach dem der Ort benannt ist, wird schon 822 als Arnseo in den fränkischen Reichsannalen genannt. Der Annalist Saxo nennt den Ort um 1150

Arnsee; 1183 schreibt man Arnse und Arnes(s)e. – Der altsächsische Personenname (Kurzname) *Arn*, der im Erstglied enthalten ist, wird später abgewandelt zu *Arnd* (1312), *Arndt* (1438), *Arnt* (1440) und schließlich „gestreckt“ zu *Arend* (1556). Vgl. auch Arneburg und Arnstadt.

Arneburg Kr. Stendal, Bez. Magdeburg; am hohen Westufer der Elbe, nordöstl. von Stendal, an altem Elbübergang. 2300 E. – Grafenburg des 10. Jh. mit Burgsiedlung (evtl. Reichsburg schon seit 8./9. Jh.); → Stadt seit 1150.

A. ist benannt nach einem *Arn* (vgl. Arendsee) oder dem *Aar* ‘Adler’, ahd. *aro, arn*, mnd. *arne*. In den ältesten Nennungen tritt ein unorganischer *h*-Anlaut auf: Bei Thietmar von Merseburg (1012/18) steht zu 978 und 997 Harnaburg und zu 1012/15 Arnaburg; dann folgen 981, 983 Arnaburch, 997 Arni-, Arnoburg. Altsächsischen Einfluß zeigen 1006 Aernaburg und 1025 Ernaburg sowie die Formen auf *-burch* und *-borch* seit dem 12. Jh.: 1162 Arneburch, 1172 Arneborch. Vgl. auch Arendsee und Arnstadt.

Arnstadt Kreisstadt, Bez. Erfurt; an den Vorbergen des mittleren Thüringer Waldes, südl. von Erfurt an der Gera; an sehr alter Straße über das Gebirge nach Mainfranken. 29600 E. – Althüringische Siedlung um 500; 704 feudaler Großhof des Thüringer Herzogs; → Marktort 10.–12. Jh.; Stadt um 1200 (1220 civitas). Seit 1684 Residenz einer Linie der Grafen von Schwarzburg; 1703–1707 Wirkungsstätte J. S. Bachs.

A. ist die frühestgenannte Stadt auf dem Gebiet der DDR: 704 schenkt der Thüringer Herzog Heden seinen Hof in loco nuncupante Arnestati ‘im A. genannten Ort’ dem Bischof Willibrord von Utrecht, zu dessen Missionsgebiet Thüringen damals mit gehörte (noch vor der Wirksamkeit des Winfried-Bonifatius). Willibrord von Utrecht vermachte diesen Hof 726 (Arnistadi) dem Kloster Echternach. 954 fand unter Otto I. eine Reichsversammlung in Arnistat, Arnestat statt. Seit dem 12. Jh. lauten die Namenformen Arnstete, Arn(e)stede. – A. ist die Siedlungsstätte eines *Arn*, zu ahd. *aro, arn*, mhd. *arn*, mnd. *arn(e)* ‘Adler’. Im Gegensatz zu den zahlreichen weiteren Namen Thüringens mit *-städt, -stedt* hat sich bei A. das nicht umgelautete *-stat* (*-stadt*) erhalten oder vielmehr wegen des frühen Stadtcharakters des Ortes wieder durchgesetzt. Vgl. auch Arendsee und Arneburg.

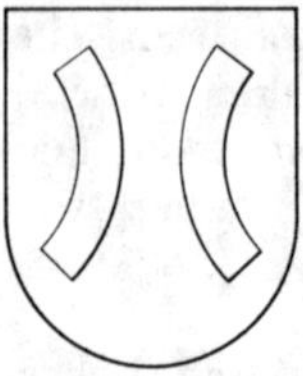

Artern Kreisstadt, Bez. Halle; nahe der Helmemündung in die Unstrut, im Ried am Unstrutknie. 7300 E. – Altthüringisches Dorf vor 500; später mit Wasserburg; → Burgflecken (Altstadt); planmäßiger Ausbau nach 1200.

Das in einem Hersfelder kopialen Güterverzeichnis (um 1150) um 800 erwähnte Aratora stellt eine Latinisierung des Schreibers dar: Lat. *arator* 'Pflüger, Ackermann' hatte wortstamm-, bedeutungs- und bildungsmäßig im Germanischen ein *artāri* (zu *artōn* 'pflügen') neben sich, auf dem der Ortsname beruht. A. ist also der Ort '*zu den Ackerbauern*'; spätere Belege sind: 1136 Artera, 1252 de Arteren, 1268 de Artere.

Aschersleben Kreisstadt, Bez. Halle; im Unterharzvorland, an der Wipper, nordwestl. von Halle. 35600 E. – Altthüringische Siedlung seit etwa dem 5. Jh.; Grafenburg seit karolingischer Zeit (Landgerichtsstätte), Burgmarkt; → Frühstadt (Altstadt) 11./12. Jh. (1175 oppidum); Neustadt im 13. Jh.; Maschinenbau- und Verkehrszentrum („Tor zum Ostharz").

Im 9. Jh. hatte das Kloster Fulda Einkünfte in Ascegeresleba; 1086 heißt es Asscheresleuo, 1167 und 1175 Askersleve, seit 1147 Aschersleve. Daneben kamen früh latinisierte Formen auf, z. B. 1263 Asc(h)aria und 1484 Ascania. Von Ascania ist der Name des anhaltischen und brandenburgischen Fürsten- bzw. Markgrafenhauses der *Askanier* abgeleitet. – A. ist der 'Erbbesitz eines *Ask-gēr*', zu ahd. and. *ask* 'Esche' und *gēr* 'Wurfspeer'. Zum Zweitglied *-leben* vgl. S. 19. Denselben Personennamen enthält *Eschershausen* bei Holzminden (9. Jh. Ascgereshuson).

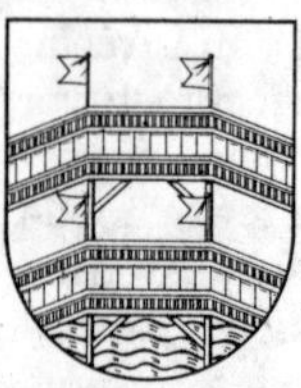

Aue Kreisstadt, Bez. Karl-Marx-Stadt; im Westerzgebirge, an der oberen Zwickauer Mulde, südöstl. von Zwickau. 30600 E. – Waldbauerndorf (Zelle) seit etwa 1200; Marktanlage 1450/90 (Bergbaugemeinde); 16./17. Jh. Flecken; 1839 Stadtrecht. Metallurgie-, Maschinenbau-, Metall- und Textilwarenbetriebe.

Ausgangssiedlung war 1173 Cella, das Klösterlein *Zelle* (1547 dorff zur Zell). Der jüngere Name *Aue* galt zweifellos schon früher für dessen Umland, ehe er zum Namen der rasch wachsenden Marktsiedlung wurde: 1464, 1490, 1536 Awe; 1550 Aue. – Mhd. *ouwe*, mundartl. *ā*, bezeichnete das 'Land am Wasser, nasse Wiese, Insel'. Vgl. auch Adorf.

Auerbach Kreisstadt, Bez. Karl-Marx-Stadt; im östl. Vogtland, an der Göltzsch, östl. von Plauen. 17200 E. – Rodungsdorf vom Ende des 12. Jh. mit feudalem Herrensitz; Stadtanlage um 1300.

Seit 1274 ist ein Ministeriale Cunradus de Urbach des Vogtes von Plauen bezeugt; diese Schreibung tritt bis ins 15. Jh. hinein auf (1348, 1350, 1382, 1402, 1411). 1414 ff. heißt es öfter Uwerbach; seit 1469 wird der bereits früher gesprochene Diphthong *au* als *aw* und schließlich als *au* aufgezeichnet: 1469 Awerbach, 1529 Aurbach. – Es liegt ein mittelhochdeutscher Bachname (Nebenbach zur Göltzsch) zugrunde: *Ūrbach* 'Auer(ochsen)bach', falls nicht eine Klammerform aus *Aüer(hahn)bach* vorauszusetzen ist.

Augustusburg Kr. Flöha, Bez. Karl-Marx-Stadt; im mittleren Erzgebirge, auf einem Höhenrücken zwischen Zschopau und Flöha; östl. von Karl-Marx-Stadt. 2900 E. – Burg mit Burg- und Rodungssiedlung vom Ende des 12. Jh.; Burgflecken 15. Jh.; Stadtrecht 1564; ursprünglicher Name ist Schellenberg; nach Neuaufbau der Burg 1567/72 umbenannt nach dem sächsischen Kurfürsten August; 1899 Umbenennung auch des Städtchens Schellenberg in A.

Auf der älteren Burg *Schellenberg* saßen seit Ende des 12. Jh. die Reichsministerialen von Schellenberg: 1206 Shellenberc, 1240 Schellinberc, 1245 Scellenberch, 1222 Schellenberg u. ä. – Das Erstglied des Namens Schellenberg ist mehrdeutig: am ehesten 'der Berg oder die Burg, von dem/der es schallt', zu mhd. *schëllen* 'tönen', faktitiv *schellen* 'tönen machen, tönen lassen'. Vielleicht war damit auch die *Schelle* (Glöckchen) gemeint, die die Herren von Sch. in ihrem Wappen führten, das sie aus ihrer Heimat, von der gleichnamigen Burg bei Erlangen, mitbrachten. Auf den Charakter eines Jagdschlosses weist das jüngere Stadtwappen hin: Es zeigt zwischen zwei Mauertürmen einen Hirsch auf einem Felsen.

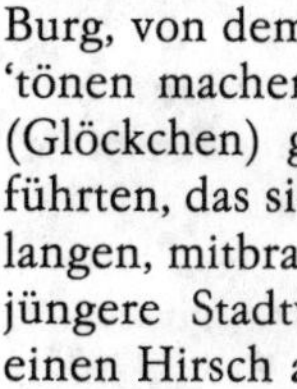

Auma Kr. Zeulenroda, Bez. Gera; Am Oberlauf der Auma zwischen Orlasenke und der Kreisstadt. 3900 E. – Rodungsdorf des 12. Jh. mit feudaler Herrenburg; → Burgflecken seit 13. Jh. (1331 stetichen); Stadt seit 14. Jh. (1350 oppidum).

1237 und 1248 ist zuerst ein Ritter Albertus de Uma bezeugt; die Burg erscheint seit 1328 als Ůma, Uma,

Vma. Die Länge des Vokals zeigen die Formen 1443 Uhama und 1565 Ahuma sowie der daraus entwickelte Diphthong *aw* bzw. *au*. Der Ort trägt den Namen des Flusses, dieser wird 1351 als (an der) Hůme, 1495 (an der) Awme bezeichnet. – Wahrscheinlich wurde hier ein alteuropäischer Flußname tradiert. Er gehört zu dem „Wasserwort" (Wortstamm) **av-* bzw. **au-* 'Quelle, Flußlauf', hier mit einem *-m*-Suffix **Auma*, das als *Uma* ins Altsorbische übernommen und danach als dt. *Ūma*, diphthongiert *Auma*, weitergeführt wurde. Die gleiche Form haben noch zwei Wasserläufe in Norwegen; eine erweiterte Endung zeigt die Aumenau (→ Lahn).

Ballenstedt Kr. Quedlinburg, Bez. Halle; am Nordostrand des Unterharzes. 9700 E. – Altthüringische Siedlung; Grafenburg im 11. Jh. mit Burgmarkt; im Spätmittelalter Flecken; Stadtrecht 1543.

1046 wurde das Kloster in B. (monasterium Ballenstitense) geweiht; seit etwa 1060 nennt sich die ansässige Grafenfamilie nach dem Ort: Adelbertus und Otto de Ballenstede, -stide. Der Ort direkt wird um 1073 Ballenstedi und Ballensteti genannt. – Es handelt sich am ehesten um die Siedlung eines *Baldo* > *Ballo*; dieser Kurzname gehört zum Wortstamm germ. *balda*, ahd. altsächs. *bald* 'kühn, tapfer'; zweigliedrige Personennamen dazu sind: Baldwin, Baldhild, Baldwīg, Bald(w)ulf usw.

Barby Kr. Schönebeck, Bez. Magdeburg; am westl. Elbufer nahe der Saalemündung. 6000 E. – Altthüringische Siedlung; später Burgbezirksmittelpunkt (10. Jh. Burgward) mit Reichs- bzw. Grafenburg und Burgmarkt; Stadtanlage bald nach 1200.

Der 961 Barbogi, 999 Barabogi, 974 und 987 Bareboi, später noch Bareboy(e), Barbuy, Barbei, Barbey und Barbi(e) geschriebene Name enthält als Zweitglied altsächs. *bōgi*, mnd. *böge* in der Bedeutung 'von einer Flußkrümmung eingefaßte Wiese bzw. Siedlung', das später zu mundartl. *büge, bǖ* gehoben und danach zu *bī* entrundet wurde. Vergleichbar sind andere mittelelbische Orte mit *-by* wie *Brumby, Elbeu, Kollenbey, Steckby* u. a. Da diese Ortsnamen durchweg mit Substantiven oder Adjektiven zusammengesetzt sind, wird auch hier eine solche Zusammensetzung vorliegen: am ehesten altsächs. mnd. *bar* 'kahl, bloß, baumfrei' (wie noch in *barhaupt, barfuß*). Der Name bezog sich offenbar auf das Gelände an der windungsreichen Saale und deren Mündung in die Elbe.

Bärenstein Kr. Dippoldiswalde, Bez. Dresden; im Osterzgebirge, am Müglitztal. 1400 E. – Dorf mit feudaler Herrenburg Ende des 12. Jh.; Anlage des Städtchens 1501.

1294 wird zuerst der Pfarrer des Ortes, ein Hermann von Bernstein, genannt; der Ort wird überwiegend in dieser Schreibung weiter erwähnt (1324, 1350, 1410 usw.). Das Städtchen heißt nach seiner Gründung zunächst einfach *Naustadt* (1502), 1529 Newstedtleyn, späterhin wie die Burg. – Der Name bezieht sich auf das Vorkommen von *Bären* in der Umgebung der Felsenburg: ahd. *bëro*, mhd. *bër(e)* 'Bär'.

Barth Kr. Ribnitz-Damgarten, Bez. Rostock; in der Küstenniederung am Barther Bodden, südl. der Halbinsel Darß. 12400 E. – In slawischer Zeit Burg mit Burgsiedlung und Burgbezirk der Fürsten von Rügen; Stadtgründung um 1230 (1255 civitas).

Die reguläre Schreibung des Orts- bzw. Landschaftsnamens ist seit 1178 Bard oder Barth; im 13. Jh. überwiegen Bart und Bardt. – Der Name enthält altpolab. *bardo* 'Berg, Hügel'.

Baruth Kr. Zossen, Bez. Potsdam; am Nordrand des Niederen Flämings, im Baruther Urstromtal, südl. von Berlin. 2000 E. – Feudalherrenburg des späten 12. Jh. mit Burgsiedlung; → Städtchen im ausgehenden Mittelalter.

Ein Ritter Hildebrand von Baruth ist 1216–1234 öfter bezeugt; der Ort schreibt sich auch weiterhin Baruth oder Barut (1328, 1350, 1427, 1510 u. a.). – Eine überzeugende Deutung des Namens, der auch im Kr. Bautzen wiederkehrt, ist bisher nicht ermittelt worden. Es könnte sich um eine frühe Sorabisierung eines deutschen Personennamens auf *-olt* (<*walt*), etwa *Berolt* o. ä., handeln, dazu auch der polnische Personenname *Bierut* (<*Berolt*).

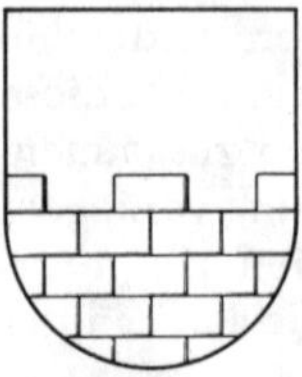

Bautzen/Budyšin Kreisstadt, Bez. Dresden; im Mittelpunkt der Oberlausitz, an der Spree und an alter Spreefurt. 47000 E. – Im Frühmittelalter Zentrum des Slawengaues Milzane mit slawischem Burgwall und slawischer Burgsiedlung; seit 1031 in deutschem Besitz (deutscher Burgward); Name der Burg seit etwa 1400 Ortenburg; städtische Entwicklung seit ausgehendem 11. Jh; mehrere planmäßige Stadterweiterungen im 12./13. Jh.; Sorbisches Kulturzentrum.
In der Chronik des Bischofs Thietmar von Merseburg wird Budusin, Budisin zum Jahre 1002 und 1018 erstmals genannt, 1031 heißt es Budasin, 1087 Budessin. Spätere Formen sind: 1144 Budesin, 1245 Budissin, 1319 Budischin; die ersten diphthongierten Formen lauten: 1419 Bawdissin, 1428 Baudissen, 1460 Pauczen, 1511 Bawtzen usw. Bis 1868 galt als amtlicher Name Budissin. – Der Ortsname lautete im Altsorbischen *Budyšin* und gehört zum Personennamen *Budych* bzw. *Budyš*. Personennamen zum Stamm *Bud-* sind in den slawischen Sprachen sehr häufig. Zu *-bud* als Zweitglied vgl. Cottbus.

Beelitz Kr. und Bez. Potsdam; im Nieplitztal, südl. der Bezirksstadt, am Ostrand der Zauche. 5000 E.– Im Frühmittelalter slawischer Burgbezirk; 929–983 deutscher Burgward; seit 12. Jh. markgräfliche Burg und Burgflecken; Stadtanlage bald nach 1200 (1247 oppidum).
Die in der Zuweisung (evtl. zu Belzig) umstrittene Nennung des Burgwardes Belizi von 997 ist eher zu diesem Ort zu stellen, der dann seit 1204 als Sitz eines Gerhard von Beliz bezeugt ist. Im weiteren 13. Jh. lauten die Formen Beliz, Belicz. – B. geht auf altpolab. *Bělica* zurück: In diesem Namen steckt das Adjektiv *běly* 'weiß, hell, glänzend' oder das Substantiv *běl* bzw. *bělica* 'Sumpf, Niederung, feuchte Wiese'. Welche dieser Bedeutungen dem Namen zugrunde lag, läßt sich nicht mehr ermitteln. Vgl. auch Belgern, Belzig, Böhlen.

Beeskow Kreisstadt, Bez. Frankfurt; an der Spree, westl. von Eisenhüttenstadt. 8300 E. – Vor 1150 slawischer Burgwall und slawische Burgsiedlung; seitdem deutscher Feudalherrensitz; Stadtanlage um 1250 (1272 civitas). Landwirtschaftszentrum.
Seit 1272 wird die Stadt B. oft genannt: 1272 Besicow und Besecowe, 1273 Bezekowe, 1284 Bescowe, 1285

Besikowe, 1324 Bezckow, 1452 Beßko. Sicherlich stammt auch der noch früher (1230) genannte Ritter (miles) Everhardus de Besechowe von hier. – Der Name bezeichnete den Ort, an dem Holundersträucher wachsen, zu altsorb. *bezk* 'Holunder', Ausgangsform *Bezkov*.

Belgern Kr. Torgau, Bez. Leipzig; am westlichen erhöhten Elbufer, an alter Elbfurt, südöstl. von Torgau. 3900 E. – Frühmittelalterlicher slawischer Burgwall mit Burgbezirk; seit Mitte 10. Jh. deutscher Burgward und Burgflecken; Stadtanlage um 1200 (1231 oppidum).

Belgora und Belegora tritt zuerst in zwei deutschen Königsurkunden von 973 und 983 entgegen; Thietmar von Merseburg nennt es zu 1010 und fügt gleichzeitig eine Namenerklärung hinzu: Belegori, quod pulcher mons dicitur (…, das *Weißen-*, *Witten-* bzw. *Schönberg* genannt wird); es stellt also eine Parallele zum mittelelbischen *Wittenberg* dar. In den Pegauer Annalen von 1150 wird die Burg (urbs) Belgor zu 1083 erwähnt; diese Form wird auch 1130 überliefert. Seit dem 13. Jh. wird meist Belgere (1202, 1231) und Belger (1207, 1251) geschrieben; die heutige Form Belgern begegnet zuerst 1286. Die mundartl. Lautung scheint durch in Belchern (1356). – Dem Namen liegt altsorb. *Běla gora* zugrunde, zu *běla* 'weiß' und *gora* 'Berg'. Vgl. auch Beelitz, Belzig, Böhlen. Der gleiche Name liegt vor in Belgern bei Weißenberg (Oberlausitz) und Byhleguhre bei Lübben (Niederlausitz).

Belzig Kreisstadt, Bez. Potsdam; am Nordrand des Hohen Flämings und am Südrand der Zauche, südl. von Brandenburg. 7300 E. – Vor 929 slawischer Burgwall und Burgbezirk, danach deutscher Burgward; aus dem Burgflecken Entwicklung zum Städtchen im 13. Jh. (1269 oppidum).

Falls nicht verschrieben für Bel*t*izi ist das 997 erwähnte Belizi für Beelitz (vgl. dort) in Anspruch zu nehmen. Seit 1161 erscheint für B. die Form Beltiz (1161, 1186, 1201 usw.); 1234, 1377 und 1474 begegnet die zusammengezogene Form Beltz. Mit der heutigen Endung *-ig* wird der Ortsname erst seit etwa 1520 überliefert: 1527 Beltzigk, 1624 Belzigk. – Der Name geht zurück auf altpolab. *Bělotici* 'Leute des *Bělota*; dieser Personenname ist in den slawischen Sprachen schon früh bezeugt und gehört zum Stamm *běl-* 'weiß, hell'. Vgl. auch Beelitz, Belgern, Böhlen.

Benneckenstein Kr. Wernigerode, Bez. Magdeburg; im südl. Oberharz, in der Quellenmulde der Rappbode, nahe der Staatsgrenze zur BRD, südwestl. der Kreisstadt. 3100 E. – Im Anschluß an das Jagdhaus der Grafen von Honstein wohl Mitte des 14. Jh. angelegte Siedlung; durch Bergbau seit 15. Jh. stark angewachsen (1729 Flecken); Stadt seit 1741.

Ob das zu 1319 in einer Grenzbeschreibung erwähnte to deme Benkenstene bereits den Ort bezeichnete oder nur ein festes Haus auf einem Felsen in seiner Nähe, muß offen bleiben. 1424 heißt es zcu deme Benkinstein und 1569 ist der Name in der heutigen Form bezeugt. – Das Zweitglied *-stein* nimmt anscheinend auf einen *Felsen* als Lagebestimmung Bezug. Im Erstglied ist der niederdeutsche Personenname *Ben(n)eke* enthalten, der aus zweigliedrigen Personennamen wie *Bernhard* oder *Berthold* gebildet wurde (Koseform mit Verkleinerungsendung nd. *-ke*); vergleichbar ist auch *Beneckenrode*, Stadtteil von Thale im Harz (älter Bennikenrod).

Berga Kr. Greiz, Bez. Gera; am rechten Elsterhang, nördl. der Kreisstadt. 4000 E. – Deutsche Feudalburg des 12. Jh. mit Burgsiedlung; Stadtanlage um 1300 (1378 oppidum, stetigen).

Die seit 1216 bezeugte Ritterfamilie (Heinrich, Hartmann, Gerhard) war eine Zweiglinie der Lobdeburger auf Burg Burgau (1216 de Bergowe, 1253 de Monte) südl. von Jena und siedelte um 1220 nach Berga über, wobei der Name übertragen wurde. Die Neugründung wird 1266 Bergowe, 1287 Bergawe geschrieben; 1496 ist zum ersten Mal Berga bezeugt. – Der Name bezeichnete die zugleich am *Berghang* und an der *Flußaue* der Weißen Elster gelegene Siedlung. Die jüngere Endung *-a* kam durch Anpassung an die Nachbarorte Weida, Clodra, Zickra, Tschirma und den Kanzleigebrauch zustande.

Bergen Kreisstadt, Bez. Rostock; im Zentrum der Insel Rügen. 13100 E. – Im 12./13. Jh. bei der Burg der Fürsten von Rügen (Rugard) sich entwickelnde Burgsiedlung; 1250 Marktflecken; Stadtrecht 1613.

Der Probst des 1193 hier gegründeten Zisterzienserinnnenklosters wird um 1200 erstmalig als prepositus de Monte erwähnt. Diese lateinische Übersetzung des rügenslawischen Namens Gora (1232) erscheint noch 1242 als in Monte in Ruia (Rügen), 1289 Gora sive Mons in Ruya, 1294 in Montibus in Ruya (Dativ/Lokativ Plural von lat. *mons* 'Berg'). Der slawische Name allein wird 1250 als Gora 'Berg' überliefert. Daß zunächst die Einzahlform mit der Mehrzahlform konkurrierte, zeigen die eingedeutschten Nennungen: 1278 Berghe, 1302 Bergh in Ruya und 1306 Berghen (in terra Ruye). – Alle drei Namen bezogen sich auf den Ort zwischen den *Moränenhügeln* des Inselzentrums. Der Burgname *Rugard* könnte den älteren Ortsnamen bewahren: Er enthält den Inselnamen *Ruja* 'Rügen' und altpolab. *gard* 'Burg'.

Berggießhübel Kr. Pirna, Bez. Dresden; im Osterzgebirge, in einer Talweitung der Gottleuba, südl. der Kreisstadt. 2000 E. – Seit 1400 um ein Vorwerk entstandenes Dorf; im 15./16. Jh. durch Eisenerzabbau angewachsen zum Bergstädtchen (1548). Seit 1934 Kurort.

1450/52 wird der Vogt zum Gißhobel, 1452 das Vorwerk (forwerg) zum Gyßhobell genannt. Das Königsteiner Stadtgerichtsbuch spricht 1470 vom Eysinberge zcum Gyshofil; 1501 ist von Gishobel dem dorff die Rede. 1551 verzeichnet das Landsteuerregister Bergkgißhůbel. – Dem Zweitglied, in das fränk. *-hübel* 'Anhöhe' (statt hd. *-hügel*) wahrscheinlich nur eingedeutet wurde, liegt vermutlich ahd. *-ubil* 'Schwelle' bzw. 'Hütte, minderwertiges Haus' zugrunde. Das Erstglied ist sicher zu hd. *gießen* 'fließen lassen' zu stellen. Demnach bezeichnet Gieß(h)übel (Erstbeleg in Bayern 1265 Gyzubel) eine Eisenschmelzhütte (im Süddeutschen außerdem ein Vordach oder einen dachartigen Bergvorsprung). Im Erstbeleg für den Ort *Kleingießhübel* südöstl. von Königstein fehlt das *h* vom eingedeuteten *hübel* ebenfalls noch: 1379 Gizobel.

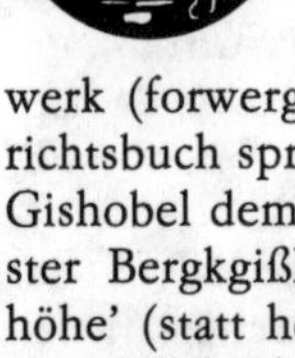

Berka, Bad Kr. Weimar, Bez. Erfurt; im Talkessel der Ilm, südl. der Kreisstadt; Kurort. 4800 E. – Altthüringisches Dorf mit Wasserburg; Grafensitz im 12./13. Jh.; → Marktflecken 13./14. Jh.; 1414 Stadt; „Bad" B. seit 1911.

Die Schreibung des Beleges von 1144 Berchaha steht der althochdeutschen Ausgangsform noch am nächsten, während 1119 und 1123 Bercha und die späteren Formen 1154 Berka, 1172 Birka, 1207 Bergka bereits die Verkürzung von ahd. *-aha* zu *-a* aufweisen. Mit diesem Suffix wurden bereits in altthüringischer Zeit Bachnamen gebildet (urverwandt mit lat. *aqua* 'Wasser'; ahd. *ah(w)a* 'fließendes Wasser'). Ahd. *birka*, mhd. *birke* 'Birke' zeigt im Namen die Senkung des *i* vor *r* zu *e*. B. ist also 'der Ort am Birkenbach' (Nebenbach, der in B. in die Ilm mündet). Die Schreibung *ch* in *Berch* hat den Lautwert *k*. Vgl. auch Berka (Werra).

Berka (Werra) Kr. Eisenach, Bez. Erfurt; am rechten Werraufer, an der Staatsgrenze zur BRD. 1900 E. – Altthüringisches Dorf; Zoll- und Gerichtsstätte im hohen Mittelalter; Hersfelder Klosterhof 1184; städtische Rechte im 16. Jh.; 1847 Stadt.
Etwa um 800 nennt ein Hersfelder Güterverzeichnis Berchaho mit königlichem Wildbann (Bannforst); 1085 lautet es Berchach. 1184 verwaltet ein Hersfelder Klostervogt den Klosterhof Berchahe. Das 13. Jh. bringt in den Belegen den Übergang zur heutigen Namenform: 1239 Bercha, 1268 in Berkahe, 1283/84 in Berka. – Der Name enthält ahd. *birka* 'Birke' (vgl. Bad B.), doch dürfte sich die Endung nicht auf das Gewässernamensuffix *-aha* (wie bei Bad Bibra, vgl. dort), sondern auf das Kollektivsuffix *-ah(i)*, das oft bei Gehölzen bzw. Baumbeständen auftritt, beziehen, da kein Birkenbach hier nachzuweisen ist. B. ist also 'der Ort am *Birkenwald*'.

Berlin Hauptstadt der DDR; am Unterlauf der Spree, in der ehemaligen brandenburgischen Mittelmark zwischen Barnim (Nordosten) und Teltow (Süden). 1120000 E. – Ende 12., Anfang 13. Jh. Niederlassungen von Kaufleuten beiderseits des Spreeübergangs; um 1230 Erhebung beider Siedlungen zur Zwillingsstadt Berlin und Kölln. Älterer slawischer Burgort und Fürstensitz spreeaufwärts war Köpenick (später Stadtteil von B.). Seit 1709 Hauptstadt des preußischen Königreiches; 1871–1945 Hauptstadt des Deutschen Reiches (1920 Groß-Berlin mit 3,8 Mill. E.); seit 1949 Hauptstadt der DDR. Westberlin besitzt einen besonderen politischen Status.
Der Name *Berlin* beruht offenbar auf einer in slawischer Zeit geprägten Geländebezeichnung, die bei der Stadtgründung übernommen wurde. Die frühesten Nennungen beziehen sich auf einen für beide Städte zuständigen Propst bzw. Pfarrer Simeon, der 1237 und 1247 als de Colonia iuxta Berlin, 1244 und 1245 aber als de Berlin bezeichnet wird. Die darauf folgenden Nennungen zeigen überwiegend bereits die heutige Schreibform: 1251, 1261 Berlin; 1288, 1354, 1361 Berlyn. – Dieser Ortsname hat viel Aufmerksamkeit erregt, für ihn wurde sowohl indoeuropäische als auch slawische und deutsche (z.B. zu *Bär*) Herkunft erwogen. Am ehesten gehört er zu einem altpolabischen Wort **birl-/*berl-*, das etwa 'Sumpf' bedeutete und eine Sied-

lung im Flußgebiet der Spree bezeichnete. Ein entsprechendes Wort findet sich z.B. im Serbokroatischen (*brljaga* usw.). *Berlin* ist bei Halle und Delitzsch auch als Flurname bekannt.

Kölln wird 1237, 1247, 1261 als Colonia, 1285 als Colne, 1322 als Kolne, später Colln, Coln usw. überliefert. 1443 erscheinen beide Städte als Berlyn unde Colen im Bündnisvertrag der Hansestädte. – Kölln wurde möglicherweise von der Mutterstadt *Köln* am Rhein als Name hierher übertragen (dieses im Jahre 50 u. Z. offiziell Colonia Claudia Ara Agrippinensium, Ehrenbenennung nach der Frau des Kaisers Claudius); zu lat. *colonia* 'Pflanzstadt im eroberten Land, Kolonie'. Um 1100 lautete der Name nd. to Colne. Nicht völlig auszuschließen ist jedoch auch ein vordeutsches altpolabisches *Kol'no* o.ä., zu *kol* 'Pfahl, Pflock' oder *Kolěno* 'Flußknie, Flußbiegung'.

Köpenick, heute Stadtteil von Berlin; südöstl. der Berliner Altstadt am Zusammenfluß von Dahme und Spree, westl. des Großen Müggelsees. – Im frühen Mittelalter slawischer Fürstensitz (Wall auf der späteren Schloßinsel); mit Burgsiedlung; Zentrum des Sprewanengebietes bis etwa 1150; danach Markgrafenburg; um 1245 Altstadt angelegt; um 1300 Erweiterung (1298 oppidum, 1325 civitas); seit 1920 zu Berlin gehörig. Bekannt durch den Streich des „Hauptmann von K." 1906 (des Schusters Wilhelm Voigt). – Auf Münzprägungen des Sprewanenfürsten *Jaxa/Jacza* um 1150 wird dieser Jacza de Copnic genannt, 1209 eine Urkunde in Copnic ausgestellt. 1240 ff. schreibt man Cop(p)enik und Kop(p)enik (1240, 1245,1255, 1264, 1298 usw.), 1407 erstmals Koepenick. – Der Name ist auf altpolab. *Kopanik*, einer Bildung zu *kopan-* 'von Gräben umgebener Ort' (hier wohl auf die Burgsiedlung bezogen), zurückzuführen.

Bernau Kreisstadt, Bez. Frankfurt; auf dem Barnim, nordöstl. von Berlin. 16600 E. – Stadtgründung auf wilder Wurzel um 1230 durch den Markgrafen von Brandenburg (1296 civitas).

Seit 1296 lautet der Name Bernow(e); 1300 und 1338 ist die Rede von Antiqua Bernow (Alt-B.) zur Unterscheidung von Werneuchen (Klein-B. bzw. Neu-B.) südöstl. von B., 1391 heißt es dt. to Olden Bernowe. – Ob in der Namenendung dt. *-aue* vorliegt, wozu dann auch ein deutsches Erstglied angenommen werden müßte, läßt sich nicht ganz sicher entscheiden, ebenso könnte das *-ow* auch auf der altpolabischen Endung *-ov* beruhen. Allerdings lassen die umliegenden überwiegend deutschen Namen von Rodungsdörfern (Börnicke, Schönfeld, Schönow, Schönwalde, Willmersdorf) auch für B. eher eine deutsche Benennung vermuten. Dann würde für das Erstglied am ehesten an mnd. *bēre, bare* 'Bär' zu denken sein. Diese Vermutung wird bestärkt durch *a*-Formen (1315 und chronikalisch Barnow(e)), falls diese nicht auf Einwirkung des Landschaftsnamens *Barnim* beruhen.

Bernburg Kreisstadt, Bez. Halle; beiderseits der unteren Saale, an der Fuhnemündung. 43300 E. – Frühmittelalterliche Siedlung ist der heutige Stadtteil Waldau (806 karolingischer Königshof Waladala). Vom 10. bis 12. Jh. Burg mit Burgbezirk (Burgward) und Burgsiedlung; seit 12. Jh. Residenz der Grafen und späteren Fürsten von Anhalt; Anlage der Altstadt Ende 12. Jh., der Neustadt vor 1279, beide 1561 vereinigt.
Bei der Nennung der Stadt (civitas) Brandanburg von 961 unter anderen Saaleburgwarden dürfte der Urkundenschreiber irrtümlich den Namen der viel bekannteren havelländischen *Brandenburg* aufgezeichnet haben, zumal auch bei diesem Namen die Assoziation von *Brand* und *brennen* (mnd. *bernen*) sehr nahe lag. Allerdings klafft zu den späteren Belegen eine große Lücke: Von 1137 an heißt es stets Berneburg, -borch, -burch. Die Zerstörung der Burg im Jahre 1138 könnte diese Auslegung des Namens verstärkt haben. Andererseits ist der Ort möglicherweise mit dem Namen des Sohnes Albrechts des Bären, *Bernhard*, verknüpft, der volkstümlich durchaus auch *Berno* geheißen haben kann. Der Beiname Albrechts 'des Bären' ist erst später aufgekommen. – Der Name des Stadtteiles *Waldau* ist sehr viel früher bezeugt: 806 war Waladala Ausgangspunkt eines Kriegszuges ins Sorbengebiet; 1049 heißt er Waladal und 1207 Waledalen. Er enthält zweifellos altsächs. mnd. *dal* 'Tal'; das Erstglied stellt offensichtlich and. *wāl, wēl* 'Sumpfloch, Wasserloch, Kolk, Pfuhl' dar, was auf die Saaleaue Bezug haben dürfte.

Bernsdorf/Njedźichow Kr. Hoyerswerda, Bez. Cottbus; in der nordwestl. Oberlausitz, nördl. von Kamenz. 5600 E. – Dorfgründung um 1200; infolge Industrialisierung im 19./20. Jh. starkes Anwachsen zur Stadt; Erhebung zur Stadt 1968.
Der Ort ist leider erst spät und dann nur in der heutigen Form bezeugt: 1438, 1494 Bernsdorf(f); sehr wahrscheinlich ist er aber nach dem Ortsgründer, einem *Bernhard* von Kamenz (vgl. auch Bernstadt), benannt worden. – Die obersorbische Namenform entstand unabhängig von der deutschen und gehört zu einem Personennamen, etwa obersorb. *Neděch* oder *Nezdich*(?).

Bernstadt Kr. Löbau, Bez. Dresden; im östl. Lausitzer Bergland, südöstl. der Kreisstadt, an der Pließnitz. 2300 E. – Um 1200 als Rodungsdorf entstanden; planmäßiger Ausbau zum Städtchen um 1250 (1280 civitas).

Das Städtchen trug auch nach seiner Gründung noch lange den Namen der ursprünglich bäuerlichen Siedlung: 1280 Bernhartstorf, 1285, 1290 oppidum Bernhartsdorf, Bernhardsdorph, 1352 stetchin Bernhartsdorff. Nach einem latinisierten Vorläufer, 1339 civitas Bernardi, setzte sich Bernsta(d)t, Bernstettel erst seit etwa 1500 durch (1497, 1516, 1566). Auch hier dürfte ein *Bernhard* von Kamenz (vgl. auch Bernsdorf) der Gründer des Bauerndorfes gewesen sein, das 1234 als villa Bernhardistorf erscheint und seit 1430 auch als Alt-B. (Alde Bernstorff) bezeichnet wurde.

Bibra, Bad Kr. Nebra, Bez. Halle; am Biberbach (älter Bibra) rechts zur unteren Unstrut, südl. der Kreisstadt. 2400 E. – Altthüringisches Dorf mit frühmittelalterlichem Königshof und Marktflecken (1124 Marktrecht); formelles Stadtrecht 1829; seit 1925 Kurort (Bad B.).

Bereits sehr früh erhielt das Reichskloster Fulda Güter bzw. Einkünfte in B.; zwischen 750 und 802 Biberaha; vor 786 (spätere Kopien) auch Kloster Hersfeld: in Bibraho. Im 10. Jh. werden die Nennungen häufiger: 962 Bivora; 968 (fiscus) Biberaha, mit Rückaufschrift de Biuuoraha auf einer Urkunde Ottos I. Seit dem 12. Jh. ist die Endung verkürzt: 1124 Bybera, 1135 und 1210 Biuera, 1244 Bibra. – Der Name ist identisch mit dem des Baches, an dem B. liegt und bedeutet 'die Siedlung *am Biberbach*'. Die *b*-Schreibungen in Bi*b*er- stammen von hochdeutschen Schreibern, die damit den niederdeutschen schwachen Reibelaut *v* (=*uu*) ersetzten. Zu *-aha*, später *-a*, 'Wasserlauf' vgl. auch Bad Berka. Der gleiche Name liegt vor in *Bibra* südl. von Meiningen und *Bebra* südl. von Kassel (BRD).

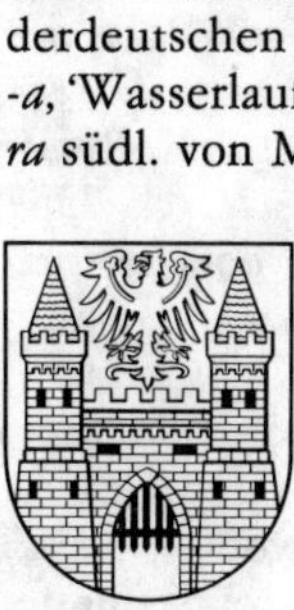

Biesenthal Kr. Bernau, Bez. Frankfurt; am Nordrand des Barnims, im Quellgebiet der Finow, nordöstl. von Berlin. 5000 E. – Markgräflich-brandenburgische Burg um 1230 mit Burgmarkt; Stadt um 1250 (1315 civitas).

Die alten Schreibungen des Ortsnamens lauten: 1258, 1265 und 1267 Bizdal, 1317 Byesdal, 1322 und 1329 Bisdal, 1336 Bysedal, schließlich 1561 Biesendahl. – Er enthält neben nd. *dal* 'Tal' mnd. *bēse*, nd. *biese* 'Binse' und ist sicher vom gleichnamigen Ort an der *Biese* (1238 Bese) in der Altmark (Kr. Kalbe) übertragen, denn die Vögte von B. nannten sich nach ihrem Ausgangsort, dem Vorwerk Theenhof südl. von Werben (Altmark), von Thene. Vergleichbar ist auch *Besenthal* in Holstein (BRD), das im berühmten Ratzeburger Zehntregister 1230 Besendale lautet. *Bies* ist die niederländische Form des Wortes, und der mundartliche niederländische Einfluß in der Mark Brandenburg hat sich hier gegenüber sonstigem nd. *bēse* offensichtlich durchgesetzt.

Bischofswerda/Biskopicy Kreisstadt, Bez. Dresden; im Hügelland der westl. Oberlausitz, an der Wesenitz. 12200 E. – Planmäßige Stadtgründung des Bischofs von Meißen um 1218/20.
Die alten Nennungen von B. kennzeichnen eindeutig den 'Werder des Bischofs': 1227 Biscofiswerde, 1276 Bischofeswerde, 1411 Bischoffswerde. Seit 1460 begegnet öfter Bischwerde, 1530 Bischwerdt, das ist die volksläufige Kurzform. – Dem ahd. *biscof*, mhd. *bischof*, mnd. *bischop* liegt das christliche griech. *episkopos* 'Aufseher' zugrunde (vgl. auch Bismark). Das Zweitglied, ahd. *werid*, mnd. *werde(r)*, nimmt Bezug auf die Lage des Ortes am Wasser (hier die Wesenitz; bei den nahe gelegenen Orten *Elsterwerda* und *Hoyerswerda* die Elster und bei *Bad Liebenwerda* die Pulsnitz); es bezeichnet eine 'Insel oder Halbinsel, Land zwischen Sümpfen bzw. Wasserläufen, einen vom Wasser umgebenen Platz'. Die obersorbische Form ist mit dem Suffix *-ici* gebildet.

Bismark Kr. Kalbe, Bez. Magdeburg; in der mittleren Altmark, nordwestl. von Stendal. 3600 E. – Dorf des 10./11. Jh. im Bischofsland des Bischofs von Havelberg; → Flecken im 13./14. Jh.; Stadt seit Ende des 17. Jh.
Das Erstglied *Bis-* enthält das Gattungswort *Bischof* (vgl. auch Bischofswerda): 1209 Biscopesmarck, 1349 und 1393 (stad) to Bismarke, 1513 in Bißmarke. Es bezieht sich augenscheinlich auf den Bischof von Havelberg, zu dessen Bistum das Gebiet gehörte. Das Zweitglied mnd. *mark*, altsächs. *marka* bezeichnet ursprünglich ein Grenzgebiet, Randgebiet, eine Grenzmark, später aber allgemeiner einen Landstrich, auch eine Dorfflur (Gemarkung). Vermutlich führte die altmärkische Adelsfamilie von Bismarck, der der ehemalige Reichskanzler Otto von Bismarck entstammte, ihren Namen nach diesem Ort.

Bitterfeld Kreisstadt, Bez. Halle; am Westrand der breiten Muldenaue, nordöstl. von Halle. 24500 E. – Bei dem slawischen Dorf Serncik (und Plön?) bald nach 1100 Ansiedlung deutscher Bauern; nach 1150 Niederlassung flämischer Handwerker (Tuchmacher), „Alte Stadt“ bei der Burg der Grafen von Brehna; Ausbau der Stadt Anfang 13. Jh.; Stadtrecht Ende 13. Jh.; Standort chemischer Großbetriebe.
Die älteren Altzeller Annalen (13. Jh.) sprechen wohl zu Unrecht bereits zum Jahre 1136 vom Flecken (oppidum) Bittirfelt; weitere Erwähnungen folgen 1224 Bitterfelt, 1323 Bittervelt. – Bei dieser Bezeichnung handelt es sich offenbar um einen Flurnamen im eigentlichen engeren Sinne, vielleicht sogar Landstrichnamen: ‘(die Siedlung) auf oder an dem *bitteren* (= unfruchtbaren) *Feld* bzw. Gelände’. Dabei wäre eine deutsche Parallelbenennung zu dem in den heutigen Bitterfelder Flurnamen erhaltenen *Plön, Plan,* gebildet zu altsorb. *płony* ‘eben, flach, unfruchtbar’, gut denkbar. Das Adjektiv *bitter* ging unflektiert in den Namen ein: *das bitter(e) Feld.*

Blankenburg Kr. Wernigerode, Bez. Magdeburg; am nordöstl. Harzrand, südöstl. der Kreisstadt. 18200 E. – Neben älterer Burg und Burgsiedlung um 1200 planmäßig angelegte Stadt; Grafensitz seit 11. Jh. (1250 civitas).
Im Gegensatz zu Bad Blankenburg ist dieses B. von Anfang an mit dem Zweitglied *-burg* gebildet; genannt werden zuerst die Grafen von B.: 1123 ff. sehr oft (comes) Poppo de Blankenburch, -burc, -borch; 1223 heißt der Ort Blankinburc, 1250 Blankenburch. – Der Name ist von der Burg auf die Stadt übergegangen. Zum Erstglied vgl. Bad Blankenburg, Blankenhain.

Blankenburg, Bad Kr. Rudolstadt, Bez. Gera; am Austritt der Schwarza aus dem Thüringer Wald, südwestl. der Kreisstadt. 9900 E. – Zu Füßen der Burg Blankenburg (heute Greifenstein) um 1250 angelegte Stadt (1323 oppidum et castrum). Erholungsort.
Wie viele Burgnamen ist auch B. zuerst mit dem Zweitglied *-berg* gebildet: 1193 Blankenberc, 1196 ff. Blankenberg, 1229 Blankenberch usw. bis etwa 1350. 1331 taucht zum ersten Male Blanckenburg auf und setzt sich dann durch. – B. ist als ursprünglicher Burgname eine Art Prunkname: Das Adjektiv mhd. *blanc* bedeutet ‘blinkend, glänzend, leuchtend, weiß’. Vgl. auch

Blankenburg, Blankenhain und zahlreiche weitere Blankenberg und Blankenburg, Blankenstein, Blankensee usw. in der DDR.

Blankenhain Kr. Weimar, Bez. Erfurt; im waldreichen Hügelland der Ilm-Saale-Platte, südl. der Kreisstadt, an der Schwarza, einem östl. Zufluß zur Ilm. 4000 E. – Burg mit Burgsiedlung des 12. Jh.; → Stadt im 13./14. Jh.

B. schreibt sich bereits 1252 und 1256, 1273 wie heute; daneben stehen Schreibvarianten auf -hayn (1303 ff.) und mit Blancken-, Blangken-, vereinzelt auch Blanchen-. – Zum Erstglied vgl. (Bad) Blankenburg. Das in mitteldeutschen Ortsnamen häufige Zweitglied *-hagen*, kontrahiert zu *-hain*, hat im 12./13. Jh. noch stärker den Sinn von '*umhegter* Platz bzw. Ort' und kommt auch noch häufig als Burgbezeichnung in diesem Sinne vor, so daß man auch hier von einem ursprünglichen Burgnamen ausgehen muß, der auch die Burgsiedlung mit einbezogen haben wird.

Bleicherode Kr. Nordhausen, Bez. Erfurt; an den Bleicherröder Bergen, westl. der Hainleite, an der thüringischen Wipper, südwestl. der Kreisstadt. 8400 E. – Rodungssiedlung des 12. Jh. wohl der Grafen von Lohra; im 13. Jh. Burg und Burgflecken, Erzpriestersitz; 1326 Stadt (oppidum).

Das zu 1130 erwähnte Blechenrot wurde – falls es sich nicht nur um eine entstellte Schreibung in erwiesener schlechter Kopie handelt – zu Unrecht für B. in Anspruch genommen: Es bezieht sich wohl auf das heutige Bleckenrode nordwestl. von Worbis. Die einschlägigen echten Nachweise lauten: 1279, 1309, 1326, 1333 u. ö. Blicherode, so auch noch 1506, doch tritt seit Ende des 15. Jh. die heutige Form an dessen Stelle. – B. war offenbar eine Rodungssiedlung, in der *gebleicht* wurde bzw. wo sich viele *Rasenbleichen* befanden, zu mhd. *blīchen* 'bleich, blaß werden, machen', *blīche* 'Tuch- oder Wäschebleiche'.

Böhlen Kr. Borna, Bez. Leipzig; am westl. Pleißeufer, südl. der Bezirksstadt, im Bornaer Braunkohlenrevier. 6700 E. – Im Frühmittelalter sorbisches Dorf; seit 12. Jh. mit deutschem Rittergut; infolge der Industrialisierung seit Mitte 19. Jh. stark angewachsen; 1964 Stadt.

Der Ort wird 1353 und 1517 Belen, 1487 Beln genannt; 1562 schreibt man Behlen. Im 17./18. Jh. kommen die Rückbildungen von *ē*-Lauten zu *ȫ* auf, weil die obersächsische Mundart altes *ȫ* zu *ē* entrundet hatte. Dabei wurden auch Namen erfaßt, die nie *ȫ* enthalten hatten. So lautet der Name 1758 Böhlen, und dabei ist es geblieben. – Er stammt aus altsorb. *Bělina*, zu *běly* 'weiß, hell, glänzend'. Vgl. auch Beelitz, Belgern, Belzig.

Boizenburg Kr. Hagenow, Bez. Schwerin; am Einfluß der Boize in die Elbe, südwestl. von Schwerin; am Grenzübergang zur BRD und altem Elbübergang. 12400 E. – Alte slawische Grenzburg (Burgwall) mit Burgbezirk; seit Mitte 12. Jh. deutsche Burg und Burgsiedlung (Altendorf); planmäßige Stadtanlage bald nach 1200 (1216 Zollstätte, Elbzoll, 1241 civitas). Elbewerft.

Im 12. Jh. wird zunächst mehrfach der Burgbezirk B. erwähnt, während der Ort selbst erst seit 1195 genannt wird: 1158 in Boyceneburg, 1171, 1174 in Boiceneburg; 1195 in Boyzeneburg, 1216 in Boiceneburch. Diese und ähnliche Schreibungen erscheinen seitdem immer wieder. – Da nach dem Chronisten Adam von Bremen der slawische Name *Mescenreiza* (zu 1075) war, wird B. die deutsche Bezeichnung gewesen sein und infolgedessen aus altniederdeutschen Sprachmitteln zu erklären sein. Da in diesem Gebiet mit einer „Verzischung" von *k* vor hellen Vokalen zu *z* zu rechnen ist (sog. Zetazismus), dürfte im Erstglied am ehesten eine adjektivische Ableitung zu altsächs. *bōke*, mnd. *bȫke* 'Buche', **Bōkinaburg* o. ä. 'Buchen(wald)burg' vorliegen (ebenso ndl. *beuk* 'Buche'). Der altpolabische Name beruht auf **Mezi-rěče* 'zwischen den Bächen, Flüssen'.

Borna Kreisstadt, Bez. Leipzig; am Südrand der Leipziger Tieflandsbucht, an der Wyhra (rechts zur Pleiße), im Mittelpunkt des Bornaer Braunkohlenreviers. 22400 E. – Im Frühmittelalter sehr wahrscheinlich Mittelpunkt des Slawengaues Tibuzin mit slawischem Burgwall und slawischer Burgsiedlung; im 10./11. Jh. deutsche Reichsburg; Zusiedlung deutscher Bauern und Kaufleute Mitte 12. Jh. (Altstadt); um 1180/1200 planmäßige Stadtanlage (Neustadt).

Der heutige Name beruht auf nd., z. T. md. *Born*, hd. *Brunn(en)*, und bezeichnete den 'Ort *beim Born* bzw. im quellenreichen Grund', zumal die Latinisierungen der ersten Belege 1221, 1225, 1264, 1294, 1306 Bornis und Burnis auch als Lokativ (Plural) aufgefaßt werden können. Erst seit Mitte des 13. Jh. setzt sich Borne bzw. Burne durch: 1264, 1293, 1294 Burne, 1331 Burn; 1350 noch Burnis neben Burn, 1378 Borne. Die kanzleisprachliche Endung *-a* tritt erst gegen 1600 auf. Der anfängliche Plural könnte auch auf die Mehrgliedrigkeit der Siedlung zurückzuführen sein (Altstadt B. neben Stadt B. und Wenigenborna). Die seit 1200 oft genannten Truchsessen von B. stammen vom Dorf B. östl. von Oschatz.

Bötzow s. Oranienburg

Brandenburg Kreisstadt, Bez. Potsdam; im Havelseengebiet, westl. der Bezirksstadt, auf der Landenge zwischen drei Seen der Havel, vor deren Nordwärtswendung. 93900 E. – Namengebender Mittelpunkt der ehemaligen Mark Brandenburg; 7.–12. Jh. Stammeszentrum der slawischen Stodoranen (dt. Heveller 'Havelländische Slawen'); seit 929 häufiger Besitzerwechsel auf der heftig umstrittenen Burg; 1157 endgültig in deutschem Besitz; 948–983 Bistumssitz, dann wieder nach 1161; Stadtbildung aus Vorgängersiedlungen, um 1160 (Altstadt 1161 ff. auch Parduin); 1180/96 Neustadt angelegt.

Zur Zeit ist noch umstritten, ob es sich bei der von Karl dem Großen 789 eroberten Burg des Dragowit (civitas Dragowiti) um die Burg B. oder um eine Burg an der Peene handelte. Erst seit der Sachsengeschichte Widukinds mit dem Bericht über die Eroberung der Brandenburg durch Heinrich I. im Jahre 928/29 beginnt eine reiche Überlieferung des Namens: zu 928/29 und 939 Brennaburg, Brinnaburg; 948 Brendanburg, 965, 991 Brandenburg. Thietmar von Merseburg (1012/18) nennt die Burg und das Bistum sehr oft für die Jahre 968 ff. Brandeburg, Brandanburg und Brenneburg; auch die zuverlässigen Hildesheimer Annalen sprechen zu 991 und 993 von Brennanburg. Seit etwa 1000 herrschen dann die Formen Brande(n)burg, -burch durchaus vor.

Die Deutung des Namens hängt von der Bewertung der Formen Widukinds ab: Sind sie zuverlässig, dann wäre ein altpolabischer Name, etwa **Brenna*, zu *bren* 'Schlamm, Ton, Lehm, Kot', möglich, doch spiegeln die Belege Widukinds *Brenna* und *Brinna* wohl nur die niederdeutschen Formen für hd. *brennen* wider: ahd. und altsächs. *brinnan* (intransitiv) neben *brennan* (transitiv) 'brennen machen, anzünden'. In den Formen **Brand(e)-* bzw. *Brand(en)burg* liegt auf jeden Fall eine deutsche Bildung vor, jedoch bleibt ein Kompositum mit dem frühmittelalterlichen Heiligen(namen) *Brandan* bzw. *Brendan* für diese Zeit und diesen Raum sehr zweifelhaft; eher besteht doch wohl ein Zusammenhang mit dt. *Brand* und *branden*. An einen möglichen Personennamen *Brando* ist weniger zu denken. Vergleichbar hierzu sind zahlreiche ähnliche deutsche Burgen- bzw. Burgruinennamen wie Brandenberg, Brandenfels, Brandenstein, besonders auch Brannenburg bei Rosenheim in Bayern (12.Jh. Brandinberc). Man beachte auch den Hinweis des Chronisten Helmold von Bosau für Oldenburg in Holstein: zu 1169/70 Aldenburg quae Danice dicitur Brandenhuse (Oldenburg, das von den Dänen Brandenhus genannt wird). *Brennabor* für B. ist eine gelehrte Erfindung (auch Name der ehemaligen Fahrradfabrik am Ort).

Parduin (1166 villa Parduin, 1187 villa forensis Parduin): zu nd. *Pardun* 'Flußarm' (nordöstl. Teil der Altstadt B., deutsche Kaufleuteniederlassung um 1140 unter dem Hevellerfürsten Pribislaw Heinrich). Parduin ist eventuell eine Übersetzung des früh hier wüstgewordenen altpolab. *Krakow*.

Plaue: Stadtteil von Brandenburg, am Plauer See und am Westufer der Havel, an altem Havelübergang. – Deutscher Burgward um 1150 bei slawischen Altsiedlungen; Burgflecken; → Stadt seit 13.Jh.; seit 1952 Stadtteil von Brandenburg. – Seit 1197 erscheint auch dieser Stadtname unverändert als Plawe (1197, 1216, 1219 ff., 1268, 1273, 1277), nur 1499/1500 heißt es zu Plawen, danach Plaue. – Zur Namenerklärung vgl. Plauen.

Brand-Erbisdorf Kreisstadt, Bez. Karl-Marx-Stadt; im mittleren Erzgebirge, südl. von Freiberg. 9100 E. – Ursprünglich deutsches Bauerndorf (Erbisdorf) des 12. Jh., neben dem sich auf der Flur Brand seit etwa 1500 die Bergbausiedlung Brand entwickelte, die 1555 als Flecken, 1590 als Städtlein bezeichnet wird. 1912 wurden beide Gemeinden vereinigt.

Erbisdorf hieß 1209 Erlwinesberc, 1226 Herlluwinesdorf (mit anorganischem *h*-), 1265 Erlewinsdorph; 1386 ist es zu Erlwisdorf, 1401/03 zu Erwigestorff, 1428 zu Erbisdorff verkürzt und abgeschwächt. – Der im Erstglied enthaltene Personenname *Erlwin* ist eine altniederdeutsche Bildung aus altsächs. *erl* (engl. *earl* und altnord. *jarl*) 'Edelmann' und altsächs. *wini* 'Freund, Geliebter'. Der Personenname *Erlwin* ist in Obersachsen ungewöhnlich und vermutlich aus dem niedersächsischen Bergbaugebiet um Goslar hierher übertragen worden. Ähnlich verhielt es sich bei Freiberg.

Der Name von *Brand* ist zuerst als ein Bergbauname (Flurname) 1441 Brent, Brendstucz, 1480 Brandstutz, 1470 Brandstollen überliefert, der die Bezeichnung *Brand* 'Stelle, wo man oder wo etwas brennt' und mundartl. *Stutz* 'steiler Absturz, Steilhang' enthält. Bei ersterem, der als Flurname häufig auch allein auftritt, kann es sich um einen Kohlenmeiler oder eine Brandrodung bzw. Waldbrandstelle handeln. 1538 ff. heißt die Siedlung sehr oft ufm (auf dem) Brande, 1548 nur Brandt.

Brandis Kr. Wurzen, Bez. Leipzig; im Ostteil der Leipziger Tieflandsbucht, östl. der Bezirksstadt. 5400 E. – Rittersitz mit Dorf des 12. Jh.; Stadtgründung um 1200; 1529 Flecken, 1548 Städtchen.
Die ältesten zuverlässigen Formen lauten: 1212 Brandicz, 1231 Brandiz, daneben seit 1209 Brandeiz (so auch 1256), 1268 Brandeys, 1251 Brandeis und noch 1350 Brandeiz. 1390 tritt zum ersten Mal die heutige Schreibung auf. Der Erstbeleg (zu 1121) Brandeitz stammt aus einer Abschrift des 13. Jh. – Auch wenn eine Namenübertragung von *Brandis* (Schloßruine) bei Meran in Südtirol durch das ansässige Geschlecht nicht direkt nachweisbar ist, so spricht doch manches dafür, zumal die Namenentwicklung dort parallel verlief (1212 Branditz, 1278 de Brandiez, 1235 und 1242 de Brandicio, 1355 Brandis) und unser Ort eine Neugründung auf wilder Wurzel war (im Naunhofer Forst). Die Endungen *-eiz* u. ä. zeigen an, daß der Akzent auf diesen lag; die altsorbischen *-ici, -ec* usw. wurden jedoch nie so eingedeutscht. Auch spricht *Brand-* gegen altsorbischen Ursprung, während das romanische Suffix *-icio* unter Akzent im Deutschen regelmäßig als *-eiz* eingedeutscht werden mußte.

Brehna Kr. Bitterfeld, Bez. Halle; im Flachland nordöstl. der Bezirksstadt, an der Autobahn Hirschberg–Berlin. 3300 E. – Deutsche Grafenburg Mitte des 11. Jh. neben älterer slawischer Siedlung; ehemaliger Burgwardort (Burgberg östl. des Marktplatzes); Stadtanlage Mitte 13. Jh.; 1274 Stadt.
Die Grafen von Brehna treten seit 1052 sehr oft als Urkundenzeugen auf, die Schreibungen sind überwiegend de Bren, Brene, Brenen; der Ort heißt 1142 Brenn, 1214, 1225 in Brenen, 1298 Bren, die Kirche bereits 1124 Brenensis ecclesia. Die Kanzleiform auf *-a* taucht erst im 16. Jh. auf (z. B. 1555), die mundartl. Lautung war stets Breene. – Es liegt eine altsorbische, auch in anderen slawischen Sprachen gut bekannte Bezeichnung *Bren-* o. ä. für sumpfiges Gelände vor.

Breitingen s. Regis-Breitingen

Brotterode Kr. Schmalkalden, Bez. Suhl; in einem Talkessel nahe dem Kamm des Thüringer Waldes und dem Inselsberg (Südseite). 4000 E. – Rodungsort des 11. Jh.; 1360 mit Feudalherrenburg (Hennebergische Vogtei); im Spätmittelalter Bergbau, Entwicklung zum Marktflecken; Stadt seit 1936. Erholungsort, Wintersportzentrum.

In zwei nur formalen Urkundenfälschungen des Klosters Reinhardsbrunn von etwa 1160 wird zu 1039 und 1044 Brunuuardesrot in einer Grenzbeschreibung genannt, die in einer Papsturkunde von 1216 erneuert wird. Erst 1360 erscheint dann die Schreibung Bruttrode, 1424 Bruwartrode und Bruwerterode. 1727 heißt es noch Brotrot im Ortssiegel, die heutige Namenform begegnet erstmals 1585. B. ist demnach die Rodungssiedlung eines *Brūnward* bzw. *-wart*, dessen Name in jüngerer Zeit im Ortsnamen stark verkürzt wurde.

Brück Kr. Belzig, Bez. Potsdam; am Südrand der Zauche in der Planeniederung, nordöstl. der Kreisstadt. 3700 E. – Burg mit Burgflecken seit Ende 12. Jh. an altem Durchgangsweg durch die sumpfige Niederung; → Städtchen (1360/74 Stadtrecht).

B. ist zuerst 1249 und 1264 im Namen eines Ritters bzw. Urkundenzeugen Walter(us) festgehalten: 1249 W. de Brugge und 1264 W. de Ponte (lat. *pons* 'Brücke'). Die Schreibung Brugge für den Ort erscheint noch 1342, 1357 und 1480 (im erhaltenen Stadtsiegel). 1459 wird der Umlaut bezeichnet: oppidum Brügge; um 1500 wird Bruck im Belziger Erbbuch genannt (Umlaut vorhanden, doch unbezeichnet geblieben). – Es besteht aus sprachlichen und sachlichen Gründen kein Zwang, eine Namenübertragung vom großen *Brügge* in Flandern anzunehmen. Die Schreibungen unseres Namens beruhen auf altsächs. *bruggia*, mnd. *brugge* (Umlaut) 'Brücke', das hier die Brücke über die Plane bezeichnete.

Brüel Kr. Sternberg, Bez. Schwerin; in der Moränenlandschaft des Nordwestteils des Mecklenburgischen Landrückens (Seenplatte), nordöstl. der Bezirksstadt. 3700 E. – Seit Mitte des 12. Jh. Burg mit Burgsiedlung; um 1200 Burgflecken; → Städtchen (1340 stedeken).

1222 tritt ein Priester im Dorf Bruile hervor, 1266 ist

von dem Ländchen (terra) Bruyle die Rede. Seit 1271 lauten die Schreibungen überwiegend to dem(e) Brule, neben Bruele; 1456 Broile, 1502 Brüle. – Die alten Formen mit Andeutung des Diphthongs *üi, öi* lassen eher auf eine deutsche als auf eine altpolabische Grundlage schließen: Nhd. *Brühl,* frühnhd. *bryel,* mhd. *brüel,* ahd. *bruil, broil* bezeichnete einen feuchten Wiesengrund, nasses mit Buschwerk bewachsenes Gelände, eine Aue. Das Wort ist noch in vielen Städten als Bezeichnung für den ehemaligen rasenbedeckten Anger als Marktplatz erhalten; auch bei mittelalterlichen Herrenhöfen bezeichnete es deren Wiesenflächen. Allerdings ist auch altpolab. *bryla* in der Bedeutung 'Klumpen, Scholle' nicht völlig auszuschließen oder vielleicht die Eindeutung von dt. *Brühl* in dieses erfolgt.

Brüssow Kr. Pasewalk, Bez. Neubrandenburg; in der welligen Grundmoränenlandschaft der nördl. Uckermark, südöstl. der Kreisstadt. 2000 E. – Ursprünglich slawisches Dorf; seit Ende 12. Jh. mit deutscher Burg; 1259 Stadtrecht, dieses 1550–1809 wieder entzogen; 1809 erneut Stadt.

In der Überlieferung von B. wechseln die beiden Formen miteinander: 1259, 1299 Brossow, und 1323, 1468, 1492, 1504 Brussow; daneben kommen vereinzelt Streckformen vor: 1284 Boressow und 1354 Burissow. 1486 heißt es stettichen Brossaw mit dem Dorf zcu alden Brossaw (1299 bereits: Antiqua Brossow). Der Umlaut des *o* bzw. *u* wird erst 1354 in Brössow (die stat) und im Landbuch der Mark 1375 in Bruessow sichtbar. – Die altpolabische Grundform läßt sich am ehesten zu *Brusov,* abgeleitet von *brus* 'Schleifstein', der für die Herstellung von Werkzeugen wichtig war, stellen.

Buchholz s. Annaberg-Buchholz und Märkisch-Buchholz

Buckow Kr. Strausberg, Bez. Frankfurt; in der Seenlandschaft der Märkischen Schweiz, am Ostrand des Barnims, am Schermützelsee, östl. der Kreisstadt. 2500 E. – Um 1225 deutsche Burg mit Burgsiedlung; nach 1253 Ausbau zum Marktflecken (1405 oppidum).

Die alten Nennungen von B. zeigen wenig Abweichungen von der heutigen Gestalt des Namens: 1249 Bucowe, 1253 Buchowe, 1465 stetichen Bukow, 1489 stettichen czu Buckow. Sie beruhen auf einem slawischen *Bukov,* zu *buk* 'Buche'.

Burg Kreisstadt, Bez. Magdeburg; am Ostrand der Elbeniederung, nordöstl. der Bezirksstadt, an Ihle und Elbe-Havel-Kanal. 28600 E. – Frühmittelalterlicher Burgbezirk; Burgward des 10. Jh. mit Burgsiedlung (Oberstadt); diese seit 1130/50 regelmäßig ausgebaut (Unterstadt; 1174 civitas); nachweislich stärkerer Zuzug aus den Niederlanden. Tuchmacherei und Schuhfabrikation, deshalb volkstümlich auch „Schuster-Burg".
Die älteren Nennungen variieren nur wenig die hochdeutsche Namenform Burg, die 948, 965 u. ö. bezeugt ist. Niederdeutsche mundartliche bzw. mittelniederdeutsche Lautung scheint durch in: 1142ff. Burch, 1211, 1216, 1224 und 1335 Borch. Daneben begegnet die Schreibung Burgk. – Ahd. altsächs. *burg* hatte ursprünglich den Sinn 'befestigte Großsiedlung' und diente bis zum 10. Jh. auch zur Bezeichnung der Frühstadt; als 'Stadt' dafür aufkam, verengerte sich die Bedeutung von Burg auf 'feudale Herrenburg'. Vgl. auch Bürgel.

Bürgel Kr. Eisenberg, Bez. Gera; am Westrand des Thüringer Holzlandes über dem Gleisetal, nordöstl. von Jena; an der Gleise der Ort Thalbürgel. 2200 E. – Ehemalige mittelalterliche Burg auf dem St. Georgenberg; bei der Burg Burg- oder Marktflecken; seit 1133 Benediktinerkloster; Erhebung zur Stadt nach 1150 (1234 oppidum).
Die Belege lauten: 1133, 1143, 1219 u. ö. Burgelin, daneben 1136, 1185 Burglin. Die Zwischenstufe bei der Verkürzung bildet 1363, 1378 Burgeln. – B. ist die Verkleinerungsform von ahd. altsächs. *burg* (vgl. auch Burg), gebildet mit dem Suffix *-līn*, nhd. *-lein*. Das zu *l* verkürzte Suffix taucht Ende des 15. Jh. auf (1485 zcu Burgell) und setzt sich dann durch.

Burgstädt Kr. und Bez. Karl-Marx-Stadt; im mittelsächsischen Hügelland, nordwestl. der Bezirksstadt. 15000 E. – Um 1300 Marktanlage auf der Flur des Ende des 12. Jh. entstandenen Dorfes Burkersdorf (1378 stetil).
Der Name hat nichts mit einer Burg zu tun, sondern ist aus der Bezeichnung 1518 stetlein Burckerßdorff entwickelt worden. Das ältere Dorf ist 1283 als Burkirstorff überliefert, 1378 als Burkirstorff vor dem stetil. 1619 ist die neue Stadtbezeichnung durchgedrungen: Burckstadt, Borckstedt. – Der alte Dorfname enthält einen Personennamen *Burghart, Burgwart* o. ä.

Burg Stargard Kr. und Bez. Neubrandenburg; auf dem Mecklenburger Landrücken, südöstl. der Bezirksstadt. 4000 E. – Ehemalige slawische Burg mit Burgbezirk östl. des Tollensesees; Burgsiedlung nach 1200; → Stadt (1259 Stadtrecht). Mittelpunkt des Landes Stargard. 1352–1603 herzoglich-mecklenburgische Residenz.

Stargard ist in einer gefälschten Urkunde (um 1244) des Klosters Broda zu 1170 erstbezeugt, jedoch – wie der altpolabische Name selbst aussagt – sicher viel älter: 1170 Stargart, 1244 Staregart, 1236ff. sehr häufig Star(e)gard(e), auch Stargardt. Um Verwechslungen mit anderen gleichnamigen Orten zu vermeiden, erhielt der Ort nach 1933 den Zusatz *Burg*. – Ins Deutsche übertragen würde der Ort *Oldenburg* heißen; vergleichbar ist *Oldenburg* in Holstein (BRD), das der Chronist Helmold von Bosau (um 1165/70) so erklärt: Aldenburg, ea quae Slavica lingua Starigard, hoc est antiqua civitas, dicitur. *Starigard* gibt altpolab. *stary* 'alt' und *gard* 'Burg' wieder.

Buttelstedt Kr. Weimar, Bez. Erfurt; im Hügelland des östl. Thüringer Beckens, an der Scherkonde, nördl. der Kreisstadt. 1200 E. – Altthüringisches Dorf mit Burg und Landgerichtsstätte; im 13. Jh. → Marktflecken (1334 oppidum); 1454 Stadtrecht. B. blieb immer Zwergstädtchen (1830 774 E.).

Um 800 nennt ein Hersfelder Güter- bzw. Einkünfteverzeichnis Besitz in Botalastat; danach ändert sich die Schreibung des Ortsnamens nur wenig: 1052 Botelstete, 1119 in Botelstede usw. *o*-Schreibung herrscht nahezu ausnahmslos bis nach 1500 vor, nur einmal ist 1333 Butilstete überliefert, 1525 und 1554 Buttelstedt. – Da B. als ein sehr alter Gerichtsort bezeugt ist (1119 placitum 'Gerichtsversammlung'), läge eine Verknüpfung mit hd. *Büttel* 'Gerichtsbote' nahe, das aber sonst nur mit dem Umlaut *ü* bezeugt ist, der auf dem *i* der germanischen Endung *-ilo* beruht; es sei denn, daneben hätte eine Suffixvariante *-ala* bestanden, die untergegangen ist, aber keinen Umlaut bewirkt hätte (neben ahd. *butil* ein *botal*). Auf diesem Suffix *-ala* beruhen auch andere umlautlose gleichartige Bildungen wie Achs*el*, Schauf*el* u.ä. Das konsequente *t* verbietet wohl auch eine Verknüpfung mit altsächs. *bodal* 'Anwesen, Haus', vgl. allerdings angelsächs. *botl* (mit gleicher Bedeutung), dessen Suffixvariante *-butli* in den westniederdeutschen Ortsnamen auf *-büttel* steckt (etwa Wolfenbüttel). An mundartl. westmd. *Bottel, Buttel,* Verkleinerungsform zu *Butte* 'Hagebutte', ist weniger zu denken.

Buttstädt Kr. Sömmerda, Bez. Erfurt; im östl. Thüringer Becken, östl. der Kreisstadt, südl. der Finne. 3600 E. – Altthüringisches Dorf mit slawischer Nebensiedlung im 9. Jh.; im 13. Jh. Marktort (1331 stat). Seit dem 15. Jh. bekannt wegen seiner großen Vieh- und Pferdemärkte.

Um 800 ist B. in einem Hersfelder Verzeichnis als Butesstat, um 860 als Butestete in einer Schenkung für Kloster Fulda, dann 876 in einer erzbischöflich-mainzischen Urkunde als Buotestat verzeichnet. Es folgen 918 Butestete, 1199 und 1222 Buthstete, -stede, seit 1249 oft Butstete, -stede. – Da im Erstglied ein Personenname (*Boto, Bodo, Buto* o. ä.) nicht enthalten sein kann, weil dann in der flektierten Form der Zusammensetzung ein *-en* (*Boten-*, *Buten-*) hervortreten müßte, ist am ehesten an ein zu erschließendes Substantiv zu denken: and. **but(t)*, zum Adjektiv nd. *butt* ‘stumpf, plump’, etwa ‘Baumstumpf, Klotz’, man vergleiche auch altisländ. *but(r)* ‘kurzes Stück eines Baumstammes’, angelsächs. *buttuc* ‘(abgehauenes) Ende, Stück Land’, mhd. *butze* ‘abgeschnittenes Stück, Klumpen’ u.a.

Bützow Kreisstadt, Bez. Schwerin; an der Warnow, südwestl. von Rostock, am Nördlichen Landrücken. 10200 E. – Ehemaliger slawischer Burgbezirksmittelpunkt mit Burg und Burgsiedlung; um 1230 neben diesen Anlage der deutschen Stadt; ehemalige Residenz der Bischöfe von Schwerin bis 1540; 1556 Schloßneubau. Im 17./18. Jh. Schloß und Stadt, Festung.

Der Burgward (castrum et terra) Butissowe, Butessowe wird seit 1171 öfter genannt; seit 1229 tritt die kontrahierte Form Buczowe, Butzow(e) regelmäßig auf. – Es liegt ein altpolabischer Personenname, dessen Form sich jedoch nicht mehr sicher angeben läßt, zugrunde. Er kann *Butiš, Bytiš* oder *Budiš* gelautet haben und wurde mit dem Suffix *-ov-* (*Butišov* usw.) erweitert.

Calau/Kalawa Kreisstadt, Bez. Cottbus; südl. des Spreewaldes, westl. der Bezirksstadt. 6800 E. – Frühmittelalterliche slawische Burg mit Burgsiedlung; nach 1200 neben deutscher Feudalherrenburg (v. Eilenburg) planmäßige Stadtgründung (1279 civitas).
C. schreibt sich 1279 Calowe, 1285 Kalowe, 1301 Kalow, 1328 Calow. Diese Formen werden dann im 15. Jh. von Kalaw und Calawe abgelöst, seit dem 16. Jh. von Kalau und Calau. Der Name bezeichnete einen sumpfigen Ort: altsorb. *Kalov*, zu *kal* 'Sumpf'. Vgl. auch Kahla, Neukalen.

Calbe (Saale) Kr. Schönebeck, Bez. Magdeburg; am Westufer der Saale, an deren Unterlauf kurz vor ihrer Mündung in die Elbe. 15300 E. – Frühmittelalterliche Burg und Burgbezirk an altem Saaleübergang; 965 mit Königshof; Burgsiedlung seit 10. Jh.; → Burgmarkt, Frühstadt; um 1160 planmäßige Stadterweiterung (Neuer Markt); Burg C. zeitweilig Residenz der Erzbischöfe von Magdeburg.
Bereits im 10. Jh. ist C. sehr oft genannt: 937 Caluo, 961 Calva, 965 Calua, ebenso 974, 992, 993. Thietmar von Merseburg schreibt 1012/18 (zu 981) Caluuo, Calva. Mit zu *-e* abgeschwächter Endung tritt der Name seit dem 12. Jh. hervor: 1105 in Calven, 1108 de Calue; die verhochdeutschende *b*-Schreibung ist zuerst 1174 (civitas Calbe) überliefert, neben der jedoch nd. Calve, Calue weiterhin vorherrschen. – Der Name bezeichnete vielleicht ursprünglich eine *kahle Gegend* oder Stelle, zu and. *kalo, kalw-* (dazu angelsächs. *calu*, engl. *callow*) 'kahl, unbewachsen' bzw. *kalawa*, mnd. *kalewe* 'Kahlheit'. Sollte der Name noch älter als germanisch sein, ließe sich lit. *kalvà*, lett. *kalva* 'kleiner Hügel, Flußinsel', zu alteurop. **kel-* 'hochragen, Höhe', vergleichen. Vgl. auch Kalbe.

Callenberg s. Lichtenstein

Camburg Kr. Jena, Bez. Gera; in großem Saalebogen beiderseits des Flusses, südl. der Ilmmündung. 3500 E. – Vermutlich schon karolingische Reichsburg; seit 10. Jh. Grafenburg mit Burgsiedlung; → Burgmarkt; planmäßige Stadtanlage vor 1149 (cives genannt).
Aus der Gosecker Klosterchronik (geschrieben um 1135) erfahren wir vom wettinischen Grafen Willehelmus de Kam-

burch (zu 1088) bzw. Kaemburg aus einer Urkunde von 1116. Seit 1103 treten wettinische Ministerialen von C. sehr oft als Urkundenzeugen auf; dabei wird der Ortsname wie folgt geschrieben: Kamburg(k), Kanburg, -burch, Can- und Camburc(h), 1149 wird von Bürgern in Kamborch berichtet. Die Schreibungen mit *c, ch* und *k* wechseln dann bis ins 20.Jh. – Ausgangspunkt für eine Interpretation des Erstgliedes ist ein *Kam-* oder *Kan-*: In *Kam-* könnte ahd. *kamb*, altsächs. *camb* 'Kamm, Bergkamm' enthalten sein; auch eine altsorbische Grundlage zu *kamy, kamen* 'Stein, Felsen' wäre denkbar: **Kamenny* (grod). Sollte ein noch älterer Name darunter stecken, so wäre an alteurop. oder kelt. *kambos* (später ins Germanische entlehnt) 'krumm, Krümmung' (hier der Saalebogen) zu denken. Geht man von *Kan-* aus, so käme altsorb. *Kanin* 'Raubvogelort oder -burg' am ehesten in Frage, zumal der Altsiedelraum (Burgbezirk) von C. fast durchweg slawische Ortsnamen aufweist. Dt. *-burg* könnte nachträglich an einen älteren Namen verdeutlichend angefügt worden sein.

Clingen Kr. Sondershausen, Bez. Erfurt; im nördl. Thüringer Becken, an der Helbe. 1400 E. – Altthüringische dörfliche Siedlung mit feudalem Herrensitz; → Städtchen vor 1280 (1353 stat); ursprünglich Doppelsiedlung mit Greußen (vgl. dort), Westgreußen.

Um 780/802 ist in einer Fuldaer Schenkung von zwei Dörfern Greußen die Rede (in duabus villis Griuzen vocatis); eins von diesen wird von der Forschung für C. gehalten. Diese Sammelbenennung wiederholt sich so noch 1227 und 1268. 1317, 1335, 1350 wird dann Klincgruzen, Clinggrußen genannt, was obige Annahme wahrscheinlich macht. Nur von Clingen stat wird dann 1353 berichtet, später noch Klingin u.ä. geschrieben. – Die Siedlung C. ist offensichtlich nach der Helbe genannt, an der sie lag: mhd. *klinge* 'Wasserrinne, Bach, von zahlreichen „klingenden" Quellen oder Wasseradern durchsetztes Gelände' (heute kanalisiert).

Cochstedt Kr. Aschersleben, Bez. Halle; im fruchtbaren Harzvorland, nördl. der Kreisstadt am Hakel (Forst). 2100 E. – Frühmittelalterliche Dorfsiedlung mit Feudalgut bzw. Herrensitz; im Spätmittelalter angewachsen zum Marktflecken; Stadtrecht erst 1535. Ländliches Siedlungszentrum des nördl. Kreisgebietes.

Die frühüberlieferten Formen des Ortsnamens lauten: 941 Cokstedi.

1012 Cocstede, seit dem 12.Jh. Cocstede, Kocstede, -stete, Chocstete, -stide, 1227 Kokstede; aus dem Rahmen fällt etwas die Form Coxtidi (zu verstehen als Cokstidi) aus einer Schenkung für Kloster Corvey an der Weser (zu 984). – An hd. *kochen* bzw. *Koch* ist bei diesem sicher alten Namen kaum zu denken, da diese Wörter zuerst ins Oberdeutsche entlehnt wurden und dort das inlautende *-k-* zu *-ch-* verschoben wurde; altsächs. *kok* 'Koch' kann nur eine anpassende Rückbildung sein, denn das alteinheimische, germanische Wort dafür war *sieden*. So wird wohl an and. *kock* 'Erd- oder Steinhaufen' (als Grenzzeichen) anzuknüpfen sein (dazu auch dän. *kok* 'Haufen', mhd. *koche* 'Erdaufwurf'); der Name bezeichnete also einen Ort, wo Erd- oder Steinhügel errichtet waren.

Colditz Kr. Grimma, Bez. Leipzig; am rechten Ufer der Zwickauer Mulde kurz vor deren Zusammenfluß mit der Freiberger Mulde, südöstl. der Bezirksstadt. 7000 E. – Altsorbische Fischersiedlung; seit 10. Jh. deutsche Königsburg (Burgward) mit Burgsiedlung; → Frühstadt vor 1150; planmäßige Stadtanlage um 1200 (1265 civitas).

Nach neuerer Forschung kann es sich bei dem von Thietmar von Merseburg erwähnten *Colidici* (zu 1016) nur um eine Verschreibung oder Verwechslung mit *Cölbigk* bei Ilberstedt (nahe Bernburg) handeln, also: *Colibici*, mit Zetazismus *k* > *z*; denn nur dort gab es das von Thietmar von Merseburg erwähnte Kloster mit dem Grab des Heiligen Magnus, an dem Bischof Eiko von Meißen beigesetzt sein wollte. So datiert die Erstnennung des Burgwards Cholidistcha auf 1046. Die Reihe der Herren von C. beginnt 1103 mit Boppo de Cullidiz, der als Gefolgsmann Wiprechts von Groitzsch in Naumburg als Urkundenzeuge fungiert. 1158 ff. ist der Reichsministerialensitz mit Thimo de Colidiz, Coldiz, Colediz und Koldiz oft genannt und damit praktisch bereits die heutige Namenform erreicht. – Die altsorbische Lautung war evtl. **Kol-dici* und könnte zu slaw. *kol-* in der Bedeutung 'Glied einer Gemeinschaft' (dazu poln. *pokolenie* 'Generation') gehören.

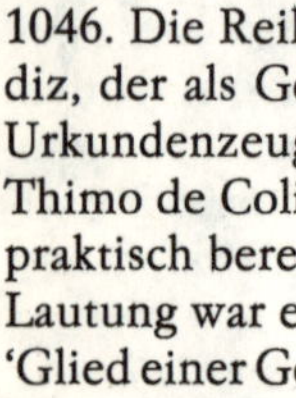

Coswig Kr. Meißen, Bez. Dresden; in einer Elbtalweitung, nordwestl. der Bezirksstadt. 28000 E. – Bis 1939 dörfliche Siedlung mit ehemaliger Wasserburg; 1939 zur Stadt erhoben infolge Anwachsens als Industriestandort und Arbeiterwohn- und Gartenstadt im Ballungsgebiet Dresden.

Verhältnismäßig spät tritt C. erst 1350 als Koswik,

Kocz(e)wicz, 1366 Kossewik, 1378 Kozwig, Kossewig, 1496 Cossewigk u. ä. hervor. – Der Name gehört wohl zu altsorb. *kos* 'Amsel', Ausgangsform *Kosovik* o. ä. 'Amselgegend'. Vgl. auch Coswig (Anhalt).

Coswig (Anhalt) Kr. Roßlau, Bez. Halle; am hügeligen Nordufer der mittleren Elbe, westl. von Wittenberg. 11800 E. – Altsorbische Fischer- und Schiffersiedlung; im 10.–12. Jh. deutscher Elbburgward mit Burgflecken; → Städtchen Ende 12. Jh. (1215 oppidum); 1315 Stadtrecht. Seit dem Spätmittelalter anhaltinisches Schloß; Elbhafen und Verkehrsknotenpunkt; Chemiekombinat.
In einer Kopie des 16. Jh., datiert auf etwa 1187 und 1215, ist C. als Cossewiz bezeugt, aber wohl verlesen oder verschrieben für Cossewik im Original. Die folgenden Nennungen lauten: 1213 Cozwic, 1216 Cozcewic, 1224 Coszwik, 1320 Kozwik; seit 1400 begegnen vorwiegend Formen wie Cos(s)wig, Cos(s)wik. – Der Name gehört wohl zu altsorb. *kos* 'Amsel', Ausgangsform *Kosovik* o. ä. 'Amselgegend'. Vgl. auch Coswig.

Cottbus/Chośebuz Bezirks- und Kreisstadt; am Mittellauf der Spree, südöstl. des Spreewaldes. 105200 E. – Altbesiedelter Mittelpunkt der sorbischen Niederlausitz, im Frühmittelalter mit Burgwall (Schloßberg); seit 10. Jh. deutsche Burg mit Burgflekken; planmäßige Stadterweiterung um 1230. Neustadt 1730; Bezirksstadt seit 1952; Großstadt seit 4. 9. 1976. Baukombinate, Bekleidungsindustrie, Verkehrsknotenpunkt; mehrere große Neubaugebiete für die Kohle- und Energiearbeiter.
Ein Güterverzeichnis des Klosters Nienburg aus der Zeit um 1150 nennt den Ort mit Kirche und Markt (ecclesia, mercatus) Cotibus; 1156 wird der Burggraf Heinricus de Chotibuz erwähnt, 1199 und 1208 ein Thiemo de Godebuz, Cothebuz. Ähnliche Schreibungen der folgenden Zeit sind Chodebuz, Kothebuz, Kotebuz; noch 1494 Cottebus, doch 1326 bereits Kottbuz, womit die heutige Form erreicht ist. – Der 'Ort des *Chotěbud*', gebildet mit dem besitzanzeigenden Suffix *-j-*, das das auslautende *-d* zu weichem *-z* veränderte: altsorb. **Chotěbuz*. *Cott-* gehört zu *chotěti* 'wollen, begehren'. Vgl. auch Gadebusch. Zweigliedrige Personennamen auf *-bud* sind in vielen slawischen Sprachen bezeugt, z. B. *Dobrobud, Milobud, Radobud, Těchobud* u. a. Zu *Bud-* als Erstglied vgl. auch Bautzen.

Creuzburg Kr. Eisenach, Bez. Erfurt; nordwestl. der Kreisstadt, am Nordufer der Werra. 2300 E. – Alter Flußübergangsort aus dem hessischen Ringgau in das Thüringer Becken; im 8./9. Jh. karolingisches Königsgut (775 fiscus Milinga); seit 973 fuldischer Klosterhof, Ministerialensitz; Burg und Burgflecken im 12. Jh. (1182/85 civitas); planmäßige Stadterweiterung 1213/15 durch den Landgrafen Hermann von Thüringen.

Ort und Peterskirche C. werden zum ersten Mal in einem Gütertausch mit Kloster Fulda zu 973 erwähnt: Cruciburg; zu 1069 und 1139 nennen dann mehrere Annalenwerke Cruciburg, -burch als Beratungsort der Gegner Heinrichs IV. Unter den thüringischen Landgrafen gibt es dann seit 1170 zahlreiche Nachweise mit folgenden Schreibvarianten: Cruc(z)eburc, -burg, Cruciburch; 1222 Cruczborg. Diphthongierte Formen tauchen erst nach 1450 auf. – Der Name C. ist zweifellos eine Neuschöpfung der Hersfelder oder Fuldaer Mönche bzw. deren Äbte im 9. oder 10. Jh., die den älteren Namen *Milingen* verdrängte. Das christliche Kreuzeszeichen lautet ahd. und altsächs. *krūzi*, entlehnt aus lat. *crux* (Genitiv *crucis*).

Crimmitschau Kr. Werdau, Bez. Karl-Marx-Stadt; am westl. Pleißeufer, südl. von Altenburg, nordwestl. von Zwickau. 27100 E. – Deutsches Reihendorf mit Herrensitz des ausgehenden 12. Jh.; Erweiterung zur Stadt Anfang 13. Jh. (1222 civitas). Textilindustriezentrum.

Die Herren von C. beginnen 1212 mit einem Heinricus de Crematzowe, sie sollen ihn vom Dorfe C. bei Schmölln (heute Wüstung, 1140 Crimazhowe) mitgebracht haben. Die weiteren Formen sind: 1214 Krimaschouwe, 1217, 1221 Crimaschowe, 1225 Crimatsowa, 1322 Crymatschowe, 1351 Cremaschowe, Crimatschaw, 1414 Crymitschaw. – Wahrscheinlich liegt ein Personenname *Krimaš* o.ä. vor, der mit dem possessivischen Suffix *-ov-* erweitert wurde, daher Ausgangsform des Ortsnamens: *Krimašov*.

Crivitz Kr. und Bez. Schwerin; am Crivitzer See, im Quellgebiet der Warnow, südöstl. der Bezirksstadt und des Schweriner Sees. 5200 E. – Altslawische Siedlung; seit zweiter Hälfte des 12. Jh. Burg der Grafen von Schwerin; planmäßige Stadtanlage nach 1251.

1251 werden dem Schweriner Domkapitel 6 Hufen in

Criwitze (spätere Abschrift) geschenkt; 1294 ist Criwiz Ausstellungsort einer Urkunde; 1273/74, 1296 schreibt es sich Kriwiz, Kriwicz; das Stadtsiegel von 1329 hat Criwisz. – Ausgangsform ist altpolab. *Krivica* zu *krivy* 'krumm', am ehesten ein alter See- oder Bachname. Vergleichbar ist der Ortsname Kriebitzsch bei Altenburg.

Dahlen Kr. Oschatz, Bez. Leipzig; am Südrand der Dahlener Heide, nordwestl. der Kreisstadt. 3900 E. – Altsorbische Siedlung des Frühmittelalters an alter West-Ost-Straße; im 11./12. Jh. deutsche Burg mit Burgsiedlung; nach 1150 Marktanlage (1228 oppidum).

In einer Urkundenabschrift des 13. Jh. zum Jahre 1188 findet sich die latinisierte Form Tollanum, die durch einen späteren Originalbeleg (1435 Dolan) bestätigt wird. Ansonsten überwiegt die Schreibung Dolen (1228, 1282). Eine weitere Kopie des 17. Jh., etwa zum Jahre 1210, hat Dolene. Die *a*-Formen beginnen Mitte des 14. Jh.: 1367 Dalen, 1428 Dalin, 1565 Dalenn. – Der altsorbische Name *Dol'ane* bezeichnete die Bewohner eines Tales, einer Niederung, altsorb. *dol.* Die gleiche Bildungsweise zeigt der Ortsname Dollahn östl. von Bergen auf Rügen.

Dahme Kr. Luckau, Bez. Cottbus; am Südrand des östl. Niederen Flämings, am Oberlauf der Dahme, westl. der Kreisstadt. 5200 E. – Feudalburg des 12. Jh. mit Burgflecken als Burgbezirksmittelpunkt, offenbar schon in vordeutscher Zeit (vor 929); Stadtgründung vor 1200 (1265 civitas).

Das Altsiedelgebiet von D. wird zu 1166 und 1171 von der Chronik des Klosters Petersberg bei Halle als provincia Dame bezeichnet; 1186 ist der Burgward Dame genannt. Die Schreibung der weiteren Nachweise für den Ort seit 1193 ist überwiegend zu bzw. von der Dame und latinisiert Damis (Lokativ), vereinzelt zur Dahme. Das Siegel von 1399 hat die Form Damen; das Wappen zeigt seit dem 17. Jh. eine „Dame“ (Frauengestalt). – Da ganz offensichtlich der Flußname Dahme auf die Siedlung übertragen wurde, ist von einem solchen auszugehen. In den westslawischen Sprachen bietet sich jedoch kein Ansatzpunkt. Daher ist mit einer vorslawischen germanischen, evtl. sogar alteuropäischen Bildung zu rechnen. Das Altnordische bewahrt in *dām(r)*, norweg. *daam* ‘dunkel’ und *daama* ‘Wolkenschleier’ eine alteuropäische gut bezeugte Wurzel **dhem-* mit der Bedeutung ‘Rauch, Nebel, Dunst, Wolke, dunkelfarbig’ (dazu auch dt. *Dampf* mit labialer Erweiterung), die ohne weiteres zur Flußnamenbildung (**Dāma* o. ä.) verwendet worden sein kann. Den Slawen wäre dann der germanische Name bereits unverständlich gewesen. Später auftretende sorbische Namenformen wie *Dubna* (zu *dub* ‘Eiche’) sind offenbar gelehrter Herkunft.

Damgarten s. Ribnitz-Damgarten

Dardesheim Kr. Halberstadt, Bez. Magdeburg; im nördl. Harzvorland, westl. des Huy, nordwestl. der Kreisstadt. 1300 E. – Frühmittelalterliche dörfliche Siedlung; Entwicklung zum Flecken im 14. Jh.; Stadt erst seit Ende des 17. Jh.

Bei diesem Ortsnamen auf *-heim*, nd. *-hēm*, ist das Zweitglied – wie in vielen anderen Fällen – früh abgeschwächt worden zu *-em*: 1194 Derdeszem, 1209, 1282 Derdessem, dagegen 1219 Derdesheim und 1282 Derdesheym. Er enthält wohl einen sehr selten bezeugten Personennamen mit ahd. *Tarot*, altsächs. *Darod* im Erstglied, das zu *dar-d* ‘Wurfspieß, Lanze’ gestellt wird; dazu auch die Ortsnamen *Derdingen* und *Derendingen* (alt Tarodingin u. ä.) im Südwesten der BRD. Das Zweitglied eines Personennamens könnte resthaft in dem *-es* stecken. Im Altniederdeutschen stand oft *e* für *a* bei entsprechendem Vokal in offener Silbe.

Dargun Kr. Malchin, Bez. Neubrandenburg; nördl. des Mecklenburgischen Landrückens, westl. von Demmin. 4000 E. – Ehemalige slawische Burg mit Burgsiedlung (Dorf Röcknitz); → Burgflecken; Städtchen seit 16. Jh.; Zisterzienserkloster seit 1173; Renaissanceschloß seit 1590.

Der Name D. ist fast unverändert überliefert: als Dargun in den Jahren 1172, 1186, 1189, um 1200, 1216 ff.; als Dargon 1173, 1174, 1178. – Er geht auf den altpolabischen Ortsnamen *Darguń* ‘Ort des *Dargun*’ zurück.

Dassow Kr. Grevesmühlen, Bez. Rostock; im Küstentiefland der Ostsee, an der Lübecker Bucht westl. von Wismar. 4100 E. – Ursprünglich slawischer Burgwall; seit Mitte 12. Jh. deutsche Burg und Burgsiedlung an der Küstenstraße Lübeck–Wismar; seit späterem Mittelalter Flecken; Stadt erst 1938.

Der Chronist Helmold von Bosau nennt (um 1165/72) zu 1024 Derithsewe in niederdeutscher Gestalt; 1158 wird sehr oft vom Land (terra) Dartsowe, Darsowe, Darxowe, Dartzowe berichtet, 1188 und 1202 vom Wald (silva) Dartzchowe. Nach 1200 herrschen die Schreibungen Dartsowe und Dartzowe vor, 1415 Darsowe. Die Assimilation von *r* an *s* ist seit dem späten 15. Jh. eingetreten. – Zugrunde liegt das altpolabische Wort *darč* 'Gesträuch', das im Südslawischen gut bekannt ist (z. B. serbokroat. *drača*).

Delitzsch Kreisstadt, Bez. Leipzig; in der Leipziger Tieflandsbucht, nördl. der Bezirksstadt, am Lober. 24200 E. – Altsorbisches Siedelgebietszentrum mit Burg; seit 10. Jh. deutsche Burg; um 1200 Landdingstätte; Burgflecken durch Stadtanlage (Altstadt) um 1200 erweitert; Neustadtanbau seit 1250 (1306 civitas). Verkehrsknotenpunkt, Industriestandort.

Die Zuweisung eines 1166 genannten Wikardus de Dielce zu D. oder zu Delitz am Berge bei Halle ist nicht sicher zu entscheiden, zumal für die Stadt D. 1207 die gleiche Form überliefert ist: Dieli(c)z (D. ist seit diesem Jahr häufig Landdingstätte). Delicz erscheint dagegen in einer undatierten Urkunde von etwa 1182. Von 1222 an tritt dann bereits die kontrahierte Namenform auf: 1222 Delcz, 1224 Dels, 1276 und 1285 Delz, 1332 Deltz, 1350 Deltsch, 1400 Delczsch. Zwischen 1364 und 1400 setzt sich wieder die zweisilbige Form durch: 1364 Delez (Stadtsiegel), 1404 Delizsch. – Der Name bezeichnet die Lage der ältesten Befestigungsanlage auf einer Erhebung: altsorb. *děl'c* 'Hügel', im Deutschen zu *Delitzsch* umgestaltet. Das *ie* der Erstbelege spiegelt den altsorbischen Vokal *ě* wider.

Demmin Kreisstadt, Bez. Neubrandenburg; im pommerschen Küstentiefland an der Tollensemündung in die Peene, südwestl. von Greifswald. 17500 E. – Alte pommersche (slawische) Landesburg mit Burgsiedlung; Frühstadt um 1070; 1236/49 Stadtanlage bzw. -erweiterung (1249 civitas).

In den Chroniken der niederdeutschen Historiographen Adam von Bremen (um 1075) und Helmold von Bosau (1165/72) wird die pommersche Fürstenburg, die vielfach umkämpft war, oft genannt: civitas Dimine, urbs Dymine, Dimin (für das 10./11. und ganze 12. Jh.). Die Berichterstatter über die Missionsreisen des Bischofs Otto von Bamberg nach Stettin und Wollin, Herbord und Ebo, erwähnen die Burg (urbs/civitas) Timina zu 1125 und 1128; ähnlich der Däne Saxo zu 1164 ff.: Demina urbs, Diminum, Dyminum (latinisierte Formen). In Berichten über den Wendenkreuzzug von 1147 heißt es Demen. Die 1140 einsetzende reiche urkundliche Überlieferung bietet die Formen Dimin, Dymin, 1180 Dimmine, die bis ins 14. Jh. begegnen; daneben kommen von 1236 an zunehmend die *e*-Schreibungen auf: 1236, 1267, 1284 Demin, 1273 Demmyn, 1300 Demyn, 1320 Demmin, womit die heutige Schreibung erreicht ist. – Der altpolabische Ortsname ist von *dym* 'Rauch, Dunst' abzuleiten, Ausgangsform wohl **Dyminy* (Plural).

Derenburg Kr. Wernigerode, Bez. Magdeburg; im nördl. Harzvorland, an der Holtemme, westl. von Halberstadt. 3200 E. – Deutscher Königshof (Villikation) im 10./11. Jh.; später Burg und Burgsiedlung der Grafen von Regenstein; → Stadt um 1200 (1289 oppidum).

Die fremden bzw. hochdeutschen Schreiber der königlichen Kanzlei schrieben den Namen in Anlehnung an ahd. *tarni* und *tarnjan* 'verborgen' bzw. 'verheimlichen, verbergen' mit *T*-: 937 Taremburch, 944 Tarneburc; 964 Tarneburg; die Einheimischen jedoch schrieben der Sprachlandschaft gemäß mit *D*-: 993 Darniburg, bei Thietmar von Merseburg zu 998 Darniburg. Die weiteren Nachweise des 11. Jh. und der folgenden Zeit lauten: 1008 Darneburg, 1228 Darneborch, seit 1100 zunehmend mit *e*, Derneburch, Dherneburch, Therneburc usw. – Das Erstglied gehört zu altsächs. *dernian* 'verbergen', ahd. *tarnan*, angelsächs. *dierne* 'verborgen'; es hat sich anscheinend um eine versteckt gelegene Siedlung bzw. Burg gehandelt.

Dessau Stadtkreis und Kreisstadt, Bez. Halle; an der Mündung der Mulde in die Elbe. 101100 E. – Ursprünglich slawische Fischer- und Schiffersiedlung im Burgward Kühnau (westl. der Stadt); um 1180 Burg mit Burgflecken der Grafen von Anhalt; Ausbau zur Stadt (1228 oppidum); später Residenz der Fürsten von Anhalt-Dessau. Seit 1972 Großstadt.

In den Altformen wechselt *Diss*- mit *Dess*-: 1213 de Dissowe, 1228

Dessouwe, 1239 und 1288 Dissouwe, 1263 und 1268 Dessowe, 1275 und 1298 Dissowe, 1297 Dessow. Letzteres dominiert dann seit 1300. – Die ersten Schreibungen weisen wohl auf einen Personennamen, der mit dem Suffix *-ov-* erweitert wurde. Er kann *Dyš, Deš* oder *Zdyš, Zdeš* o. ä. gelautet haben, also 'Ort des D. oder des Z.'.

Dietharz s. Tambach-Dietharz

Dingelstädt Kr. Worbis, Bez. Erfurt; am Südwestrand des Dün, in der Quellmulde der Unstrut, nordwestl. von Mühlhausen. 5300 E. – Altthüringische Dorfsiedlung und Gerichtsort, Feudalherrensitz; seit spätem Mittelalter Marktflecken; 1859 Stadt.

Wie viele andere westthüringische Orte wird Dingilstat in einer Schenkung des 9. Jh. (Schreibform um 1155) an Kloster Fulda angeführt; 1163 heißt es Dingested, 1188 Thingelstat, seit 1220 Dingelstede, -stete u. ä. – Da D. seit alters eine Landgerichtsstätte war (1309 in plebiscito, 1312 iudicium), darf man sicher an ahd. altsächs. *thing* 'Volks- bzw. Gerichtsversammlung, Gerichtsort' anknüpfen, und der Beleg von 1163 müßte als Zeugnis der primären Namenform angesehen werden, während die mit *(e)l* erweiterten Formen eine sekundäre Weiterbildung, wohl in Anlehnung an Personennamen wie *Dingolf* oder *Dingolt* (< Dingwalt), darstellen würden (dazu auch *Dingelstedt* am Huy bei Oschersleben, *Dingolshausen, Dingelsdorf* und *Dingolfing* in Südbayern). Die beiden Belege mit *-stat* sind den verhochdeutschenden Fuldaer Schreibern anzulasten; größtenteils beruhen die thüringischen Namen auf *-stadt, -städt,* auf and. *-stadi, -stedi* 'Stätte'.

Dippoldiswalde Kreisstadt, Bez. Dresden; im Osterzgebirge, im Tal der Roten Weißeritz, südl. der Bezirksstadt. 6500 E. – Deutsches Bauerndorf vom Ende des 12. Jh.; Ausbau und Stadtanlage im Anschluß an markgräflich-meißnische Burg bald nach 1200 (1266 cives genannt).

Der zweite Namenbestandteil *-walde* kennzeichnet den Ort deutlich als Rodungssiedlung des ausgehenden 12. Jh.; sie wurde angelegt von einem Ortsgründer *Dietbald* (bzw. *Dietwalt*): 1218 und 1266 Dipoldeswalde, Dipoldiswalde. Schon 1288 und 1294 erscheint die heutige Namenform. Die Mundart verkürzte den vielsilbigen Namen bald zu Dippelswalde und Dips, was vereinzelt auch in den Belegen widerscheint: 1453 Dippelswalde, 1504 Diepeßwalde,

1546 Dipwalde. – Der Personenname gehört zu ahd. *diot*, mhd. *diet* 'Volk' und ahd. *bald* 'kühn' oder *-walt* 'walten, -walter', dazu auch *Dippelsdorf* südl. von Weißenfels (1121 Dipoldistorf), heute Ortsteil von Nessa.

Döbeln Kreisstadt, Bez. Leipzig; im mittelsächsischen Bergland, in einem Talkessel der Freiberger Mulde. 27700 E. – Altsorbische Siedlung; seit Mitte des 10. Jh. mit deutscher Burg und Burgflecken; Stadtanlage kurz nach 1200 (1350 civitas).
Eine frühe Erwähnung findet D. als Doblin 981 in einer Königsurkunde für Kloster Hersfeld; seit 1197 sind dann Döbelner Ritter, wohl Vögte des Markgrafen von Meißen, öfter bezeugt: de Dobelin, Doblin. Die Umlautbezeichnung beginnt erst 1332 mit Dôbelin, 1382 Dôbelyn. Die Endung *-in* ist seit Mitte des 16. Jh. verkürzt zu *-n*: 1554 Dobeln. – Der Ortsname beruht auf altsorb. *Doblin*, abgeleitet von einem Personennamen *Dobl*.

Doberan, Bad Kreisstadt, Bez. Rostock; im Ostseeküstengebiet, westl. der Bezirksstadt. 13200 E. – Altslawische Siedlung; seit 1171 mit berühmten Zisterzienserkloster; seit 1218 Entwicklung zum Marktflekken. Seit Ende des 18. Jh. Moor- und Mineralbad (1929 „Bad" D.); Stadt seit 1879.
Das bekannte Kloster ist seit 1171 mit dem Namen Doberan, Dobran sehr oft bezeugt, er ist bis heute unverändert geblieben. – Der Ortsname geht zurück auf altpolab. *Dobraň* 'Ort des *Dobran*'. Personennamen zum Stamm *dobry* 'gut' waren in den slawischen Sprachen sehr häufig.

Doberlug-Kirchhain Kr. Finsterwalde, Bez. Cottbus; im niederlausitzischen Waldgebiet, an der Kleinen Elster (rechts zur Schwarzen Elster), westl. der Kreisstadt. 9200 E. – Doppelstadt; Doberlug: sorbische Siedlung wohl des 10. Jh.; seit 1165 mit bekanntem Zisterzienserkloster; planmäßiger Ausbau seit 1664. Kirchhain: deutsches Straßendorf vom Ende des 12. Jh.; Marktflecken um 1230 (1234/35 forum in K.); 1945 zu einer Stadtgemeinde vereinigt.
Bei *Doberlug*: hat die reiche klösterliche urkundliche Überlieferung für eine vielfache Bezeugung des Namens gesorgt. Ehe diese Ende des 12. Jh. einsetzt, erwähnt Thietmar von Merseburg (1012/18) zu

1005 Dobraluh als Sammellager des deutschen Heeres für einen Feldzug nach Polen. Die Chronik vom Petersberg erwähnt zu 1184 Doberluge, Dobrilug, die erste Klosterurkunde 1199 Doberluch. Diese Form begegnet noch 1200, 1210, 1215 u. a. Die Bekanntheit des Klosters trotz seiner Abgelegenheit bezeugt die Gedichtzeile Walthers von der Vogelweide von etwa 1210/12: „ich wurde ê münech ze Toberlû", deren Namenform einer Urkundenform Doberlu von 1231 genau entspricht. 1228 erscheint erstmals Dobirlug. – Der Name erklärt sich aus slaw. *dobry* 'gut' und *lug* 'sumpfige Wiese, Aue'; zu letzterem vgl. auch Laucha und Lauchhammer.
Die deutsche Neusiedlung *Kirchhain* tritt 1234 und 1235 erstmals in den Formen Kyrkhagen und Kyrhagin, Kyrchagen, Kyrchhain hervor; 1523 ist mundartl. Kyrchan festgehalten. – Das Zweitglied *-hagen*, später *-hain* bezeichnet eine Neurodung, die *gehegt*, umzäunt war; das Erstglied *Kirch-* nimmt auf die mitbegründete Pfarrkirche Bezug. 1234 ist die niederdeutsche Form des Wortes festgehalten: altsächs. *kirika*, mnd. *kerke*.

Döbern/Derbno Kr. Forst, Bez. Cottbus; in der östl. Niederlausitz, östl. von Spremberg, südl. der Kreisstadt. 5000 E. – Sorbische Siedlung des hohen Mittelalters mit spätmittelalterlicher deutscher Wasserburg; seit 18. Jh. Burgflecken; → Marktflecken.
Der Ortsname ist erst relativ spät bezeugt: 1375, 1466 Dober. Die heutige Form mit auslautendem *-n* tritt 1579 auf. D. ist möglicherweise eine Tochtersiedlung von *Altdöbern*, Kr. Calau: 1346/1495 Dobir, 1424 Do̊bir. – Der Name dürfte zu einem alten slawischen Wort *debŕ* 'Schlucht, Graben, Waldtal' gehören, das sich in Orts- und Flurnamen noch erhalten hat.

Dohna Kr. Pirna, Bez. Dresden; am Ostrand des Osterzgebirges bzw. am Südrand der Dresdener Elbtalweitung, westl. der Kreisstadt. 4100 E. – Alter sorbischer Burgwall an der Straße vom Elbtal nach Nordböhmen; im 10./11. Jh. zwischen Meißen und Böhmen umkämpft; seit Anfang des 12. Jh. Reichsburggrafensitz; Burgsiedlung; → Burgflecken; im späten Mittelalter → Stadt (1445 stetichin).
Zu 1007, 1107 und 1121 erwähnt der tschechische Chronist Cosmas von Prag (um 1120) die Kämpfe um den Burgort (oppidum) Donin, die Burg (urbs) Donin nennt zu 1040 der namenlose Sächsische Annalist (wohl in Halberstadt oder Magdeburg). Die Namenform bleibt

bis ins 15. Jh. die gleiche: Donin, Donyn; sogar das Stadtsiegel von 1525 bewahrt noch Donyn. Von Ende des 15. Jh. an zeigt sich jedoch der Übergang zur heutigen Namensendung: 1483 Donen, 1501 Don(n)en, 1509 Dohnen, 1548, 1569 Dohna, 1553 Donaw. – Es liegt ein possessivischer altsorbischer Ortsname *Donin* 'Ort des *Don* bzw. *Dona*' zugrunde.

Dömitz Kr. Ludwigslust, Bez. Schwerin; an der Unterelbe, an der Mündung der (kanalisierten) Elde, südl. der Bezirksstadt. 4000 E. – Alte Elbschiffersiedlung; um 1200 Elbzollstätte mit Grafenburg und Burgflecken; Stadtanlage um 1250 (1259 civitas). Im 16. Jh. Festung (1894 aufgelassen).

Das bekannte Ratzeburger Zehntverzeichnis von 1230 erwähnt den Priester Heinrich von Dumeliz, die folgenden Belege nennen den Ort: 1237 und 1259, 1269, 1284 Domeliz, 1291 Domaliz und Domeniz, 1298 Domenicz, 1341 Domenitze. Das Stadtsiegel von 1297 hat Domaliz. Die verkürzte Form Domiz tritt seit dem 15. Jh. in den Vordergrund und verdrängt schließlich die ältere vollere Form. – Die altpolabische Grundform des Ortsnamens lautete *Domalici*, evtl. auch *Domanici*, und gehört zu einem Personennamen *Domal* bzw. *Doman*.

Dommitzsch Kr. Torgau, Bez. Leipzig; links der mittleren Elbe, am Ostrand der Dübener Heide. 3200 E. – Alter sorbischer Burgort mit Burgbezirk; seit 10. Jh. deutscher Burgward und Burgsiedlung; Stadtanlage nach 1200. Landwirtschaftszentrum.

Die zu 981 erwähnte Burg (castrum) Domuki in einer Königsurkunde zeigt eine falsche Rückbildung eines echten *-uzi*, wie die folgenden Nennungen bezeugen. Der Schreiber stammte aus niederdeutschem Gebiet, wo *k* vor hellen Vokalen (*e*, *i*) zu *z* entwickelt war (Zetazismus); er nahm an, daß *k* die korrekte Schreibung für gesprochenes *z* sei. 992 folgen Thumuuz und Domuiz. Eine echte Urkunde von 1004 und eine damals zu 965 gefälschte Urkunde zeigen die Formen Dumoz und Dumuz, 1198 wird der Pfarrer Hartmann von Domuz genannt. 1272 wird der auslautende Konsonant stärker verdeutlicht: Domutsch; 1350 sind die Schreibungen Damuzs, Damozs, 1423 Damutzsch; 1434 zeigt sich die heutige Endung erstmals in einem Herkunftsfamiliennamen in Torgau: Mattis Dommiczsch. – Wahrscheinlich nimmt der altsorbische Name, der etwa *Dmuc-* lautete, auf die Lage am Gewässer Bezug und gehört letzthin zu altsorb. *duti* 'blasen, wehen' (dazu auch der tschechische Bergname *Dmout*).

Dornburg Kr. Jena, Bez. Gera; auf schroff abfallendem Felsen westl. über dem mittleren Saaletal, nördl. der Kreisstadt. 1300 E. – Alte, wohl schon karolingische Reichsburg an der Slawengrenze im 9. Jh.; im 10. Jh. ottonische Königspfalz mit Pfalzsiedlung; städtische Anfänge im 13. Jh. (1343 stat).

Die Lorscher Klosterchronik nennt Doronburc bereits zum Jahre 891. Seit dem 10. Jh. ist D. oft Ausstellungsort deutscher Königsurkunden; die Namenformen zeigen nur Schreibvarianten: 937 Dornburg, 952 Dornpurk, 955 Dornpurhc, 958 Dornpurc, 965, 1004 Thornburg, 973 Dorenburch usw. Von etwa 1200 an dominiert die heutige Form; zuweilen steht daneben Dorenburg, -burch, -burgk, -borg. – Das Erstglied benannte die alte Wallburg nach der sie umgebenden *Dornenhecke*: ahd. altsächs. *thorn, dorn* 'Dornstrauch, Stachel'.

Drebkau/Drjowk Kr. und Bez. Cottbus; am Nordrand der Lausitzer Schwelle, südwestl. der Bezirksstadt. 3100 E. – Wohl erst hochmittelalterliche Burg mit Burgflecken; im späten Mittelalter → Städtchen.

Die Überlieferung des Namens D. beginnt erst spät: 1353 Drebekowe, 1364 Drewkowe, 1367 Drebekow, 1419 Dreweco, 1448 Drebko. – Er ist als altsorbische Waldbezeichnung *Drevko* o. ä. aufzufassen, zu *drevo* 'Wald, Holz, Baum'. Vgl. auch Treuen.

Dresden Bezirks- und Kreisstadt; Stadtkreis; beiderseits der Elbe, in der Dresdener Elbtalweitung. Ehemalige sächsische Landeshauptstadt. 512500 E. – Frühmittelalterliche sorbische Schiffer- und Fischersiedlung an der Elbfurt; markgräflich-meißnische Burg seit etwa 1150 mit Burgsiedlung; Stadtgründung um 1200/1210 (1216 civitas); Ausbau des heutigen Dresden-Neustadt nördl. des Flusses seit dem 17./18. Jh.; Residenzstadt der sächsischen Kurfürsten und Könige; Landeshauptstadt 1918–1952. Bekanntes Kulturzentrum, Hochschulstadt; berühmt durch seine Barockbauten (Zwinger, Hofkirche, Frauenkirche) und Kunstsammlungen (Gemäldegalerie, Grünes Gewölbe u. a.).

1206 und 1215 als Dresdene erstgenannt; 1216, 1277 und 1391 Dreseden, seit 1255 Dresden, Dreßden u. ä. – Der Name enthält altsorb. *dręzg, dręzga* 'Wald', er hatte die Grundform *Drežďane* (erhalten in obersorb. *Drježdźany*, tschech. *Drážďany*) und bezeichnete die Siedler am Walde, Auenwald, Gesträuch.

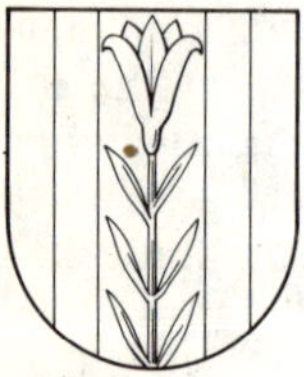

Düben, Bad Kr. Eilenburg, Bez. Leipzig; am rechten Muldenufer am Westrand der Dübener Heide, nordöstl. der Bezirksstadt. 8300 E. – In altsorbischer Zeit Siedlung am Flußübergang; Schiffer- und Fischerort; seit späterem 10. Jh. deutsche Markgrafenburg (981 Burgward) mit Burgflecken; Stadtanlage bald nach 1200. Moorbad seit 1915. Heilkurort, Industrie- und Agrarstadt, Landschaftsmuseum in der Burg.
Die Erstnennung gibt Thietmar von Merseburg (1012/18) zu 981 und 1015: urbs Dibni; die Petersberger Chronik schreibt zu 1208 Dybene; 1238 heißt es Dybin, so noch 1397; 1267, 1347, 1403 Diben, 1410 Dywyn, noch 1555 Dieben. Die scheinbar hochsprachliche Schreibung mit *ü* kommt seit dem Barockzeitalter im 17./18. Jh. auf: 1749 Düben. – Die *y*-Schreibungen haben den gleichen Lautwert wie die mit *i*, deshalb ist der Name zu altsorb. *dyb* 'Stange' (Bauholz?) zu stellen und lautete wohl *Dybno*. Die Schreibungen sprechen gegen eine Herleitung aus altsorb. *dub* 'Eiche'.

Dürrenberg, Bad Kr. Merseburg, Bez. Halle; rechts der mittleren Saale, südöstl. der Kreisstadt. 14800 E. – Nachfolgesiedlung des alten Königsgutbezirks Keuschberg; Ende des 16. Jh. D. Name des Rittergutes am gleichen Ort; 1763 ff. Erschließung der dortigen Solquelle; Saline (Solbad, Gradierwerk) bis 1963; seit Ausbau der Leuna-Werke Arbeiterwohnort (1921 ff.) und Naherholungszentrum (Kurpark). 1946 Stadt; „Bad" D. seit 1938.
Ein ursprünglicher Flurname: 1710 (das Rittergut) *auf dem dürren Berge*, 1815 Dürrenberg. Das Wappen zeigt den Soleförderturm.

Ebeleben Kr. Sondershausen, Bez. Erfurt; im nördl. Thüringer Becken, südl. der Hainleite, an der Helbe. 2200 E. – Altthüringisches Dorf mit mittelalterlichem Feudalherrensitz (1453 castrum); allmählich zum Marktflecken angewachsen. 1928 Stadt.

Der wesentlich ältere Ort ist erstaunlicherweise erst seit 1198 im Namen des ansässigen landgräflichen Ministerialengeschlechtes bezeugt: 1198 Fridericus de Eveleben, 1206 de Eueleiven, Eueleuen, 1211 Ebeleiven, 1238 Eueleiben usw. – Falls in diesen späten Nennungen nicht schon ein Mittelglied des Namens (Zweitglied eines Personennamens) durch Verkürzung geschwunden ist, muß man von einem Kurzstamm des Personennamens *Ebu-*, *Eba-* (aus *Ebura*, *Ebara*, altsächs. *Ebura* wie in *Eberhard* u. ä.) ausgehen, der als *Ebo-* bzw. *Avi, Evi, Evizo, Evuco* u. ä. bezeugt ist. Der Verschlußlaut *b* wurde in der Mundart zwischen Vokalen zum Reibelaut. Die geschriebenen *u* haben den Lautwert *w*. Zum Zweitglied *-leben* vgl. S. 19.

Ebersbach/Habrachćicy Kr. Löbau, Bez. Dresden; im Lausitzer Bergland, an der oberen Spree, südwestl. der Kreisstadt. 12400 E. – Deutsches Bauerndorf vom Ende des 12. Jh.; seit 18. Jh. stark angewachsenes Weberdorf; 1925 Stadt.

Die Überlieferung beginnt 1306 mit Eversbach; es folgen u. a. 1430 Ebirsbach, 1491 Ewerspach, 1546 Ebersbach. – Auch bei diesem Ortsnamen ist, wie das resthafte *s* in der Kompositionsfuge andeutet, anscheinend ein Zweitglied eines Personennamens geschwunden, so daß dieses nicht mehr angegeben werden kann: Es kommen in erster Linie *Eberhard, Eberwin, Eberolf* o. ä. in Frage. Die sorbische Namenform beruht auf der deutschen mundartlichen Aussprache *ābɔršbax* mit prothetischem *h-* (vgl. auch Elstra).

Eberswalde-Finow Kreisstadt, Bez. Frankfurt; im (kanalisierten) Finowtal, am Nordrand des Barnims, nordöstl. von Berlin. 49600 E. – Markgräflich-brandenburgische Burg mit Burgsiedlung vom Anfang des 13. Jh.; → Stadt bald danach an der Straße Berlin–Stettin (heute Szczecin); Stadterweiterung nach 1284 (Neustadt). – Finow (zuvor Dorf Heegermühle) 1935 Stadt; 1970 mit Eberswalde vereinigt; ehemalige Stadt Niederfinow (1308 civitas Vinow), heute Dorf. Industriestandort.

Der Name *Eberswalde* wird seit 1276 vorwiegend in niederdeutscher Lautung überliefert: 1276, 1292, 1294, 1300, 1317 u. ö. Everswolde, daneben 1296 Everswalde, 1300 Ebyrswalde, 1375 Eberswalde. Seit dem 14. und 15. Jh. schwankte die Benennung zwischen *Neustadt* und E.: 1375 Eberswalde vel Nova Civitas, 1378 Nystad, 1434 Nyenstad alias Ewerswald, noch 1876 Neustadt-Eberswalde. – Der Name E. wurde vermutlich in Anknüpfung an die wüstgewordene markgräfliche Burg *Ebersberg* gewählt (1300 campus Eversberch).

Finow trug bis 1928 den Namen Heegermühle (1294 in Heghermole), auf dieses wurde der Name der älteren Stadt (heute Dorf) Niederfinow (1288, 1308 civitas Vinow) bzw. des Baches (1294 aqua Vino) übertragen. – Der Flußname ist mit nd. *veen, vin*, mnd. *ven, vēn* 'sumpfiges Gras- bzw. Weideland, Moorgegend mit Wiesen und Wassergräben' gebildet, an das wohl ein *-a*-Suffix angetreten ist, das analog zu slawischen Namen auf *-ō(w)* umgeformt wurde.

Eckartsberga Kr. Naumburg, Bez. Halle; auf der Südostabdachung der bewaldeten Finne, westl. der Kreisstadt. 2200 E. – Burg oberhalb der alten West-Ost-Königsstraße (via regia: Erfurt–Buttelstedt–Bad Sulza–Großjena–Merseburg) seit karolingischer Zeit; später Markgrafen- und Landgrafenburg mit Burgflecken; → Stadt im 13. Jh. (1292 civitas).

Die 998 vom Markgrafen *Eckehart* neu erbaute 'Burg auf dem Sachsenberge' ist bald darauf nach ihm benannt worden: Zwei Urkunden Kaiser Heinrichs IV. nennen zu 1066 Ekkihartesbergae (Ausstellungsort) und 1074 Eggehardesberc; 1133 wird Ekkartesberg, 1140 Ecchehartesberch usw. geschrieben. Seit 1288 treten die verkürzten Formen auf: 1288 Eckardsberg, 1291 Eckersperge, 1344 Eckersberge, 1350 Eckersperg, 1382 Egkirsberge. Die heutige Namengestalt stellt eine kanzleigemäße Form mit *a*-Endung dar.

Egeln Kr. Staßfurt, Bez. Magdeburg; in der Magdeburger Börde, am Südrand eines ehemaligen Bodesumpfgebietes, südwestl. der Bezirksstadt. 6400 E. – Frühmittelalterliches Doppeldorf (Ost-E. und West-E.) mit Burg(wall) am Bodeübergang; städtische Anfänge seit 11. Jh.; planmäßige Stadtanlage um 1200.

In zwei Königsurkunden von 941 und 961 werden Oster- und Uuesteregulun bzw. Egulon erwähnt, auf die 1049 Egolon und 1057 Egelen folgen. Vom 12. bis 14. Jh. wird gewöhnlich Egelen geschrieben. Die heutige Form Egeln erscheint vom 15. Jh. an. – Die

Siedlung ist offensichtlich nach dem Bach *Ehle* benannt, an dem sie liegt; dieser entstand wohl aus **Egula*, zu ahd. *egala*, mnd. *egel* 'Blutegel': 'zu den Leuten am Egelbach'. Vgl. den *Olkerbach* zur Sauer bei Trier (1023 fluvius Egelebahc) und den *Ehlbeck* bei Lüneburg.

Eggesin Kr. Ueckermünde, Bez. Neubrandenburg; südl. des Oderhaffs, südl. der Kreisstadt, am Zusammenfluß von Uecker und Randow. 7500 E. – Mittelalterliches slawisches Dorf; seit dem Spätmittelalter Flecken. Stadt seit 1966.

1216 gelangt das Dorf (villa) Gizyn, Gizin an das Kloster Grobe; als solches ist 1241 Gizin, 1267 Chyzin erneut bezeugt, 1296 weist der Name erstmals den vokalischen Anlaut auf: Egezyn. 1302 wird eine Urkunde in E. selbst ausgestellt: gegevin inne dorpe to Ecksin. – Der Name wurde zu altpolab. *chyča, chyža* 'Haus, Erdhütte' gestellt, doch kann auch eine Parallele zu dem noch nicht sicher erklärten polnischen Ortsnamen *Kcynia* vorliegen.

Ehrenfriedersdorf Kr. Zschopau, Bez. Karl-Marx-Stadt; im Westerzgebirge, am Osthang des Greifensteinmassivs, südl. der Bezirksstadt. 6500 E. – Deutsches Bauerndorf vom Ende des 12. Jh.; Ansiedlung von Bergleuten (Zinnbergbau)) seit 14./15. Jh.; → Bergstädtchen (1460 stetlein).

E. heißt 1339 Erinfritstorf, 1340 Ernfridesdorf, 1473 noch Irn- und Ernfridestorff. 1481 ist die heutige Namenform mit Ernfriderstorff erreicht. – Es ist die Siedlung eines *Irminfrid*: Das Erstglied des Personennamens wurde verkürzt, das *i* vor *rn* in der Mundart zu *e* geöffnet. Die Form *Ehrenfried* ist durch Eindeutung von hd. *Ehre* in das nicht mehr verstandene *Ir(mi)n-* (z. B. 1591) zustande gekommen; vgl. etwa den weiblichen Vornamen *Irm(in)gard*. Eine ursprüngliche Bildung mit ahd. altsächs. *ēra* 'Ehre, Ansehen, Achtung' ist kaum anzunehmen.

Eibenstock Kr. Aue, Bez. Karl-Marx-Stadt; auf einer Hochfläche im oberen Westerzgebirge. 7600 E. – Deutsches Bauerndorf vom Ende des 12. Jh.; Anwachsen zum Marktflecken bzw. Bergstädtchen im 14./15. Jh. (1555 Städtchen).

1378 schreibt man Iben- und Ybenstok, 1390 zum Ybenstoke, 1464 Eybenstog. 1550 heißt es sogar einmal Eubenstock, in vermeintlich richtiger schriftsprachlicher Form, da echtes altes *eu* in der Mundart als *ei* gesprochen wurde. – E. ist eine Lagebezeichnung: der Ort *am Eibenstöckicht* bzw. *Eibenholz*, zu ahd. *īwa*, mhd. *īwe* 'Eibe'.

Eilenburg Kreisstadt, Bez. Leipzig; an altem Muldenübergang, nordöstl. der Bezirksstadt. 22100 E. – Slawischer Burgbezirksmittelpunkt der Landschaft Quesizi; seit 10. Jh. deutscher Burgward (Grafenburg) mit Burgflecken; Erweiterung zur Stadt um 1210 (1221 cives genannt).

Die alten Namenformen lauten überwiegend Ilburg, neben Ilburch: so 961 in einer Königsurkunde, zu 981 und 1015 bei Thietmar von Merseburg, im Jahre 1000 und 1106. Daneben zeigen vereinzelte Nennungen ein unorganisches *h*- im Anlaut (1181, 1197 u. a.). Danach kommt seit 1126 Il*e*burg(h), -burch, -burc auf. Yl*in*burch verzeichnen wir erstmals für 1229. Der bereits früher gesprochene Diphthong *ei* wird seit etwa 1480 auch geschrieben. Das Barockzeitalter 'rundete' wiederum mundartl. *ei* zu *eu*: 1591 ff. Eulenburgk u. ä., das noch in Adelsnamen der Grafen von Eulenburg erhalten blieb. – Die alten Formen verbieten es, etwa an dt. 'Eule' anzuknüpfen. Es ist mit einem ursprünglich altsorbischen Namen, etwa **Ilov*, zu rechnen, der zu altsorb. *il* 'Lehm, Ton' gehört. Die Eindeutschung erfolgte durch Anfügung von dt. *-burg*. Man kann die große mecklenburgische Obodritenburg *Ilow* nordöstl. von Wismar (1160 ff. Ylowe und Ilinburg) und *Ihleburg* an der ehemaligen *Ihle* nordöstl. von Burg bei Magdeburg vergleichen.

Eisenach Kreisstadt, Bez. Erfurt; an der Nordwestecke des Thüringer Waldes, am Fuße der Wartburg (älter: des Wartberges), an der Hörsel. 49800 E. – Altthüringisches Dorf im ehemaligen königlichen Fiscus Lupnitz; städtische Anfänge nach 1100; planmäßige Stadtanlage durch die Landgrafen von Thüringen nach 1150 (1180/89 civitas); im 18. Jh. großherzogliche Residenz. Auch bekannt durch sein Automobilwerk (Typ Wartburg) und das „Eisenacher Programm" der deutschen Sozialdemokratie von 1869. Geburtsort J. S. Bachs.

Die Reinhardsbrunner Annalen erwähnen Ysenache zum Jahre 1129, spätere Chroniken bereits für die Jahre 1063 ff. Urkundlich wird zu etwa 1150 der fuldaische Ministeriale Bertholdus de Isinacha bezeugt. Weitere Formen des 12.–14. Jh. sind Is-, Yznach und Ysnacho (Lokativ: in I.), Isen- und Ysenach(e). Seit dem ausgehenden 15. Jh.

wird *ei* und *ey* zur Kennzeichnung des schon früher zum Diphthong entwickelten *ī* geschrieben: Z. B. hat die Gerichtsordnung der Stadt aus dieser Zeit Eyssenach und Eyßenach. – Es besteht kein Grund, an die gallo-römischen Ortsnamen auf *-acum*, die im westeuropäischen Raum häufig begegnen, anzuknüpfen. Vielmehr hießen eisenoxidführende Bäche so, z. B. eine *Isenach* bei Worms (8. Jh. Isina), eine verschwundene *Isenach* in der Gegend von Trier (762 Issenach(a)), ein nd. *Isebeck* (Bach zur Alster, 1339 Ysenbeke) u. a., zu ahd. *īsan* und *īsarn*, mhd. *īsen* 'Eisen' und ahd. *ahha* 'fließendes Wasser'. Vgl. auch Eisenberg.

Eisenberg Kreisstadt, Bez. Gera; im östl. Thüringer Holzland, nordwestl. der Bezirksstadt. 13 200 E. – Frühe Bergbausiedlung auf Eisen um 1160 (Altstadt); planmäßige Neustadt mit Markgrafenburg kurz vor 1200 angelegt (1219 civitas).

In den Altzeller und Pegauer Klosterannalen werden zuerst angeführt: zu 1166 Isinberg, zu 1171 Ysinberg, zu 1189 Isenberg. Urkundlich erscheint 1185 ff. ein Gottschalk von Isinberc, 1198 das Kloster in Isenberg. Die diphthongierten Formen Eysen-, Eisenberg setzen 1467 ein. – Zweifellos bezeichnete der Ortsname die Siedlung *am eisenhaltigen Berg*, wo dieses Erz abgebaut wurde, zu mhd. *īsen* 'Eisen'. Vgl. auch Eisenach. Auch das Dorf beim Schloß Moritzburg nördl. von Dresden, das heute dessen Namen trägt, hieß ursprünglich *Eisenberg* (1305 Ysinberc). Allerdings könnte theoretisch auch ein ursprünglicher Burgname E. vorgelegen haben: 'zur eisenharten Burg'; vergleichbar ist hier Stol(l)berg, zu 'Stahl'.

Eisenhüttenstadt Kreisstadt, Bez. Frankfurt; am Westrand des Odertales, südl. der Bezirksstadt. 48 200 E. – Entstanden 1961 aus Vereinigung der markgräflich-meißnischen, dann brandenburgischen Stadt Fürstenberg (1250 gegründet) und der im Zuge der Errichtung des Eisenhüttenkombinates Ost (seit 1950) entstandenen Stadt Stalinstadt (1953) sowie der Gemeinde Schönfließ; Fürstenberg ist das heutige E.-Ost; alte Oderzollstätte (1286 civitas).

Der moderne Sammelname bezieht sich auf das junge Eisenhüttenkombinat. Das ältere *Fürstenberg* schreibt sich 1286 Forstenberg, 1293 und 1316 Vurstenberg, 1300 Vorstenberc, 1480 Fuͤrstinbergk. – Der Name bezieht sich auf den Gründer, Markgraf Heinrich den Erlauchten von Meißen: Ahd. *furisto*, mnd. *vórste*, mhd. *vürste* bezeichnete den

Ersten, Vordersten, Höchsten, den Fürsten, dazu engl. *first*. Vgl. auch Fürstenberg (Havel), Fürstenwalde. – *Schönfließ* schreibt sich 1316 Schonenvlyt, 1416/26 von Schonenflysze und enthält mnd. *vlēt*, mhd. *vliez* 'Bach, Wasserlauf'. – Der Name Stalinstadt galt für die Wohnstadt von E. 1953 bis 1961.

Eisfeld Kr. Hildburghausen, Bez. Suhl; am Südhang des Thüringer Waldes, an der oberen Werra. 5100 E. – Altthüringisches Dorf des frühen Mittelalters mit feudalem Herrensitz; Burg mit Burgflecken im 12. Jh.; Erweiterung zur Stadt im 13. Jh. (1316 oppidum).

Anfang des 9. Jh. (800/810) schenkt ein Graf Erpho dem Kloster Fulda Besitz u.a. in Asifelde. Erst im 13. Jh. (1229 ff.) erscheinen dann die Formen mit folgerecht umgelautetem *a*: Esefelt, Esevelt, Ezefeld, 1350 Esveld, 1378 Eseveilt usw. Die Eindeutung von nhd. *Eis* erfolgte im 16. Jh. (1600 Eisfeldt). – Der Name enthält im Erstglied evtl. einen altdeutschen Kosenamen *Asi* (*Asico* u. ä.), der auf dem zweigliedrigen Personennamen *Adalrīb* beruht. Ein vor 837 in diesem Gebiet bezeugter Graf *Asis* könnte mit dem Ortsnamen in Verbindung gebracht werden. Allerdings enthalten Ortsnamen auf *-feld* selten Personennamen im Erstglied. So ist wohl auch ein möglicher Zusammenhang mit hd. *äsen* 'weiden, Futter bzw. Nahrung aufnehmen' nicht auszuschließen (hd. *Aas*, ursprünglich 'Speise, Futter', zum Verb *essen*).

Eisleben, Lutherstadt Kreisstadt, Bez. Halle; an den Ausläufern des Südostharzes, westl. der Bezirksstadt. 28 000 E. – Altthüringische dörfliche Siedlung; im 11./12. Jh. königliches Tafelgut und Burg (castrum); frühstädtische Anfänge Ende 10. Jh.; → Altstadt 12. Jh.; Neustadt (Bergstadt) nach 1500 angelegt. Zentrum des Mansfelder Kupfererzbergbaus. Geburts- und Sterbeort Martin Luthers.

Bereits im 9. Jh. hat Kloster Fulda in Isleiben, Islebe (Schreibung Mitte 12. Jh.) Schenkungen erhalten. Exakter geben Königsurkunden von 994 ff. die einheimische Lautung wieder: 994 in oriente Islevo; 1045, 1046 Gisleva, Gislevo (*g-* mit Lautwert *j-*), 1121 in maiori et minori Hislebo (mit anorganischem *h-*), seit 1191 meist in Ysleve, Isleve(n). Seit dem 14. Jh. endet das Zweitglied überwiegend auf *-(e)n*. Diphthongierte Formen setzen sich nach 1500 durch: 1524 Eißleben, 1541 Eysleben. – Sicher enthält das Erstglied einen germanischen zweigliedrigen Personennamen mit *Īsan-* ‘eisern’, verkürzt zu *Īsa, Īso, Īsi*; er wurde mit dem Zweitglied *-leben* aus *-leƀa* ‘Erbgut, Familienbesitz’ verknüpft.

Elbingerode Kr. Wernigerode, Bez. Magdeburg; auf der Hochebene des Oberharzes, in flacher Mulde, südl. der Kreisstadt. 5100 E. – Dörfliche Ansiedlung um 1200; 1220 Vogtsitz (Feudalburg); → Städtchen im ausgehenden Mittelalter (Bergbau); Industrieansiedlung seit 19. Jh.

Die ältesten Formen lauten: 1206 Alvelincherot, 1220 Albelingerot, um 1209 Elvelingerod, 1258, 1304 Elvclingerode. Seit dem 15. Jh. erscheint die verkürzte Form Elb(l)ingerode. – E. war demnach die Siedlung der Leute eines *Alfold* (aus *Alfwald*) o. ä. Die *Elfen* waren zaubermächtige, feenartige Gestalten der germanischen Mythologie. Die jüngeren Belege zeigen den Umlaut *a* > *e* infolge des folgenden *i*. Die altsächsische Form war *Alf*; dazu auch der Zwerg *Alberich* des Nibelungenliedes.

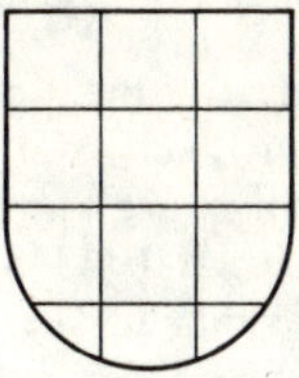

Ellrich Kr. Nordhausen, Bez. Erfurt; am Südrand des Harzes, nordwestl. der Kreisstadt. 4500 E. – Altthüringisches Dorf des frühen Mittelalters; um 1200 Erweiterung und Ausbau zur Stadt wohl durch die Grafen von Ilfeld (1229 oppidum).

Der Ort heißt 876 Alarici, 1229 Elreke, 1230 Elrecke und Elricke, 1236 Elrike. Seit 1273 deuten die Formen Elrich die Verschiebung des niederdeutschen *k*-Lautes zum Reibelaut *ch* (wie in *ich*) an. – Offenbar liegt eine Kollektivbildung (*-iki*-Suffix) zum Baumnamen ‘Erle’, altsächs. *alira, elira*, vor, andernfalls ein Kompositum mit mnd. *reke* ‘Reihe, Heckenzaun’. Demnach also der Ort am *Erlenbusch* oder an der *Erlenhecke*.

Elster, Bad Kr. Oelsnitz, Bez. Karl-Marx-Stadt; im oberen Vogtland, im Quellbereich und in der Talweitung der Weißen Elster. 3300 E. – Als dörfliche Siedlung mit Herrengut um 1200 angelegt; seit 19. Jh. Mineral- und Moorbad; 1935 Stadt; Staatsbad der DDR seit 1966.

Der Ortsname erscheint 1320/24 und seit 1460 bereits in seiner heutigen Gestalt, 1378 als Elstere, Elstir. Es handelt sich um die unveränderte Übernahme des Flußnamens *Elster* (Weiße E.) als Ortsname. Den Fluß nennt Thietmar von Merseburg 1012/18

Elstra; 1021 erscheint Alestra, 1060 Elstera, um 1150 Elestra (in den Pegauer Annalen). – Auszugehen ist von einem germ. **Alistra* zur alteuropäischen Wurzel **el-/*ol-* ‘fließen, strömen’; dazu auch die *Alster* in Hamburg (11.Jh. Alstra) und die *Ulster* in der nördl. Rhön. Vgl. auch Elsterberg, Elsterwerda, Elstra. Die Aufnahme des Elstervogels in das Stadtwappen beruht lediglich auf dem Gleichklang beider Namen.

Elsterberg Kr. Greiz, Bez. Gera; im nördl. Vogtland, in einem Talkessel und an einem Talhang der Weißen Elster, südl. der Kreisstadt. 5600 E. – Burg mit Burgsiedlung vor 1200 (Rittersitz); Ausbau zur Stadt während des 13. Jh.

Die Überlieferung des Ortsnamens E. ist seit ihrem Beginn ziemlich konstant, es begegnen lediglich Schreibvarianten: 1198, 1216 Elsterberg, 1225, 1354, 1382 Elstirberg, 1246 Elsterberc, 1269 Elstirberch. – Ursprünglich sicher eine Burgbezeichnung nach der Lage *an der Elster.* Vgl. auch Bad Elster, Elsterwerda, Elstra.

Elsterwerda Kr. Bad Liebenwerda, Bez. Cottbus; in der Niederung der mittleren Schwarzen Elster, südöstl. von Torgau. 10500 E. – Niederungsburg vom Ende des 12. Jh.; Stadtanlage bald nach 1200 (1343 stetichen). Landmaschinen- und Anlagenbau, Verkehrsknotenpunkt.

1211 wird ein Priester Rudolfus de Elsternwerden genannt, weitere Nennungen folgen erst im 14. Jh.: 1343, 1372 Elstirwerde, 1353 Elztirwerde, 1361 ff. Elsterwerde. – Es bezeichnet den Ort an oder auf einer Elsterinsel: mhd. mnd. *wert, werde(r)* ‘Insel, Halbinsel, Ufer, von Wasser umgebenes und dadurch geschütztes Land’. Der Flußname ist zu 1017 als Nigra Elstra, 1200 als Alestra überliefert. Vgl. auch Bad Elster, Elsterberg, Elstra; zum Zweitglied auch Bischofswerda, Bad Liebenwerda, Hoyerswerda.

Elstra/Halštrow Kr. Kamenz, Bez. Dresden; im Oberlausitzer Hügelland, am Oberlauf der Schwarzen Elster, südl. der Kreisstadt. 2600 E. – Dorf mit feudalem Herrensitz um 1200; → Marktflecken bzw. Städtchen Ende des 15. Jh.

1248 erscheint ein Pfarrer Johannes de Elstrowe, 1308 ein Apezzcus de Elstrow. Die Endung *-ow* bzw.

-aw zeigen noch 1355 Elstrow, 1378 Elsteraw, 1412 Elstrow. 1476 und 1511, 1522 heißt es nur zcur Elster, 1542 zcur Elstra. – Der Name bezeichnet den Ort *in der Elsteraue*. Vgl. auch Bad Elster, Elsterberg, Elsterwerda. Die sorbische Form mit *h*-Prothese beruht auf der deutschen mundartlichen Aussprache *alsdər* (vgl. auch Ebersbach).

Elterlein Kr. Annaberg, Bez. Karl-Marx-Stadt; im oberen Westerzgebirge, westl. der Kreisstadt. 2500 E. – Ausbausiedlung wohl des nahegelegenen ehemaligen Klosters Grünhain an der alten böhmischen Straße Zwickau–Aue–Bärenstein–Weipert (Vejprty)–Kadan; → Städtchen im 13./14. Jh.

Die Erstnennungen von 1406 das Elterlein und dann 1470 Alterlein zeigen, daß es sich um ein durch *-lein* diminuiertes Wort, offenbar den *Altar*, handelt, zu mhd. *alter, altāre* aus lat. *altāre* 'Andachts- bzw. Opferstätte'. Vermutlich handelte es sich um eine Siedlung lediglich mit einer Kapelle, in der nur 'kleiner Altardienst' verrichtet wurde. Das Suffix mhd. *-līn* verursachte den Umlaut des *a* zu *e*.

Erbisdorf s. Brand-Erbisdorf

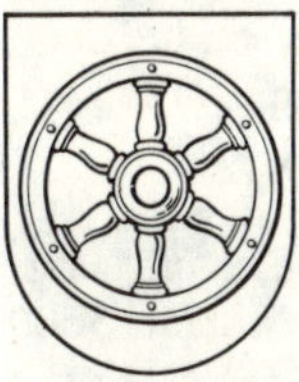

Erfurt Bezirks- und Kreisstadt, Stadtkreis; im Zentrum des Thüringer Beckens, an der Gera. 207000 E. – Sehr alter Zentralort Thüringens (Verkehrsknotenpunkt und kirchlicher Mittelpunkt); seit 742 (kurzzeitig) Bistumssitz und karolingische Pfalz; frühes Fernhandelszentrum (805 Grenzhandelsort mit dem slawischen Ostsaalegebiet); Frühstadt seit 10. Jh.; Ausbau zur vollen Stadt im frühen 12. Jh. (1167 civitas); Universitätsstadt seit dem ausgehenden Mittelalter (1392–1816 Humanistenzentrum). Bekannt durch seine Gartenbauausstellung (IGA), Hoch- und Fachschulen, Kombinate u. a.

Die in einer gefälschten Urkunde des ausgehenden 13. Jh. zu 706 erwähnte Gründung des Erfurter Petersklosters kann für die frühe Namenentwicklung nicht in Anspruch genommen werden. 742 wird das Bistum E. durch Bonifatius gegründet: in loco qui nominatur Erphesfurt (Erpesfurd), qui fuit iam olim urbs paganorum rusticorum (am E. genannten Ort, einer schon seit langem bestehenden heidnischen Landesburg). 802 erfolgt in palatio publico Erfesfurt (Königspfalz E.) eine gräfliche Schenkung an Kloster Hersfeld. Das bekannte Reichsgesetz Karls des Großen von 805 nennt Erpesfurt als Grenzhandelsplatz mit den Altsorben an und östl. der Saale. Die weiteren Nennungen bis etwa 1200 zeigen die Formen Erphesfurt, -furd (836, 858, 932, 936), Erpesfurt (932, 936), Erpesfort, -ford (936, 975, 1073, 1140, 1147), Erp(e)sfurt (1083, 1110, 1124). Nach 1200 setzen sich die kürzeren Formen rasch durch, z. B. 1244 Erphort, 1350 Erf(f)urt, Erfort, Erford. – Die einheimische Grundform Erpesford hat altniederdeutschen Lautstand, zugleich aber zeigen sich lautverschobene *Erph-* und *Erf-*, die entweder hochdeutschen Schreibereinfluß oder den von Süden vordringenden hochdeutschen Lautstand in der Mundart anzeigen. Die germanische Farbbezeichnung **erp(p)az-*, ahd. *erpf* 'dunkelfarben, bräunlich, schwärzlich', häufig auch in germanischen und altsächsischen Männernamen *Erp, Erpo,* dürfte die Grundlage für das Kompositum mit and. *ford* bzw. *fort,* ahd. *furt* 'Durchgang, Furt', geboten haben. Da das Farbwort in zahlreiche weitere thüringische Namen eingegangen ist (z. B. der Bach- und Ortsname *Erfa,* heute Friedrichswerth bei Gotha, 1154 Erpha, aus **Erphaba* oder Flurnamen wie Erffgrund usw.), liegt hier die bereits von E. Schröder vorgetragene Deutung zu einem Bachnamen **Erpesa* am nächsten, zumal für die heutige *Apfelstädt,* die südl. von Erfurt in die Gera mündet, auch der Name *Erfa* überliefert ist. Der Bachname *Gera* wäre dann erst sekundär auf den Unterlauf der *Apfelstädt/Erfa* (*Erpisa*) übertragen worden. Niederdeutsche und niederfränkische Bachnamen *Erpe, Erps* (im Dylebecken) u. ä. sind mehrfach bezeugt; auch die *Erf(a),* die bei Miltenberg in den Main mündet (1243 Erphe), bestätigt diese Annahme.

Ermsleben Kr. Aschersleben, Bez. Halle; im Harzvorland, an der Selke, südwestl. der Kreisstadt. 3500 E. – Frühmittelalterliches Dorf; im 12./13. Jh. mit Grafenburg; → Stadt im 13. Jh.
1045 wird Anegrimislebo, 1118 Anegrimesleve in Urkunden genannt, daneben 1155 minor Anegremesleve. Übergangsformen zur späteren Namengestalt zeigen 1296 Enegremsleve, (undatiert, 13. Jh.) Ergremesleve und 1415 Engrymsleve; im 15. Jh. ist die spätere Form erreicht: 1443 tho Ermesleve. – E. war das Familiengut eines *Anagrim*; dieser Personenname enthält als Zweitglied altsächs. *grīmo,* altnord. *grīma* 'Maske, Maskenhelm', als Erstglied wohl altsächs. oder and. *āno, āna* 'ohne'.

Ernstthal s. Hohenstein-Ernstthal

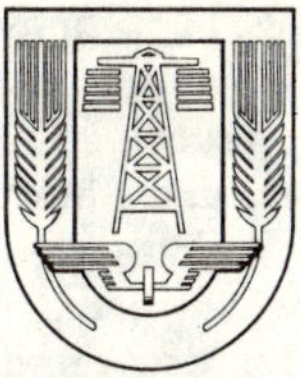

Falkenberg Kr. Herzberg, Bez. Cottbus; im Wiesenland 6 km westl. der mittleren Schwarzen Elster, östl. von Torgau. 7700 E. – Mittelalterliches Dorf mit zwei Rittergütern; erst 1962 Stadt.
F. ist 1234 in einem Ritternamen (Hartmann von) Valkenberch erstbelegt; später erscheinen nur noch Schreibvarianten, z. B. 1272 Valkenberg, 1314 Valkinberc, 1350 Falkenberg. – Da keine größere Erhebung nachzuweisen ist, wohl ein übertragener oder symbolischer ritterlicher Burgenname. Die Falkenjagd war eine ausgesprochene ritterliche Beschäftigung des hohen Mittelalters: mnd. mhd. *valke*, auch bereits als germanischer Männername bezeugt. Als Erstglied sehr häufig, vgl. *Falkenau, Falkenhagen, Falkenhain, Falkensee* und *Falkenstein.*

Falkensee Kr. Nauen, Bez. Potsdam; in waldreicher Gegend nordwestl. von Berlin. 24600 E. – Ursprünglich zwei Dörfer (Falkenhagen und Seegefeld) des hohen Mittelalters; diese 1923 zur Gemeinde Falkensee zusammengeschlossen; infolge starken Anwachsens (Industrie- und Arbeiterwohnort) während des 20. Jh. 1961 zur Stadt erhoben.
Von den beiden Dorfnamen wurde je ein Bestandteil zur Neubildung übernommen: *Falkenhagen* erscheint 1336 als Seename (stagnum) Valkenhaghen, wobei die *gh*-Schreibung den Reibelautcharakter des *g* in der Mundart andeutet (*ach*-Laut), 1355 als Dorf (dorff) Falckenhagen, dazu vgl. Falkenberg und Falkenstein. – *Seegefeld* lautet 1265 Segeuelde, 1375 Segefelt. Es ist gebildet mit mnd. *sēge, sīge* ‘langgestreckte sumpfige Stelle, Flußniederung, Rinne’.

Falkenstein Kr. Auerbach, Bez. Karl-Marx-Stadt; im östl. Vogtland, an der Göltzsch, dicht südl. der Kreisstadt. 13700 E. – Um 1200 deutsche Ritterburg mit Burgsiedlung; vom 13.–15. Jh. → Stadt (1460 civitas). Zentrum der Gardinen- und Spitzenindustrie. Auch bei diesem hochmittelalterlichen Burgnamen treten nur Schreibvarianten des heutigen Namens auf: 1267 Johannes de Valkinstein, 1328, 1329 Valchenstein, 1382 Falkinsteyn, 1460 Valkensteyn. – Zur Erklärung vgl. Falkenberg, Falkensee und die Burg *Falkenstein* im Südharz (1220 Valkenstein).

Fehrbellin Kr. Neuruppin, Bez. Potsdam; am Rande des Rhinluchs, am Rhin, südl. der Kreisstadt. 3100 E. – In slawischer Zeit Mittelpunkt des Ländchens Bellin; seit 12. Jh. deutsche Burg und Burgward, Burgflecken Bellin; → Städtchen im 13. Jh.; Seit 1550 Anlage der Neustadt 'bei der Fähre' über den Rhin.

Der ältere Name ohne Vorsatz ist 1216 als Burgward Bel(l)in, 1294 als Ländchen (terra) und Stadt (civitas) Bellyn bezeugt. Er erscheint weiterhin in den Formen Bellin (1305, 1375 usw.) und Bellyn (1402, 1491, 1499 u.a.). Die ältere *Fähre* über den Rhin wurde als zusätzliche differenzierende Bezeichnung zur Unterscheidung von *Bellin* in der Neumark im 17. Jh. an den Namen angefügt. – Der altpolabische Name ist als *Bělina* 'helle, glänzende (weiße) Stelle' anzusetzen, vgl. auch Beelitz.

Feldberg Kr. Neustrelitz, Bez. Neubrandenburg; auf dem östl. Mecklenburger Landrücken in seenreichem Gebiet, östl. der Kreisstadt. 3200 E. – Um 1200 deutscher Feudalherrensitz mit dörflicher Siedlung; im 19. Jh. Flecken; Stadt 1919.

Die hochmittelalterlichen Nennungen von F. sind nicht sicher zuzuweisen, da ein weiteres brandenburgisches Feldberg bestand, das in Fehrbellin aufgegangen ist. Die 1236 einsetzenden Belege lauten: Veltberg(e), to Veltberghe, to Veltperg. – Da sich in der Gefolgschaft der Markgrafen von Brandenburg ein gleichnamiges edelfreies Herrengeschlecht befand, könnte in F. ein Herrensitzname auf *-berg* vorliegen, der im Zuge des Landesausbaus hierher übertragen wurde.

Finow s. Eberswalde-Finow

Finsterwalde/(Grabin) Kreisstadt, Bez. Cottbus; auf der Niederlausitzer Schwelle, südwestl. der Bezirksstadt. 22800 E. – Im späten 12. Jh. deutsche Herrenburg mit Dorf; Anfang des 13. Jh. Anlage der Stadt (1301 castrum et oppidum).

Die ältesten Nennungen der Stadt enthalten im Anlaut alle ein *d-*: 1282 erscheint ein Adliger (dominus)

Heinemannus de Dynsterwalde, 1301 ein Ritter Johannes de Landisberc, der in Dinstirwalde „residiert" (residens); im gleichen Jahre werden Burg und Flecken (castrum et oppidum) Dinsterwalde genannt. Seit Beginn des 14. Jh. begegnet dann nur noch die heutige Form in Varianten der Schreiber: 1326, 1353 Vinsterwalde, 1364 Vynsterwalt, 1376 Fynsterwalde usw. – Der Name enthält mhd. *dinster* (ahd. *dinstar* < **dimstar*, vgl. altsächs. *thim*) 'dunkel', verwandt mit ahd. *dëmar*, nhd. *Dämmerung* 'Finsternis', aus indoeurop. **tem(ə)* 'dunkel'. Die Entwicklung von *d-* zu *f-* hat nur im Deutschen stattgefunden: Der erste Dental *(d)* wurde vom zweiten *(t)* dissimiliert. Dazu auch *Finsterbergen*, Kr. Gotha, im Thüringer Wald: zu 1034 Dinstirberg, nach den Annalen des Klosters Reinhardsbrunn. Als Gegensatzbenennung kann das nahegelegene *Sonnewalde* gelten.
Die historische niedersorbische Form *Grabin* gehört zu *grab* 'Weißbuche'. Vgl. auch Grabow.

Flöha Kreisstadt, Bez. Karl-Marx-Stadt; am Nordfuß des Erzgebirges, an der Mündung der Flöha in die Zschopau, östl. der Bezirksstadt. 10700 E. – In der zweiten Hälfte des 12. Jh. angelegtes deutsches Bauerndorf am Flußübergang der Straße Chemnitz (heute Karl-Marx-Stadt)–Freiberg–Dresden; durch Industrieansiedlung im 19./20. Jh. angewachsen; 1933 Stadt. Textilfabrikation, Kombinat Spinnereien und Zwirnereien, Gardinen- und Tüllherstellung; Bahnknotenpunkt.
Flöha trägt den Namen des Flusses, an dem es liegt. Dieser wird 1365 als die Flawe und 1497 die Flewe überliefert. Die Siedlung heißt dementsprechend 1399 zcu der Flaw, 1445 Fleye, 1449 und 1493 zcur Floye, 1539 die Flöhe. – Wegen der in alter Zeit abseitigen Lage des Gebirgsflusses ist es fraglich, ob zur Namenbildung bereits alteurop. **pleu̯-*, **plou̯-* 'fließen, gießen, schwimmen, schwemmen' verwendet wurde. Das Verbum lebte im Altsorbischen als *plav(iti)*, im Germanischen und Deutschen als *flouwan, flewan*, mhd. als *vlöuwen* fort in der Bedeutung 'schwemmen, spülen, flößen'. F. war also der Fluß, auf dem geflößt oder geschwemmt wurde: **Plava*. Vermutlich liegt eine altsorbische Namenbildung vor mit Übersetzung bzw. Angleichung an das althochdeutsche oder mittelhochdeutsche Verbum, etwa ahd. **Flawa*. Das intervokalische *-w-* schwand im späten Mittelalter (wie in mhd. *vrouwe*, nhd. *Frau*); mundartlich wurde der Diphthong gerundet bzw. palatalisiert, daraus entstanden die Formen Floye, Fleye, Flewe, Flöh(a); das spätauftauchende *h* wurde nie gesprochen, es kennzeichnet lediglich in der Schrift die Silbengrenze und steht für

den Zweitbestandteil des Diphthongs *oi, ei,* der *j*-Charakter erhielt und damit die Zweitsilbe initiierte. Vgl. auch Plau, Plaue, Plauen.

Forst/Baršć Kreisstadt, Bez. Cottbus; in der Niederlausitz, östl. der Bezirksstadt, an der Neiße und Staatsgrenze der DDR zur VR Polen. 27200 E. – Altsorbische Fischer- und Schiffersiedlung; um 1200 deutsche Zusiedlung und feudale Herrenburg; Stadtanlage seit 1265 (1346 civitas).

Die Überlieferung des Ortsnamens beginnt wohl mit dem Beinamen bzw. Herkunftsnamen einer Ritterfamilie 'von dem Forste' im 13. Jh., obwohl nicht völlig gesichert werden kann, daß sie von hier stammt: 1249, 1253 Wern(h)erus de Forst bzw. latinisiert de Foresto, 1298 ff. Wibold(us) de Vorste, Forste, von dem Vorste. Der Stadtname Forst, zu dem Forste, ist dann von 1346 an sicher bezeugt. Die Siedlung lag also im dicht bewaldeten Heidegebiet östl. des Niederlausitzer Altsiedelgebietes (Gefildes). – Die Wortherkunft von ahd. mhd. *forest,* mlat. *forestum* ursprünglich 'der der allgemeinen Nutzung (dem Weiderecht, der Holzung und Rodung) entzogene, der herrschaftlichen Jagd vorbehaltene Wald, Bannwald' ist umstritten: entweder zu ahd. *forha* 'Föhre, Nadelbaum', oder verwandt mit *First* im Sinne von 'Zaun, Hegung'(?). Hier handelt es sich vermutlich um eine gegenseitige Angleichung einer auf altsorb. *bor* 'Nadelwald, Kiefernwald' beruhenden Bildung (etwa **Borovica, *Borovc, Borišćo* u. ä.) und dem mhd. *forest.* Die heutige niedersorbische Lautgestalt zeigt Anlehnung an slaw. *boršč,* niedersorb. *baršć* 'Bärenklau'.

Frankenberg Kr. Hainichen, Bez. Karl-Marx-Stadt; im mittelsächsischen Hügelland bzw. Vorerzgebirge, an der Zschopau, nordöstl. der Bezirksstadt. 14900 E. – Deutsches Dorf mit feudalem Herrensitz seit nach 1150; nach 1200 Stadtgründung (1282 civitas, castrum).

Aus diesem Ort stammt der 1206 genannte Henricus de Frankenberc; 1214 ist Vrankenberch als Neusiedelgebiet erwähnt, 1222 die Herrschaft (territorium) Vrankenberc. Seit Ende des 13. Jh. setzt sich die *f*-Schreibung durch: 1297 Frankenberch, 1350 Frankinberg. Es läßt sich nicht entscheiden, ob das Erstglied den Volks- bzw. Landschaftsnamen *Franken* (ahd. *zuo den Frankōn*) oder einen entsprechenden Personennamen *Frank(o)* enthält; wahrscheinlicher ist das erstere, da dicht nördl. davon der Ort *Sachsen*burg liegt, womit in beiden Fällen die Herkunft der Erstsiedler bezeichnet wurde. Primär kann auch ein Burgname vorliegen. Zum Volksnamen *Franken* vgl. auch Bad Frankenhausen, Frankfurt (Oder).

Frankenhausen, Bad Kr. Artern, Bez. Halle; am Südfuß des Kyffhäusers, zwischen diesem und der Hainleite, westl. der Kreisstadt. 9400 E. – Ansiedlung von Franken während des 8. Jh. in altthüringisch besiedelter Gegend bei Solquellen (Solbad seit 1818); seit 11. Jh. Grafenburg und Burgflecken; Stadterweiterung bzw. -anlage Ende des 12. Jh. 1219 oppidum); Neustadt um 1300 entstanden (1354 nova civitas). Ehrenname: Thomas-Müntzer-Stadt (Bauernkrieg 1525); seit 1927 „Bad" F.
In einer verderbten Niederschrift wird in einem Protokoll von 876 ein Ypanhhenhus erwähnt, das sicher Vrankkonhus gelesen werden muß und die Ersterwähnung von F. darstellt. Unter den Schenkungen von vor 900 an Kloster Fulda befindet sich auch Franchenhusen, doch hat der Kompilator von 1155/65 die Namen zeitgemäß verändert. Eine Fälschung des 13. Jh. auf 952 schreibt in zeitgemäßer Form Frankenhusen (13. Jh.). Eine echte Urkundenform begegnet wieder 998, wo die Solquellen bei F., loca patellarum in quibus sal efficitur apud Franconhus, genannt werden (Urkunde Ottos III.). Von 1120 an folgen die Formen in Vrankenhusen, Frankinhusen u. ä. In einer späteren Kopie ist zu 1074 nochmals die Saline (salina) Frankenhusen genannt. – F. wurde nach seinen *fränkischen* Zusiedlern (7./8. Jh.) benannt. Der Stammes- bzw. Volksname wird zum Adjektiv altfränk. *frank* 'tüchtig, mutig, tapfer, kühn, gierig, dreist' gestellt. Auf indoeurop. **preg-* 'gierig, heftig' beruht auch nhd. *frech*; vergleichbar mit altisländ. *frakkr* 'mutig'. Vgl. auch Frankenberg, Frankfurt (Oder).

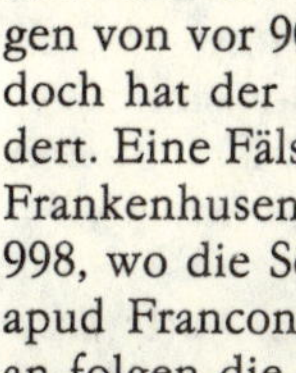

Frankfurt (Oder) Bezirks- und Kreisstadt, Stadtkreis; am Westufer der Oder und Staatsgrenze der DDR zur VR Polen, östl. von Berlin. 75 300 E. – Frühstädtische Kaufleutesiedlung an altem Oderübergang südl. von Lebus; um 1226 gefördert durch den Herzog von Schlesien; um 1250 Stadterweiterung (1253 civitas); Fernhandelsplatz, Oderhafen; Hansestadt im 14./15. Jh.; Universitätsstadt 1498–1811. Bezirksstadt seit 1952. Bekannt durch sein Halbleiterwerk (1958 ff.).
Mit der Stadterweiterung und Stadtrechtsverleihung durch die brandenburgischen Markgrafen 1253 wird Vrankenvorde erstmals aufgezeichnet; in den folgenden Jahren tritt neben diese Schreibform noch Frankenvord(e) (z. B. 1276, 1294), Vrankinfort (1298), Franchenvurt,

Vranchenvurde u. a. Gegen Ende des 15. Jh. setzt sich die verkürzte Namenform Fran(c)kfurt durch. – Namenübertragung von der Mutterstadt *Frankfurt* (Main) liegt nahe (dieses 792 Franconofurd), wohl durch die ersten Neubürger, zumal auch hier eine alte Oderfurt bestanden haben wird. Vgl. auch Frankenberg, Bad Frankenhausen.

Franzburg Kr. Stralsund, Bez. Rostock; im Küstentiefland, südwestl. der Kreisstadt. 2800 E. – An der Stelle des Zisterzienserklosters Neuenkamp (1231–1555) 1587 errichtete Stadt im Anschluß an das herzoglich-pommersche Schloß F.

Das ältere Kloster wird 1231 lat. Rosetum sanctae Mariae 'Rosengarten', 1233 Novum Campum, 1283 dt. in Nyencampe genannt; sein Name ist von den aus *Kamp* bei Geldern am Niederrhein stammenden Mönchen geprägt bzw. mitgebracht worden. – Der Name des herzoglichen Schlosses ist zuerst 1587 als Frantz(en)burgk, 1591 als Franzburg überkommen. Benannt ist es nach dem Schwiegervater des Herzogs von Pommern, Herzog *Franz* V. von Lüneburg. Sein Name wurde auf das Städtchen übertragen.

Frauenstein Kr. Brand-Erbisdorf, Bez. Karl-Marx-Stadt; im Osterzgebirge, an der oberen Bobritzsch, südöstl. von Freiberg. 1600 E. – Deutsche Grenzburg des ausgehenden 12. Jh. an alter böhmischer Straße, mit Burgsiedlung; → Städtchen im 14. Jh. (1348 oppidum).

Ein ehrender Burgname des späten 12. Jh., zu mhd. *vrouwe* 'Herrin, adlige Frau', dem Ideal des Rittertums entsprechend. Die Schreibungen variieren bis ins Spätmittelalter nur wenig: 1218 (Priester Heinrich) de Vrownsten, 1272 (castrum) Vrowenstein, 1329 Vrouwenstein, 1473 Frawenstein; die heutige Schreibung beginnt im 16. Jh. – Ein Bezug auf die Gottesmutter *Maria* (volkstümlich/kirchlich *Unser lieben Vrowen*), wie er im Stadtwappen vollzogen ist, ist wenig wahrscheinlich und nicht erweisbar.

Freiberg Kreisstadt, Bez. Karl-Marx-Stadt; am Nordfuß des Osterzgebirges, auf einem Höhenrücken unweit der Freiberger Mulde. 50700 E. – Älteste und bekannteste Bergstadt des Erzgebirges, hervorgegangen aus dörflicher Siedlung Christiansdorf mit feudaler Herrenburg (1156/62); nach reichen Silberfunden 1170 Anlage der Altstadt (Sächsstadt, 1241 civitas Saxonum) 1180/90; 1210/18 Anlage der Oberstadt (Neustadt um den Obermarkt) (1223 civitas). 1765 ff. Bergakademie.

Christiansdorf: 1183 Christianesdorph, 1185 Christianisdorf; 'Dorf eines *Christian*'. *Sächsstadt*: 1241 civitas Saxonum 'Stadt der *Sachsen*', d. h. der zugewanderten Harzer Bergleute. *Freiberg*: Die Chronik vom Petersberg bei Halle nennt zu 1195 Vriberge, 1218 werden drei Bürger oder Geistliche von Friberch als Urkundenzeugen angeführt. 1221, 1224, 1230 und im Stadtsiegel von 1227 schrieb man Vriberch, 1223 und 1267 Vriberc, 1287 und 1319 Vriberg, 1328 Fryberg. 1466 tritt dann erstmals Freiberg, Freyberg auf, das von da an gilt. – Die Bergstadt ist nach ihrem wichtigsten Merkmal, der *Bergbaufreiheit*, dem Schürfrecht für jeden Zugewanderten, benannt. Ahd. mhd. *frī* bzw. *vrī* 'frei, unabhängig, freizügig'. Vgl. auch Bad Freienwalde, Freyburg, Freyenstein.

Freienwalde, Bad Kreisstadt, Bez. Frankfurt; an der Nordwestecke des Oderbruchs (an der Alten Oder) und am Nordrand der Märkischen Schweiz, nordöstl. von Berlin. 11600 E. – Alte Flußübergangssiedlung; Burg und Stadtgründung Ende 12. Jh. (1373 civitas); Eisen- und Moorbad seit 1840; seit 1925 „Bad" F.

Geschrieben wird 1316 Vrienwolde (in niederdeutscher Gestalt), 1373 Frien-, Fryenwalde, 1375 Vrienwalde. Die hochdeutschen diphthongierten Formen *Freien-*, *Freyen-* treten erst seit 1412 auf. – Das Erstglied bezog sich offenbar auf die neue stadtbürgerliche Freiheit, die Bürgergemeinde eigenen Rechtes des hohen Mittelalters; vgl. auch Freiberg, Freyburg, Freyenstein. Das Zweitglied deutet die Neugründung im Zuge des hochmittelalterlichen Landesausbaus an.

Freital Kreisstadt, Bez. Dresden; in einer Talweitung der Weißeritz, südwestl. der Bezirksstadt. 46700 E. – Durch Zusammenschluß mehrerer Gemeinden im Plauenschen Grund im Jahre 1921 und später erfolgte Stadtbildung unter neuem Gesamtnamen. Schwerindustriestandort seit 19. Jh., nach 1945 Edelstahlwerk „8. Mai".

1921 Vereinigung der Dörfer Deuben, Döhlen und Potschappel zu *Freital*, in Anlehnung an das berühmte *Freiberg*. Dies erschien um so mehr gerechtfertigt, als im näheren Umkreis zeitweilig ebenfalls Bergbau betrieben wurde. Weitere Eingemeindungen: 1922 Zauckerode, 1923 Birkigt, 1924 Burgk, 1964 Hainsberg, 1973 Saalhausen,

1974 Wurgwitz, Weißig, Somsdorf und Kleinnaundorf. Auf die Erklärung der zahlreichen Dorfnamen wird hier verzichtet.

Freyburg Kr. Nebra, Bez. Halle; am nördl. Ufer der unteren Unstrut, vor deren Mündung in die Saale, nordwestl. von Naumburg. 5300 E. – Um 1100 als Burgflecken unterhalb der neuerbauten Neuenburg entstanden; regelmäßige Stadtanlage Ende des 12. Jh. (1229 oppidum) durch den Landgrafen von Thüringen. Weinbaugebietszentrum (seit 1856 Sektkellerei). 1825–1852 Wirkungsstätte und Ruhestätte des „Turnvaters“ Friedrich Ludwig Jahn.

Von 1203 datiert die Ersterwähnung Vriburc; 1254, 1261, 1292 folgen Vriburg, Vriburch, 1292 Friburg usw. Diphthongierte Formen mit *ei*, *ey* beginnen im späten 15. Jh. – Zum Erstglied vgl. Freiberg, Bad Freienwalde, Freyenstein; das Zweitglied bezog sich auf die um 1100 erbaute *Neuenburg* über der Stadt oder bewahrte noch die ältere Bedeutung von ‘volkreiche geschützte Großsiedlung’.

Freyenstein Kr. Wittstock, Bez. Potsdam; im Quellgebiet der Dosse, in der Ostprignitz, nordwestl. der Kreisstadt. 1500 E. – Bald nach 1200 als Burg der Bischöfe von Havelberg entstanden. Die zugehörige Burgsiedlung wurde nach dem Brand von 1287 in die Dosseniederung verlegt; → Flecken Ende 13. Jh. (1292 stat); 1865 Stadt.

1263 urkundet man in Vrigenstene, 1276 in Vriensten; 1292 und 1295 heißt es to Vriensteyn, *g* für gesprochenes *j* begegnet auch noch 1274, 1325, 1332 und 1452: zů deme Vrigensten. Die letztgenannte Form spiegelt genau die niederdeutsche Mundartform (mnd. *vrī* und *stēn*). In den Urkunden wird die hochdeutsche Namenform seit etwa 1500 eingesetzt: 1500 stedlein Freyenstein. – Ein ursprünglicher hochmittelalterlicher Burgname, der auf den Burgflecken ausgedehnt wurde. Zum Erstglied vgl. Freiberg, Freyburg, Bad Freienwalde.

Friedland Kr. und Bez. Neubrandenburg; im Küstentiefland südwestl. des Oderhaffs, nordöstl. der Bezirksstadt. 8800 E. – Mittelpunkt des slawisch vorbesiedelten Ländchens Beseritz (noch Dörfchen westl. von F.); Stadtanlage 1244 durch den Markgrafen von Brandenburg (1244 civitas novella).

Die Neugründung von 1244 erhielt den Namen Vredelant, der in der Schreibung fast konstant blieb: so noch 1276, 1282, 1295, 1296; nur einmalig (1270) schrieb man Vredheland. Seit etwa 1300 gewinnt die Form mit *f-* im Anlaut die Oberhand. – Mnd. *vrede*, mhd. *vride* bezeichnete den Zustand der Sicherheit, Schonung, Ruhe (Waffenruhe), auch der Einfriedung, des Geschütztseins, des Friedens. Der Name war offenbar symbolisch verliehen bzw. gemeint: Er demonstrierte den Schutz des *Landes*herren. Vgl. auch Friedland (Bez. Frankfurt).

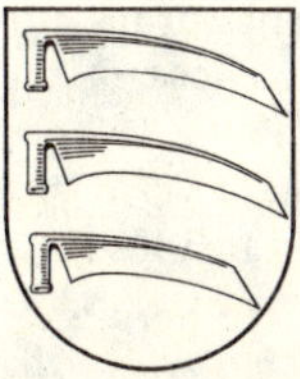

Friedland Kr. Beeskow, Bez. Frankfurt; am Nordostende des Schwielochsees, südl. der Kreisstadt, in der nordöstl. Niederlausitz. 800 E. – Um 1200 deutsche Feudalburg mit Burgsiedlung in slawisch vorbesiedelter Gegend; → Burgflecken bzw. Städtchen im 13. Jh. (1301 castrum et oppidum). Schloßneubau 1623. Agrarzentrum.

Der ursprüngliche Name war Friede*burg*: 1301 Vredeburch, er tritt noch 1336 auf: hus unde wybilde (Weichbild) tzu Vredeburch. In Anlehnung an andere Vorbilder änderte man ihn aber sehr bald in Fried*land* um: 1307 Vredlandt, 1353 Fridelant, 1415 Fredeland. – Zur Namenerklärung vgl. Friedland (Bez. Neubrandenburg). Die Erstform ist vergleichbar mit *Friedeburg* nordwestl. von Halle: 1261 Vrideburc, um 1280 in Vredeberghe.

Friedrichroda Kr. Gotha, Bez. Erfurt; am Nordrand des nordwestl. Thüringer Waldes, in einer Talmulde, südwestl. der Kreisstadt. 5900 E. – Rodungssiedlung des ausgehenden 11. Jh. an alter Straße über den Thüringer Wald bei der Schauenburg; Stadtgründungsversuch des nahen Klosters Reinhardsbrunn 1209 vom Landgrafen vereitelt wegen der Nähe seiner eigenen Gründung Waltershausen (vgl. dort); trotz der Gegenmaßnahmen seitdem Anwachsen zum Marktflecken; 1597 Stadtrecht. Seit 1837 Kur- und Erholungsort, heute mit zahlreichen FDGB-Erholungsheimen und Ferienhotel (Schloß) Reinhardsbrunn; Möbelfabrikation, Kunststoffverarbeitung.

In der Klosterchronik (geschrieben nach 1300) und in einer gefälschten Reinhardsbrunner Urkunde (um 1152/68) erscheint Friderichisrot zu etwa 1070/80 und 1114. Friderichrode wird 1209 und noch 1510 verzeichnet. – Demnach war der Ort die 'Rodungssiedlung eines Friedrich', zu ahd. *fridu* 'Schutz, Friede usw.' und ahd. *rīh* 'reich, vermögend, besitzend'.

Friesack Kr. Nauen, Bez. Potsdam; im Havelland südl. des Rhinluchs, am Alten Rhin, nordwestl. der Kreisstadt. 2800 E. – Mittelpunkt des slawisch vorbesiedelten „Ländchens" F. (1216 Burgward); um 1150 deutsche Burg mit Burgsiedlung; → Burgflecken bzw. Städtchen nach 1200 (1327 stat).

1216 taucht der Burgward Vrisac in der Überlieferung auf, seit 1256 die Herren dieses „Ländchens": de Vrisach, Vrisack, Frisac(h) u. ä. geschrieben. 1316 wird ihre Burg Frisack, 1327 hus (Burg, Schloß) und stat Vrisag genannt. – Der Name geht zurück auf altpolab. *vresak* 'Gegend, wo Heidekraut, *vres*, wächst'. Diese Pflanzenbezeichnung ist in slawischen Namen öfter enthalten.

Frohburg Kr. Geithain, Bez. Leipzig; am Südrand der Leipziger Tieflandsbucht, an der Wyhra. 5300 E. – Deutsche Burg und Burgsiedlung um 1150; Stadtanlage bald nach 1200 (1233 oppidum). Bekannte Rennstrecke „Frohburger Dreieck".

Der 1149 und 1172 genannte Rupert(us) de Vroburg, Vroburch kam möglicherweise (wegen seines oberdeutschen Rufnamens) von der gleichnamigen Burg im Kanton Solothurn (Schweiz) ins Pleiße-Mulde-Gebiet und hat den Namen seiner Familienstammburg hierher übertragen. Aus seinem Haus sind, beginnend mit ihm selbst, einige Burggrafen von Altenburg hervorgegangen (z. B. 1198 ff. Albertus de Vroburg). 1233 erfahren wir aus einer Urkunde mehrere örtliche Einzelheiten über Vroburg, Frohburg. In den älteren Altzeller Annalen wird zu 1306 die Burg (castrum) Froborg erwähnt (Geschehen richtiger zu 1294).
Der Name kann u.E. nicht mit ahd. *frō* 'Herr' oder *frōne*, mhd. *vrō* und *vrōne* 'Herrendienst' verknüpft werden, da nahezu alle hochmittelalterlichen feudalen Burgen ‚Herren'burgen waren und damit keine Einzelanlage differenzierend und individuierend gekennzeichnet werden konnte und darüber hinaus die Bezeichnung *frō* 'Herr' nur bis etwa 950 Verwendung fand und nur im religiösen Bereich noch weiterlebte. Im zweiten Falle müßte dann in der Überlieferung ein *n* auftauchen. Wir halten ihn für eine zeitgemäße Eindeutschung (Übersetzung) eines verbreiteten französischen Burgennamentyps der Kreuzzugszeit wie etwa *Montjoie, Montfort* 'Freudenberg', 'Starkenberg' mit Hilfe des Adjektivs mhd. mnd. *vrō* 'froh, fröhlich': etwa 'die Burg, die froh stimmte oder auf der ein frohes Ritterleben herrschte'. Vergleichbar ist auch die gleichnamige Burg in der Schweiz.

Frohse s. Schönebeck

Fürstenberg (Havel) Kr. Gransee, Bez. Potsdam; im Süden der Mecklenburgischen Seenplatte und Havelquellgebiet, südl. von Neustrelitz. 5900 E. – In slawisch vorbesiedelter Gegend nach 1150 angelegte Burg und Burgsiedlung der Markgrafen von Brandenburg; Erweiterung und Stadtanlage 1250/60 (1318 civitas). Dicht nördl. von F. Stadtteil Ravensbrück (Frauenkonzentrationslager 1938–1945), nationale Mahn- und Gedenkstätte.

F. ist 1299 ff. als Furstenbergk, 1318 Vorstenberch, 1305 Vorstenberghe überliefert und zur Ehrung seines Gründers, des Markgrafen, so benannt worden: mnd. *vorste*, mhd. *vürste* 'Fürst, Landesherr, Reichsfürst', eigentlich 'der Vorderste, der an der Spitze Stehende'. Vgl. auch Fürstenwalde, Eisenhüttenstadt.

Fürstenberg s. Eisenhüttenstadt

Fürstenwalde Kreisstadt, Bez. Frankfurt; an der unteren Spree, westl. der Bezirksstadt, südöstl. von Berlin. 32 900 E. – In slawisch vorbesiedelter Umgebung (markgräfliches Waldgebiet) an alter Spreefurt 1252/58 angelegte Stadt der Markgrafen von Brandenburg mit Schloß derselben (1285 civitas). Bedeutender Verkehrsknotenpunkt an Oder-Spree-Kanal und Autobahn Frankfurt (Oder)–Berlin. Reifenkombinat, Tankanlagenbaukombinat, Lebensmittelbetriebe.

Ähnlich wie die Altformen von Fürstenberg werden auch die vergleichbaren Namen von F. geschrieben: 1272 Furstenwalde, 1285 Vurstenwalde, 1298 Vorstenwolde, 1348 Vorstenwald(e). – Der Name der Stadt wurde zur Ehrung seines Gründers verliehen, nur das Zweitglied wurde gewechselt. Vgl. auch Fürstenberg (Havel), Eisenhüttenstadt. Im Niedersorbischen hieß die Stadt früher *Pśibrjeg, Pśibrjog* 'Ort am Ufer'.

Gadebusch Kreisstadt, Bez. Schwerin; in der hügeligen Moränenlandschaft westl. des Schweriner Sees, nordwestl. der Bezirksstadt, im Quellgebiet der Radegast. 7300 E. – Altslawischer (obodritischer) Landschaftsmittelpunkt (Burgwall und Burgsiedlung); Burgflecken; bald nach 1200 zur Stadt erhoben (Grafen von Ratzeburg; 1225 cives genannt); seit 16. Jh. Residenz der Herzöge von Mecklenburg.
Zuerst taucht in der Überlieferung der Landschaftsname auf: 1154, 1167, 1194 provincia Godebuz; der Siedlungsname weicht in der Schreibung zunächst nicht davon ab: 1181, 1210, 1230 u.a. Godebuz. Die gleiche Form zeigt das Stadtsiegel von etwa 1225. 1225 finden wir jedoch auch Chotebuz. Eine Übergangsform bildet 1354 Gadebuz bzw. 1358 Godebusch; die heutige Gestalt erscheint erstmals 1514. – Zugrunde liegt altpolab. *Chotěbuz* 'Ort des Chotěbud'. Dies ist eine possessivische Bildung mit *-j*-Suffix. Vgl. auch Cottbus. Im Deutschen wurde kurzes *o* mundartlich als *a* wiedergegeben; in das Zweitglied wurde dt. *Busch* eingedeutet.

Gardelegen Kreisstadt, Bez. Magdeburg; in der mittleren Altmark, an der Milde, am Nordrand der Colbitz-Letzlinger Heide. 12 900 E. – Frühmittelalterliches Dorf mit Burg des 10./12. Jh. (1133 Burgbezirksmittelpunkt, Burgward); Burgflecken um 1160/80 zur Stadt erweitert (1196 oppidum, 1241 civitas).
G. wird in einem Register der Schenkungen an Kloster Corvey an der Weser (etwa 1050/70) Ende des 9. Jh. als Gardęleue ersterwähnt; diese Form ist 1121 und 1151 nochmals bezeugt; 1160 folgt Gardenlove, 1187 Gardenleve. Von 1133 an treten nur noch solche mit *g(h)* im Zweitglied auf: 1133 de Gardenloghe, 1160 de Gardenlege, 1184 ff. de Gardelege. Frühester Beleg, der der heutigen Namenform entspricht, ist 1287 de Gardelegin. Es handelt sich also um einen ursprünglichen Namen auf nd. *-leve, -love*, dessen intervokalischer labial-dentaler Reibelaut so schwach artikuliert wurde, daß er durch den ebenso schwachen gutteralen oder palatalen Reibelaut *x* oder *χ, j* (*ach-/ich*-Laut), geschrieben *g* und *gh*, ersetzt werden konnte. – Zeitweilig erfolgte Eindeutung von nd. *lōge* 'Wiese, feuchte Niederung' bzw. *lāge* 'freie offene Fläche zwischen Wäldern'. Im Erstglied ist wahrscheinlich ein germanischer bzw. altsächsischer Personenname *Gardo* enthalten, der zu altsächs. *gard* 'Zaun, gehegtes Grundstück' gehört.

Gartz Kr. Angermünde, Bez. Frankfurt; auf dem erhöhten Westufer der unteren Oder, an der Straße Berlin–Szczecin und Staatsgrenze zur VR Polen; nordöstl. der Kreisstadt. 2500 E. – Frühmittelalterliche slawische (pommersche) Burg und Burgsiedlung; Schiffer- und Fischerort; Oderhandelsstation; Stadtgründung um 1240 durch die Herzöge von Pommern (1249 civitas). Agrarzentrum.
1229, 1236 und 1243 ist ein pommerscher Burgvogt Retimarus (Ratimer) de Gardiz bzw. Gardez von hier in Urkunden erwähnt; dieselben Namenschreibungen für den Ort erscheinen im weiteren 13. Jh.: 1249, 1269, 1278, 1284 u.a. Gardiz. Nach 1300 treten die verkürzten Namenformen auf: 1319 und 1338 Gartz, 1321 Gardz, 1320 Garz. Der Name gehört zu altpolab. *Gardec* 'Burganlage, umgrenzter, befestigter Ort', das altsorb. *grod'c*, tschech. *hradec*, poln. *grodziec* usw. lautete. Vgl. auch Garz, Greiz, Gröditz, Groitzsch.

Garz Kr. Rügen, Bez. Rostock; im Südteil der Insel Rügen, südwestl. von Putbus. 2400 E. – Frühmittelalterlicher slawischer Burgwall mit Burgsiedlung; Rügenscher Fürstensitz; nach 1200 deutsche Zusiedlung; Stadtgründung Mitte 13. Jh. (1316 civitas). Agrarzentrum. Ernst-Moritz-Arndt-Museum; sein Geburtsort auf Gut Groß-Schoritz dicht südl. von Garz.
Im Jahre 1168 ist die Burg (castellum) Karennz bzw. Karenti(n)a auf Rügen nach dänischer Überlieferung hart umkämpft. Auch die einheimische urkundliche Überlieferung nennt 1232–1234 Charenz, z. T. als Ausstellungsort. Eine Übergangsform bietet das Stadtsiegel von etwa 1327, das Chartz in Ruya (Rügen) nennt. Etwa zur selben Zeit beginnen die Formen, die noch heute gelten: Gartz (1314), Garz. – Das ältere *Karenz* bzw. *Charenz* beruht auf einem altpolabischen Personennamen *Charęta* 'Ort, Burg oder Leute des Charęta'; es wurde an *Gard(e)c* (vgl. Gartz) angeglichen.

Gebesee Kr. und Bez. Erfurt; im Mittelpunkt des Thüringer Beckens, an der Mündung der Gera in die Unstrut. 3000 E. – Altthüringisches Dorf, vermutlich mit Königshof im frühen Mittelalter; im 12. Jh. Rittersitz (Burg); → Städtchen im 12. Jh.; später Marktflecken; 1638 Stadt (oppidum).
Ein Besitzverzeichnis des Klosters Hersfeld in Hessen erwähnt in einer Schenkung von etwa 800 (Abschrift von etwa

1150) u.a. das Dorf (villa) Gebise; 1004 urkundet Kaiser Heinrich II. in Geuise für das Bistum Zeitz. Die späteren Schreibungen zeigen überwiegend die Formen Gebese (so 1167, 1170, 1220, 1350 u. a.) bzw. Geuese (1253). Das Stadtsiegel von 1638 hat Gebesehe. – Das Erstglied stellt wohl ahd. and. *gewo*, mhd. *gewe* 'Öffnung, Schlund' dar, dazu auch ahd. *gěwōn, giwēn* 'gähnen', altisländ. *gja* aus **giwō* 'Spalte, Kluft in der Erde'. Zu derselben Verbalwurzel gehört auch der Vogelname *Geier*, der aufgrund seines angelsächsischen Namens *giw, geow* aus **gīwaz* 'der Gierige' hergeleitet wird und auch im Altniederdeutschen neben sonstigem *gīr(e)* noch vorhanden gewesen sein könnte und evtl. zur Namenbildung verwendet worden ist. Das Zweitglied *-see* beruht auf früheren Wasseranstauungen im Bereich der Geramündung in die Unstrut.

Gefell Kr. Schleiz, Bez. Gera; im westl. oberen Vogtland, südl. der Kreisstadt, nahe der Staatsgrenze der DDR zur BRD. 1600 E. – Deutsches Rodungsdorf des ausgehenden 12. Jh.; infolge Erzbergbaus Entwicklung zum Bergstädtchen im 14. Jh. (1395 stetil, 1408 Flegk).

Eine Fälschung auf 1246 enthält den Namen nur in der modernen Form. Echte zeitgemäße Schreibungen sind 1328 zu dem Gevelle, 1369 czum Gefelle, 1395, 1410 daz Gevelle. 1303 ist von in Valle die Rede, doch fehlt hier die Vorsilbe *ge-*, die kollektivierend wirkt. – In dem stark gebirgigen Gelände handelt es sich zweifellos um einen ursprünglichen Geländenamen: nhd. *das Gefälle*, zum Verbum *fallen*; anfangs vielleicht nur um einen Fall im Sinne von 'Abfall, Abhang'. Vergleichbar ist auch der Dorfname *Gefell* südöstl. von Sonneberg im Thüringer Wald: 1162 silva Gevelle, 1182 villa Geuelle. Eine zweite Bedeutung von mhd. *gevelle* ist 'Windbruch', die ebenfalls nicht auszuschließen ist.

Gehren Kr. Ilmenau, Bez. Suhl; am Nordostrand des Thüringer Waldes, südöstl. der Kreisstadt. 4600 E. – Mittelalterliches Dorf mit Rittersitz; im späten Mittelalter → Marktflecken; 1855 Stadt.

Der Name G. wird fast unverändert als Gern überliefert (1299, 1308, 1401), 1331 von deme Gern; die heutige Schreibung tritt 1496 erstmals auf: hoff zcum Gehren. – Mhd. *gēr(e)* 'spitz zulaufendes Geländestück, Keil' bezeichnete hier ursprünglich wohl eine Rodung 'zum Gehren', diese wurde dann auf die dabei angelegte Siedlung übertragen.

Geisa Kr. Bad Salzungen, Bez. Suhl; in der Vorderrhön, an der Ulster und Staatsgrenze der DDR zur BRD, südwestl. der Kreisstadt. 2000 E. – Feudalgutkomplex (Villikation) des 8./13. Jh., Grundherr Kloster Fulda; Anlage eines Marktfleckens um 1265 durch den Abt; → Städtchen (1330 Stat).

G. beruht auf dem Namen des Baches, der bei G. in die Ulster mündet, wie auch der bachaufwärts liegende Ort bzw. Ortsname *Geismar* bestätigt. Bereits 814/817 gelangte das Gut (villicatio) Geisaha an Kloster Fulda; 1116 ff. ist eine Ministerialenfamilie in Geisaha, Geysaha ansässig. Seit dem 13. Jh. ist das Gewässernamensuffix *-aha* zu *-a* verkürzt. – Es liegt eine Bildung zu germ. **gais-* 'angetrieben, lebhaft, bewegt, wild' vor, dazu altnord. *geisa* 'wüten', also der Ort '*am Wildbach*'.

Geising Kr. Dippoldiswalde, Bez. Dresden; im Osterzgebirge, am Geisingberg, nahe dem Grenzübergang zur ČSSR, südl. der Kreisstadt. 2000 E. – Bergbausiedlung seit 1440 (Zinnerzabbau); seit 1450 bzw. 1462 Bergstädtchen Alt-G. und Neu-G.; 1857 beide vereinigt und zur Stadt erhoben. Erholungs- und Wintersportzentrum.

Ursprünglich der Name des Geisingberges, der auf die Siedlung im Grund unterhalb desselben überging: 1477 Gusingeßgrunt, 1479 ym Gewsing, 1517 Neue Stadt Geussingsgrundt, 1536 im alten Geußingesgrunde. – Offenbar hat man den markanten Berg personifizierend (auf *-ing*) benannt, falls nicht ein reiner unveränderter Personenname vorliegt, was sonst in dieser Gegend nicht vorkommt. Das Basiselement mit ursprünglichem *iu* bzw. *eu* gehört wohl zum Verbalstamm germ. **geut-*, **gūt-* 'gießen, fließen lassen', frühnhd. auch *geußen* (wie in *kreucht* und *fleugt* für *kriecht* und *fliegt*). Der Name bezeichnete also 'den übergossenen (Berg)' oder auch 'den (Berg), bei dem (Zinn) gegossen wird', dazu frühnhd. *geuße* 'Überfluß'.

Geithain Kreisstadt, Bez. Leipzig; am Nordwestrand des mittelsächsischen Hügellandes zwischen Rochlitz und Borna. 7300 E. – Als deutsches Bauerndorf um 1160 mit Feudalburg bei altsorbischer Vorgängersiedlung angelegt (Altdorf); Erweiterung zum Marktflecken um 1200 (1209 civitas). Kreisstadt seit 1952.

1186 wird Oberdorf G. genannt: villa superior Chiten (im Gegensatz zum Niederdorf = Altdorf: 1209 vetus villa, 1350 Antiqua villa Giten). Als weitere Schreibvarianten begegnen 1205 Giten, 1209 Githen, 1301 Gythen, 1306 und 1361 Gytan, 1336 Gytin. In den Endungen wechseln fortan *-an* und *-en*. Seit Mitte des 15. Jh. erscheint im Erstglied der Diphthong *ei*, *ey*: 1459 Geyten, 1477 Geytan; Geythain zum erstenmal um 1490. Dt. *-hain*, das eingedeutet wurde (mundartl. auch *-hān*), könnte bereits in einigen *an*-Formen des 14. Jh. stekken. – Es liegt eine altsorbische possessivische Bildung *Chyteń, Chytań* zum Personennamen *Chyten, Chytan* zugrunde.

Genthin Kreisstadt, Bez. Magdeburg; am Elbe-Havel-Kanal, westl. von Brandenburg, nördl. des Fiener Bruchs. 16300 E. – Im Anschluß an die frühmittelalterliche slawische Siedlung Plote (Altenplathow), später mit deutschem Rittersitz (Wasserburg), um 1160 Marktgründung; vermutlich von Niederländern angebaut; Marktflecken (1413 Vlek, 1459 oppidulum); 1539 Städtchen. Bekannt durch sein Waschmittelwerk.
Die Herren von Plotho saßen im heutigen Stadtteil *Altenplathow* (1144 ff. de Plote, Ploten). Die Erwähnung ihres neuen Marktortes beginnt 1171 mit Gentien; dann folgen 1216 Gentin, 1368 Gentyn, 1420 Jentyn, 1562 Gentin, 1655 Genthien. Der Wortakzent lag stets auf der Endung, weshalb auch die sehr wahrscheinliche Annahme einer Übertragung des Ortsnamens aus den Niederlanden bestärkt wird: Als Mutterort wird (von M. Bathe) *Gentinnes* bei Ypern in Flandern angesehen, das 1100 Genitines, 1194 Genetines, 1354 Gentines heißt und wahrscheinlich mit einem keltoromanischen Personennamen gebildet ist. Flamenansiedlung 1159 im benachbarten Wusterwitz bekräftigt diese Vermutung ebenfalls. Die Mundart sprach vor hellem Vokal *g-* als *j-*, vgl. etwa 1420 Jentyn.

Gera Bezirks- und Kreisstadt, Stadtkreis; im Tal der mittleren Weißen Elster, im thüringischen Osterland. 119300 E. – Burgbezirksmittelpunkt in altsorbischer und frühdeutscher Zeit (9.–11. Jh.); städtische Anfänge während des 12. Jh.; Stadtanlage nach 1200 (um 1200 Münze, 1237 cives, oppidum). Ehemalige Residenz der Vögte von G., später Fürsten von Reuß (bis 1918); seit 19. Jh. rasche Industrialisierung; Stadterweiterungen nach 1945: Gera-Bieblach (Norden), Gera-Lusan (Süden); Bezirksstadt seit 1952. Maschinenbau, Baustoff-, Textil- und Lebensmittelindustrie.

Zuerst tritt in der Überlieferung der Landschaftsname Gera (995, 999, 1171) bzw. Geraha (1121, 1151) hervor. 1125 ist ein Luph de Gera genannt. Der Name der Stadt lautet dann seit 1201 unverändert Gera. Er gleicht dem Namen des Flusses Gera, der durch Arnstadt und Erfurt zur Unstrut fließt und 1108 Gerahe, 1133 Geraha heißt. Daß die Weiße Elster einmal im Oberlauf *Geraha* geheißen hat, ist nicht auszuschließen, aber nicht sehr wahrscheinlich. So könnte ein rechter Zufluß der Elster (später anders benannt) diesen Namen getragen und ihn an den Zentralort übergeben haben, will man nicht Namenübertragung aus Thüringen oder Hessen (dort *Großgerau*) annehmen. Jedenfalls weist die altüberlieferte Endung *-aha*, *-a* sicher auf einen ursprünglichen Gewässernamen, und eine Deutung zu ahd. mhd. altsächs. *gēr(e)* 'Keil, Landspitze' muß ausscheiden. In den Flußnamen auf *Ger-* kann eine Wurzel indoeurop. **gher-*, germ. **ger-* enthalten sein, die entweder 'gurgeln, knarren, plätschern, schwatzen u. a.' enthält oder 'Geröll, Kiesel, Kies' bezeichnete.

Gerbstedt Kr. Hettstedt, Bez. Halle; im hügeligen östl. Harzvorland, östl. der Kreisstadt. 4700 E. – Frühmittelalterliches Dorf; seit 985 Klosterort (→ Hauskloster der Wettiner bis 1124); im 13./14. Jh. → Flecken (Anfang 15. Jh. Vleck; 1516 oppidum).

Bis zu Beginn des 13. Jh. lauten die überlieferten Formen für G.: zu 985 Gerbizstidi, zu 1064/84 Gerbizstede, 1197, 1199 Gerbezstide; 1249 Gerbezstede, um 1180 Gerbezstat; seit Mitte des 12. Jh. auch schon Gerbestede (1146 und um 1150); 1435 erscheint Marktgerbstedt. – Der Name bezeichnet wohl die 'Siedlung eines *Gerbiz(o)*'; dieser Personenname ist als Koseform für einen germanischen zweigliedrigen Personennamen, etwa *Gērbod(o), Gērber(h)t, Gērwīg* o. ä., aufzufassen. *-stidi* für *-stedi* ist als niederdeutsche Dialektvariante anzusehen.

Geringswalde Kr. Rochlitz, Bez. Karl-Marx-Stadt; am Nordrand des mittelsächsischen Hügellandes, nordöstl. der Kreisstadt. 5500 E. – Im Anschluß an ein um 1160 gegründetes deutsches Bauerndorf (Alt-G.) mit Feudalherrensitz Stadtgründung um 1200 (1261 oppidum). Burg der Herren von Schönburg vor der Gründung ihres Hausklosters Kloster-G. 1233 an dessen Stelle. Sitzmöbelproduktion.

Mit großer Wahrscheinlichkeit ist G. eine Dorfgründung des Bischofs *Gerung* von Meißen (1154–70), der auch den Siedlern von

Kühren bei Wurzen einen Vertrag gewährte. Es kann auch das Waldgebiet um G. gemeint sein, das zeitweilig in seinem Besitz gewesen ist (1389 der walt, den man nennet Gerunkswald). 1233, 1238 und 1288 und noch öfter wird der Ortsname Gerungeswalde geschrieben, Geringeswalde setzt sich seit 1247 und 1286 mehr und mehr durch. 1556 begegnet Jeringswalde, das mit seinem *j-* auf Sprecher (oder Schreiber) hindeutet, die aus nördlicheren Gegenden stammten. Die Erstansiedler könnten Flamen gewesen sein, da dicht benachbart auch ein Flemmingen und ein Arras gegründet wurden.

Gernrode Kr. Quedlinburg, Bez. Halle; am Nordostrand des Harzes, südl. der Kreisstadt. 5000 E. – Gründung des Markgrafen Gero (Burg mit Burgflekken) Mitte des 10. Jh.; seit 960 Reichsabtei; → Marktflecken 11./12. Jh. (1207 ecclesia forensis); 1473 Flekken.

G. ist nach seinem Gründer, dem Markgrafen *Gero*, benannt: 961 wird von dieser Gründung des Reichsstiftes 'in loco qui Rode dicitur' berichtet; latinisiert heißt es in der Urkunde (urbs) Geronisroth, dt. Geronrod. 999 schreibt man in Gerenrodun, 1049 wieder Geronrod, 1060 Gerenroth, ebenso 1136 und 1152. 1348 steht im Quedlinburger Stadtbuch to Ghernrode.

Geyer Kr. Annaberg, Bez. Karl-Marx-Stadt; im mittleren Erzgebirge, nordwestl. der Kreisstadt, südwestl. der Greifensteine. 5700 E. – Als Bergbausiedlung um 1350 entstanden (Zinn- und Silbererzbergbau); 1407, 1456 Markt, 1467 Stadt. Strumpfindustrie, Elektrotechnik; Erholungsort.

Wie der südöstl. der Stadt befindliche *Geiersberg* vermuten läßt, ist diese Erhebung der Ausgangspunkt des Namens; wie die Nachweise zeigen, wird eine Personifikation wie auch beim Geisingberg (vgl. Geising) vorliegen: 1395 zum Gire, 1407 von dem Gyher, 1446 Gyer, 1471 zcum Geyer, 1490 vff dem Geyr. – Es liegt der Raubvogelname mhd. *gîr* 'Geier' zugrunde. Der umgekehrte Prozeß, daß ein Personenname *Geier* unverändert zum Ortsnamen geworden wäre und dann auf den Berg übertragen wurde, ist nicht völlig auszuschließen, da dieser Namentyp in der weiteren Umgebung mehrfach bezeugt ist, z. B. Siegmar und Rottluff, heute Stadtteile von Karl-Marx-Stadt (aus 'zum Siegmar', 'zum Rudolf'). Da nachweislich Bergleute die Namengeber waren, entscheidet man sich eher für die erstgenannte Annahme.

Glashütte Kr. Dippoldiswalde, Bez. Dresden; im Osterzgebirge, an der Müglitz, südöstl. der Kreisstadt. 3000 E. – Ursprüngliche Glashütte im Waldgebiet um 1400; Zusiedlung von Bergleuten und Hüttenarbeitern nach 1450; Stadtrecht 1506. Uhren- und feinmechanische Industrie seit 1845, zuvor Bergbau seit dem ausgehenden 15. Jh.
Von Anfang der schriftlichen Überlieferung an trägt der Ort den Namen nach dem gewerblichen Unternehmen: 1445 Glaßehuͤtte,1555 Glaßhuttenn. Der gleiche Name liegt auch beim Dorf *Glasten* nahe Bad Lausick vor (1350 Glasehutten).

Glauchau Kreisstadt, Bez. Karl-Marx-Stadt; an der oberen Zwickauer Mulde, westl. der Bezirksstadt. 30100 E. – Slawische dörfliche Fischersiedlungen an der Mulde im 11./12. Jh.; um 1170 deutscher Rittersitz; Stadtanlage bei der Burg Mitte 13. Jh.; seitdem Zentrum der Schönburgischen Herrschaften bis 1918. Im 19. Jh. Entwicklung zum Textilindustriezentrum, daneben Werkzeugmaschinen-, Karosserie- und Getriebebau. Geburtsort von Georg Agricola.
Die Überlieferung des Ortsnamens G. setzt Mitte des 13. Jh. ein: 1240, 1243 wird ein Ritter Heinricus de Gluchowe bezeugt, 1256 die Burg (castrum) in Gluchowe. Gluchow heißt es 1350, Gluchaw 1377. Die diphthongierten *au*-Formen beginnen etwa 1460: Glawchaw, 1474 Glauchaw. – Der Name beruht auf altsorb. *Gluchov*, zu *gluch* 'stiller Ort, dichter Wald', ursprünglich wohl Waldname.

Gnoien Kr. Teterow, Bez. Neubrandenburg; im Tiefland zwischen Mecklenburgischem Landrücken und Ostseeküste, südöstl. von Rostock. 4500 E. – Altslawisches Siedlungsgebietszentrum (terra G.); im 12./13. Jh. mit Burg der Grafen von Werle; um 1250 Stadtgründung durch diese (1287 oppidum; 1289 civitas). Agrotechnisches Zentrum.
Die Überlieferung von G. setzt 1257 mit rascher weiterer Folge ein: Gnogen (1257, 1273, 1258), Gnoyen (1276, 1289, 1292, 1294). Bereits das erhaltene Stadtsiegel aus der ersten Hälfte des 14. Jh. weist die heutige Schreibform auf. Im Stralsunder Stadtbuch aus derselben Zeit stehen die Formen Gnoyen, Ghnoyen, Gnoia und Gnuien. – In diesem altpolabischen Ortsnamen, der *Gnojno* lautete, haben wir die Bezeichnung *gnoj* 'Mist, Dünger' vor uns.

Goldberg Kr. Lübz, Bez. Schwerin; auf dem Mecklenburgischen Landrücken, südl. von Güstrow, südl. von Rostock. 5500 E. – Dörfliche slawische Siedlung um 1200; 1248 Stadtgründung durch den Fürsten von Mecklenburg-Parchim (1294 oppidum), dessen Wappenbild, den Stierkopf, das Stadtwappen bewahrt.

Mit der Stadtgründung erhielt der Ort einen an den älteren slawischen Ortsnamen (**Gold-c-* 'kahler Ort') anklingenden Namen; vor 1248: 1227 Golss, 1231 Goltz, 1234 Gultce; seit 1248 Goltberch, 1261, 1273 in Goltberge, 1274 Goldenberge, 1294 Goldberghe usw. Vermutlich war die Namenumbildung (Zwischenform evtl. **Golzberg?*) mit stärkerem Zuzug deutscher Handwerker und Händler verbunden; das neue Erstglied sollte offenbar werbend wirken.

Golßen Kr. Luckau, Bez. Cottbus; westl. des Spreewaldes, an der Dahme. 2600 E. – Frühmittelalterliches sorbisches Siedlungszentrum mit Burgwall; seit etwa 1150 deutsche Burg mit Burgflecken (Burggrafen von Wettin-Golßen); → Städtchen im 13./14. Jh.

Die Familie der Burggrafen von Wettin ist zwar schon seit 1226 in G. ansässig, nennt sich aber erst von 1285 an nach diesem Ort. Die überlieferten Schreibungen sind: 1276 Golsyn, 1285 Gůlsin, 1286 Golsin, 1307 ze der Golczen, ansonsten weiterhin 1301 ff. Golsin, Goltzin, Golzsin u. ä. Die heutige Schreibung ist zuerst 1449 bezeugt: zcur Golßen. – Die Schreibungen und die seit 1761 bezeugte niedersorbische Namenform *Gološyn* weisen auf altsorb. *Gološin* 'Ort des *Gološ*'.

Gommern Kr. Burg, Bez. Magdeburg; am Ostrand der Elbaue, zwischen altem Elblauf und Ehle. 6500 E. – Frühmittelalterlicher slawischer Burgwall und Burgbezirk; seit 948 deutscher Burgward; Burgflekken; seit 16. Jh. Amtsstädtchen und Marktflecken; Stadtrecht 1713.

Zweifellos gehört schon die Nennung Guntmiri von 948 in der Gründungsurkunde des Bistums Brandenburg hierzu. Dieser folgen dann 965 Gumbere, 973 Gummere, im 12. und 13. Jh. mehrfach Gum(m)ere, Gumre. In der Magdeburger Schöppenchronik heißt es Gummer. Die Brandenburger Bistumsmatrikel bietet dann 1459 erstmals Gummern; 1538 ist schließlich Gomern bezeugt. Das zu 805 in der Chronik von Moissiac (Südfrankreich) genannte Ländchen (terra) Genewara wird von einigen Forschern hier vermutet, in diesem Falle dürfte die Namenform sehr entstellt wiedergegeben sein; andernfalls hat der Name mit Gommern nichts zu tun. – Anscheinend handelt es sich um eine germanische Restsiedlung am Elbtalrand, da das Erstglied *Gunt-* nur als Bestandteil eines zweigliedrigen germanischen Rufnamens zu interpretieren ist, das noch im Namen *Gunthari* (> Günther) enthalten ist. Das Zweitglied enthielt offenbar germ. *-mari*, *-meri* 'berühmt'. Wahrscheinlich stand der Personenname im Plural und bezeichnete damit 'die Leute des Guntmar', oder das Zweitglied des Ortsnamens ist infolge altsorbischen Einflusses verloren gegangen. Die Lautfolge *-ntm-* wurde zu *-m(m)-* assimiliert; mundartlich wurde *u* vor *m* zu *o* gesenkt. Vergleichbar ist die Wüstung *Gomersheim* im Wormsgau: 776 Guntmaresheim, 769 Gumersheim.

Görlitz/Zhorjelc Kreisstadt und Stadtkreis, Bez. Dresden; an der Görlitzer Neiße und Staatsgrenze zur VR Polen, in der östl. Oberlausitz. 82500 E. – Altsorbische Siedlung am Flußübergang nach Schlesien; böhmische Burg und Burgflecken im 11./12. Jh. Altstadt (Untermarkt) um 1215, Neustadt (Obermarkt) um 1250 angelegt; seit alters wichtige Kreuzung der Fernstraßen von Nord–Süd und Ost–West; seit 1945 sächsisch. Waggon- und Maschinenbau, Elektrotechnik, Optik. Wissenschaftliche Sammlungen, wertvolle Baudenkmäler.

G. wird erstmals 1071 als Dorf (villa) Goreliz genannt. Der Fortsetzer der tschechischen Chronik des Cosmas von Prag erwähnt zu 1126 und 1131 die Burg (castrum) Yzhorelik, Yzcorzelik, das früher auch Drenow genannt worden sei. In der Oberlausitzer Grenzurkunde von 1228/41 ist ein Florinus de Gorlez bzw. Zgorliz Urkundenzeuge. Von 1234 an lauten dann die Namenformen: Gorlez, Gorliz, Gorlicz, 1474 Görlicz. Die sorbische Form erscheint 1534 als Horselitz (obersorb. *Zhorjelc*), der polnische Stadtteil seit 1945 als Zgorzelec; tschechisch heißt die Stadt Zhořelec. – Der Name gehört zu westslaw. *zgořěti* 'durch Brand den Wald ausroden, zum Wortstamm *gor-* 'brennen'.

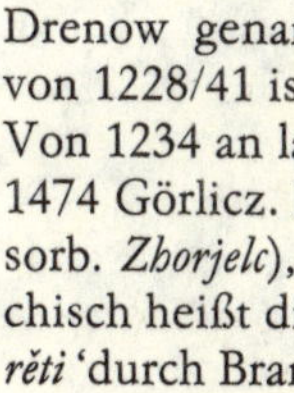

Gößnitz Kr. Schmölln, Bez. Leipzig; an der mittleren Pleiße, am Südrand des Altenburger Landes (Pleißengaues). 6500 E. – Slawische dörfliche Siedlung des 10./11. Jh.; seit 12. Jh. mit deutschem Rittersitz; Erhebung zur Stadt 1718 (Städtische Rechte seit Ende 15. Jh.).

G. ist 1253 als Gosniz erstbezeugt; 1258 erscheint ein

Tuto de Gozniz in der Überlieferung; 1336 wird Gossenicz geschrieben. Der Name stellt wohl eine altsorbische Waldbezeichnung dar, evtl. auch einen Bachnamen *Gozdnica*, zu *gozd* 'Wald'.

Gotha Kreisstadt, Bez. Erfurt; im hügeligen Vorland des westl. Thüringer Waldes, an der Leina, westl. der Bezirksstadt. 58700 E. – Altthüringische dörfliche Siedlung; im 8./9. Jh. Königsgut; im 11. Jh. mit Burg und Burgflecken; Frühstadt um 1150; landgräfliche Stadtgründung um 1180/90 (Altstadt); Neustadt nach 1200; altes Verkehrszentrum; Residenz wettinischer Teillinien seit dem 13. Jh. (Schloß Friedenstein). Im 19./20. Jh. Zentrum der deutschen Arbeiterbewegung. Polygraphie, Kartographie, Fachschulstadt, Museen.
Eine Urkunde Karls des Großen für Kloster Hersfeld erwähnt 775 das Dorf (villa) Gothaha, ein Güterverzeichnis desselben Klosters von etwa 800 (Abschrift um 1150) Gothaho. Kloster Fulda erhält 802 eine Schenkung in Gotaha. 1109 ff. tritt eine Adelsfamilie de Gotaa, Gotaha, Gotha hervor. Die Schreibung des Namens variiert seit 1200 nur noch wenig: Gotha und Gota. – Vermutlich liegt eine alte Örtlichkeitsbezeichnung zugrunde, etwa zu altsächs. *gota* 'Rinne, Graben, Kanal'.

Gottleuba, Bad Kr. Pirna, Bez. Dresden; am östl. Rand des Osterzgebirges, im engen Tal der Gottleuba, südl. der Kreisstadt. 2400 E. – Bald nach 1300 als Bergbauort entstanden (Eisenerz-, Silbererzbergbau); 1405 Städtchen. Seit Entdeckung von Heilquellen 1828 Kur- und Erholungsort (Stahl- und Moorbad seit 1880).
Es ist in der nicht gerade siedlungsgünstigen Gegend des dichtbewaldeten Osterzgebirges damit zu rechnen, daß der Bachname G. das Ursprüngliche ist und dieser auf die jüngere Siedlung übertragen wurde. Die späte Überlieferung gestattet jedoch keine sichere Erklärung. Da fast alle osterzgebirgischen Bäche slawische Namen tragen, z. B. Bahra, Behne(bach), Biela, Döbra, Eula, Lockwitz, Lohma, Müglitz, Oelsen(grund), Prießnitz, Rietsche, Trebnitz, Weißeritz, Wilisch, ist wohl auch hier mit einer solchen Grundlage zu rechnen, evtl. altsorb. **Kotłova* 'Kesselbach'. Der Name wäre, wie die Belege zeigen, dann allerdings stark eingedeutscht worden. Der Bachname: 1445 wasser zcur Gotleube, 1480 wassir die Gotlowbe. Der Ort: 1363 Gotlauia, 1374 Gothlewen, 1386 von der Gotelobe, 1388 zcu der Go-

telewbe, 1405 das stetchen Goteloybe, 1445 von der Gotleibe u. a. – Beim Zweitglied ließe sich im Deutschen anknüpfen an mhd. *loube, löube* 'Laubdach, Laubwald', vergleichbar mit *Loibe*, dem alten Namen des Thüringer Waldes. Das Erstglied bleibt vorerst ungeklärt, es sei denn, es wurde in den ganzen Namen der Personenname *Gottlob* bzw. *Gottlieb* eingedeutet, dazu vgl. auch den 1320 bezeugten hannoverschen Bürgernamen Hartmann *Goddelewe* und den Ortsnamen *Gottlieben* bei Konstanz (alt Goteleuben).

Grabow Kr. Ludwigslust, Bez. Schwerin; im südwestl. Mecklenburg, südöstl. der Kreisstadt, in der Eldeniederung. 8300 E. – Slawische Burg und Burgsiedlung bzw. Burgbezirk vor 1147; danach deutsche Burg der Grafen von Danneberg; Stadtgründung 1252 (oppidum).

Der Name zeigt sich seit Beginn seiner Aufzeichnung nur wenig variiert. Grabowe (1186, 1197, 1252, 1259, 1262, 1275 usw.) oder Grabow (1189, 1292, 1298 usw.). – Er geht auf altpolab. *Grabov* 'Ort wo Hainbuchen wachsen' zurück, zu altpolab. *grab*.

Gräfenhainichen Kreisstadt, Bez. Halle; im Nordwesten der Dübener Heide, östl. der unteren Mulde. 8300 E. – Seit Mitte 12. Jh. gräflich-anhaltischer Herrensitz; um 1180 Ansiedlung niederrheinisch-westfälischer Handwerker und Bauern (Stadtteil Mescheide); Ausbau zur Stadt im 13. Jh. (1400 opidum). Arbeiterwohnstadt für umliegende Industriegebiete Bitterfeld, Wolfen, Dessau, Wittenberg. Naherholungsgebiet.

G. hieß ursprünglich nur *Hain*: 1285 de Indagine (lat. *indago* 'Hain'), 1325 mit deme Hayn, 1349 zu dem Hayne. Zur Unterscheidung von anderen *Hain*-Orten wurde 1347–1400 der Name des Grafen Albrecht II. von Anhalt als Zusatz verwendet: 1347 Albrechtshayn, 1381 Gravin-Albrechtishayn, 1400 Albrechczhain. 1400 heißt es dann: den Hayn, den man nennet des Grefin Heynchin, um 1450 Grefinhainichen, 1555 von Grevenhenichen. – Mhd. *hagen, hain* bezeichnete zunächst das Dornengebüsch, die Dornenhecke, dann aber auch eine Hegung, ein festes Haus bzw. eine Burg. G. war demnach ein fester Sitz der Askanier. Der Stadtteil *Mescheide* bzw. sein Name (1200 Meschede) beruht auf einer Namenübertragung durch westfälische Siedler vor 1200 von ihrem Heimatort. Zum Erstglied vgl. auch Gräfenthal, zum Zweitglied auch Großenhain, Hagenow, Hainichen u. a. Ortsnamen mit *-hain*.

Gräfenthal Kr. Neuhaus am Rennweg, Bez. Suhl; im südl. Thüringer Schiefergebirge, im Tal der Zopte, östl. der Kreisstadt, an der Staatsgrenze zur BRD. 2600 E. – Burg mit Burgsiedlung der Grafen von Orlamünde nach 1200; Stadtanlage im 13. Jh. (1337 hus unde stat). Porzellanfabrik, Plastartikel, Drahtwebereien.

Der Ort ist 1288 und 1337 als Greventai, 1394, 1441 als Grefental, Greventai(l) usw. bezeugt. Er hat seinen Namen von den Gründern, den Grafen von (Weimar-)Orlamünde, bekommen. Vgl. auch Gräfenhainichen.

Gransee Kreisstadt, Bez. Potsdam; am Südwestrand der Uckermark, am gleichnamigen See, westl. der oberen Havel. 5500 E. – Kurz vor 1250 vom Markgrafen von Brandenburg angelegte Marktsiedlung (1262 stad). Kreisstadt seit 1952.

G. schreibt sich 1262 Gransoyge, 1267 und 1294 Gran(g)soye, 1285 und 1290 Granzoye; 1333 erscheint Granzowe, 1373 Gransoge. Im brandenburgischen Lehnregister von 1499/1500 steht erstmals zu Cransehe. – Das Zweitglied spiegelt mnd. *oie*, and. *ouwia* 'Aue, Land am Wasser, Insel'; die *g*-Schreibungen sind als *j* zu verstehen, da mundartl. *g* wie *j* gesprochen wurde. Das Erstglied gehört vermutlich zu ahd. (mnd.) *grans* 'Schnabel, Spitze, Horn', dagegen kaum zu nd. *grand*, ahd. *grant* 'Kies, Sand'. Es gibt allerdings auch einen rügenslawischen Personennamen *Granza*, der zu 1168 als Fürstenname vom Chronisten Saxo überliefert wird.

Greiffenberg Kr. Angermünde, Bez. Frankfurt; in der südl. Uckermark, nördl. der Kreisstadt. 1000 E. – Deutsche Burg mit Burgsiedlung seit Anfang des 13. Jh.; Ausbau zum Städtchen vor 1261 (civitas; 1373 oppidum).

Offensichtlich ein ursprünglicher Burgname mit dem Vogelnamen *Greif*, ahd. *grīf(o)*, mhd. *grīf(e)*, mnd. *grīp(e)*; niederdeutsche Formen sind nur ausnahmsweise belegt: 1261 Grifenberg, 1267 Grifenberch, 1277 Gripenberch, 1284 Griffenberch, 1297 Gryfenberge. Diphthongierte Formen mit *ei* erscheinen erst seit dem 16. Jh.; vgl. den *Greifenberg*, eine Kuppe des Hausberges bei Jena (1350 Grifenberg), ferner die *Greifensteine* bei Ehrenfriedersdorf im Erzgebirge (1350 Grifenstein). Vgl. auch Greifswald.

Greifswald Kreisstadt und Stadtkreis, Bez. Rostock; im östl. Ostseebezirk, am Greifswalder Bodden, südl. der Insel Rügen (an der Mündung des Ryckgrabens). 59400 E. – Nach 1150 bei altem Salzwerk angelegte deutsche Kaufleute- und Handwerkersiedlung in größerem Waldgebiet; bald nach 1200 planmäßige Stadtanlage der Herzöge von Pommern; ehemaliges Zisterzienserkloster Eldena (Ilda, Hilda) 1199/1204 östl. der Stadt gegründet; Stadterweiterung 1240 ff. (1248, 1249 oppidum); Hansestadt seit 1281; bedeutender Ostseehandelsplatz; Universitätsstadt seit 1456, heute Ernst-Moritz-Arndt-Universität.
Die Überlieferung beginnt 1248 mit Gripheswald; 1249 heißt es Gripeswald, oppidum noviter instauratum (die kürzlich erbaute Stadt). Beinahe jährlich folgen dann weitere Nennungen: 1250 in Grifeswolde, 1255 Gripeswalt, 1256 salina prope Gripeswald, 1264 Grypswold. – Die Formen auf *-wold(e)* stellen die niederdeutsche Variante für *-wald* dar. Das Erstglied enthält den Vogelnamen *Greif*, das Wappentier der pommerschen Herzöge. Vgl. auch Greiffenberg.

Greiz Kreisstadt, Bez. Gera; im nördl. Vogtland, an der Mündung der Göltzsch in die Weiße Elster, südl. der Bezirksstadt. 36400 E. – Im 11./12. Jh. deutsche Burg und Burgsiedlung in slawischer dörflicher Umgebung; im 13. Jh. Stadtanlage (1302 burgenses genannt); seit 1900 Entwicklung des Stadtteils links der Elster; bis 1918 Residenz der Fürsten von Reuß.
Graitz, Grouz, Groytz heißt der Burgort 1209; weitere Schreibweisen sind 1225 Groiz (castrum), 1238 Grouz, 1240 Groyz; 1330 Greuycz, 1350 Greucz, 1369 Grewcz usw. Entrundete Formen beginnen erst Ende des 14. Jh.: 1384 Graicz, 1497 Graytz, 1566 Graitz; seit 1802 gilt das heutige Greiz. – Dem Namen liegt altsorb. *grod'c* 'Burganlage' zugrunde. Vgl. auch Gartz, Garz, Gröditz, Groitzsch. Die *ai-* und *ei-*Formen dokumentieren die mundartliche Aussprache des Ortsnamens und haben sich durchgesetzt (vgl. hier Groitzsch).

Greußen Kr. Sondershausen, Bez. Erfurt; im nördl. Thüringer Becken, südl. der Hainleite, an der Helbe und südl. der Kreisstadt. 4800 E. – Altthüringisches Dorf mit landgräflichem Herrenhof im 12. Jh.; Stadtanlage nach 1200 (1268 Markt-G. = Mittelgreußen); Westgreußen (vgl. Clingen); Neustadt (nördl. Teil) seit 14. Jh. angebaut.

Die Namenüberlieferung beginnt früh. Bereits 780/802 ist die Rede von zwei Dörfern dieses Namens: in duabus villis Griuzen vocatis; um 860 erscheint Griuzin, 876 Griuzzin, später Gruzin (918), 1151 Gruzen, 1260 Marctgruzen. – Es handelt sich um eine Stellenbezeichnung: ahd. *grioz*, altsächs. *griot* 'Sand(korn), Kies', also etwa 'Ort(e) zum Grieß, auf kiesigem Gelände'. *Greuß-* steht neben *Grieß-* wie *kreucht* und *fleucht* neben *kriecht* und *fliegt*. Bei den *u*-Schreibungen blieb der Diphthong noch unbezeichnet, wie auch in 1370 Otto von Grüssin, 1381 von Gruczzen.

Grevesmühlen Kreisstadt, Bez. Rostock; im westl. Ostseeküstenbezirk, westl. von Wismar. 11700 E. – Ältere slawische und deutsche dörfliche Siedlungen des 12. Jh. im waldreichen Moränengebiet; um 1250 Erhebung und Ausbau von G. zur Stadt (1262 oppidum, 1267 civitas).

Bis zum Jahre 1359 zeigt der Name im Anlaut *gn-*: 1230 in ... Gnewesmulne, 1237 Gnewismulne, 1260, 1272 Gnewesmolen usw.; 1362 beginnen die *gr*-Formen (Greuesmolen u. ä.). – Es handelt sich um eine Mischbildung aus altpolabischem Personennamen *Gněv-* und mnd. *mole(ne)* 'Mühle'. Die Umdeutung knüpfte an nd. *greve* 'Graf' an. Auf das Zweitglied *Mühle* nimmt auch das Stadtwappen Bezug: Es zeigt den Stierkopf der obodritischen Fürsten von Mecklenburg in einem Mühlrad.

Grimma Kreisstadt, Bez. Leipzig; in Talkessel der Mulde, südöstl. der Bezirksstadt. 16700 E. – Slawische Fischersiedlung vor dem 12. Jh.; nach 1150 Straßenführung von Leipzig nach Döbeln und Meißen nach hier an den Muldenübergang verlegt (vorher weiter nördlich); markgräflich-meißnische Burg mit Burgsiedlung um 1130/70; Stadtanlage Ende 12. Jh. (1203 forum, 1220 civitas). Chemieanlagenbau; Baumaterialien-, Papier- und Textilbetriebe. Ehemalige Fürsten- bzw. Landesschule.

Abgesehen von latinisierten Endungen auf *-is* (z. B. 1230 Grimmis) zeigt der Name wenig Veränderungen: Grimme, Grymme (1160, 1200, 1220, 1350, 1382, 1477) neben 1243 Grymm; 1231, 1283 Grimma (ebenfalls latinisiert). Das heutige *-a* geht auf die Kanzleiform des 16. Jh. zurück, die Mundart blieb bis heute bei Grimm*e*. – Der Name enthält altsorb. **grim* in der Bedeutung 'tiefgelegenes, von Wasser und nassen Wiesen umgebenes Gelände'; er wurde auf die Siedlung übertragen. Vgl. auch Grimmen.

Grimmen Kreisstadt, Bez. Rostock; im Osten des Ostseeküstenbezirks, an der oberen Trebel, südl. von Stralsund, westl. von Greifswald. 14500 E. – In schwach slawisch vorbesiedeltem waldreichem Moränengebiet (kleinerem Burgbezirk) um 1250 planmäßige Stadtanlage der Herzöge von Pommern und Fürsten von Rügen (1304 stad).

Wie bei Grimma gibt es bei den überlieferten Formen dieses Ortsnamens nur wenige Varianten: 1267, 1304, 1305, 1310, 1331 u. a. Grimme, 1272 Grymme, 1279 Grimmenn, 1325 Grimmen, 1349 stat to Grymmen. – Zur Namenerklärung vgl. Grimma. Das auslautende *-n* beruht auf Angleichung an die deutsche Dativ-/Lokativendung der schwach deklinierten Femina.

Gröbzig Kr. Köthen, Bez. Halle; im Tiefland östl. der unteren Saale, am rechten Ufer der Fuhne, südwestl. der Kreisstadt. 3500 E. – Älterer slawischer Burgwall und slawische Burgsiedlung; seit 10. Jh. deutsche Burg; Burgflecken; → Stadt seit 15./16. Jh. (1465 Flecken).

In einer späteren Kopie wird zu 1176 in Grobiske geschrieben, 1291 der Burgvogt de Gropceke erwähnt. 1332 heißt es tů Gropzk, 1351 in Groptzik, 1392 Gropcz, 1589 schließlich Gröbzigk. – Es liegt eine altsorbische Ableitung mit dem Suffix *-'sk-*, zu *grob* 'Graben, Grab', vor; G. war also der 'Ort am Graben', hier der Ort an einem Fuhnearm.

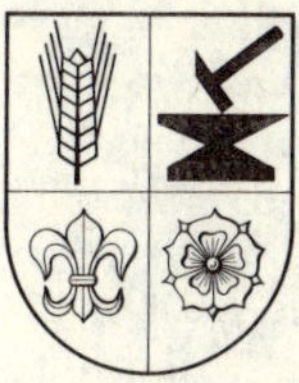

Gröditz Kr. Riesa, Bez. Dresden; im nordsächsischen Tiefland, an der Röder und am Floßgraben zwischen Elbe und Schwarzer Elster, nordöstl. der Kreisstadt. 8600 E. – In slawischer Zeit Burgwall mit Burgbezirk und Burgsiedlung; seit 12. Jh. deutscher Rittersitz und Flecken; infolge starker Industrialisierung seit 1850 (Hammerwerk schon 1780 erwähnt) Anwachsen zur Stadt (1967). Stahl- und Walzwerk, Zellstoffwerk; Gemüsekombinat. Neubaugebiete.

In den überlieferten Namenformen für G. überwiegen diejenigen, die auf *-is* bzw. *-iß* enden: 1383, 1388, 1395, 1406 Grodis, 1464 Grödiß, 1540 Grodiß, 1551 Grödyß, 1436 heißt es zum erstenmal Groditz; dann erst wieder Gröditz auf der Karte des Sächsischen Atlas von 1753 (Amt Großenhain). – Dem Namen liegt altsorb. *grodišče* 'Burganlage' zugrunde. Vgl. auch Gartz, Garz, Greiz, Groitzsch.

Groitzsch Kr. Borna, Bez. Leipzig; in der Leipziger Tieflandsbucht, südwestl. der Bezirksstadt, an der Mündung der Schnauder in die Weiße Elster. 7400 E. – Älterer slawischer Burgwall beim nahen Dorf Altengroitzsch. Errichtung einer deutschen Burg durch Wiprecht von G. um 1080; mit Burgsiedlung; Stadtanlage durch wettinische Landesherrn um 1200.

Die ersten Namenformen stammen aus den Pegauer Klosterannalen (geschrieben um 1150): zu 1073 Groisca, zu etwa 1080 Groischa, zu 1090 Groisch und Alde Groisch, zu 1105 Groiska. Vor allem variieren die auslautenden Zischlaute in den folgenden Schreibungen: 1170 Groisc, 1172 Grousch, 1176 ff. Groiz, 1196 Growitsh, 1197 Greuz, Groiżh, Growz, 1200 de Grösche, 1215 de Grous, Groizc; später nähern sich diese der heutigen Schreibform: um 1225 Groytzsch, 1305 Greuczh, 1350 Greutsch, Greysch, Groucz(sch), 1411 Groiczsch, 1548 Groetzsch; die Mundart schlägt 1566 durch in Graytzsch. – Der Name geht zurück auf altsorb. *grod* 'Burg', gebildet mit dem Suffix altsorb. *-'sk(o)*. Vgl. auch Gartz, Garz, Greiz, Gröditz.

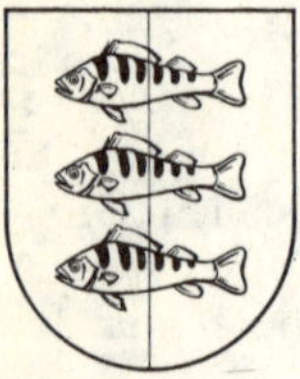

Gröningen Kr. Oschersleben, Bez. Magdeburg; in der Magdeburger Börde, an der Bode, nordöstl. von Halberstadt. 4000 E. – Sehr alte germanisch-deutsche dörfliche Siedlung am Bodeübergang der Straße Halberstadt–Magdeburg; königliche Villikation (Hof) und Grafensitz im 9./12. Jh.; seit 936 Klosterort (West-G.); im Spätmittelalter Schloß der Bischöfe von Halberstadt; Burgflecken; → Städtchen seit 12. Jh. (1140 oppidum).

Der Sächsische Annalist erwähnt Gronigge zu 905 (geschrieben nach 1150); zeitgemäße Schreibungen bieten die Urkunden: 934 Groninga (curtis), 961 Gruoningi, 1106 in Gronigge, 1140, 1227 Groninge. Seit Ende des 12. Jh. beginnen die Belege mit der *en*-Endung: 1171, 1207 Groningen, 1182 de Grůningen, 1439 Groninghen. – Der Name ist eine alte Ableitung auf altsächs. *-inga, -ingi* von altsächs. *grōni*, mnd. *grōne* 'grün': 'die Leute auf dem *Grünland*, Grasland'. Vgl. Grünhain.

Großalsleben Kr. Oschersleben, Bez. Magdeburg; in der Bodeniederung dicht südl. der Kreisstadt. 1100 E. – Frühmittelalterliches Dorf; im 12. Jh. mit Herrensitz; → Marktflecken seit 15. Jh.; 1852 Stadt.

Das Stift Gernrode erhält 961 Rechte in Alslevu und Nian-Alslevu bestätigt; eine Fälschung um 1200 nennt zu 964 Alsleve maior et minor. Auch später zeigt der Name kaum Veränderungen: um 1049 Alsslevu, 1103 Alesleue, 1135 ff. Alsleue, Alesleiue, 1207 Alsleven maior et minor. – Alsleben war ursprünglich der Familienbesitz eines Mannes, dessen Rufname wegen der frühen Namenverkürzung nicht mehr sicher anzugeben ist: Es könnte sich um einen *Adal(w)olf, Ala(h)walt, -win* o. ä. gehandelt haben, wenn man *Alsleben* bei Königshofen im Grabfeld (BRD) vergleicht, das zu 866 als Adalolfesleiba bezeugt ist. Vgl. auch Alsleben (Saale). Der differenzierende Zusatz *Groß-*(maior, auch magnum A.) wurde notwendig, als ein *Neu-Alsleben* (961) entstanden war, das man dann als *Klein-Alsleben* (minor A.) bezeichnete.

Großbreitenbach Kr. Ilmenau, Bez. Suhl; auf einer Hochfläche in einer Bodensenke im südl. Thüringer Wald, südöstl. der Kreisstadt. 4000 E. – Rodungsdorf mit Herrensitz um 1150; im späten Mittelalter → Marktflecken; 1855 Stadt. Maschinen- und Gerätebaubetriebe, Elektrotechnik, Glas- und Möbelindustrie, Erholungszentrum.

Breitenbach trägt einen typischen Dorfnamen der hochmittelalterlichen Rodungszeit (1150 ff.): Es ist 1289 als Breitenbach, 1334 als Ober Breytinbach, 1399 als Breytenbach bezeugt. Mundartliche Lautung zeigt 1536 Bretenbach. Den differenzierenden Zusatz *Groß-* fanden wir zuerst 1837. – Der Name bezeichnete die Ortslage in einer *breiten flachen* Bodensenke.

Großenehrich Kr. Sondershausen, Bez. Erfurt; im Nordwesten des Thüringer Beckens, südl. der Hainleite und der Kreisstadt, an rechtem Helbezufluß. 1200 E. – Altthüringisches Dorf mit Herrensitz im 12./13. Jh.; Entwicklung zum Marktflecken im 15. Jh.; 1521 Stadt; dörfliche Nachbarsiedlung: Wenigenehrich (Kleinehrich, Westehrich).

Aufgrund der frühen Nennungen und des Stammnamens selbst sicher eine sehr alte Bezeichnung. Schon 772 (in Schreibform des 12. Jh.) erhielt Kloster Fulda Besitz in Eheriche, 876 eine weitere Schenkung in Erichi. Nördliche niederdeutsche Formen, die wohl auch noch am Ort selbst gebräuchlich waren, erscheinen 877 mit Heriki (mit anorganischem *h-*), ebenso 947 und 956; 975 Erick und 1206 Erice; hochdeutsches *ch* in 979 Ericha, 1074 Erch, 1184 Erich, 1191 de Hereche, 1300 de Erich. Ein erhaltenes Stadtsiegel spricht 1562 von Erich maior. Bereits 979 wird Westrenerich (später Wenigen- und Kleinehrich) mitgenannt. – Diese Überlieferung weist auf eine

'Ährengegend, Getreideanbauland' hin: ahd. *ehir*, *ahar*, mnd. *ār(e)*, *mhd. eher* 'Ähre', das entweder durch ein kollektivierendes *-ahi-* bzw. nd. *-aki-*, *-iki-*Suffix abgeleitet oder – was wahrscheinlicher ist – mit einem ahd. *rīhhi*, and. *rīki* 'Gegend, Bereich' komponiert wurde. Andererseits kann auch germ. **ahira-* 'Ahorn', also 'Ahorngegend', vorliegen.

Großenhain Kreisstadt, Bez. Dresden; östl. der Mittelelbe an der Großen Röder, nördl. von Meißen. 18400 E. – Burg mit Burgort der slawischen Zeit, seit 12. Jh. markgräflich-meißnische Burg; um 1200 planmäßige Stadtanlage an Verkehrsknotenpunkt (1212 oppidum), Fernhandelsplatz. Textil- und Landmaschinenbau, Bekleidungs- und Papierindustrie.
In einer Urkunde von 1205 erscheint sowohl der altsorbische als auch der deutsche Name, wobei die Priorität dem altsorbischen zukommt: Ozzec, Haynensis mensura (Hainisches Maß). Erst allmählich verdrängt der deutsche Name (Übersetzung des altsorbischen) den früheren: 1207 Ozcek, 1212 Indago (= Hain) Ozzek oppidum, 1220 Ozzec, 1224 Hagen, 1227 Ozzek; 1239 Ozeck quae nunc in Hain vocitatur (Ozeck, das jetzt Hain genannt wird). Später heißt es dann Hagin, Hagen, Hain, Hayn (ůbir Elbe), 1663 ff. dann Großen Hain. Vgl. auch Gräfenhainichen, Hagenow, Hainichen u.a. Ortsnamen mit *-hain*. – Wie der altsorbische Name deutlich erkennen läßt (altsorb. *osěk* 'Verhau, Hagen'), bezeichneten beide Namen eine *Hegung*, eine Wehr- und Schutzanlage. Vgl. auch Oschatz.

Großräschen Kr. Senftenberg, Bez. Cottbus; am Südrand der Niederlausitz in ehemaligem Waldgebiet, nördl. der Kreisstadt. 12300 E. – Ältere sorbische dörfliche Siedlung; seit Beginn des 20. Jh. infolge des Senftenberger Braunkohlenbergbaus stark angewachsen. Stadt seit 1965. Klein-Räschen 1925 eingemeindet. Heute Arbeiterwohnstadt für die umliegende Braunkohlenindustrie.
Die älteren Formen lauten: 1370 Magnum et Parvum Redschin, 1421 Grosen, Kleinen Rösin, 1427 Grosen, Kleynen Reschen, 1442 Grossen und Cleynen Reischen, 1474 Grosse Reschin, 1529 Groß Reschen(n), 1585 Raischen. – Die spät einsetzende Überlieferung läßt die altsorbische Grundform dieses Ortsnamens nicht mehr erkennen; es könnte ein altsorbischer possessivischer Ortsname *Radišin* o.ä., zu einem Personennamen *Radiš*, *Radeš*, *Radoš* o.ä., vorliegen.

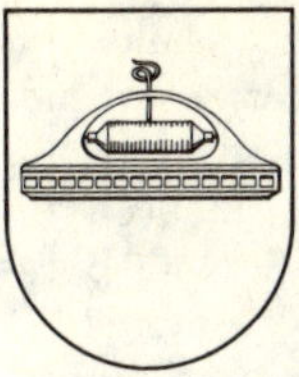

Großröhrsdorf Kr. Bischofswerda, Bez. Dresden; östl. der Dresdener Heide, am Westrand der Oberlausitz, an der oberen Röder, westl. der Kreisstadt. 8000 E. – Großes Bauerndorf vom Ende des 12. Jh.; infolge Hausweberei seit 18./19. Jh. stark industrialisiert; Stadt seit 1924. Band- und Gurtweberei; Textilveredlungs-, Möbel- und Plastverarbeitungsbetriebe.
Die älteren Formen lauten: 1350 Grozen Rudigersdorf, 1373 Rudegersdorff, 1445 Großen Rudigerstorff, 1517 Grosruerßdorff, 1584 Grosrörsdorff. *Groß-* differenziert die Siedlung vom westlich benachbarten *Kleinröhrsdorf,* auch *Dürröhrsdorf* bei Stolpen. – G. ist das Dorf des *Rüdiger,* zu and. *(H)rōd* und *gēr,* ahd. *Ruotger, Rüediger.* Trotz der Stadterhebung ist es bei dem *-dorf*-Namen geblieben.

Grünhain Kr. Schwarzenberg, Bez. Karl-Marx-Stadt; im oberen Westerzgebirge, nordöstl. der Kreisstadt. 3600 E. – Um 1200 als deutsches Bauerndorf entstanden; seit 1231/33 Zisterzienserkloster am Ort (bis 1536); um 1267 Marktgründung durch dieses. Elektromotorenwerk, Waschgerätewerk.
Der dem Kloster verliehene Name bezog sich auf seine Lage im waldreichen oberen Erzgebirge; 1233 Gruninhain, 1252 Gruninhagin, 1240 de Grunenhagen, 1350 Grunhain; 1339 der monche gut vome Grunenhain. Vgl. auch Gröningen.

Guben, Wilhelm-Pieck-Stadt/Gubin Kreisstadt, Bez. Cottbus; im Nordosten der Niederlausitz, an der Görlitzer Neiße kurz vor deren Mündung in die Oder, an der Staatsgrenze, Altstadt am Ostufer, heute zur VR Polen gehörend. – Flußübergang mit Siedlung und Burg in altslawischer Zeit; Schiffer- und Fischersiedlung, Handelsplatz; Altstadtanlage um 1200; Neustadt auf dem linken Neißeufer, hervorgegangen aus Klostervorstadt (um 1250 ff.). Geburtsort des ersten Präsidenten der DDR, Wilhelm Pieck; ihm zu Ehren seit 1961 Beiname Wilhelm-Pieck-Stadt. Seit 1964 Chemiefaserwerk; Textil-, Lebensmittel- und Bauindustrie. Wohnungsneubauviertel im Westen und Südwesten.
Der Name Guben, 1207/10 Gubin (ebenso 1211, 1222, 1235), 1301 Gubyn, 1306 Ghobbyn, 1336, 1353 Gubin, 1376 ff. Gobin, Gowin, Gowyn, seit 15. Jh. Guben, 1528 Gubben, bezieht sich auf die Lage an der Mündung der Lubst (poln. Lubsza) von Osten in die Neiße: altsorb. *Gubin* oder *Gubina,* evtl. *Gubno,* zu *guba* 'Mündung'.

Güntersberge Kr. Quedlinburg, Bez. Halle; im nordwestl. Unterharz, im Quellgebiet der Selke, südwestl. der Kreisstadt. 1200 E. – Straßenstation an alter Harzquerstraße Quedlinburg–Nordhausen im 12./13. Jh.; im 13. Jh. mit Burg, später Schloß; Burgsiedlung; → Marktflecken im 15. Jh. (Neustadt; 1491 Stat, 1508 Fleck). Im 14.–18. Jh. Bergbau, Steinbrecherei; Wald- und Forstwirtschaft; Höhenluftkurort.
1281 und 1363 wird vom Aldendorp vor dem Gunthersberghe, 1326 vom slot tho deme Gunthersberch mit Burgsiedlung (suburbium) in Urkunden berichtet; 1508 heißt es: unser fleck zum Guntersberg. – Offenbar wurde bei dem nur als Alte Siedlung (*Altendorf*) bezeichneten Rodungsort die *Burg eines Ritters Günther* (Umlaut wurde vor 1500 noch nicht gekennzeichnet) errichtet, deren Name bei der Vereinigung von Burg, Suburbium und Altendorf auf alle überging.

Güsten Kr. Staßfurt, Bez. Magdeburg; an der Wipper, westl. von Bernburg, im Südosten der Magdeburger Börde. 6100 E. – Dorfsiedlung des frühen Mittelalters mit Herrensitz; im Spätmittelalter (14./15. Jh.) → Marktflecken (1373 Stadt, 1466 Flecken). Bedeutender Bahnknotenpunkt, Bahnbetriebswerk. Arbeiterwohnort für Staßfurt.
Die ältesten vollen Formen des Namens lauten: 970 Guddesten und 973 Guddensten, 1155 Gutenstein, 1224 Gutstein, 1234 Guczstein, 1300 Gozstein; die sonstigen sind Verkürzungen: um 1000/08 Gustczen, 1228 Guzten, 1301 Gozsten, 1326 Guzsten, 1373 Gusten. Der Verkürzung kam die niederdeutsche Form *stēn* im Zweitglied für hd. *stein* entgegen. Im Erstglied ist mit großer Wahrscheinlichkeit der Göttername germ. *Wōdan* enthalten, da sich die Dublette *Wōdan/Gōdan* bei vielen germanischen Ortsnamen wiederfindet: *Gutenswegen*, Kr. Wolmirstedt, hieß im 10. Jh. Wodeneswege, 968 Godeswegen; *Guthmannshausen*, Kr. Sömmerda, hieß 780/802 (spätere Kopie) Wotaneshusen, 876 Woteneshus, 1495 Guttenshusen; *Bad Godesberg* am Rhein im 13. Jh. Gudinsberg vel Wudinsberg. Als alte germanische Kultstätte gilt der *Gudensberg* bei Fritzlar in Hessen (947 Wodenesberg). Schließlich heißt in rheinischen und westfälischen Mundarten der Mittwoch noch *Wodanstag* bzw. *Gōde(n)s-* und *Gūde(n)sdag* (engl. *Wednesday*). Damit erscheint die gleiche Interpretation für unseren Ortsnamen *Güsten* als *Wōde(n)sstein* 'Kultstätte Wōdans' gerechtfertigt, zumal im Umfeld von G. viele weitere alte Ortsnamentypen erhalten sind (z. B. Osmarsleben, Wäterlingen).

Güstrow Kreisstadt, Bez. Schwerin; an rechtem Zufluß (Nebel) zur Warnow im nördl. mecklenburgischen Grundmoränengebiet, südl. von Rostock. 36 500 E. – Im Gebiet lockerer slawischer Dorfsiedlungen des 11./12. Jh. um 1226/28 angelegter Marktflecken mit herzoglich-mecklenburgischer Burg; seit 16. Jh. Residenz (Schloß). 1910–1938 Wirkungsstätte Ernst Barlachs; heute mit pädagogischer Hochschule.
Der Name zeigt von Überlieferungsbeginn an nur wenige Schreibvarianten: meist Gustrowe (1226, 1227, 1235 usw.) oder Guz(s)trowe (1226, 1228, 1235, 1247, 1300), 1305 Guzstrow. Der Umlaut des *u* blieb bis etwa 1500 unbezeichnet. – G. geht auf altpolab. *Guščerov*, zu *guščer* 'Eidechse', zurück und bezeichnete den Ort, wo solche Tiere vorkamen.

Gützkow Kr. Greifswald, Bez. Rostock; südl. der Kreisstadt, an nördl. Zufluß zur breiten Peeneniederung. 3400 E. – Slawische Burg und Burgbezirk des 10.–12. Jh. (1175 Burgward); um 1200 feudale Herrenburg und Burgsiedlung; Erweiterung dieser (Ausbau) zur Stadt bald nach 1200 (1353 civitas). Agrarzentrum.
Der altpommersche Zentralort bzw. Landschaftsname fand seit Beginn des 12. Jh. sehr häufig Erwähnung, wobei die verschiedensten Schreibformen auftreten: 1125, 1128 im Zusammenhang mit dem Aufenthalt des Pommernmissionars Otto von Bamberg hier als Cozgougia, Chozgov, Chozegowa (civitas, urbs); 1164 und 1177 beim dänischen Chronisten Saxo als Cozco(u)a urbs, das die Knytlingasaga als Kotskogaburg wiedergibt. Desweiteren erscheinen urkundlich 1140 Chozcho, 1183 Chozkowe, 1214 Chozcowe, 1178 Gozchowe, 1228 ff. dann Gutzekowe, Guzzekowe, 1304 van Gutsikkowe u. a. Der Umlaut des *u* wird erst später kenntlich gemacht. – Die Schreibungen lassen die altpolabische Namenform *Chockov* 'Ort des *Choček*' gut erkennen; *Choc-*, Variante von *Chot-*, ist ein häufiger slawischer Stamm bei Personennamen, vor allem in altpolab. Namen.

Hadmersleben Kr. Wanzleben, Bez. Magdeburg; in der Magdeburger Börde, in der Bodeniederung, südwestl. der Kreisstadt. 2900 E. – Frühmittelalterliche Dorfsiedlung, seit 10. Jh. mit Burg (Herrensitz); seit Mitte des 12. Jh. Burgflecken; → Stadt (1169 forum); Klosterort 961–1810; Agrarzentrum.

Einer der zahlreichen Ortsnamen der Börde auf *-leben*, er ist bezeugt als: 961 (in villa que vocatur) Hathumereslevu, 994 in Hadumereslevu, 1143 in Hathemerslove, 1152 Hademaresloue, 1158 in Hademersleve, 1184 Hademerslove usw. Die (jüngere) Halberstädter Bischofschronik erwähnt Hadhemersleve bereits für 952. – Das Erstglied enthält eindeutig einen germanischen Rufnamen *Hadumār* bzw. *Hadumēr*, dessen Glieder zu altsächs. *hadu* 'Kampf' und *māri, mēri* 'herrlich, berühmt' gehören, so auch *Hadubrand*, der Sohn *Hildebrands*, im Hildebrandlied. Die *th*-Schreibung steht für *d* bzw. *ð*(th).

Hagenow Kreisstadt, Bez. Schwerin; im westl. Mecklenburg, südwestl. der Bezirksstadt. 11600 E. – Um 1180 als deutsche Burg mit Burgsiedlung angelegt; um 1360 Erhebung zur Stadt (1370 oppidum), dann Marktflecken; volles Stadtrecht 1754.

Seit 1190/95 tritt Hagenow(e) fast unverändert in der Überlieferung hervor. Abweichende Schreibungen betreffen die Wiedergabe des mittelniederdeutschen Spiranten (*ach*-Laut) zwischen den Vokalen: 1194 in Hachenowe, 1326 tů Haghenowe, 1316 de Haghenow. Das Ratzeburger Zehntverzeichnis von 1230 bietet das übliche Hagenowe. – Es handelt sich um einen typischen Namen der deutschen Ostsiedlung: mnd. *hagen* 'Dornhecke, gehegter Ort' und mnd. *ō(ge), ōch* 'Aue, Land am Wasser, Wiesenland u. ä.'; möglicherweise ist er auch aus dem westelbischen Gebiet (Altmark, vielleicht *Hagenau*, Kr. Kalbe an der Milde) übertragen. Vgl. auch Gräfenhainichen, Großenhain, Hainichen u. ä.

Hainichen Kreisstadt, Bez. Karl-Marx-Stadt; im mittelsächsischen Hügelland, an der Kleinen Striegis, nordöstl. der Bezirksstadt. 10000 E. – Als deutsches Bauerndorf Ende des 12. Jh. an alter böhmischer Straße entstanden; nach 1200 → Marktflecken (1276 villa forensis, 1282 oppidum); Kreisstadt seit 1952.

Die Formen des Namens lauten: 1276 Heynichen, 1282 Heynnechyn, 1283 Heinechen, 1335 Heynchin, 1350 Heinchin,

Henichin, 1360 Haynichen usw. – H. ist der *kleine Hagen,* wie das Suffix *-chen* anzeigt. Zum Stammwort *Hagen* (später *Hain*) vgl. Hagenow, Gräfenhainichen, Großenhain u. a. Ortsnamen mit *-hain.*

Halberstadt Kreisstadt, Bez. Magdeburg; im Harzvorland, an der Holtemme (links zur Bode), südwestl. der Bezirksstadt. 47500 E. – Sehr alter Bördeort („Tor zum Harz"); im frühen Mittelalter Grafenburg mit Burgflecken; seit 803 Bistumssitz (vorher Seligenstadt/Osterwieck); Fernhandelsort an der Fernstraßenkreuzung Goslar–Magdeburg und Halle–Braunschweig; Frühstadt seit 10. Jh. (989 Markt, Münze, Zoll); → Stadt (1105 civitas); im 12. Jh. Entwicklung der Neustadt. Maschinen- und Landmaschinenbau, Lebensmittelindustrie, Plastverarbeitung.
Nach den Quedlinburger Annalen soll das Bistum Halverstede bereits 781 von Karl dem Großen begründet worden sein (damals in Seligenstadt/Osterwieck). Die Halberstädter Bistumschronik erwähnt den Bischofssitz Halberstad zu 814. In der weiteren sehr dichten Überlieferung wechseln althochdeutsche und altniederdeutsche Namenformen bzw. -schreibungen; 877 Alberstet(ensis civitas), 902 Halberstet-, 937 Halberstad-, 941 Halberestat, 946 Halverestat, 952, 965 Halversted-, 973, 989 Halverstad-, 1018 Halberstede usw. Thietmar von Merseburg gebraucht 1012/18 die niedersächsische Form Halverstidi, 1014 heißt es Haluerstedi. Bei dem Alfurtested von 948 in den fränkischen Annalen des Flodoard handelt es sich sicherlich um eine Eindeutung eines sonst nicht erscheinenden *-furt,* das hier auch altsächs. *ford(e)* lauten müßte. Das anlautende *h-* ist zuweilen instabil, aber hier nicht zu bezweifeln. – Am wahrscheinlichsten liegt ein Flußname **Halvara* im Erstglied vor (heute die Holtemme), vergleichbar mit der *Halver* und dem Ortsnamen *Halverscheid,* Kr. Altena (Westfalen): im 11. Jh. Halvara. Dieser wäre eine *r*-Erweiterung zu einem indoeurop. **(s)kuelp-* 'schneiden, teilen'. H. wäre demnach die 'Stätte, Siedlung am geteilten Bach'.

Haldensleben Kreisstadt, Bez. Magdeburg; am Nordrand der Magdeburger Börde, an der Ohre und am Weser-Elbe-Kanal (früher Mittellandkanal), nordwestl. der Bezirksstadt. 19200 E. – Althaldensleben (südl. von Neuhaldensleben) frühmittelalterliches Dorf am Ohreübergang; mit Grafenburg seit 10. Jh. und Burgflecken (1012 civitas); planmäßige Anlage der Stadt Neuhaldensleben nördl. vom älteren Ort um 1150 durch

den Sachsenherzog Heinrich den Löwen; 1938 Vereinigung beider Orte zu H.
Die Überlieferung des Namens beginnt 966 mit Hahaldeslevo, dem 968 Hooldesleva folgt. Alle späteren Belege zeigen bereits die Verkürzung: 973 und 1004/12 Haldesleva; zu 1013 Haldesleve, 1121 Haldeslebe, 12. Jh. ff. überwiegend Haldesleve. Das auslautende *-n* tritt 1130 erstmals auf: de Haldesleuen. – Wie Hadmersleben (vgl. dort) ein sehr alter Ortsname auf *-leben*. Der im Erstglied enthaltene germanische zweigliedrige Personenname *Hahald* ist aus germ. **Hanha* und *wald* hervorgegangen, zu *hanha* 'Streitroß' und zu *waldan* 'herrschen'; vergleichbar sind auch *Hohlstedt* bei Apolda: 958 Haholtestat und *Haltingen* bei Lörrach (Baden): 838 Haholtinga.

Halle (Saale) Bezirks- und Kreisstadt, Stadtkreis; an der mittleren Saale, am Nordwestrand der Leipziger Tieflandsbucht; an altem Saaleübergang und sehr alten Salzquellen. 231500 E. – Alter Salzgewinnungsort in der Talmulde am Ostufer des Flusses; in fränkischer Zeit Grenzburg gegen die Altsorben (806 castellum); frühstädtisch seit 10. Jh. (987 Zoll, Münze, Bann; 11. Jh. Markt; 1154 civitas); 1116 Kloster Neuwerk gegründet; Stadterweiterungen seit 12. Jh.; Salzgewinnung bis ins 18. Jh. (Halloren); im hohen und späten Mittelalter erzbischöflich-magdeburgische Residenz; seit 1694 Universitätsstadt (heute Martin-Luther-Universität Halle-Wittenberg). Seit 19. Jh. Zentrum der chemischen Industrie der Umgebung und Verkehrszentrum sowie Zentrum der deutschen Arbeiterbewegung; Bezirksstadt seit 1952. – Stadtteil Giebichenstein (Norden) im frühen Mittelalter Reichsburg mit Burgsiedlung und Burgbezirk, dann Amt; seit 1906 in die Stadt Halle einbezogen.
Halle wird anläßlich der Errichtung einer karolingischen Burg in einer westfränkischen Chronik als Halla zu 806 erstgenannt. Diese Form erscheint in vielen folgenden Urkunden, wird aber durch die lateinische Flexion abgewandelt: 1064 und 1128 Hallae, 1107/19 in ... Hallis, 1135 und 1154 in Hallo, 1145 apud Hallam, 1182 de Hallo, 1223 Hallis; seit dem 13. Jh. setzt sich Halle und Hall durch. Bei dem zu 1029 erscheinenden (slawischen) Dobresol handelt es sich um eine Fälschung. Die *Salzquellen* und *Salzsiedehütten* bzw. *Salinen* werden im Zusammenhang mit dem Stadtteil Giebichenstein mehrfach schon im 10. Jh. genannt (961, 973 u. a.). Aufschlußreich noch zu 1214 (späteres Regest des 17. Jh.) 'die saltzwercke im tale, so die Halle gnandt wird' in einer entsprechenden erzbischöflich-magdeburgischen Urkunde. – Ahd. altsächs. *halla* bezeichnete einen 'von Säulen getrage-

nen Vorbau', was auf das Aussehen der Salzsiedehütten schließen läßt. Schon in sehr früher Zeit muß das Siedehaus der Salzwerke mit diesem Fachausdruck bedacht worden sein: ahd. *halbūs* 'salina', mhd. *halle* 'Salzquelle' und österr. *Hallstatt* und *Hallein*. Die Studenten nannten Halle im 18. Jh. „Salzathen".
Giebichenstein, alte Reichsburg, später erzbischöflich-magdeburgische Festung, ist in dichter Folge seit 961 erwähnt: 961 Giuicansten, Giuiconsten, 973 Gibikonstein; bei Thietmar von Merseburg zu 981 und 1004 Ivikansten, Gevikensten usw. – Damit ist die 'Felsenburg eines *Geviko, -a*' bezeichnet. Die mundartliche Palatalisierung von *g-* vor hellem Vokal zu *j-* wird im Thietmarschen Ivikansten deutlich. Der Personenname gehört zu ahd. *geba*, and. *geva* 'Gabe' und ist durch die kosende, diminuierende Endung *-ik* erweitert. Erinnert sei an den Burgunderkönig *Gibicho* im Nibelungenlied.

Hallenberg s. Steinbach-Hallenberg

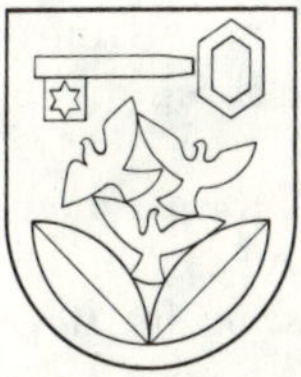

Halle-Neustadt Stadtkreis, Bez. Halle; Tochterstadt des alten Halle, westl. der Saale, südl. der Dölauer Heide. 90 000 E. – Seit 1964 als Wohnstadt (Chemiearbeiterstadt für Bunawerke und Leunawerke zwischen Halle und Merseburg) aufgebaut; Stadt seit 1967. – Zur Namenerklärung vgl. Halle. Die Benennung als Neustadt (vgl. hier die anderen Neustadt) deutet an, daß zunächst nicht an eine administrative Trennung von der Altsiedlung (Altstadt) gedacht war; Neustadt wurde mehr als Gattungsname empfunden, weniger als echter Eigenname.

Hartenstein Kr. Zwickau, Bez. Karl-Marx-Stadt; im Westerzgebirge, an der oberen Zwickauer Mulde, südöstl. der Bezirksstadt. 3500 E. – Um 1170 an alter böhmischer Straße errichtete Feudalherrenburg mit Burgflecken; → Städtchen nach 1200; Umland im Spätmittelalter „Grafschaft H." (Burggrafen von Meißen).
Der Name, ein typischer ursprünglicher Burgname des 12. Jh., zeigt kaum Abweichungen von der heutigen Gestalt: 1280, 1309 Hartenstein, 1322 Harttenstein, 1286 und 1338 Hertenstein, 1329 veste zů deme Hartinstein. – Das Zweitglied *-stein* meint den felsigen Standort der Burg; das Erstglied kann dieses Merkmal noch betonen oder auch die Verteidigungsfähigkeit, Uneinnehmbarkeit bezeichnen. Vergleichbar sind französische Burgnamen vom Typ *Montfort*.

Hartha Kr. Döbeln, Bez. Leipzig; im mittelsächsischen Hügelland, westl. der unteren Zschopau auf einer Anhöhe, südwestl. der Kreisstadt. 8400 E. – Bauerndorf vom Ende des 12. Jh. mit feudalem Herrengut; → Marktflecken; Städtchen im 13./14. Jh. (1404 stetichin).

1223 und 1233 wird ein Heinrich, 1241 ein Albert de Hart genannt, 1248 der Pfarrer in Hart; 1404 heißt das Städtchen die Harte, 1445 die Harthe. Die kanzleimäßige *a*-Endung taucht 1590 in Hartha auf. – H. ist die 'Siedlung *an* bzw. *in der Harth*', zu ahd. *hard*, mhd. *hart* 'Bergwald bzw. waldiger Höhenzug'. Ein im mitteldeutschen Ostsiedlungsgebiet sehr häufiger Name.

Harzgerode Kr. Quedlinburg, Bez. Halle; im Unterharz, auf einer Hochfläche zwischen Selke- und Einetal, südl. der Kreisstadt. 5400 E. – Rodungssiedlung des 10. Jh. mit Marktgründung 993 durch den Abt von Nienburg; im Anschluß an anhaltinische Burg nach 1200 Stadtausbau; im 16. Jh. Anwachsen durch Silbererzbergbau.

Das Erstglied des Namens ist erst im 18. Jh. an den Gebirgsnamen Harz angeglichen worden. Wie die Belege zeigen, handelt es sich um die Rodungssiedlung eines Hazako, Hazeko: 993 Hazacanroth, 1035 Hazechenrode, 1170 Hazzekenrothe, 1205 Hazzekenroth; noch 1326 Hazekerode, 1384 to Hatzkerode, ebenso 1460. Hartzigerode 1710 führt hinüber zur heutigen Form. – Der Personenname *Haz(z)o* bzw. *Haz(z)ako* (mit kosendem -*k*-Suffix) wird gewöhnlich zu *Hadu, Haduko* 'Kampf-' gestellt; möglich erscheint aber auch eine Herleitung von *Hart-* wie in *Hartmut* u. ä.

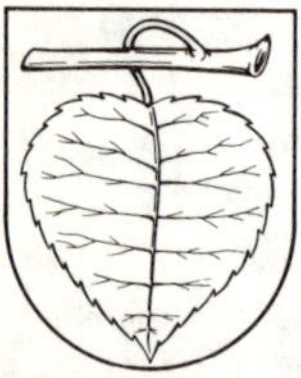

Hasselfelde Kr. Wernigerode, Bez. Magdeburg; auf einer Hochfläche des mittleren Harzes, an alter Harzstraße von Nordhausen nach Halberstadt, südl. der Kreisstadt. 3200 E. – Im 11. Jh. königlicher Jagdhof, danach Feudalherrensitz; zugehörige Siedlung → Städtchen um 1200; 14.–18. Jh. Flecken.

Eine Königsurkunde wird 1046 in Haselfelt ausgestellt, eine weitere 1052 in Haselueldo bzw. Hassellovelde, 1199 ff. ist hier ein Ministeriale Dietrich von Hazle- bzw. Hasselvelde (1222) ansässig. – Ob der kleine Bach (*Hasela*) zur Bode, an dem H. liegt, oder ein *Haselgehölz* Anlaß zur Namenbildung bot, ist nicht ganz sicher zu sagen: Namen auf *-feld*, zumal bei Königshöfen, sind oft mit Fluß-

oder Bachnamen gebildet, z. B. *Bodfeld, Leinefelde, Saalfeld, Selkenfelde* u. ä. Allerdings könnte die Form Hassellovelde von 1502 mit ihrem *-lo* auf einen Haselbusch hinweisen: ahd. *lōh*, mhd. *lō* 'Niederholz, Gebüsch, bewachsene Lichtung'.

Havelberg Kreisstadt, Bez. Magdeburg; an der Havelmündung in die Elbe, am Nordrand der Havelniederung. 7600 E. – Im frühen Mittelalter slawischer Burgwall (Grenzburg); seit 930 deutsche Reichsburg; 948 Bistumssitz; 983–1147 wieder slawischer Burgbezirk, Fürstensitz (Brisanorum populus); nach 1150 markgräflich-brandenburgische Burg mit Burgflecken und Dom; planmäßige Stadtanlage auf Havelinsel seit 1150.
H. hat vor 929 wohl eine slawische Wallburg mit altpolabischem Namen besessen, die **Bregy* o. ä. geheißen haben könnte, wenn man den von Helmold von Bosau um 1168 überlieferten Bewohnernamen *populus Brisanorum* bzw. *Brizani* damit verknüpft. Die deutsche Neubenennung hätte dann **Breg-* zu *-berg* umgestaltet und mit der Lage an der Havel verknüpft: [948] 946 [absichtlich vordatiert? Urkunde verfälscht um 1150/79] Havelberg, 967 Hauelberg, 981 Havelberg, 995 Hauelunberge; weiter meist Havelberg, Havelberch (1157) usw. – Der Flußname *Havel* (981 Havela) ist eine germanische *l*-Ableitung zu nd. *have, haf* 'Bucht, Hafen, Haff', also 'der buchten- bzw. seenbildende Fluß'. Zum slaw. **Bregy*, zu *breg* 'Ufer, Böschung, Rand, Abhang' vgl. auch Ostseebad Breege auf Rügen.

Hecklingen Kr. Staßfurt, Bez. Magdeburg; im Südosten der Magdeburger Börde, am Südrand der Bodeniederung, dicht westl. der Kreisstadt. 4600 E. – Frühmittelalterliche Dorfsiedlung am früheren (weiter nach Osten als heute reichenden) Ostrand des Hakel(waldes); im 12. Jh. mit Herrenburg (später Schloß) und Klosterort; Burgflecken, Marktflecken seit dem hohen Mittelalter; 1928 Stadt.
Im frühen Mittelalter lag H. unmittelbar an dem damals viel größeren Hakel(wald), nach dem es benannt wurde: 'die *am Hakel* Wohnenden'. Der Waldname ist 941 und 997 als Hacul überliefert, der Ort als 1062/1177, 1162 Hakeligge; 1176, 1181, 1193, 1210 Hakelinge; 1160/80, 1196 Hekelinge; noch 1434 tho Hekelingh; mit auslautendem *-en* erstmals 1563 (wie heute). – Es handelt sich um einen bereits germanischen Namen, vgl. got. *hakuls* 'Mantel, Waldmantel'. Geschriebenes *-gg-* steht für *-ng-*.

Heidenau Kr. Pirna, Bez. Dresden; südöstl. der Bezirksstadt in der Elbtalweitung, an der Mündung der Müglitz in die Elbe. 20900 E. – Mittelalterliches Dorf mit Herrengut (von Dohna); erst seit 19. Jh. infolge Industrialisierung stark angewachsen; 1920 Vereinigung von Heidenau, Gommern und Mügeln; 1924 Erhebung zur Stadt. Verkehrsknotenpunkt.
In der Überlieferung wird H. erwähnt: 1347 in Heydenowe, 1350 Heidenowe, 1388 Heydenaw; 1460 und 1555 Hedenaw(e) gibt die mundartliche Form wieder. – Offensichtlich ist H. von einem in der Familie der Burggrafen von Dohna mehrfach bezeugten Ritter *Heide* gegründet und benannt worden; das Zweitglied bezieht sich auf das Wiesengelände der Elbaue.

Heiligenstadt Kreisstadt, Bez. Erfurt; im oberen Eichsfeld, am Dün und oberer Leine, nahe der Staatsgrenze zur BRD. 14400 E. – Frühmittelalterliche Siedlung; fränkischer Missionsstützpunkt im 9. Jh. an der Straße Mühlhausen–Göttingen; Königshof im 10.–12. Jh.; → Frühstadt (Altstadt) im 11./12. Jh.; Neustadt um 1200 (Stadtherrschaft der Erzbischöfe von Mainz). Seit 1950 Heilbad (Kneippkuren).
H. wird in der Überlieferung früh erwähnt bzw. ist selbst Ausstellungsort von Urkunden: 973 Heiligenstat, 990 Heiligestat; um 1000 Heligunstat, 1022 Heiligonstat, 1093 Heilgenstat. Den Grund für diese Benennung '*Stadt, Stätte der Heiligen*' erfährt man aus einer Quellenstelle von 1144: in loco Sanctorum Virorum, qui lingua vulgari Heilingestat nuncupatur (im Ort heiliger Männer (Märtyrer), der volkssprachlich H. genannt wird). Neben den hochdeutschen Namenformen treten zuweilen auch niederdeutsche hervor: 1037 Heliganstedi, 1138 Helginstad, 1355 Helgenstad, 1495 Hilligenstad, diese meist aus nördlicheren Schreibstuben. In der Martinskirche wurden die Reliquien von zwei christlichen Märtyrern aufbewahrt. Das Wappen verweist auf den ehemaligen Stadtherren.

Heldburg Kr. Hildburghausen, Bez. Suhl; im hügeligen südl. Vorland des Thüringer Waldes, an der Kreck, südl. der Kreisstadt. 1400 E. – Frühmittelalterliches Dorf; Burg der Grafen von Henneberg seit hohem Mittelalter (1323 castrum); Burgflecken (1396 stat, 1466 stettlein).
Kloster Fulda erhielt 837 und 838 Güter in dem Dorf

(villa bzw. villula) Helidberga bzw. Elidburg. Später erscheint 1323 Heltburg bzw. 1318 ff. Helpurg; zu 1298 und 1303 genanntes Hel(l)burg stammt aus jüngeren Abschriften. Die noch erhaltene „Feste" H. ist offensichtlich eine recht alte Anlage. Der eingliedrige Personenname im Erstglied, ahd. *Helid* 'Held', ist nur vor 900 bezeugt, Komposita wie *Heldbert, Heldmund, Heldrīch, Heldwin* u. ä. nicht viel länger. Mit H. wurde demnach wohl schon in germanischer Zeit der Burgwall beim Ort bezeichnet.

Heldrungen Kr. Artern, Bez. Halle; am Ostrand des früher sumpfigen mittleren Unstruttals, dicht nordöstl. der Sachsenburger Pforte, südwestl. der Kreisstadt. 3200 E. – Altthüringische Dorfsiedlung; im 9. Jh. Reichsgut; seit frühem 12. Jh. feudaler Herrensitz (Wasserburg, heute Gedenkstätte des deutschen Bauernkrieges); seit 13. Jh. Entwicklung zum Burgflecken, Städtchen; 1530 Stadtrecht. In der 1512 erbauten starken Festung 1525 Gefangenschaft Thomas Müntzers.

In hochdeutscher Schreibung tritt Heltrunga zuerst 874 bzw. 876 in Fuldaer Überlieferung hervor, später herrschen allein die mitteldeutschen bzw. niederdeutschen Formen: 1004 in Haldrungin, 1128 in Heldorongen (Kopie), 1143 Helderingen, seit etwa 1200 gilt Helderunge(n). – Offenbar 'die Leute *an der Haldira, Helder* (Bachname)'; diese ist ihrerseits eine *r*-Bildung zu ahd. *halda* 'Berghang'; dazu auch Ortsname und Bachname *Heldra* bei Treffurt an der Werra (BRD).

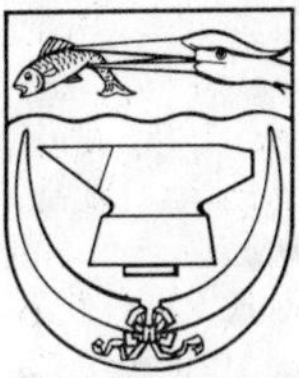

Hennigsdorf Kr. Oranienburg, Bez. Potsdam; nordwestl. von Berlin, an der Havel. 26200 E. – Hochmittelalterliches Dorf; seit 1870 stark industrialisiert: Stahl- und Walzwerk; seit 1917 Lokomotivenbau; elektrotechnische Werke; seit 1950 umfangreiche Wohnungsneubauten; Stadt seit 1962.

H. begegnet zuerst im Landbuch der Mark Brandenburg 1375 als Heynekensdorp und Henekendorf; dann folgt 1438 Hennyngestorff und 1590 Hennigkstorf. – H. ist demnach das 'Dorf des Hen(n)eke, Heineke', später vermischt mit *Henning, Hennig*. Der Personenname ist eine Koseform mit *-k*-Suffix zu Vollnamen wie *Heinrich* o. ä. Sollte ein *Henning* Ausgangspunkt gewesen sein (ein solcher ist in H. 1375 genannt), dann müßte nach Abschwächung des *-ing* zu *-ig* Vermischung mit dem *-k*-Suffix eingetreten sein.

Heringen Kr. Nordhausen, Bez. Erfurt; in der Goldenen Aue, an der Helme, südöstl. der Kreisstadt. 3000 E. – Altthüringisches Dorf; im 12./13. Jh. mit Burg der Grafen von Beichlingen bzw. von Honstein (1590 Schloß); Burgflecken; → Stadt um 1300 (1339 stat). Landwirtschaftszentrum.

In Schenkungen an Kloster Fulda zu 750/779 wird Heringen, allerdings in späterer kopialer Schreibung des 12. Jh., früh genannt; echtere zeitgemäße Formen erscheinen 876 und 1148 mit Heringa. Ab Mitte des 12. Jh. wird nur noch Heringen bezeugt. – Wohl ursprünglich 'die Leute des *Hēro* oder *Hario*', die zu germ. *haira* 'grauhaarig', ahd. altsächs. *hēr* 'vornehm, ehrwürdig' oder *hari, heri* 'Heer' gebildet sind; dazu auch *Groß-* und *Kleinheringen* bei Naumburg und *Heringen* bei Vacha an der Werra (BRD). Die beiden Heringe im Wappen beruhen auf einer Umdeutung.

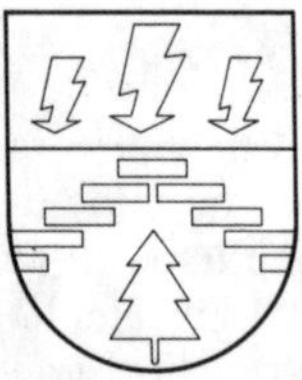

Hermsdorf Kr. Stadtroda, Bez. Gera; im östl. Thüringer Holzland, an der Autobahnkreuzung Berliner Ring–Hirschberg und Dresden–Eisenach (Hermsdorfer Kreuz), westl. der Bezirksstadt. 11400 E. – Nach 1150 angelegtes Dorf des Klosters Lausnitz. Seit 1890 stark industrialisiert (Elektroporzellan); nach 1945 Kombinat Keramische Werke; Neubaugebiet „Waldsiedlung" am Nordrand; Stadt seit 1969.

Das ehemalige Dorf ist selten bezeugt: es wird 1256 als Hermesdorp aufgezeichnet, doch handelt es sich dabei um eine spätere Kopie. 1378 erscheint Hermansdorff im Register der meißnischen Markgrafen: also das 'Dorf des *Hermann*'.

Herrnhut Kr. Löbau, Bez. Dresden; im Südlausitzer Hügelland, am Fuße des Hutberges, an der Straße Löbau–Zittau südöstl. der Kreisstadt. 1900 E. – Auf der Flur des Dorfes Berthelsdorf 1722 Ansiedlung böhmisch-mährischer Exulanten (Missionszentrum, Evangelische Brüderunität des Grafen Zinzendorf); 1929 Stadt.

H. ist ein religiös motivierter Name: die Exulanten aus Böhmen wollten sich unter den 'Schutz Gottes, die *Hut* des Herrn' stellen: 1759 in des Herrn Huth, 1791 Herrnhuth, ins Tschechische als *Ochranov*, zu *ochránit* 'schützen' übersetzt. Der nahegelegene *Hutberg* (Viehweideberg oder nach der Form benannt) dürfte mit dem Ortsnamen kaum etwas zu tun haben.

Herzberg (Elster) Kreisstadt, Bez. Cottbus; in der Niederung der mittleren Schwarzen Elster, am Ostrand der Annaburger Heide, an der Straße von Torgau nach Schlieben und deren Elsterübergang. 8600 E. – Seit ausgehendem 12. Jh. Burg der Grafen von Brehna mit umgebenden sorbischen und deutschen Dörfern in Wald- und Niederungsgebiet; Stadtanlage bald nach 1200 (1238 stat).

Die überlieferten Formen des Namens lauten: 1238 Hirtsbergh, 1242 Herczberc, 1250 de Hertzberge, 1275 Herczberch; 1290, 1343 und 1361 auch Hirzberc, Hyrtzeberg und Hirzberg. Ansonsten gilt seit 1290 Hertz(e)berg. – H. ist ein ursprünglicher Burgname, der im Erstglied mhd. *hirz* 'Hirsch' enthält. Vgl. auch Hirschberg. Das häufige *e* vor *r*+Konsonant beruht auf mundartlicher „Senkung" *i* zu *e*.

Hettstedt Kreisstadt, Bez. Halle; am Ostrand des Unterharzes, an der Wipper. 19900 E. – Altthüringisches Dorf; im 12./13. Jh. mit Grafenburg; Burgflekken; → Marktsiedlung um 1200; Mitte des 13. Jh. Erhebung zur Stadt (1238 civitas); beginnender Kupferschiefererzbergbau (am Kupferberg). Nach 1945 Mansfeldkombinat „Wilhelm Pieck".

1046 erscheint erstmalig Heizstete, um 1121 ein Conradus de Heiksteten (oder Heitz-?); dann folgen 1223 Hezstide und Hetstide (auch 1241), sehr häufig weiterhin He(c)zstede und seit 1378 dann Het(t)stete, -stet. – Die Nachbarschaft von *t* bzw. *z* und *s* in der Kompositionsfuge erschweren die Namenerklärung außerordentlich. Entweder gehört er zu einem Adjektiv mnd. *hēt*, mhd. *heiʒ* 'heiß' bzw. Verbum nhd. *heizen*, also 'Stätte, an der etwas erhitzt (geschmolzen?) wurde', oder zu einer Kurzform des Personennamens *Heizo, Haizo*, gebildet mit dem kosenden -z-Suffix von *Heinrich* oder entnasaliert aus *Heinz*.

Hildburghausen Kreisstadt, Bez. Suhl; am Südfuß des Thüringer Waldes, an der oberen Werra, südl. der Bezirksstadt. 11500 E. – Frühmittelalterliches Dorf an der Straße von Franken nach Thüringen (Werraübergang); im 13. Jh. Ausbau zur Stadt (Altstadt) durch die Grafen von Henneberg (1307 oppidani, 1314 stat).

Der guterhaltene Name läßt ohne weiteres den Namenträger als 'Siedlung einer *Hildburg*' erkennen: 1194 Hildeburgishusen, 1234 Hilteburgehusin, 1307 in Hilteborgehusen, 1324 Hiltpurghusen. Verkürzte Formen sind 1378 und 1391 Hilpurgehusen, die ähnlich auch noch nach 1400 üblich sind. Gegen 1500 erscheinen die diphthongierten *-hausen*-Formen. – Der Personenname setzt sich zusammen aus ahd. *hiltia*, and. *hild(i)* 'Kampf' und *burg* 'Burg'. Vor *r* + Konsonant tritt wieder Senkung des *u* zu *o* auf.

Hirschberg Kr. Schleiz, Bez. Gera; südl. der Kreisstadt, an der oberen Saale; nach 1945 Grenzort (Autobahnübergang) zur BRD. – 2900 E. – Burg mit Burgsiedlung kurz vor 1200; diese im 13./14. Jh. → Burgflecken, Städtchen (1397 stetel); Stadtrecht 1479.
1158 erscheint erstmalig Hirzberch, 1223 und 1279 sind Ministerialen de Hirzperc bzw. Hirczperch bezeugt, die Burg (castrum) selbst 1296 als Hirzsberg. Auch im 14. Jh. überwiegen die Formen Hirzperch, Hirzberg, Hirsberg. – Der Name enthält im Erstglied mhd. *hirz* 'Hirsch'. Vgl. auch Herzberg.

Hohenleuben Kr. Zeulenroda, Bez. Gera; auf einer Hochfläche zwischen Leuba, Weida und Triebes(bach) im östl. Thüringer Schiefergebirge, nordöstl. der Kreisstadt. 2400 E. – Burg (Reichenfels) und Burgsiedlung des 12. Jh.; Marktrecht 1715; Stadt 1928.
Die Nennung eines Priesters Burchard von/de Lubene 1267 eröffnet die Reihe der Nachweise für den Ort: 1295, 1359 Luben, 1402 Lubyn. Von 1415 an beginnen die Schreibungen mit Diphthong: Lewben; Hoenleuben begegnet erstmals 1596; der differenzierende Zusatz diente zur Unterscheidung von anderen Leuben-Orten in Sachsen (bei Dresden, bei Lommatzsch, bei Oschatz). – Der Name knüpft wahrscheinlich an einen ursprünglichen Wald- oder Bachnamen an und könnte zu altsorb. *lub* 'Bast' gehören. Andererseits ist auch ein **L'ubin* 'Ort des *L'ub* oder *L'uba*' zu diesem Personennamen möglich. Vgl. auch Lübben.

Hohenmölsen Kreisstadt, Bez. Halle; im Südwesten der Leipziger Tieflandsbucht, in Spornlage über dem Rippachtal, südöstl. von Weißenfels. 6500 E. – Alte thüringische, später altsorbische Siedlung (Burgwall); im 10.–12. Jh. deutsche Burg und Burgbezirk (1080 munitio, 1091 Burgward); Burgflecken; → Städtchen um 1200 (1236 oppidum). Seit 1952 Kreisstadt.

Die Annalenwerke des 11. und 12. Jh. erwähnen zu 1080 die befestigte Siedlung (munitio) Milsin, bei der die Truppen Heinrichs IV. von denen des Gegenkönigs Rudolf von Rheinfelden geschlagen wurden. In einer Form von 1556 wird zu 1091 der Burgward Mel(i)tzin erwähnt (Regest). Wieder zeitgemäß sind die Schreibungen 1164, 1233, 1236 de Milsin, 1287 Melßin, um 1300 Milsyn, 1350 Milsin, Milsen, 1378 ff. Melsen, Melsyn. 1616 erscheint die „überschriftsprachliche" (hyperkorrekte) Form Mölßen und im Bürgereid von 1709 heißt es erstmals Hohen-Mölßen zum Unterschied von Groß- und Kleinmölsen bei Erfurt. – Zwar liegt H. heute am Rippach, doch hat dessen Name wohl einen älteren germanischen Bachnamen, etwa *Milisa* überdeckt, da im westlicheren Altdeutschland dieser Name öfter bezeugt ist und in germanische Zeit zurückreichen dürfte: *Milzau* westl. von Merseburg hieß im 9. Jh. Milisa, die *Milz* fließt zur fränkischen Saale, bei Hammelburg gibt es einen *Mils(i)bach* (1059) und im Ruhrgebiet eine *Milspe* (< Milisapa). Das in unserem Namen angetretene weitere Suffix *-na* (Milisna) dürfte auf einer altsorbischen Umbildung beruhen. Die Wurzel *Mil-* ist alteuropäisch und gehört zu **mel-* 'mahlen, zerreiben, Sand, Kies'. – Da die Mundart echtes *ö* zu *e, i* senkte, vermutete man eine solche *ö*-Grundlage und bildete sie „hyperkorrekt" zurück (*i, e* > *ö*).

Hohenstein-Ernstthal Kreisstadt, Bez. Karl-Marx-Stadt; am Nordrand des Erzgebirgischen Beckens, westl. der Bezirksstadt. 15900 E. – Doppelstadt, 1898 vereinigt. Hohenstein: spätmittelalterliche Bergbausiedlung vom Ende des 15. Jh.; 1513/21 Stadtrecht. Ernstthal: Gründung 1679 ff. als Weber- und Handwerkerstädtchen. H.-E. seit 1952 Kreisstadt. Textilzentrum: Malimoproduktion, Möbelstoff-, Trikotagen-, Strumpfherstellung. Nahebei bekannte Rennstrecke Sachsenring.
Die erste Nennung bezieht sich mehr auf die Gegend '*am hohen Stein*': 1411 dy jagt uf dem Hohensteyne, dann jedoch auf die Bergbausiedlung an gleicher Stelle: 1419 uff dem Hoinstein, 1517 der Berckmeister zum Hoenstein, uber den Honstein. – Der „hohe Stein" dürfte in der Gegend des heutigen Berggasthauses zu suchen sein. – Das ältere *Hohenstein* ist auch mit der Burg und Grafschaft *Honstein* bei Neustadt am Südharzrand (nördl. von Nordhausen) vergleichbar. Vgl. auch Hohnstein.
1679 ff. ließen die Grundherren Christian Ernst und August Ernst von Schönburg das Städtchen *Ernstthal* anlegen und ihnen zu Ehren benennen.

Hohnstein Kr. Sebnitz, Bez. Dresden; am Ostrand des Elbsandsteingebirges, auf einer Anhöhe (Sporn) über dem Polenztal. 1300 E. – Nach 1200 Ritterburg (böhmische Herrschaft) mit Burgsiedlung; → Städtchen seit 14. Jh. (1445 stetchen); 1588 Stadt.
Als böhmisches Lehen bzw. als Herrschaft wird der Distrikt (districtus) Honsteinense 1333 ersterwähnt, 1353 die Burg (castrum) Hohenstein. 1445 heißt das Städtchen (stetchen/statichen) bei der Burg zcum Honsteyne. Volkstümliche Verspottung zeigt sich in 1510 Huntzstein (im Anschluß an die Mundartform *hūnšdēn*), worauf man auch den Hund in das Stadtsiegel und Stadtwappen (figürlich) aufnahm: 1588 S(igil) der Stat Hundstein. – Der Name bezieht sich auf die Burg '*auf dem hohen Stein*'. Vgl. auch Hohenstein-Ernstthal.

Hoyerswerda/Wojerecy Kreisstadt, Bez. Cottbus; am Rande der nördl. Oberlausitzer Heide, an der Schwarzen Elster, südl. der Bezirksstadt. 69100 E. – Deutsche Stadtgründung in sorbischer dörflicher Umgebung um 1230/50; Herrschaftsmittelpunkt (Marktrecht 1371). Seit Ende 19. Jh. → Zentrum des niederlausitzischen Braunkohlenbergbaus (seit 1955 Kombinat „Schwarze Pumpe"; Arbeiterwohnstadt Neu-H. östl. der Elster).
Im Falle von H. ist es sicher, daß der Stadtgründer *Hoyer* (I.) von Friedeburg (nordwestl. von Halle) war; dies geht auch aus der Namenüberlieferung klar hervor: 1268 und 1272 Hoyerswerde, 1371 Hogirswerde, 1382 Hoyerswerd. 1577 schrieb man – halbmundartlich – Hoierschwerda, doch ist das *-a* eine Kanzleiangelegenheit, mundartlich sprach man stets *-wer(d)e*. – Die obersorbische Form stellt eine Sorabisierung der deutschen dar. Das Zweitglied wurde in den Lausitzen als Ortsnamengrundform im Sinne von mnd. *werd* 'Insel, Halbinsel, Wasserburg' üblich. Vgl. auch Bischofswerda, Bad Liebenwerda, Elsterwerda. Die obersorbische Namenform zeigt das Suffix *-ecy* für das deutsche Zweitglied *-werd*.

Hoym Kr. Aschersleben, Bez. Halle; im Harzvorland, an der Selke, nordwestl. der Kreisstadt. 3700 E. – Frühmittelalterliches Dorf mit Rittersitz seit 12. Jh.; Gerichtsort; Burgflecken; → Städtchen im 15. Jh. (1460 slos und stad).
Wie die alten Namenformen zeigen, ist Hoym eine kontrahierte Form von Ho(h)heim, 'hochgelegene

Siedlung, Heimstatt': 961 Hahem, 1095 und 1195 Hohem, 1178, 1189, 1250 Hogem, 1309 Hoygem. Bereits 1215 erscheint minor Hoiem für Klein-H., neben 1193/1201 de Hoiem; seit etwa 1300 die heutige Form Hoym. – Das *ha-* (von 961 Hahem) beruht auf nordseegermanischer Lautung neben sonstigem altsächs. *hō(h)*, niederfränk. *hō*, vgl. altfries. *hāch* 'hoch'. Das germanische *g* in **haugá-* konnte palatal oder velar artikuliert werden (als *i/j* oder als *(a)ch*-Laut), außerdem konnte dieses germanische *g* zwischen Vokalen ganz schwinden. Die Nachbarschaft von *g* und *h* in diesem Namen führte zur Lautverschmelzung, abgeschwächtes *ei* in *heim* (oft *-em, -im, -um*) blieb resthaft als *i* und bildete mit dem voranstehenden *o* einen neuen Diphthong *oi*. Nicht auszuschließen ist auch das Zugrundeliegen eines germ. **haug(az)* 'Hügel, Grabhügel', das altsächs. ebenfalls *hōg*, ostfäl. *hō* (sonst *hauk, hök* und *hōch*) ergab; dann wäre H. 'der Ort *am Hōg* bzw. Hügel'.

Ilmenau Kreisstadt, Bez. Suhl; am Austritt der Ilm aus dem Thüringer Wald, südl. von Erfurt. 23900 E. – Mittelalterliche Grafenburg (Wasserburg) mit Burgflecken an alter Straße über den Thüringer Wald. Um 1300 Stadtanlage (1341 stet); seit 1444 Bergbau auf Kupfer und Silber; seit Ende 18. Jh. Porzellanfabrikation, Glaswaren; 1838 ff. Luftkurort; 1952 Kreisstadt; Verkehrsknotenpunkt, Industrie- und Hochschulstadt: 1953 technische Hochschule. Porzellanfabrik, Labortechnik, technisches Glas. Umfangreiche Wohnungs- und Industrieneubauten seit 1953.

Ausgangspunkt für den Stadtnamen ist der Flußname: 1269 in fluvio Ylmina, 1481 die Ilmen. 1273 ff. bezeichnet Ilmina die Stadt, 1306 Ilmena, 1324 und 1341, 1343 Ylmena, 1329 in Ilmene; diese Schreibungen wechseln hinfort ständig. Die heutige Endung *-au* fanden wir erst 1571 und 1609 (Ilmenaw) belegt; sie stellt eine späte Angleichung an andere Ortsnamen auf *-au* dar. – Offensichtlich liegt ein germanischer Flußname zugrunde, wenn man die ehemalige *Elmen(a)* mit dem Ortsnamen *(Salz)elmen* bei Schönebeck (Elbe) vergleicht:

wohl zu germ. mnd. *elm, ilm,* mhd. *elm(e), ilm(e)* 'Ulme'. Ein noch vorgermanischer alteuropäischer Flußname zur Wurzel *el-/ol-* 'fließen, strömen' (wie bei Ilsenburg), dann jedoch mit Doppelsuffix **El-ma-na* ist nicht völlig auszuschließen, doch weniger wahrscheinlich. Vgl. auch Stadtilm.

Ilsenburg Kr. Wernigerode, Bez. Magdeburg; am Austritt der Ilse aus dem Harz, am Nordfuße des Brockens, nordwestl. der Kreisstadt. 7300 E. – Reichsburg mit Burgflecken und Benediktinerkloster seit 10. Jh.; seit etwa 1500 Städtchen (Flecken); 1959 Stadtrecht. Industriestadt und Erholungsort; Walzwerk, Kupferhütte, Gießerei.

Auch bei diesem Namen ist der Flußname, hier die *Ilse,* als das Ursprüngliche anzusehen; diese heißt 995 Elisina und 1003 Ilsina; der Ort entsprechend 995 Elysynaburg, 1003 Elisenaburg, 1018 u. ö. Hil(i)sinneburch (mit anorganischem *h-*), 1109 ff. Ilsene- und Ilsineburg, 1184 Illsinburch. – Der Flußname ist mit germ. *alisō,* mnd. *else* 'Erle' und dem *-na-*Suffix gebildet, bedeutet also '*Erlenbach*'. Auch hier ist eine bereits alteuropäische Bildung **Alisina,* **Elisina* (mit Doppelsuffix *-s* + *-n*) nicht völlig unmöglich, vielleicht auch zur alteuropäischen Wurzel **el-/ol-* 'fließen, strömen' (wie bei Ilmenau); ebenso die *Else,* Kr. Minden (BRD): 13. Jh. Elsene; die *Ilse* bei Lemgo (BRD): 1297 Ilsne, aus **Alisa.* Das Wappen mit den beiden Erlen hat die zuerst angeführte Erklärung aufgenommen.

Jarmen Kr. Demmin, Bez. Neubrandenburg; im pommerschen Küstentiefland, an der Peene, südl. von Greifswald. 4300 E. – Altslawische dörfliche Siedlung; nach 1250 planmäßige Stadtanlage an altem Peeneübergang (1290 oppidum).

J. ist 1269 als Germin, 1277 als Jermin, 1290 als Jermyn belegt; es beruht auf altpolab. *Jaromin* 'Ort des *Jarom* bzw. *Jaroma*' – Vgl. auch Jerichow.

Jena Kreisstadt und Stadtkreis, Bez. Gera; inmitten hoher Muschelkalkberge, im Talkessel an der mittleren Saale. 101000 E. – Altthüringische Weinbauern- und Fischersiedlung; 1145 Ministerialensitz; um 1200 Erhebung zur Stadt durch die Herren von Lobdeburg (vgl. hier Lobeda) (1236 cives genannt); Wettinische Residenz seit 1331; Universitätsstadt seit 1558, heute Friedrich-Schiller-Universität. Im 19. Jh. Industrialisierung (Zeisswerke, heute VEB Carl Zeiss JENA; VEB Kombinat JENAPHARM u. a.); Großstadt seit 1975.

Das bekannte Hersfelder Zehntverzeichnis nennt um 830/50 und Ende des 9. Jh. Jani. Nach einer großen zeitlichen Lücke erscheint Gene erst wieder im 12. Jh. (1145, 1176, 1182, 1236, 1257 u. a.), 1181 als Yen, um 1216 als Jehene, ähnlich 1366 und 1377 als Jehen, ansonsten meist als Jene (1252, 1350), J(h)ene (1262, 1287, 1331, 1350, 1378, 1382). Das auslautende kanzleischriftmäßige *-a* tritt seit der Mitte des 15. Jh. zunehmend auf: 1442 Jhena, 1516 Jena. – Ahd. *jāni*, mhd. *jān* war ein alter germanischer agrarwirtschaftlicher Ausdruck, er bezeichnete eine ‘Reihe gemähten Grases oder Getreides’ und wurde später auf den Weinbau spezifizierend eingeengt, der hier schon früh intensiv betrieben wurde (Muschelkalkberge um Jena). *j-* konnte mundartlich durch *g-* ersetzt werden, z. B. *Gans – Jans.*

Lobeda, jetzt Stadtteil von Jena, ehemals selbständige Stadt; am östl. Saaleufer und Westhang der Wölmisse. – Deutsche Burg und Burgsiedlung der Herren von Lobdeburg um 1150; Burgflecken; → Städtchen nach 1200 (1284 civitas). – Namenübertragung von *Ladenburg* am Neckar (galloroman. Lopodunum, später Lobedunburg, Lobetdenburc): 1156 und 1192 tritt zuerst ein Adalbertus de Louethe, Lovede in brandenburgischen Diensten auf; 1166 ff. bezeugen Hartmann und Otto von Lofdeburch, Lob(e)deburc, Lobdeburg(k), Lovetheburc die Burg ihres Namens über der Stadt *Lobeda*, die 1213 ff. Louede, Lobede, Lobde bis ins 16. Jh. heißt. Seit 1329 erscheinen mit Lobda dann die ersten *a*-Endungen.

Jerichow Kr. Genthin, Bez. Magdeburg; am Ostrand der breiten Elbaue (am alten Elblauf), nordwestl. der Kreisstadt. 2700 E. – Frühmittelalterlicher slawischer Burgwall mit Burgsiedlung; seit 10. Jh. deutscher Burgward; seit 1150 → Marktflecken; Erweiterung (Altstadt) um 1350; Neustadt seit 17. Jh.; seit 12. Jh. Prämonstratenserstift mit berühmter spätromanischer Klosterkirche (Backsteinbau).

Trotz dichter Belegfolge seit 1144 variiert die Namenschreibung von J. nur wenig; es überwiegt Jerichow(e) (1144, 1148, 1162 u.a.) neben Jericho und Jercho(w) (1150, 1172, 1178; 1144 u.a.); auch wird vereinzelt geschrieben: 1259 Jericowe. – Der Ortsname lautet altpolab. *Jerichov* o.ä. 'Ort des *Jerich*'; derartige von *Jar-/Jer-* gebildete Personennamen (wie *Jaromir* und *Jaroslav*) waren sehr häufig. Vgl. Jarmen.

Jessen Kreisstadt, Bez. Cottbus; östl. der Mündung der Schwarzen Elster in die Elbe. 6000 E. – Sehr alte dörfliche Siedlung an Elsterübergang und West-Ost-Straße in die Niederlausitz; im 12. Jh. deutsche Burg mit Burgflecken (um 1250); → Stadt (1259 oppidum).

Die Überlieferung zeigt zuerst 1217 Jezzant, 1259, 1288 Jeszant und 1265 Jezant; seit 1283 folgen Formen mit abgeschwächter Endung: 1283 Jezen, 1298 Gesczen, 1354/58 Jessenn, 1378 von dem Jessen usw. Nur 1317 klingt noch die alte Endung an: daz hus zu dem Jezzende, Jessende. – Hier wurde ein vorslawischer Flußname unverändert ins Altsorbische übernommen: germ. **Jesant-*, zu *jesan* 'wallen, schäumen, sprudeln'. Die Sorben kannten wohl noch die gleiche *-nt*-Bildung zu „Wasserwörtern" (etwa zu alteurop. **eis-*, **ois-*, **is-*).

Jeßnitz Kr. Bitterfeld, Bez. Halle; in der breiten Niederung der unteren Mulde, nördl. der Kreisstadt. 5800 E. – Altsorbische Fischer- und Schiffersiedlung am östl. Muldenufer (Altjeßnitz); im 13./14. Jh. Anlage eines Städtchens westl. des Flusses (1401 Stadt).

Die sicher zuweisbaren Nennungen für J. lauten: 1285 de Jezaniz, de Gezanz; 1296 in Gezeniz und 1297 in Jessenitz; 1408 Geßnicz unser stat. – Sie geben altsorb. *Jasenica* 'Eschenort, -bach', zu *jaseń, jeseń* 'Esche', wieder. *j-* und *g-* im Anlaut konnten sich in der Mundart gegenseitig vertreten.

Joachimsthal Kr. Eberswalde, Bez. Frankfurt; am Ostrand der Schorfheide am Grimnitzer See, nordwestl. der Kreisstadt. 3500 E. – Nach 1550 als Glashütte begründet; infolge Zuzugs böhmischer Exulanten 1601–1604 Stadtanlage durch den Kurfürsten *Joachim* Friedrich von Brandenburg und nach ihm benannt; 1603/04 Joachimsthal. Heute bekannt durch die Joachimsthaler kirchlichen Anstalten.

Johanngeorgenstadt Kr. Schwarzenberg, Bez. Karl-Marx-Stadt; im Kammgebiet des oberen Westerzgebirges, an der Staatsgrenze zur ČSSR, südl. der Kreisstadt. 9800 E. – Stadtgründung auf wilder Wurzel mit böhmischen Exulanten 1652/54. Nach 1945 infolge Uranerzbergbaues (SDAG Wismut) stark angewachsen (Neustadt mit 4500 E.).
Benannt nach dem Kurfürsten *Johann Georg* I. von Sachsen, der dem Ort 1656 Stadtrecht verlieh: Johann-Georgen-Stadt.

Jöhstadt Kr. Annaberg, Bez. Karl-Marx-Stadt; im Kammgebiet des oberen Erzgebirges, an der Staatsgrenze zur ČSSR, südöstl. der Kreisstadt. 2100 E. – Dorfgründung um 1200 an alter Straße nach Böhmen (Goswinsdorf); Anfang 15. Jh. Wüstung; Ende 15. Jh. als Bergbauort neu besiedelt; 1655 Stadtrecht.

Die untergegangene bäuerliche Siedlung hieß 1386 Goswynsdorf. Bei der Neugründung knüpfte man anscheinend wieder an diesen Namen an: **Gösweinstadt* wurde zu *Göstatt* (1539), 1590 Gößstedt. Da in der Kompositionsfuge zwei *s*-Laute aufeinandertrafen, wurden sie zu einem zusammengezogen, und es entstand das isolierte *Gö-* bzw. *Jöh-*, weil mundartl. *g-* und *j-* miteinander wechseln konnten, vgl. hier Jessen und Jeßnitz. Der althochdeutsche Vollname *Gozwin* wird mit dem Erstglied zum Namen der *Goten* gestellt; das Zweitglied *-wini* ist 'Freund, Geliebter'; dazu auch *Gößweinstein* bei Pegnitz (Oberfranken, BRD) und *Göswein*, Ortsteil von Magwitz, Kr. Oelsnitz (Vogtl.).

Jüterbog Kreisstadt, Bez. Potsdam; im westl. Niederen Fläming, an der Nuthe. 13200 E. – Altsorbische dörfliche Siedlung mit Burgwall; seit etwa 1157 deutscher Burgward; nach 1170 planmäßige Stadtanlage bei der älteren Burg durch Erzbischof Wichmann von Magdeburg (1174 cives genannt, Magdeburger Stadtrecht); Erweiterung nach 1200 (Neumarkt). Nördl. der Stadt das ehemalige Zisterzienserkloster Zinna. 1952 Kreisstadt.
Die Erstnennung bietet uns Thietmar von Merseburg in seiner Chronik zu 1007/08: Jutriboc; 1173 wird in Juterbuck geurkundet, 1174 erhält Jutterbogk, Juterbuk das Stadtrecht von Magdeburg. Voraus ging 1161 noch Juterbuc, -bugk (burgwardus), 1185 folgte Juterbok (terra nostra) und der Ort 1182, 1218, 1227 in Juterboc, 1194 Juterbock, 1390 Jutrebok. Im 16. Jh. erscheint zuweilen mundartl. Gutterbock,

Guterbuck mit *g-* für *j-*; auch das Wappen ist „redend“: es zeigt einen springenden Bock. – Die oft zu lesende Erklärung *Jutrobog* ‘Morgengott’ (slawisch) ist nicht zutreffend. Der Name enthält vielmehr altsorb. *jutro* ‘Morgen, Osten’ und *bok* ‘Seite, Flanke, Abhang’.

Kahla Kr. Jena, Bez. Gera; im oberen Saaletal am Fuße der Leuchtenburg und Mündung des Biberbaches, südl. der Kreisstadt. 9900 E. – Altthüringische Dorfsiedlung; seit 10./11.Jh. mit Burg der Grafen von Weimar-Orlamünde, danach der Herren von Lobdeburg und der Grafen von Schwarzburg; städtische Anfänge Ende 12.Jh. (1288 cives genannt); seit 1396 wettinisch. Heute Standort der feinkeramischen Industrie der DDR. Vermutlich ist das um 860 in einer Schenkung an Kloster Fulda erwähnte und nach 918 nochmals verzeichnete Cale (spätere Schreibung) bereits unser Ort; 876 ist die Endung offenbar latinisiert: Calo. 1184 ff. ist dann ein Gottschalk von Kale, Cale öfter erwähnt, der als Ministeriale auf der Burg sitzt. Im 13. und 14. Jh. wechseln dann miteinander Kale, Kalle, Call, Kal, 1486 heißt es einmal Kahl und Kahel. – Da der Ort im Mischgebiet deutscher und altsorbischer Namen liegt, fällt eine eindeutige Zuweisung schwer: ahd. *kalo*, mhd. *kal* ‘kahl’, dazu *kal(a)wa* ‘kahle Stelle’ wäre ein möglicher Bezug, der Name müßte aber dann ein *w* im Namenausgang aufweisen. So wird man einer einfachen altsorbischen Stellenbezeichnung **Kal* ‘Schmutz-, Schlammstelle, Sumpf, Morast’ doch den Vorzug geben. Vgl. auch Calau, Neukalen.

Kalbe (Milde) Kreisstadt, Bez. Magdeburg; in der mittleren Altmark, nördl. von Gardelegen, auf einer Talsandinsel der Milde. 3500 E. – Frühmittelalterliche Siedlung an Mildeübergang, an der Straße Salzwedel–Stendal; seit 10.Jh. mit Wasserburg und Burgflecken (Burgwardmittelpunkt); → Städtchen (1240 civitas, 1276 oppidum). Seit 1952 Kreisstadt.

Zu 978 und 983 berichtet Thietmar von Merseburg vom Kloster Calva bzw. Calwo, das in gleicher Schreibung auch in der ersten Urkunde von 1121 auftritt. Abgesehen von diesen Latinisierungen (auf *-o, -ae, -is*) herrscht seitdem Calve bzw. Kalve vor (etwa 1168, 1196, 1207, 1240, 1276 usw.). 1453 heißt es erstmals zur Unterscheidung von Calbe an der Saale: Calve uppe der Milde. – Irrtümlich zeigt das „redende“ Wappen der Stadt ein Kalb. Läge dieses Wort zugrunde, könnte man die Struktur des Namens kaum klären: nd. **Kalva* könnte nur eine Bachbezeichnung 'Kalbsbach' sein (vgl. hier Kelbra), doch liegt es an der *Milde*. Da der Ort auf einer Talsandinsel in der sumpfigen Mildeniederung angelegt wurde und Fundort seit urgeschichtlicher Zeit ist, läßt sich der Name vielleicht an ein alteurop. **kalva* 'kleiner Hügel, Flußinsel' anschließen. Vgl. auch Calbe. Das junge *b* im Namen ist als „Verhochdeutschung“ aufzufassen.

Kaltennordheim Kr. Bad Salzungen, Bez. Suhl; in der mittleren Rhön, in einem Talkessel der Felda, nordwestl. von Meiningen. 2100 E. – Dorf des frühen Mittelalters; seit 13. Jh. mit Burg der Grafen von Henneberg; → Burgflecken; → Städtchen (1562 Stadt).

Die in der Fuldaer Klosterüberlieferung vorkommenden frühen Nennungen von Nordheim/Northeim sind nicht völlig sicher den verschiedenen in Frage kommenden Nordheim-Orten zuzuweisen. *Kalten*nordheim ist wohl gemeint mit den Formen von Nordheim von 795, 824, 914; gesichert dagegen 1031 Nordheim in einer Urkunde König Konrads II. und 1334 Northeym in dem Tulfelde. Das differenzierende *Kalten-* tritt zuerst im 14. Jh. auf: Kaldin-Nordheim, es nimmt auf die rauhe Witterung in der Rhön Bezug. Ansonsten ist Nordheim '*die im Norden gelegene Heimstatt*' (von Mainfranken her gesehen).

Kamenz/Kamjenc Kreisstadt, Bez. Dresden; am Nordrand des Oberlausitzer Berglandes, an der Schwarzen Elster. 18000 E. – Altsorbische dörfliche Siedlung; nach 1160 deutscher Rittersitz; Stadtanlage in zwei Versuchen 1190 und nach 1213 (Altstadt) an Fernstraßenübergang über die Elster (1248 civitas).

1220 ff. sind die Brüder Bernhard und Conrad von Kamenz, Camenz (aus der Familie von Vesta bei Merseburg) bezeugt. Später zeigt die Namenschreibung nur wenig Varianz: 1225 Kamenz, 1237 Camenz, 1228/41 außer diesen noch Camenecz und Kamentz,

1454 Camencz u. ä. – Der altsorbische Ortsname *Kameńc* gehört zu *kameń* 'Stein' und nimmt wohl auf die Beschaffenheit des Geländes Bezug. Da K. an der Schwarzen Elster liegt, kommt ein altsorbischer Bachname *Kamenica* (vgl. Karl-Marx-Stadt/*Chemnitz*) kaum in Frage.

Karl-Marx-Stadt Bezirks- und Kreisstadt; bis 1953 Chemnitz. Am Nordrand des mittleren Erzgebirges, in der Flußauenweitung der Chemnitz, an älter Straße nach Böhmen. 310800 E. – Im alten königlichen Erzgebirgswald Gründung eines Benediktinerklosters um 1136 am Flußübergang des alten Fernweges nach Böhmen über die Chemnitz; 1143 Plan zur Anlage eines Fernhandelsmarktes; um 1165 und vor 1200 in zwei Stufen verwirklicht (um 1200 und 1216 civitas); seit 1254/1308 markmeißnische Stadt und Verkehrszentrum. Frühkapitalistischer Aufschwung durch Bergbau im Erzgebirge seit etwa 1470; im 19. Jh. starke Industrialisierung (Schwer-, Werkzeug- und Textilmaschinenbau, „Sächsisches Manchester"); Zentrum der deutschen Arbeiterbewegung; Hochschule für Maschinenbau (seit 1963 technische Hochschule); Großstadt 1883; seit 1952 Bezirksstadt; zu Ehren des Begründers des wissenschaftlichen Kommunismus, Karl Marx, anläßlich dessen 135. Geburtstages umbenannt in Karl-Marx-Stadt.
Da der Stadtname *Chemnitz* vom Flußnamen übernommen wurde, führen wir zuerst diesen an: 1012/18 (Thietmar von Merseburg): in Caminizi fluvium, 1174 in Kamenizam fluvium, 1280 aqua Kempnicz, 1285 fluvius Kemenitz. Der Ort heißt 1143 Kameniz, 1218 Camniz, 1226 Kamniz, 1235 Cameniz, 1254 Kemeniz. Diese umgelauteten Formen mit *e* gelten seitdem: 1264, 1274, 1293 Kemni(c)z, 1308 Kempniz, 1401 Kempnicz, 1590 Kemnitz. Die *ch*-Schreibung beginnt etwa 1630; sie sollte sicher zur Unterscheidung von anderen *Kemnitz* (Dörfern) dienen (sechs Orte in der DDR). Allein Chemnitz, Kr. Neubrandenburg, zeigt die gleiche Schreibung (Ortsteil von Blankenhof). – Der altsorbische Bachname *Kamenica* 'Steinbach', zu *kameń* 'Stein', wurde auf den Ort übertragen. Vgl. auch Kamenz.

Kelbra Kr. Sangerhausen, Bez. Halle; in der westl. Goldenen Aue, am Oberlauf der Helme und am Nordwestrand des Kyffhäusergebirges. 3800 E. – Altthüringisches Dorf (Altendorf); im 12. Jh. mit Grafensitz; dabei um 1150 planmäßige Stadtanlage (1271 civitas). 1962/69 Hochwasserrückhaltebecken errichtet: zugleich Erholungsgebiet.

In einer Fälschung des 12. Jh., aber wohl nach echter Vorlage, wird Kelvera zu 1093 genannt; Ende des 12. Jh. erscheinen ein Albertus de Kelveren (1185) und ein Gerhardus de Kelwera (1188) in Urkunden des Klosters Walkenried. Auch im 13. Jh. steht teilweise Kelvera (z. B. 1253) neben zunehmendem Kelbera; 1282 bereits die heutige Form Kelbra. – Offenbar liegt ein altes **Kelvera(ha)* 'Kälberbach' bzw. der Ort an diesem zugrunde: altsächs. mnd. *calf*, Plural *kelver* 'Kalb, Kälber'. Die *Kalbe* bei Braunlage im Harz (BRD) ist Anfang des 11. Jh. als Calvere bezeugt. Hd. *-lb-* hat sich bald durchgesetzt.

Kemberg Kr. Wittenberg, Bez. Halle; am Nordrand der Dübener Heide und am Südrand der Elbniederung, südl. der Kreisstadt. 3700 E. – Im 10./11. Jh. altsorbisch besiedelte Gegend mit deutschem Burgward (urbs Neszuc, Nessuzi); um 1150 Ansetzung flämischer Siedler durch die Grafen von Brehna; Ausbau zur Stadt im 13. Jh. (1346 civitas).

Nach den mittelalterlichen Belegen ein aus Flandern übertragener Name (heute französisch *Cambrai*): Es hieß flämisch *Kamerijk* (um 300 Camaracum), mit Umlaut dann *Kemerijk*. Unser Stadtname entsprechend: 1306 Kemrigk, 1313 Kemrick, 1336, 1337 Kemerik, 1353 Kemerich, 1424 Kemmerick. Da mundartl. *-berg* abgeschwächt meist *(be)rich* gesprochen wurde, ging man schriftsprachlich zur falschen Restituierung *-rich* zu *-berg* über: 1528 Kembergk. Bei *Camaracum* handelt es sich um einen gallorömischen Namen auf *-acum*, eine possessivische Ableitung von einem Personennamen. Die Flamen deuteten bei falscher Silbentrennung ein ndl. *-rijk* 'Landstrich, Gegend' ein.

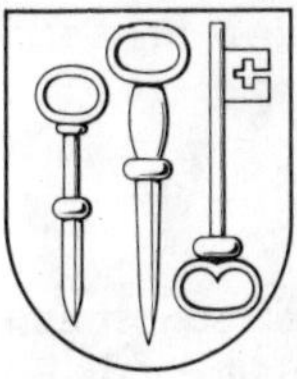

Ketzin Kr. Nauen, Bez. Potsdam; inmitten der Havelseenlandschaft zwischen Potsdam und Brandenburg, südl. der Kreisstadt. 4700 E. – Altslawischer Burgwall und Fischersiedlung; nach 1200 deutsche Zusiedlung und Entwicklung zum Städtchen (1255 oppidum).

Eine Fälschung des 14. Jh. bietet dennoch zu 1187 eine zeitgemäße echte Namenform: Cosetzyn; worauf 1197 ein Cosetsyn folgt. Danach ist diese Form bereits kontrahiert: 1216 Coszin, 1255 Cotsin, 1305 Cothsin, 1329 Cottzyn. Das vorliegende *ö* erscheint seit dem 15. Jh. als *e* in 1450 Ketczin, 1480 Cetzin und 1574 im Stadtsiegel als Ketzin. Diese *e*-Formen zeigen wohl die mundartl. Endrundung des *ö* an. – Wahrscheinlich geht der Name auf den altpolabischen possessivischen Ortsnamen *Kosičin* 'Ort des *Kosik*' zurück.

Kindelbrück Kr. Sömmerda, Bez. Erfurt; am Nordrand des Thüringer Beckens, an der unteren Wipper. 2100 E. – Altthüringisches Dorf an Wipperübergang; seit 13. Jh. → Städtchen, 1291 bürgerliche Rechte; 1372 Stadtrecht (civitas).
Man schreibt um 800 Kindelbruccun, 1130 Kindelbrucken, 1224 Khindelbrucche, 1350 Kindelbru(c)ken, 1378 Kyndelbrugken, Kindilbrucken. – K. ist der an der Wipperbrücke gelegene Ort eines *Kindila*. Dieser germanische Personenname gehört zu ahd. altsächs. *kind* 'Kind', durch ein kosendes *-ilo*-Suffix abgeleitet. Vergleichbar ist die Wüstung *Kindleben* nordöstl. von Gotha: 876 Kintileba, 780/802 Chindeleiben. Ahd. *brucka*, altsächs. *bruggia* 'Brücke' bezeichnete in germanischer Zeit noch einen 'Knüppeldamm', dann einen 'Holzsteg'. Im Oberdeutschen ist der Umlaut erst in jüngerer Zeit eingetreten (z. B. heute noch Innsbruck); hier blieb er lediglich bis zum 15./16. Jh. unbezeichnet.

Kirchberg Kr. Zwickau, Bez. Karl-Marx-Stadt; auf einer Hochfläche im Westerzgebirge, südl. der Kreisstadt. 7700 E. – Als Bergbauort (Silbererzabbau) im 13. Jh. entstanden (1350 oppidum).
Zugrunde lag ein kirchliches Lehen auf dem Bergbaugelände: 1317 das Kyrchleen uf dem berge. Vorübergehend sicherten sich die Wettiner das Gelände bzw. die Siedlung und gaben ihr 1318 den Namen *Fürstenberg*. Doch die volkstümliche Bezeichnung setzte sich durch: 1320 Kyrchberg, 1350 Kirperg, 1460 Kirchperck. – Das aus griech. *kyriakē* (*oikía*) 'Haus des Herrn' entlehnte ahd. *kiribha* lautete bereits mhd. *kirche* 'Gotteshaus'. Die Königspfalz Kirchberg bei Jena ist schon 937 als Chirihberg überliefert.

Kirchhain s. Doberlug-Kirchhain

Kitzscher Kr. Borna, Bez. Leipzig, am Südostrand der Leipziger Tieflandsbucht und am Ostrand des Bornaer Braunkohlenreviers, nordöstl. der Kreisstadt. 8300 E. – Im früheren Mittelalter altsorbisches Dorf; um 1250 mit deutschem Herrensitz; dörflich bis nach 1900; infolge des Braunkohlentagebaues seitdem stark angewachsen; Arbeiterwohnstadt für die Großkraftwerke bzw. Chemiegroßbetriebe Espenhain, Thierbach und Lippendorf. Stadt seit 1974.

Das 1251 ersterwähnte Dorf schreibt sich Kiczschere, 1350 Kiczer, 1318 Kizcher, 1378 Kiczschern. – Es dürfte eine Bildung zu altsorb. *kyčera* 'Erhebung' vorliegen, einem Wort, das z. B. in den Gebirgen der Slowakei häufig vorkommt.

Klingenthal Kreisstadt, Bez. Karl-Marx-Stadt; im oberen Vogtland, am Fuße des Aschbergs, an der Grenze zur ČSSR. 13400 E. – Alte Eisenhammersiedlung (Hellhammer) an der Zwota am Ende des 16. Jh.; Anwachsen durch Bergbau seit 1650 zum Marktflecken (1834); 1919 Stadt; 1952 Kreisstadt. Industrie- und Erholungsort; Zentrum des Musikinstrumentenbaus der DDR (VEB Harmonikawerke, VEB Musikelektronik), Wintersportplatz.
Der junge Name könnte auf einem Flurnamen *die Klinge* 'klingender Bachgrund' beruhen, doch steht für diesen Ort 1591 in der Helle, so daß die Angabe, der Ortsgründer sei ein Nikolaus Klinger gewesen (Besitzer des Hellhammers), zutreffen wird. 1604 heißt der Ort bereits Klingenthal. Nicht ausschließen möchten wir jedoch, daß nicht der Besitzer des Hammers den Ortsnamen lieferte, sondern das Pochen und Hämmern der Einrichtung den Anlaß zur Namenwahl gab, denn sonst wäre wohl eher Klingerthal zu erwarten. Heute wird der Name durch die Musikinstrumentenherstellung neu motiviert.

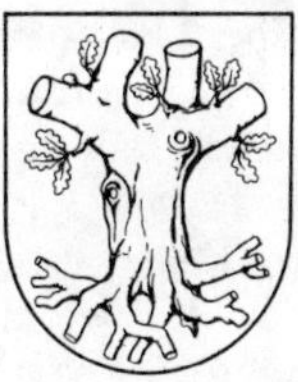

Klötze Kreisstadt, Bez. Magdeburg; in der westl. Altmark an der Purnitz. 5700 E. – Mittelalterliche Burg (Wasserburg) mit Burgsiedlung; → Burgflecken im 13./14. Jh. (1371 Hus und Stetichen). Kreisstadt seit 1952. Landwirtschaftszentrum.
Das Lehnregister des Bistums Halberstadt verzeichnet für 1311 die Burg (castrum) Clotze, 1344 Cloetz, 1365 dat Slot to Klotze; 1371 nochmals czu Clotze. 1454 schreibt die Magdeburger Schöppenchronik dann Klotze (mit unbezeichnetem Umlaut). – Die Lage von K. in einem größeren Wald- bzw. Heidegebiet legt einen slawischen Ursprung des Namens ebenso nahe wie einen deutschen. Für letzteren käme mhd. *kloz*, mnd. *klot(z), Klotz* 'Klumpen, Scholle, Holzblock, Baumstumpf' in Frage, dazu auch engl. *clot*, angelsächs. *clott*, davon die Pluralform mit Umlaut. Aus altpolabischem Sprachgut könnte eine Bildung **Klōt-c-*, zu slaw. *kolti* 'schlagen, klopfen, herunterschlagen usw.' bzw. **kolt* 'Balken', westslaw. *klot*, vorliegen, die ebenfalls auf Waldrodung oder Holzwirtschaft weisen würde.

Klütz Kr. Grevesmühlen, Bez. Rostock; im Hinterland der Ostseeküste, nördl. der Kreisstadt, westl. der Wismarer Bucht. 3900 E. – Hochmittelalterliches slawisches Dorf in großem Waldgebiet; später mit deutschem Rittersitz; → Flecken; Stadt seit 1938.
Das Dorf (villa) Clutze mit dem gleichnamigen Waldgebiet (silva, nemus) wird zuerst im Ratzeburger Zehntregister 1230 aufgeführt, das Waldgebiet jedoch schon 1188 als silva Cliuz und 1202 Cluz. Es wird noch öfter Clutse, Clutze, Cluthze im 13. Jh. genannt; der Ort seinerseits 1237 Clutze, 1267 Klutze, 1273 Cluze. – Der Name enthält altpolab. *kl'uč* 'Quelle'.

Kohren-Sahlis Kr. Geithain, Bez. Leipzig; im westl. Sächsischen Hügelland, südwestl. der Kreisstadt. 2400 E. – Altsorbische Doppelsiedlung in altem Waldgebiet; Kohren: Ende 10.Jh. mit Hof des Bischofs Thietmar von Merseburg und deutscher Burg; Burgflecken; → Städtchen im späten Mittelalter (1435 Stadtrecht); 1934 Kohren mit dem noch dörflichen Sahlis vereinigt. Bekannt als „Töpferstädtchen".
Das Bistum Merseburg besaß in *Kohren* (Chorun) einen Herrenhof, von dem Bischof Thietmar 1018 (zu 974 und 983) berichtet. Zuvor (982/83) hatte Otto II. dem Erzbischof von Magdeburg die Burg (civitas) Corin geschenkt, was Thietmar ebenfalls erwähnt (Chorin). Die Endungen *-un* und *-in* wechseln auch weiterhin, doch überwiegt *-un*: 1196 Korun, 1208 Chorun, 1246 Korin, 1280 Chorun, 1303 Corun, 1350 Korun usw. 1395 erscheint erstmals *-en*: zcu der Koren, 1566 sogar (mundartl.) Khornn.
Sahlis heißt 1350 Saleisen und Salesen prope Chorun, 1398 Salus, 1445 Salis. – Der Ortsname *Kohren* lautete in altsorbischer Zeit wohl *Choryni* oder *Choruń* und dürfte zu einem Personennamen *Chor* bzw. *Chorun* gehören; *Sahlis* dagegen bezeichnete den hinter dem Walde (*lěs*) gelegenen Ort: *Zalěsno*.

Kölleda Kr. Sömmerda, Bez. Erfurt; im östl. Thüringer Becken, nordöstl. der Kreisstadt. 6900 E. – Altthüringische Siedlung an alter Fernstraßenkreuzung (Nord-Süd und West-Ost); im 8.–13. Jh. Grafensitz mit Marktflecken; Stadtrecht 1392.
Um 780/800 ist Kloster Hersfeld in Collide begütert, 802 erwirbt es ebenda die Peter-und-Pauls-Kirche. In einer um 1050 ausgestellten Urkunde, bezogen auf Verhältnisse von

1005/06, wird Collithi geschrieben. 1160 folgt Cullede, 1195 Kullide, 1227 Cullede, 1279 und 1282 Collede bzw. Kollede. – Es liegt eine kollektivierende Benennung auf ahd. *-idi*, altsächs. *-ithi* vor, allerdings dürfte das zugrunde liegende Substantiv kaum das aus dem Lateinischen (caulis) entlehnte ahd. mhd. *kōl* 'Kohl' sein, da der Vokal im Ortsnamen kurz gewesen sein dürfte, wie das beständige *-ll-* anzeigt. Kürze des Vokals zeigt dagegen ahd. *kolo*, mhd. *kol*, germ. **kula(n)*- 'Kohle, Holzkohle', dazu auch aleman. *cholle(n)* 'glimmen, glühen'. Demnach war K. vielleicht ein 'Ort, wo man Holzkohlen herstellte', ein 'Kohlenmeiler'. Allerdings liegt K. nicht in altem Waldgebiet, deshalb ist auch an vergleichbares altnord. *kollr* 'Gipfel, Kopf', mnd. *kol, kolle* 'Kopf, oberster Teil von Pflanzen, Zweigspitze, Wipfel' und mnd. *kölle* 'Pfefferkraut, Bohnenkraut, Würzpflanze überhaupt' zu denken, also an einen Anbauort solcher Pflanzen, was noch heute teilweise zutrifft (Pfefferminze- und anderer Heilpflanzenanbau).

Königsbrück/Kinspork Kr. Kamenz, Bez. Dresden; im Mittelpunkt der großen Heidewaldgebiete zwischen Röder und Schwarzer Elster (Laußnitzer und Königsbrücker Heide), an der Nordwestgrenze der Oberlausitz, am Übergang der alten West-Ost-Straße (Hohen Straße) über die Pulsnitz. 5000 E. – Um 1200 als Grenzburg mit Burgsiedlung zwischen böhmischer Oberlausitz und Mark Meißen angelegt; planmäßige Stadtanlage um 1220/30.
Die Namenschreibung zeigt in der Überlieferung nur wenige Varianten: 1248 Kůningesbruc, -bruk und Conradus de Ponte (lat. *pons, pontis* 'Brücke'), 1268 Konigesbrucke, 1318 Konigisbrucke, 1350 Kungesprucken, 1551 Kunspruck. – K. war der 'Brückenort des (böhmischen) Königs'. Nhd. *König* entstand aus ahd. altsächs. *kuning* 'König, Mann aus vornehmen Geschlecht', mhd. *künic*; der Umlaut von *u* bzw. *o* wurde in unseren Belegen noch nicht bezeichnet. Zur Form von 1350 *Kunges-* vgl. die Kontraktion im Englischen *cyning* zu *king*. Vgl. auch Königsee, Königstein.

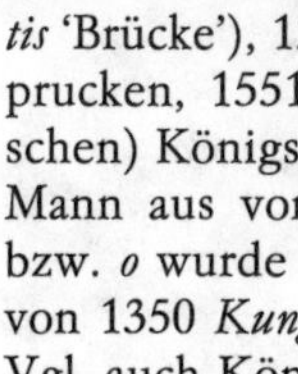

Königsee Kr. Rudolstadt, Bez. Gera; am Nordrand des Thüringischen Schiefergebirges, im Tal der oberen Rinne, westl. der Kreisstadt. 5100 E. – Altthüringische Siedlung; im 9.–12. Jh. offenbar Mittelpunkt eines Königsgutbezirks (Hochgerichtsstätte); später Ministerialensitz; 1250 planmäßige Stadtanlage durch die Grafen von Schwarzburg (1257 civis genannt).

In einer undatierten, aber auf 1199/1224 anzusetzenden Urkunde wird der Pfarrer in Kunigesse genannt; es folgen als weitere Belege: 1257 in Kunegesse, 1269 Kuningesse, 1287 Cungesse und de Kunegesse, 1290 de Konyngesse, 1350 de Kungissee. Der heutige Form nahe kommt dann 1489 Konigeßee. – Obwohl kein *See* heute mehr nachweisbar ist, dürfte im oberen Rinnetal in der Nähe des Ortes ein solcher vorhanden gewesen sein. Da K. im Mittelalter Hochgerichtsstätte war, also Königsgericht in einem Königsgutbezirk, erklärt sich der Name von daher. Vgl. Königsbrück, Königstein.

Königstein Kr. Pirna, Bez. Dresden; im Elbsandsteingebirge, am Fuße der Festung K. (Tafelberg), an der Mündung der Biela in die Elbe. 4000 E. – Um 1200 königlich-böhmische Burg auf dem Stein; mit Burgsiedlung (suburbium) unterhalb derselben; → im 13. Jh. zum Städtchen (1379 stetil); später sächsische Landesfestung und Amtssitz.
In lateinischer Gestalt erscheint 1241 der Name als 'lapis regis' 'des Königs Stein' (in Lapide regis), 1289 die Burg zum, auf dem Stein (castrum in Lapide). In deutscher Sprache taucht Chunigstein 1336 auf, 1379 der Kunigstein mit dem stetil; 1437/38 stetchin zcum Steine, 1445 stetlin Konigstein. – Das Zweitglied bezeichnet den *Tafelberg*, auf dem die königlich-böhmische Burg und spätere meißnisch-sächsische *Festung* liegt; das an seinem Fuße liegende Städtchen wurde nach der Festung benannt. Vgl. Königsbrück, Königsee.

Königs Wusterhausen Kreisstadt, Bez. Potsdam; am Autobahnkreuz südöstl. von Berlin, am Zusammenfluß von Nottekanal und Dahme. 12000 E. – Frühmittelalterliche slawische Siedlung mit Niederungsburg; seit Ende 12. Jh. deutsche Burg; Dorf Wusterhausen im 18. Jh. durch Anlage eines königlichen Jagdschlosses (1696 ff.) → Flecken; 1832 Marktrecht; 1935 Stadt; 1952 Kreisstadt. Binnenhafen und Umschlagplatz für die Hauptstadt Berlin nahe Autobahnkreuz.
Die Überlieferung von K. beginnt 1320 mit der Veste bzw. dem Hus to Wosterhusen, das 1375 im Landbuch der Mark Brandenburg castrum Wusterhuse mit dem Slawendorf slavica Wusterhuse genannt wird. Letzteres heißt danach längere Zeit *Wendisch-Wusterhausen*: 1444 zcur wendeschen Wusterhawsen, im Gegensatz zu *Deutsch-Wusterhausen* (an der Dosse), das 2 km westl. von ihm liegt (1375 Duͤdeschen Wusterhusen, Wusterhuse theutonica). Nach der Anlage des Königs-

schlosses erfolgte die Umbenennung: 1775 Königs- oder Wendisch-Wusterhausen. – Das Zweitglied *-hausen*, älter *-hūse(n)*, ist eine deutsche Eindeutung in den ähnlich endenden altpolabischen Ortsnamen: *Vostrožno*, zu *vostrog* 'mit Palisaden befestigter Platz', der auf die Burg weist, sprachlich identisch mit Ostritz (vgl. dort). Vgl. auch Wusterhausen (Dosse).

Könnern Kr. Bernburg, Bez. Halle; im Lößhügelland am Ostrand des mittleren Saaletales zwischen der Kreis- und der Bezirksstadt, nahe einem alten Saaleübergang. 4400 E. – In altsorbischer Zeit dörfliche Siedlung; seit 10. Jh. deutscher Rittersitz, erzbischöflich-magdeburgischer Hof; → Flecken; Städtchen im 13. Jh. (1296 oppidum). Verkehrsknotenpunkt; Bauindustriebetriebe und Nahrungsgüterwirtschaft.
Die ältere Namengestalt überliefert uns Bischof Thietmar von Merseburg zu 1012 als Coniri; darauf folgen nur offensichtlich verkürzte Formen: 1079/1102 Conre; 1160, 1173 und 1176, 1247 ff. Conre, 1260 Kunre; 1509 schreibt man Konner und erst 1602 Cönnern. – Im Hinblick darauf, daß alle umliegenden Orte einen altsorbischen Namen tragen, ist auch bei diesem Ortsnamen ein solcher anzunehmen, doch bleibt offen, ob *konar* 'Ast' oder *konaŕ* 'Pferdezüchter' vorliegt.

Köpenick s. Berlin

Kösen, Bad Kr. Naumburg, Bez. Halle; an der mittleren Saale, südwestl. der Kreisstadt. 6200 E. – Altsorbische Schiffer- und Fischersiedlung, Flößerort; seit 12. Jh. mit Wirtschaftshof des nahen Zisterzienserklosters Pforta (später Schulpforta); seit 1730 Solegewinnung; 1813 ff. Solbad; Kurort; Stadt seit 1868.
Bei Kösen wird es sich – aus der Bildungsweise und dem Stammwort des Namens zu schließen – um einen sehr alten Namen handeln, wie auch die Altformen zeigen: 1040 Kusenti, zu 1051 (Fälschung des 12. Jh.) Cusentin, 1074 Chusinza, 1145 Kusenze und 1209 Kusende; um 1130 beginnen die *t-/d*-losen Formen: 1138 in Cusne, 1140/45 Cusene, 1153 in Kusene, 1345 de Kosene, 1540 Koesen, Koeßen, Köhesen. – Offenbar ist K. eine alteuropäische *-nt*-Bildung zu alteurop. **kŭ̄s-* 'wallen, wogen', etwa **Kusantia*, das der (ersten) germanischen Lautverschiebung noch entgangen sein müßte, dazu auch der illyrische Flußname *Cusus*, der später (übersetzt) als germ. *Waag* 'wogen-

der Fluß' erscheint. Die germanisierte Form müßte dann **Kusandia* gelautet haben bzw. die *-nt*-Form vor der zweiten Lautverschiebung von Slawen übernommen worden sein. Altsorb. *kos-* oder *koz-* kann allenfalls eingedeutet, wegen der alten *u*-Belege jedoch nicht ursprünglich sein. Also liegt hier wohl eine sehr alte Flußabschnittsbezeichnung an der Saale vor.

Köstritz, Bad Kr. und Bez. Gera; am Westufer der Weißen Elster, nordwestl. der Bezirksstadt. 4300 E. – Altsorbische Bauern- und Fischersiedlung; seit 12. Jh. eingedeutscht, mit zwei Rittersitzen. Im 19. Jh. Industrialisierung und Solbad (1864 ff.; 1926 ff. „Bad" Köstritz); Stadt seit 1927.
K. erscheint fast unveränderlich in der Überlieferung als Kostricz (so 1320, 1364), Kostericz (1409). Die Umlautbezeichnung beginnt 1388 bzw. 1390: zu Koͤstricz(e). – Der Name ist zum altsorbischen Pflanzennamen *kostera* 'Trespe' zu stellen, davon wurde *Kosterica* abgeleitet.

Köthen Kreisstadt, Bez. Halle; im fruchtbaren Lößgebiet östl. der unteren Saale, an der Ziethe, nördl. der Bezirksstadt. 34 700 E. – Altsorbische dörfliche Siedlung mit Sumpfburg; später deutsche Wasserburg (heute Schloß; seit 11. Jh. Grafensitz); 1115 Burgflekken; Ende 12. Jh. Anlage der Altstadt (Straßenmarkt, civitas) durch die Anhaltiner; später erweitert (Neumarkt 1377, Neustadt 1391 genannt); Residenz der Anhaltiner vom 16. Jh. bis 1918. Heute mit Ingenieurhochschule und pädagogischer Hochschule.
Eine Fälschung des 15. Jh. bietet zu 986 Koten, die Merseburger Bischofschronik zu 1009 Cothin, andere erzählende und urkundliche Quellen zu 1115 Kotene, Cothene, Cotine, 1156 de Cothene, 1181 Cotene, auf Münzen um 1200 Kotene (civitas) usw. Die Umlautbezeichnung unterbleibt bis Ende des 15. Jh. (1450 noch stad Kothen, 1553 Coethen). – In der ehemals dicht slawisch besiedelten Landschaft ist zunächst eine altsorbische Deutung (etwa **kot-* 'Flechtwerk') zu erwägen, was jedoch nicht ausschließt, daß diese auf einer älteren vorslawischen Grundlage beruht. Andererseits kann auch umgekehrt eine altsorbische Form an deutsches Wortgut angeglichen worden sein, so etwa an nd. *kot(e)* 'Hütte, Verschlag, Stall', nd. *kōte* 'Köhlerhütte'; dazu auch slaw. *kot* 'Stall, Bude', auch 'Fischzaun, Fischwehr'.

Krakow Kr. Güstrow, Bez. Schwerin; am Krakower See, südöstl. der Kreisstadt, inmitten der Mecklenburgischen Seenplatte, am Nordwestufer des Krakower Sees. 4000 E. – Alte slawische Fischersiedlung mit Burgwall, im 12./13. Jh. Burgflecken; → Stadt (1298 oppidum). Heute Kur- und Erholungsort, Forstwirtschaftszentrum.
1270 wird ein Johannes de Crakow genannt, 1298 der Burgflecken (oppidum) und der See (stagnum) in Cracowe, 1305 Krakowe. – Zwar kann als altpolabische Grundform *Krakov* (vgl. den Namen der polnischen Stadt *Kraków*, dt. *Krakau*) sicher angenommen werden, doch ist der Stamm *Krak-* mehrdeutig: Einerseits kommt *krak* 'Krähe, Rabe' (auch als Personenname) in Betracht, andererseits auch *krak* 'Flußbiegung'. Ortsnamen wie *Krakau* und *Krakow* kommen in der DDR häufiger vor.

Kranichfeld Kr. Weimar, Bez. Erfurt; im bewaldeten Hügelland der Ilm-Saale-Platte, in einem Talkessel der Ilm, südwestl. der Kreisstadt. 3300 E. – Frühmittelalterliche dörfliche Siedlung; seit 12. Jh. mit zwei Herrenburgen (Grafenburgen); Burgflecken; → Städtchen 15./16. Jh.; Stadt seit 1651. Industrie: Kabelwerk, Leuchtenbau; Arbeiterwohn- und Erholungsort.
Ein thüringisches Grafengeschlecht nennt sich 1143/47 ff. de Cranechfelt, C(h)ranchvelt u. ä., in im niederdeutschen Sprachgebiet ausgestellten Urkunden 1174 de Kranekfelt, 1235 Cranicvelt. Ab 1200 gibt es nur geringfügige Schreibvarianten: Cran(i)chfelt, -velt u. ä. Palatalität des *-ld* wird durch die Schreibungen 1321, 1322 Kranichfeilt und 1345 Cranchveyld angezeigt. – K. ist ein Landstrichname: das 'freie Gelände, auf dem sich Kraniche niederlassen', zu ahd. *chranuh, chranih*, mhd. *kranech* 'Kranich'.

Kremmen Kr. Oranienburg, Bez. Potsdam; am Südostrand des Rhinluchs, westl. der Kreisstadt; Zentrum des Ländchens Glin. 3000 E. – Altslawische Siedlung am Übergang über das Rhinluch; um 1200 mit deutscher Burg (Burgward); Burgflecken; → Städtchen im 13. Jh. (1298 civitas). Agrarisches Zentrum. Arbeiterwohnort.
Lediglich im Anlaut variieren die Belege für K.: 1216 Cremmene, 1236 in Cremene, 1298 Cremmen, 1348, 1375 Kremmen. – Der Name enthält altpolab. *kremeń* 'Kieselstein'.

Kröpelin Kr. Bad Doberan, Bez. Rostock; im hügeligen Küstentiefland, südwestl. der Kreisstadt. 4800 E. – Altslawische dörfliche Siedlung an der Straße Rostock–Wismar; Ende 12. Jh. deutsche Zusiedlung; → Städtchen vor 1250 (1250 oppidum, 1280 civitas). Großer Agrarindustriekomplex, Schuhproduktion.

Ende des 12. Jh. tritt 1177 und 1192 Crupelin, 1219 Chrupelin hervor; seit etwa 1240 dominiert das *o* in den Belegen: 1241, 1273, 1280, 1283, 1287 usw. stets Cropelin. – Dieser Name enthält den altpolabischen Personennamen *Chropela* und lautete als Ortsname ursprünglich *Chropelin.* Denselben Ursprung hat *Kräpelin,* Kr. Greifswald. Durch Namenumdeutung gelangte ein Krüppel in das Stadtwappen.

Kroppenstedt Kr. Staßfurt, Bez. Magdeburg; im Süden der Magdeburger Börde, nördl. des Hakel(waldes). 2100 E. – Frühmittelalterliche dörfliche Siedlung an alter Straßenkreuzung; im 8./9. Jh. mit Hof des Klosters Fulda; um 1200 Marktflecken mit Herrensitz (1253 moneta 'Münze', Zoll).

780/802 ist Kloster Fulda in Crappenstete begütert; 934 schreibt man Croppensteti, 1106 Croppenstidi, 1155 Croppenstide; seitdem wechselt Crop(p)enstede und -stide miteinander. – K. ist bezeichnet nach seiner Lage: entweder zu mnd. *krop* 'Beule, Auswuchs, hervorstehende Schwellung, Buckel', hd. *Kropf* (hier toponymisch) oder zu ahd. *krapfo,* mnd. *krappe* '(krumme) Kralle, Haken, Biegung'; mit Nasaleinschub hd. *Krampfe,* nd. *Krampe.* K. liegt an einem Knie des Kroppenstedter Baches.

Kühlungsborn Kr. Bad Doberan, Bez. Rostock; an der Ostseeküste, nordwestl. der Kreisstadt, vor der Kühlung (Wald). 8000 E. – Ursprünglich drei dörfliche Siedlungen (Fischerdörfchen): Arendsee, Brunshaupten und Fulgen; seit 19. Jh. Badeort; 1938 Zusammenlegung zur Stadt. Bekanntes Ostseebad.

Der heutige Name ist eine moderne Neubildung mit Hilfe des Waldnamens '*die Kühlung*'. Die beiden älteren Hauptorte schreiben sich 1260 ff. Arnesse (vgl. hier Arendsee, die 'am *See* gelegene Siedlung eines Arn'), und 1219 ff. Bruneshovede, '*Landspitze* oder *Quellensiedlung* (hd. *Haupt*) eines *Brūn*'. *Fulgen* dürfte nur ein Flurteil geheißen haben, hd. *die Folgen,* 'Zusatzland zum bäuerlichen Besitz'.

Kyritz Kreisstadt, Bez. Potsdam; in der Ostprignitz, an der Jäglitz, nordöstl. von Havelberg, nahe der Havelmündung in die Elbe. 10100 E. – Slawischer Burgbezirksmittelpunkt seit frühem Mittelalter (terra K.); um 1150 deutsche Burg und Burgsiedlung; nach 1200 Stadtanlage (1237 civitas); 1358 Hansemitglied.

In der von 948 auf 946 vordatierten, um 1170 gefälschten und nur in Abschriften des 17. und 18. Jh. vorhandenen Urkunde über die Bistumsgründung in Havelberg wird die Herrschaft (provincia) Chorizi, Chorice genannt, die auf K. bezogen wird; doch wird sich diese Nennung eher auf Köritz bei Neustadt an der Dosse im Umland von K. beziehen lassen. Letzteres hat wahrscheinlich dessen Nachfolge angetreten. Chorica und Chorice (statt Choma, Chome) erscheinen danach noch in den Havelberger Bestätigungsurkunden von 1150 und 1179. K. tritt dann seit 1232 als Kyrisz, 1237 Kyritz, 1298 (territorium) Kiricz, 1325 Kyriz auf. Um 1500 hat sich die heutige Form durchgesetzt. – Dieser altertümliche Name wird zu einem Personennamen *Chyr*, der im Alttschechischen belegt ist, gestellt und lautete altpolab. *Chyrici* 'Leute des *Chyr*'.

Laage Kr. Güstrow, Bez. Schwerin; im hügeligen Grundmoränengebiet nördl. des Mecklenburgischen Landrückens, an der Recknitz, nordöstl. der Kreisstadt. 4800 E. – Altslawische Burg und Burgsiedlung; seit Ende des 12. Jh. Eindeutschung; Mitte 13. Jh. Stadtgründung durch die Fürsten von Werle (1271 oppidum). Produktions- und Versorgungszentrum des umliegenden Landwirtschaftsgebietes; Möbelwerkstätten. Wohnungsneubaugebiet nach 1945.

L. heißt 1216 Lavena, 1257 und 1291/92 Lawe; auch im 14. und 15. Jh. bleibt diese Form beständig, abgesehen von Latinisierungen wie z. B. 1297 Lawis (Lokativ). – Dem Namen liegt altpolab. *lava* 'Bank, Steg über das Gewässer' zugrunde. Für den schwach artikulierten Reibelaut *w* zwischen Vokalen konnte leicht ein Ersatzlaut eintreten, hier der niederdeutsche *ach*-Laut, für den *g* geschrieben wurde, weil ein solches *g* ihm in der Schrift entsprach.

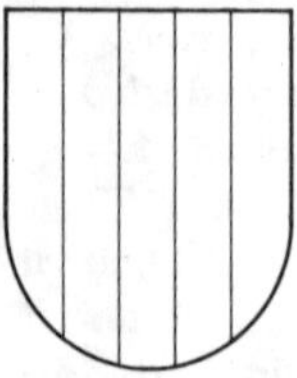

Landsberg Saalkreis, Bez. Halle; am Fuße des Kapellenberges am Strengbach, östl. der Bezirksstadt. 4500 E. – Frühmittelalterliche slawische Wallburg an einer Fernstraßenkreuzung; seit 10. Jh. markgräflich-wettinische Burg und Burgsiedlung; um 1200 Landgerichtsstätte (Landesberg = Kapellenberg mit Doppelkapelle); Burgflecken; → Städtchen seit etwa 1200.

Bevor L. seinen deutschen Namen erhielt, hieß der befestigte Berg altsorb. *Cholm*, er wird 961 in einer Urkunde Ottos I. civitas (Burgberg mit Siedlung) Holm genannt. Dieser Name wird auch von der 2 km entfernten Siedlung Gollma (1222 de Chulme, 1284 Kolmen, Golmen) bewahrt. Anzeichen deuten auf eine – vielleicht schon germanische – Kultstätte auf diesem markanten Landmal: Altsächs. mnd. *holm* 'Hügel', nordgerm. *holmr* '(hohe) Insel, Woge, See' (z.B. im Namen der Insel Bornholm, aus Burgund(ar)holm) beruht wie das aus dem Gotischen entlehnte slaw. *chъlmъ*, altsorb. *chołm*, obersorb. *chołm* 'Hügel' auf alteurop. **k̥lm-* 'hoch ragen, Hügel'. – Das seit Mitte des 12. Jh. sehr häufig bezeugte *Landsberg* im Sinne von '*Landesburg*, landesherrliche Festung' führten die wettinischen Markgrafen von Meißen ein, die seit 1150 das Suburbium zur Stadt erweiterten. Als Schreibungen begegnen Landesberc, -berg, -berch, -perg, -bergk, Landisberg usw.; verkürztes Landsberg(k) zuerst 1636. Vgl. auch Altlandsberg.

Langensalza, Bad Kreisstadt, Bez. Erfurt; im Westen des Thüringer Beckens, an den Vorhöhen des Hainich, an der (ehemaligen) Salza dicht vor deren Mündung in die Unstrut. 16500 E. – Altthüringisches Dorf; im 8./9. Jh. Reichsgut, Grafensitz; später Herrensitz; seit Ende 12. Jh. landgräflich-thüringische Burg und Burgflecken; → Stadt nach 1200 (1268 oppidum, 1282 civitas). Seit 1811 Schwefelquelle, zu Kurzwecken genutzt: „Bad" L. seit 1956.

Um 800/810 schenkt ein in Westthüringen reich begüterter Graf Erpho Einkünfte in Saxahu [wohl Salzahu zu lesen] an Kloster Fulda, die 876 in Salzahu bestätigt werden. Für vor und nach 900 erscheint Salzaha bzw. Salza in den um 1155/65 zusammengefaßten Schenkungslisten desselben Klosters. Das Kloster Hersfeld erhält 932 in Salczaha im Tausch Reichsgut von König Heinrich I. Noch (um)

1130, 1142, 1157, 1182 ist diese Namenform Salzaha bezeugt, 1212 sogar einmal Salzach; nach 1200 erscheint dann nur noch Salza, Salcza u. ä. Der differenzierende Zusatz *Langen-* taucht seit dem 16. Jh. auf: 1579 Langensalza. – Salza ist demnach der 'Ort *an der Salzach, dem Salzbach, der Salza*'. Es mußte später vor allem von *Salza*, heute Stadtteil von Nordhausen (um 800 ebenfalls Salzaha), unterschieden werden. Zu vergleichen ist die *Salz* (rechts zur Kinzig/Mainfranken: 810 in Salzaha). Vgl. auch Bad Salzungen und Salzwedel.

Langewiesen Kr. Ilmenau, Bez. Suhl; am Nordrand des Thüringer Waldes, im Quellgebiet der Ilm, östl. der Kreisstadt. 4000 E. – Slawische Kleinlandschaft mit Rodungssiedlungen um 900; Eindeutschung im 12. Jh.; Dorf; → Flecken Ende 15. Jh. (Bergbau); Stadt seit 1855.

Das obere Ilmtal gehörte im 10. Jh. zum Längwitzgau (pagus) Languuizza, wo 932 Heinrich I. einen Ort mit Kloster Hersfeld tauschte. Der Name dieser Kleinlandschaft (1108, 1114 und 1147 Lancwizi geschrieben), die nach dem altsorbischen Namen der oberen Ilm **Lǫkavica* 'Wiesenbach' oder 'Wiesenland', zu altsorb. *lǫka*, obersorb. *łuka*, ursprünglich 'Flußkrümmung', dann 'Aue, Flußwiese', benannt war, wurde gegen Ende des 12. Jh. eingedeutscht: Als Übergangsform erscheint 1198 Longewissen für unseren Ort, 1247 in Languize, 1322 von der Langewissen, 1434 Langewesen und 1496 dorff zur Langenwiszen. Diese Eindeutschung war möglich, weil ahd. *wisa*, mhd. *wise* 'Wiese' den Kurzvokal *i* hatten. Die Mundart sprach auch nach der Dehnung *wēse*. Ein Quellbach der Ilm (durch Stützerbach) heißt noch heute die Lengwitz (Längwitz). Vgl. auch Oberlungwitz.

Lassan Kr. Wolgast, Bez. Rostock; am Peenestrom und Festlandrand gegenüber der Insel Usedom, südöstl. der Kreisstadt. 2300 E. – In slawischer Zeit Hauptort der Landschaft Lesane; mit Burg und Burgsiedlung; nach 1200 Stadtanlage durch die Herzöge von Pommern (1291 civitas, 1299 oppidum).

Seit 1136 tritt relativ oft das Land (provincia, terra) Lesane in der Überlieferung auf: 1136 Lesane, 1168 und 1184 Lessan, 1236, 1295 Lassan, 1256 Lessan; der Ort heißt 1184 (de) Lassan, ebenso 1291, 1299 und 1331. – Der Name gehört zu altpolab. *lěs* 'Wald' und bezeichnete die Siedler am, im Walde (*Lěšane*). Der Fisch im Wappen bezieht sich auf die Boddenfischerei.

Laucha Kr. Nebra, Bez. Halle; im Tal der unteren Unstrut, südöstl. der Kreisstadt. 3300 E. – Altthüringisches Dorf, im 12./13. Jh. mit Herrensitz (Vogtei); nach 1300 → Flecken (1378 oppidum).

Die Erstnennung von 1124 als Lochowo steht leider in einer späteren Kopie und dürfte entstellt worden sein, da für das jüngere *au* nur ahd. mhd. *ū* vorausgesetzt werden kann, das sich auch in fast allen folgenden Belegen zeigt: 1186/90 in Luchowe, ebenso 1245, 1267, 1271. 1350 und 1378 steht Luchow geschrieben, 1465 zu Luchawe. Die *au*-Schreibung setzt erst um 1500 ein. – So gut ahd. *louh* 'Lauch(pflanze)' für die Flußauensiedlung sachlich passen würde, so widerspricht doch die vorherrschende *u*-Schreibung und die heutige *au*-Form dem Ansatz dieses Etymons; auch altsorb. *luk* 'Lauch (Allium)' muß ausscheiden, da der velare Auslaut ein Reibelaut und kein Verschlußlaut war. Dagegen darf altsorb. *lǫg, lug,* obersorb. *łuh* 'Grassumpf, Wiesenland, Bruch' herangezogen werden, das als *Lūch* ins Deutsche entlehnt wurde (mnd. *lūch*); vgl. auch Doberl*ug*-Kirchhain, Lauchhammer; ebenso ein Wald bei Thallwitz, Kr. Eilenburg; 1184 silua quae Luch dicitur, sowie ein Wald um 1165 bei Leipzig: silva Lvch. Eindeutig zu ahd. *louh* gehören dagegen *die Laucha* bei Gotha/Waltershausen (alt Louchaha) und bei Bad *Lauchstädt* (vgl. dort).

Lauchhammer/(Železaŕnja) Kr. Senftenberg, Bez. Cottbus; an der (kanalisierten) Schwarzen Elster, südwestl. der Kreisstadt. 24000 E. – Ursprünglich Hammerwerk des 16./17. Jh., seit 1725 Eisenhütte; weiterer Ausbau im 19./20. Jh.; durch Zusammenschluß mehrerer Dorfgemeinden mit der Werksiedlung und dem Städtchen Mückenberg Erhebung zur Stadt 1953. Heute Großkokerei mit Ferngasproduktion und Werk des Schwermaschinenbaus.

1725 heißt es 'Lauchmühle, jetzt Hochofen', und 1791 'Lauchhammer ist ein hoher Ofen mit fünf dazugehörigen Hammerwerken, auch vielen Wohn- und Fabrikgebäuden'. – Die Zusammensetzungen sind mit altsorb. *lug,* obersorb. *łuh* 'Grassumpf usw.' gebildet, das ins Deutsche als *Lūch,* entlehnt und mit dt. *Lauch* identifiziert wurde. Vgl. auch Dober*lug*-Kirchhain und Laucha.

Mückenberg ist seit 1353 als Mu(g)kenberg, Mucken-, Mukkenberg bezeugt und ist zweifellos zu mhd. *mücke, mucke* 'Mücke' (Insekt) zu stellen. Offen bleiben muß wohl, ob altsorb. **Komarov* o. ä. vorausging, zu altsorb. *komar* 'Mücke', das in den beiden Lausitzen öfter als

Ortsname begegnet (Commerau u.ä.). – Der heutige sorbische Name nimmt auf die Eisenschmieden (obersorb. Železaŕnja) Bezug.

Lauchstädt, Bad Kr. Merseburg, Bez. Halle; im leicht welligen Lößgebiet westl. der Kreisstadt, an der Laucha. 5000 E. – Altthüringisches Dorf; im hohen Mittelalter mit Burg, später Schloß; Burg- bzw. Marktflecken seit 13. Jh.; → Städtchen (1341 oppidum).

Im Hersfelder Zehntverzeichnis des 9. Jh. steht Lochstat, 1053 folgt Lochestede, -stide, 1088 Locstede maior (Gosecker Klosterchronik), 1176 in parvo Lohstedi, 1206 Louchstide, 1270 Locstede, 1291 Lokstete, 1318 von Lokstede, 1357 schließlich Louchstete. – Die Namenüberlieferung des Ortes spiegelt seine Lage im ehemaligen niederdeutsch-hochdeutschen Übergangsgebiet; die im Erstglied enthaltene Pflanzenbezeichnung lautete hd. *louh* 'Lauch' und altsächs. mnd. *lōk* 'Allium, Porrum'; außerdem wurde hd. *ou* im Niederdeutschen zum Monophthong *ō*, daher die Formenvielfalt.

Lauenstein Kr. Dippoldiswalde, Bez. Dresden; im oberen Osterzgebirge, an der oberen Müglitz, nahe der Staatsgrenze zur ČSSR. 1000 E. – Markgräflich-meißnische Burg und Burgsiedlung an alter böhmischer Paßstraße vom Ende des 12. Jh.; nach 1300 → Städtchen.

L. ist ein typischer hochmittelalterlicher Burgname, der auf die Burgsiedlung überging: 1241 wird Christianus de Lewensteine als Urkundenzeuge angeführt, 1320 die Burg (castrum) Lewenstein genannt. Die Form Lauwenstein taucht zuerst 1372 und 1410 auf. – Das Erstglied enthält das ritterliche Wappentier des Löwen, für den es Formen mit und ohne Umlaut im Mittelhochdeutschen gab: *louwe* und *lö(u)we*, letzteres entrundet und geschrieben *lewe*, ersteres später *laue*; auch poetisch der *Leu*. Das Wappen der Stadt zeigt den einen Felsen erklimmenden Löwen.

Lauscha Kr. Neuhaus am Rennweg, Bez. Suhl; im südöstl. Thüringer Wald, im Engtal des Lauschabaches, südl. der Kreisstadt. 4700 E. – Ursprünglich Glashüttensiedlung vom Ende des 16. Jh.; Anwachsen durch Entwicklung der Kunstglasindustrie im 19./20. Jh.; Stadt seit 1958.

Der Stadtname knüpft an den älteren Bachnamen an,

dieser ist 1540 als die Lauschnitz überliefert, 1545 (zu 1366) die Lutzscha. Die Glashüttengründung erfolgte 1595 'gegen der fauhlen Lauschaw', 1627 und 1659 die faule Lausche, 1601 in der Lauscha, 1720 auf der Alten Lautzsche. – Wahrscheinlich liegt ein altsorbischer Bachname, der zu *luka* 'Wiese' gebildet wurde (*Lučina, Luče?*), zugrunde.

Lausick, Bad Kr. Geithain, Bez. Leipzig; im Südosten der Leipziger Tieflandsbucht, nördl. der Kreisstadt. 6300 E. – Im 10./11. Jh. altsorbischer Weiler mit deutschem Herrenhof; 1096 Gründung einer Mönchszelle des Klosters Pegau durch Wiprecht von Groitzsch; 1105 ff. deutsche Zusiedlung, Befestigung und Marktanlage (1158 munitio, forum); → Städtchen um 1200. Kurort für Herz- und Kreislauferkrankungen (Badviertel); Arbeiterwohnort. Schamotteindustrie.
Die Mönchszelle wurde 1096 in Luzke gegründet, 1104/05 siedelten sich hier mainfränkische Bauern und Handwerker (St. Kilianskirche in L. verweist auf das Würzburger Bistum) in Luziki, Luzeke an; 1158 ist Luzeche befestigter Marktort. Es folgen die Nennungen bzw. Schreibungen 1181 Luzic, 1218 Luzich, 1230 Lůzic, 1233 de Luzhc, 1414 Lußigk; diphthongierte Schreibungen seit 1473 Lausigk, Lausg. – Altsorb. *Lužk* bezeichnete die sumpfige Wiese. Die Schreibungen *-ch* und *-g* im Auslaut spiegeln den mundartlichen *(i)ch*-Laut. Vergleichbar ist auch *Lausigk* östl. von Köthen (1302 Luzic, 1330 Luszk).

Lauta/Łuty Kr. Hoyerswerda, Bez. Cottbus; im niederlausitzischen Braunkohlenabbaugebiet zwischen Senftenberg und der Kreisstadt. 8100 E. – Sorbisches Dorf des hohen Mittelalters. Seit spätem 19. Jh. Industrialisierung; 1917–1919 Errichtung des „Lautawerks" (Aluminiumproduktion, Kraftwerk); weiterer Ausbau nach 1945; Stadt seit 1965.
1374/82 verzeichnet das Zinsregister des Klosters Marienstern bei Kamenz Einkünfte in Luthe, 1446 heißt es zur Lutte, 1447 zur Luten. Von 1461 an wird der Diphthong *au* auch geschrieben: 1461 dy Lawt, 1495 Lawthe, 1505 gen Laute, 1555 zur Lautten; erst 1768 Lauta. – Das Stadtsiegel von 1738 zeigte als „redendes" eine *Laute*, doch ist dies sicher eine Ein- und Umdeutung des altsorbischen Namens, den man am ehesten zu *lut* 'Lindenbast' stellen kann. Ein Personenname *L'ut* kommt weniger in Betracht.

Lauter Kr. Aue, Bez. Karl-Marx-Stadt; im westl. oberen Erzgebirge, in einem Seitental zum Schwarzwasser, dicht südöstl. der Kreisstadt. 7700 E. – Erzgebirgisches Bauerndorf vom Ende des 12. Jh.; später Bergbau- und Flößerort. Seit dem 19. Jh. Industrialisierung; 1962 Stadt. Heute mit Emaillierwerk, Maschinenbau- und Metallverarbeitungsbetrieben, holzverarbeitende Industrie.
Wie oft ist auch hier ein Bachname, *die Lauter*, das Ursprüngliche: 1464 heißt aber bereits auch der Ort die Luter und einmal Luterawe. Diphthongschreibung beginnt mit 1501 Lawter, 1536 Lauder, 1590 Lauttera. – Es liegt ein **Lūteraha* zugrunde, zum Adjektiv mhd. *lūter* 'rein, klar'. Vergleichbar sind auch *Lauterbach*(-Steinbach), Kr. Grimma (1350 Lutirbach) und mehrere andere Lauterbach im Land Sachsen. Da *-aha* in Sachsen im 12./13. Jh. nicht mehr zur Bachnamenbildung verwendet wurde, ist mit Namenübertragung aus dem deutschen Altland zu rechnen (etwa *Lauter* in Unterfranken und bei Bad Kissingen, auch im Kr. Gießen).

Lebus Kr. Seelow, Bez. Frankfurt; auf einem Höhenrand über dem westl. Oderufer, nördl. der Bezirksstadt. 1800 E. – Älterslawische Burg mit Burgmarkt (Fernhandelsmarkt) und Burgbezirk (Land Lebus beiderseits der Oder) seit dem 8./9. Jh., nahe altem Fernstraßenübergang über die Oder; Bistumssitz 1112/33 bis 1555; Burgflecken des 12. Jh. (suburbium), durch Planstadt um 1200 nach Osten hin erweitert durch den schlesischen Herzog (1226 civitas); Bedeutungsmäßig Vorgängerin von Frankfurt (Oder); von diesem seit 1253 überflügelt (1354 oppidum, castrum, vicus). Im April 1945 hier hart erkämpfter Oderübergang der Roten Armee (Ehrenfriedhof für 4 000 gefallene Soldaten).
Fraglich bleibt die Zuweisung der von Adam von Bremen um 1075 genannten Leubuzzi zu unserem Ort. Seit Beginn des 12. Jh. erscheint Lubus sehr häufig in Urkunden und Chroniken, seltener Lubusz. Neben Lubuß (so noch 1442) setzt sich seit 1250 jedoch zunehmend die *e*-Form durch: Lebus, Lebuz, jedoch nur in deutschen Urkunden. Möglicherweise ist der Burgbezirksmittelpunkt mit dem zu 823 genannten Wilzenfürsten *Liubus* in Verbindung zu bringen. – Der Name beruht auf dem altpolabischen Personennamen *L'ubuš*, der auch im Namen *Liubusua*, einem nicht sicher lokalisierten Ort, den Thietmar von Merseburg in seiner Chronik nennt, enthalten ist. Vergleichbar ist *Lebusa*, Kr. Herzberg.

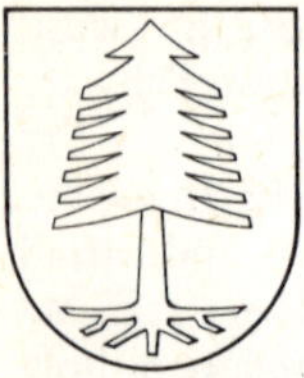

Lehesten Kr. Lobenstein, Bez. Gera; am Nordwestrand des Frankenwaldes, westl. der Kreisstadt, an der Staatsgrenze zur BRD. 2000 E. – Rodungsdorf des ausgehenden 12. Jh. Durch Schieferabbau seit 15./16. Jh. → Flecken; 1651 mit städtischen Rechten.

In leider erst späteren Kopien zu Urkunden von 1071 und 1074 wird Lesten und Lestini, Laestin erwähnt. Danach ist es wieder 1124, 1294 und 1415 als Lesten bezeugt. – Es handelt sich anscheinend um einen alten Waldnamen, der auf altsorb. *lěščina* 'Haselgesträuch' beruht. Vergleichen lassen sich *Lehesten* bei Jena und eine gleichnamige Wüstung nahe Zeitz (1321 Lestin bzw. 1157 Lesten), auch ein Ortsteil von Göritz südl. von Schleiz trägt diesen Namen.

Leimbach s. Mansfeld

Leinefelde Kr. Worbis, Bez. Erfurt; im thüringischen Eichsfeld, an der oberen Leine, nördl. des Dün, südwestl. der Kreisstadt. 12 200 E. – Dörfliche Siedlung des 11./12. Jh. an alter West-Ost-Straße entlang der oberen Leine. Starkes Anwachsen durch moderne Textilindustrie nach 1945; Stadt seit 1961.

L. scheint – wie viele Namen auf *-feld(e)* – auf den ersten Blick nach dem Oberlauf der *Leine* benannt zu sein, an dem es liegt; allerdings weichen die Namenformen des Flusses von denen der Stadt deutlich ab: 10. Jh. Lagina, 1001 Lagena, 1062 Loina, 1065 Leine, 1272 Leyna usw.; daher ist die Vermutung wohl richtig, daß der Stadtname erst nachträglich an den Flußnamen angeglichen worden ist. Die Belege für ihn lauten: 1227 Lockine-, Loykenefelde, Lokenvelt; 1290 in Lokinevelde, 1339 in Lockenefelde; 1308 Leuckenvelth, 1312 Leuckenefeld, 1534 Leukenfelde und erst 1600/08 Leinefelde. – Besteht tatsächlich kein Zusammenhang mit dem *Leine*-Namen, der erst weiter flußabwärts gegolten haben könnte, müßte man an eine andere örtliche natürliche Gegebenheit anknüpfen, evtl. an einen zu erschließenden anderen Namen für diesen Quellabschnitt der späteren Leine: Da diese hier einen großen Bogen beschreibt, an dem der Ort liegt, könnte auch der Name dieses Bogens für den Ortsnamen bestimmend gewesen sein. In diesem Falle bietet sich indoeurop. **leug-/*loug-/*lug-* 'biegen' als Ausgangspunkt an, das auch in nhd. *Locke* 'Haarlocke' vorliegt, evtl. auch in hd. *Leuchse, Leichse* 'gebogene Wagenstange, Runge'. Der alteuropäische Name der *Lahn*, alt *Logana*, vielleicht durch Brechung aus **Lugana* entstanden, wäre dann von der indoeuropäischen Tiefstufe derselben Wurzel, nämlich **lug-*, gebildet. Ein ursprüngliches **Lougina* 'gebogener Fluß, Flußbiegung', germ. **Laukina* konnte mit Umlautung dt. **Loikine, Leukene* ergeben.

Leipzig Bezirks- und Kreisstadt, Stadtkreis und Landkreis; im mittleren Süden der DDR und im Zentrum der Leipziger Tieflandsbucht, am Zusammenfluß von Weißer Elster, Pleiße und Parthe. 564000 E. – Altsorbische Auenrandsiedlung seit etwa 800; seit 10. Jh. mit deutscher Burg, mit Burgflecken (Burgmarkt am Brühl); Niederlassung von Kaufleuten vor 1150; Zusammenschluß mehrerer Siedlungsstellen und planmäßige Stadtgründung um 1160/70 durch den Markgrafen von Meißen; rasche Entwicklung zum Fernhandelsmarkt und zur Messestadt; Universitätsstadt seit 1409; Entwicklung zur Großstadt seit 1871. Zentrum der deutschen Arbeiterbewegung; Bezirksstadt seit 1952.
In der ältesten Überlieferung des Stadtnamens wechseln Formen mit auslautendem *-k* und Formen ohne auslautendes *-k* miteinander ab: Thietmar von Merseburg schreibt 1015 und 1017 zweimal Libzi, die Pegauer Klosterannalen wiederholt Libiz (zu 1080 und 1189). Der Stadtbrief von etwa 1165 und Urkunden von 1190 und 1200 bieten Lipz; die Merseburger Bischofschronik hat nebeneinander um 1220 Lipz, Lypcz und Liptzick. Ab 1210 fehlt das auslautende *-k* bzw. *-c* nicht mehr: 1210 Lipczk, 1217 Lipzc, in Libzke, 1220 in Lipske, 1255 Libzc, 1291 Lipzk, 1329 Lypzic, 1350 Lipzcik, Lipczk, Lipgzcig. Die diphthongierenden Schreibungen beginnen 1430 mit Leipczke, 1459 Leipczigk, 1464 Leypczk. – Zugrunde liegt altsorb. *Lipsk(o)* bzw. *Lipc* 'Ort, wo Linden wachsen', zu altsorb. *lipa* 'Linde'. Das gleiche Benennungsmotiv liegt vor im Stadtteilnamen Leipzig-*Lindenau.*

Leisnig Kr. Döbeln, Bez. Leipzig; am Nordrand des mittelsächsischen Berglandes, auf südl. Steilhang der Freiberger Mulde, westl. der Kreisstadt. 10200 E. – Burg und Burgsiedlung, Burgbezirk (Burgward) in altsorbischer und frühdeutscher Zeit (8.–10. Jh., 10.–12. Jh. Reichsburg); Burggrafensitz seit etwa 1150; erste Stadtanlage durch diese um 1160/80 (1214 oppidum = Altleisnig); nach 1200 obere Neustadt.
Als Burgwardort und Reichsgut tritt Lisnich 1046, als Lisenic dann 1147 und 1158, 1188 die Burg Liznich selbst in der Überlieferung hervor. Auch die Pegauer Annalen erwähnen Liznich zu 1083 und

1090. Wohl verschrieben ist Licendice im königlichen Tafelgüterverzeichnis von etwa 1158/1200. Ansonsten lauten die häufigen Schreibungen vom 12. bis zum frühen 15. Jh. Liz(e)nik, Liznic, Lis(e)nik, Liznech, Lyzenich, Liznich usw. Dem geschriebenen Diphthong *ei* begegnen wir seit 1486 Leissnigk, 1555 Leißnick. – Es liegt wohl altsorb. **Lyśnik* 'kahle Stelle (im Waldgebiet)', zu *lysy* 'kahl', zugrunde; weniger wahrscheinlich ist **Liśnik* zu *lis* 'Fuchs'. Zu vergleichen ist *Leisling* bei Weißenfels (1133 de Lizinik).

Lengefeld Kr. Marienberg, Bez. Karl-Marx-Stadt; im mittleren Erzgebirge, auf einer Höhe dicht westl. der mittleren Flöha, nördl. der Kreisstadt. 3300 E. – Rodungsdorf des späten 12. Jh. mit Burg Rauenstein; → Burgflecken und Städtchen im 13. Jh.; Bergbauort im 15./16. Jh.

L. ist 1360 als Lenginfelt, 1369 als Lengefeld, 1495 als Langenfeld bezeugt. – Neben dem Adjektiv ahd. mhd. *lang* stand ein *lengi* 'lang', also 'zum langen Felde'. Möglicherweise wurde damit auch substantivisch die 'Ackerlänge', hier die langen Waldhufenstreifen, bezeichnet. Vergleichbare Namen sind im altdeutschen Raum bereits seit dem 9. Jh. bezeugt. Hingewiesen sei auch auf altisländ. *lengja* 'Riemen, Streifen'. Vgl. auch Lengenfeld.

Lengenfeld Kr. Reichenbach, Bez. Karl-Marx-Stadt; im nordöstl. Vogtland, auf der Anhöhe über dem Südufer der Göltzsch, südöstl. der Kreisstadt. 7800 E. – Rodungsdorf des ausgehenden 12. Jh.; → Marktflekken im 15./16. Jh.; Städtchen 1764.

Der Ortsname blieb seit seiner ersten Überlieferung fast unverändert: es wechseln nur Lenge- und Lengenfeld, -felt (1419, 1430, 1448, 1460). Die *en*-Form hat sich seit dem ausgehenden 15. Jh. durchgesetzt. – Zur Namenerklärung vgl. Lengefeld.

Lenzen Kr. Ludwigslust, Bez. Schwerin; am Ostrand der breiten Aue der Niederelbe, an der Löcknitz, nordwestl. von Wittenberge. 3000 E. – Altpolabische Burg und Burgsiedlung im frühen Mittelalter; nach 1150 deutsche Burg; Burgflecken; → Stadt 1252. Alte Elbzollstätte.

Die Eroberung der Burg Lenzen 929/30 wird von Widukind von Corvey und Thietmar von Merseburg und den Quedlinburger Annalen vermerkt, doch weicht die Schreibung des Namens durch diese drei von den folgenden stark ab: Lunzini civitas, Lunkini urbs. Die *k*-Schreibung beruht auf dem altniederdeutschen Lautwandel von *k* >*z* vor palatalen Vokalen und seiner – in unserem Falle wohl unberechtigten – Rückbildung in der Schriftsprache (Zetazismus). Auch die Schreibungen Leontium und Leontia Adams von Bremen (um 1065, zu 1043 und 1066) und in seiner Nachfolge Helmolds von Bosau und des Annalisten Saxo, stellen zweifellos Latinisierungen dar. Es folgen dann seit 1219 nur Varianten der jüngeren bzw. heutigen Form: Len(c)zin, Len(t)zen, Lentzin, Lentsin. – Bei Leontia haben die obengenannten Autoren offensichtlich lat. *leo, leonis* 'Löwe' eingedeutet. – Es liegt altpolab. *Ląčno* zu *łąka* 'Bucht, Wiese, Aue', an der die Burg lag, vor.

Leuna Kr. Merseburg, Bez. Halle; am linken Ufer der mittleren Saale, dicht südöstl. der Kreisstadt. 10100 E. – Im Mittelalter altsorbischer Weiler; nach 1200 eingedeutscht. 1916 ff. Anlage und Ausbau der Leunawerke; nach 1945 VEB, Kombinat, Großbetrieb der chemischen Industrie; 1930 Eingemeindung der Dörfer Ockendorf, Rössen, Göhlitzsch, Daspig und Kröllwitz; 1945 Stadt.

Von 1169 an ist bis 1345 Lunowe bezeugt; bereits im Jahr 1345 wird der Umlaut des *u (ü)* bzw. der daraus entstandene Diphthong *eu* angezeigt: in Luͤnow. Noch 1545 heißt es in Visitationsprotokollen der Kirche Lunaw, Lunau und Luͤna. Erst die Oederkarte von etwa 1600 hat Leuna. – Der altsorbische Name *Lunov* gehört zu einem Wort *lun*, das einen Raubvogel (die Gabelweihe) bezeichnet, doch kann auch der dazugehörige Personenname *Lun* gemeint sein. Es könnte jedoch auch ein germanisches Wort mit der Bedeutung 'dunkler Boden bzw. Wasser' zugrunde gelegen haben.

Leutenberg Kr. Saalfeld, Bez. Gera; im waldreichen Thüringer Schiefergebirge, an der Sormitz, südöstl. der Kreisstadt. 2000 E. – Burg mit Burgflecken seit nach 1150; → Städtchen im 13. Jh. (1326 hus unde stad). Im Spätmittelalter Kupferbergbau; Forstwirtschaft; Luftkurort.

1187 sitzt auf der Burg L. ein Heinricus de Lutenberc, 1239 ein Hermannus de Lutenberhc; 1326 sind Burg und Stadt Lutinberg genannt. Die weiteren Belege lauten: 1266, 1340, 1417 Lut(t)enberg, 1361 Lutenberc, 1375 Lutinberg und erst vom späten

15. Jh. an Leutenberg. – Obwohl keine Schreibung *Liuten-*, zu mhd. *liute* 'Volk, Leute, Gefolge', bezeugt ist, darf man dieses Wort im Erstglied ansetzen, da *iu-* und *u-*Schreibungen auch in den Personennamen zu diesem Wortstamm ständig wechseln. Fraglich bleibt nur, ob hier ein Personenname *L(i)uto* oder die Gattungsbezeichnung vorliegt, was nicht sicher entschieden werden kann. Ein anderes *Leutenberg* liegt im Fichtelgebirge bei Grafenreuth (BRD).

Lichtenstein Kr. Hohenstein-Ernstthal, Bez. Karl-Marx-Stadt; im westl. Erzgebirgischen Becken, südwestl. der Kreisstadt. 14 500 E. – Deutsche Burg mit Burgdorf des späten 12. Jh. am Rödlitzbach; → Städtchen im 15. Jh. (1497 stetlein); Neustadt mit Namen Callnberg 1708 angelegt; 1920 beide vereinigt.

Ein typischer Burgname des hohen Mittelalters: Er enthält das Adjektiv *licht*, mhd. *lieht* 'strahlend, hell', bedeutet also 'zur helleuchtenden Felsenburg'. Die Schreibungen variieren nur wenig: 1240 de Lychtenstein, 1261 Lic[h]tinsten, 1286 Lichtenstein, 1411 zum Lichtinstein usw.
Callenberg heißt 1720 Städtlein Callenberg, 1750 Cahlenberg; dieses wurde nach der Frau des Gründers, des Grafen von Schönberg, einer Gräfin *von Callenberg* benannt.

Liebenstein, Bad Kr. Bad Salzungen, Bez. Suhl; am Westrand des Thüringer Waldes, im Grumbachtal, östl. der Kreisstadt. 3 700 E. – Zusammengewachsen aus den Dörfern Grumbach und Sauerborn; darüber spätmittelalterliche Burg L. der Herren von (Alten)stein; Marktrechte seit 1715; 1801 Gesamtgemeinde L. Kurbad seit 1907; Volksheilbad seit 1947; 1959 Stadt. Kurort für Herz- und Kreislauferkrankungen.
Die zahlreichen Familien von Stein, die seit dem 12. Jh. urkundlich erwähnt werden, können nicht sicher mit bestimmten Burgen des südl. Thüringer Waldes und seines Vorlandes identifiziert werden. Bei den im 14. Jh. mehrfach erwähnten Liben-, Libinstein handelt es sich um *Liebenstein* bei Ohrdruf-Plaue am Nordhang des Gebirges. 1360 erhalten die Herren von Stein auf Altenstein die Belehnung mit Libenstein vom Landgrafen, 1468 saß Hannß vom Steyne zum Liebensteyne. – *Grumbach* erscheint im 14. Jh. in der Überlieferung, um 1590 ist die Siedlung *Sauerborn* entstanden, die Urzelle des heutigen Volksbades. – Zur Namenerklärung vgl. Liebenwalde, auch Bad Liebenwerda, Liebstadt.

Liebenwalde Kr. Oranienburg, Bez. Potsdam; an der Mündung des Finowkanals in die obere Havel, nordöstl. der Kreisstadt. 3100 E. – Burgwall mit Siedlung der Havelslawen vor 1147; Errichtung der Markgrafenburg L. um 1230; Burgflecken; → Städtchen im 13./14. Jh. (1349 civitas).

Die Formen lauten: 1244 ff. de Levenwalde, 1255 Lievenwalde, 1270 und 1322 in Levenwolde, 1500/36 Liebenwald. – L. ist ein ursprünglicher Burgname: 'zum geliebten, liebenswerten Sitz im Waldgebiet', zu mhd. *liep, -b-*, mnd. *lēv* 'lieb'; nd. *-wold* 'Wald'; die hochdeutsche Namengestalt setzte sich als die amtliche durch. Vgl. auch Bad Liebenstein, Bad Liebenwerda, Liebstadt.

Liebenwerda, Bad Kreisstadt, Bez. Cottbus; in der Niederung an der Schwarzen Elster, im Südwesten der Niederlausitz. 6800 E. – Deutsche Wasserburg und Burgsiedlung Ende des 12. Jh.; Burgflecken; → Stadt im 13. Jh. (1301 civitas). Eisenmoorbad seit 1905.

1231, 1243, 1253 und 1304 wird Livenwerde, Liuenwerde geschrieben, 1301 Liebenwerde, 1350 Lybenwerde. – Zum Zweitglied vgl. Bischofswerda, Elsterwerda, Hoyerswerda, zum Erstglied auch Liebenwalde, Bad Liebenstein, Liebstadt. Der schwache Verschlußlaut *b* wurde mundartlich als *w* gesprochen, deshalb erscheint in einigen Schreibungen dafür *v* oder *u*. – Im Wittenberger Ordiniertenbuch ist 1569 Ruko als Name der Stadt überliefert, sorb. *Rukow*, zu *ruka* 'Hand, Arm'.

Lieberose/Luboraz Kr. Beeskow, Bez. Frankfurt; in der nordöstl. Niederlausitz, südöstl. des Schwielochsees, südl. der Kreisstadt. 1700 E. – Alte niedersorbische dörfliche Siedlung, seit etwa 1200 eingedeutscht; Stadtgründung durch den wettinischen Markgrafen um 1250; mit Wasserburg der Herren von Strehla (1301 castrum et oppidum, 1302 civitas).

Die Überlieferung entspricht der heutigen niedersorbischen Namenform; zunächst schwankt die Auslautschreibung zwischen *-s* und *-(c)z*: 1272 de Luberase, Lubraz; 1295 Luberas, Lůberatz, 1300 Lvberacz, 1301 ff. Lubraz, 1377 zu der Lubras, 1387/88 zur Lubrase; 1399 Lobrase, 1476 Loberoß, 1504 Lobroß. Das Erstglied erscheint in heutiger Gestalt ab 1620 Liebroß, 1666 Lieberosa. Die niedersorbische Form ist weiter beständig: 1550 Lubrase, 1761 Luboras. – Es liegt altsorb. *L'uboraz* 'Ort des *L'uborad*', derselbe Bildungstyp wie bei *Cottbus* (vgl. dort), zugrunde. Zur Umdeutung des zweiten Namenteils vgl. auch *Müllrose*; vergleichbar ist auch *Liebersee*, Kr. Torgau (1378 Luberaz, -roz).

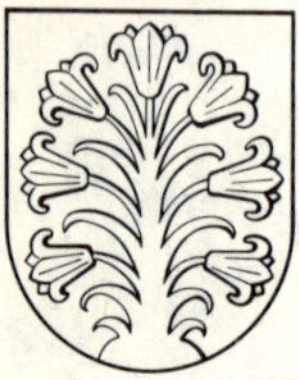

Liebstadt Kr. Pirna, Bez. Dresden; im Osterzgebirge, am Seidewitzbach, südwestl. der Kreisstadt. 1200 E. – Deutsche Burg mit Burgflecken um 1200; → Städtchen um 1250 (1286 civitas, 1455 slos und stetchin).

Auf 1286 Libenstat folgen 1338 Libinstat und 1455 Libenstat; 1492 heißt es Liebestadt, 1501 zur Libstat. – 'Zur *lieben* Wohnstatt', vergleichbar ist *Liebstedt* bei Buttelstädt, Kr. Apolda (1378 Libinstete). Vgl. auch Bad Liebenstein, Liebenwalde, Bad Liebenwerda.

Limbach-Oberfrohna Kr. und Bez. Karl-Marx-Stadt; im Südwesten des mittelsächsischen Hügellandes, westl. der Bezirksstadt. 24600 E. – Doppelstadt, 1950 gebildet aus Limbach, Oberfrohna (einschließlich Rußdorf); alle drei deutsche Bauerndörfer um 1170, mit Herrensitzen; infolge Einführung der Textilindustrie (Strumpfwirkerei, Weberei und Spinnerei) nach 1700 Verstädterung: Limbach Marktflecken 1795; Oberfrohna mit Rußdorf Stadt 1935; Zusammenschluß seit 1950. Vor allem Wirkwaren- und Trikotagenherstellung (Malimotechnik, hier entwickelt).

Limbach zeigt nur geringe Schreibvarianten: 1351 ff. Limpach, Lympach, Limbach. – Sicher der 'Ort am mit *Linden* bestandenen Bach', da der ehemalige Dorfbach denselben Namen trug. Die Lautgruppe *-nd(en)b-* wurde zu *-mb-* assimiliert; *p* ist nur hyperkorrekte Schreibung für *b*.

Oberfrohna hieß ursprünglich *Querfrohne*; um 1390 Twerchfrone, 1431 dy Twerichfrone, 1459 Qwerchfrone; seit 1501 Obir Frone, 1555 Oberfhronn, 1820 Oberfrohna. Der Name bezeichnete das zum älteren *Niederfrohna* querliegende bzw. höhergelegene *Frohna*. – Mhd. *vrōne* 'Herrendienst, Herrengericht', also der 'Ort, der zu *fronen* hatte' bzw. 'wo zu *fronen* war' oder der 'Ort mit dem Herrengericht' (mhd. *vrōnebote* 'Gerichtsbote'). Mhd. *twerh* 'quer' wandelte sich im 14. Jh. zu *querh*.

Rußdorf war das Dorf eines *Rudolf*: 1457, 1490 Rudelsdorf, 1540 Rusdorf.

Lindau Kr. Zerbst, Bez. Magdeburg; in der Nutheniederung nördl. der Kreisstadt. 1500 E. – Deutsche Burg mit altsorbischer dörflicher Vorgängersiedlung Ende 12. Jh.; → Burgflecken (1536 L. das Fleck); 1852 Stadt.

L. ist vor allem im Namen des hier ansässig gewesenen Grafengeschlechts bezeugt, das seinen Familiennamen mit in das brandenburgische Gebiet nahm (vgl. Lindow): Sie sind seit 1179 erwähnt als Herren (domini) de Lindow(e), Lyndow(e). Bereits 1152/85 findet das Lindauer Recht (ius Lindowis) Erwähnung. Im 14. Jh. dominiert Lindow, im 15./16. Lindaw. – Da *Lind-* nicht flektiert wurde (sog. echte Zusammensetzung, hier mit mhd. *ouwe* 'Aue, Land am Wasser'), sehen wir in ihm den Baumnamen *Linde*, mhd. mnd. *linde*, und nicht das Adjektiv mhd. *linde* 'mild, weich, freundlich', das wohl eher Lindenau ergeben hätte. Auch das Stadtwappen zeigt den grünen Lindenbaum.

Lindow Kr. Neuruppin, Bez. Potsdam; im Seengebiet nördl. des Rhinluchs, in der nördl. Mittelmark, östl. der Kreisstadt. 2800 E. – Um 1150 Fischerdorf zwischen Gudelack- und Wutzsee; Herrensitz der Grafen von Lindau (vgl. Lindau); → Marktflecken um 1250; mit Zisterzienserkloster (1375 oppidum, municio; 1525 Stettlein).

Die Schreibungen sind: 1298 Lyndow, 1307, 1375 u. ö. Lindow. – Im Gegensatz zu Lindau ist die Endung hier bei *-ow*, gesprochen *-ō*, geblieben, obwohl beide Namen infolge der Übertragung von der Nuthe hierher ins Ruppiner Ländchen identisch waren. Der Grund dafür waren die zahlreichen ursprünglich altpolabischen Namen auf *-ov*, die mit *-o(w)* eingedeutscht wurden, und analog auf deutsche Namen übergingen. – Zur Namenerklärung vgl. Lindau.

Löbau/Lubij Kreisstadt, Bez. Dresden; im östl. Oberlausitzer Bergland, am Löbauer Wasser und Löbauer Berg. 17500 E. – Neben deutschem Bauerndorf (Altlöbau) an der Straße Bautzen–Zittau–Liberec (Reichenberg) um 1200 Stadtgründung durch den böhmischen König (1221 oppidum, 1268 civitas). Textilzentrum, Nahrungsgüterproduktion. Verkehrsknotenpunkt.

In der Belegreihe für L. wechseln die *u*-Formen mit den *o*-Schreibungen: 1221 Lubaw, 1238 (latinisiert) de Lubavia, 1356 Lubow gegenüber 1306 czur Lobaw, 1420 Lobow, 1495 Loebaw, 1533 zur Lebau (mundartlich), 1565 Löbaw. 1568 und 1655 begegnen auch Liebe bzw. Liebau (mundartlich). – Diesem Ortsnamen liegt ein altsorbischer Personenname *L'ub(a)* zugrunde, zu dem häufigen Personennamenstamm *l'uby* 'lieb': *L'ubov* 'Ort des *L'ub(a)*. Vgl. auch Löbejün, Lübben, Lübbenau, Lübtheen, Lübz. Die obersorbische Namenform beruht dagegen wohl auf einer erweiterten Personennamenbildung *L'uběj*.

Lobeda s. Jena

Löbejün Saalkreis, Bez. Halle; am Südrand der Fuhneniederung, nördl. der Bezirksstadt. 3300 E. – Altsorbischer Burgwall mit Burgsiedlung und Burgbezirk; seit 10. Jh. deutscher Burgward; Burgflecken; → Städtchen im 13.–15. Jh. (1462 Rat bezeugt).
Schon 961 wird die Burg (civitas) Liubuhun in einer Urkunde König Ottos I. erwähnt; 1125 erscheint Lubechune und Lobechune, 1157 in Libichune, 1180 Liubechune, 1204 Liubicune, 1294 de Lebechunen, 1369 Lubechůn, 1487 Lebejhune. *e* und *i* sind Reflexe mundartlicher Lautungen (Entrundung und Senkung); *j* steht infolge seines Reibelautcharakters in der Mundart für den ursprünglichen *(i)ch*-Laut. – Der Ortsname geht auf altsorb. *L'ubochyńi* 'Ort des *L'uboch*' zurück. Dieses seltene possessivische Suffix *-yńi* hatte die gleiche Funktion wie die Suffixe *-in-*, *-ov-*. Zum Personennamenstamm vgl. Löbau, auch Lübben, Lübbenau, Lübtheen, Lübz.

Lobenstein Kreisstadt, Bez. Gera; am Nordrand des Frankenwaldes, südwestl. der Bleilochtalsperre (Obere Saale), nahe der Staatsgrenze zur BRD. 5700 E. – Deutsche Burg und Burgflecken seit etwa 1200; Altstadt um 1250 (1278 cives genannt); Neustadt vor 1400 angelegt an alter Nord-Süd-Straße über den Frankenwald. Stark industrialisiert nach 1945; Eisenmoorbad seit 1864.
1250 sitzt der Ritter Otto de Lobenstein auf der Burg über dem gleichnamigen Burgflecken. Seitdem erscheinen nur geringfügige Schreibvarianten: 1278, 1310, 1316 nochmals die heutige Form, 1338 Lobinstein, 1354 Lobinsteyn, 1369 Lobensteyn. – Wohl 'die *zu lobende*, angenehme Felsenburg', falls nicht ein sog. Satzname: 'Lobe den Stein'.

Loburg Kr. Zerbst, Bez. Magdeburg; zwischen Mittelelbe und westl. Fläming, an der Ehle, östl. der Bezirksstadt. 3500 E. – Älterslawische Wallburg mit Burgsiedlung bis Mitte des 10. Jh.; seitdem deutscher Burgward, an Straßenkreuz von Zerbst nach Brandenburg und Magdeburg nach Belzig, Jüterbog, Dahme und Luckau; Stadtbildung um 1220 durch Einbeziehung der Dörfer Möckernitz und Ziemnitz (1246 civitas). Ob es sich bei der Erstnennung 965 (civitas, hier Burg) Luborn um eine ältere abweichende Form oder nur eine Verschreibung für **Luborg* handelt, kann kaum entschieden werden (evtl. gar Luborin?). Neben einigen Luburg, Luburch (um 1150 [zu 1114/15], 1162, 1187) steht häufiger Louburch, -borch, -burg (1161, 1186, 1190, 1216, 1217, 1228), schließlich 1174 Loborch, das der einheimischen Sprache am nächsten kommt. – Falls nicht Umdeutung eines altsorbischen Namens erfolgte, ist an dt. *Loh*, mnd. *lō* 'Niederholz, Buschwald, bewachsene Lichtung' + *born* 'Quell' oder + *burg* zu denken. Allerdings lassen die ersten und älteren *u*-Schreibungen gewisse Zweifel bestehen, ob nicht diese erst eingedeutet wurden.

Loitz Kr. Demmin, Bez. Neubrandenburg; im Tiefland südwestl. der (vor)pommerschen Ostseeküste, an der Peene, nordöstl. der Kreisstadt. 5300 E. – Älterslawische Burg mit Burgsiedlung (Burgbezirksmittelpunkt) an altem Peeneübergang; nach 1200 Ausbau und Stadtgründung durch die Herzöge von Pommern (1242 civitas mit Lübischem Recht).
Vor dem Stadtnamen L. ist uns der Landschaftsname (terra) L. in zahlreichen Urkunden seit 1170 bezeugt: 1170 Losice, 1171 und 1193 Lositz(a), 1194 Locisse, 1197 Losiz, 1314 land tů Lozitz usw. Die Burg und Siedlung heißen 1236, 1242 Lositz; 1248, 1265 Losiz; 1275 Loseze, 1294 Lositz. Von etwa 1330 an tritt die jüngere kontrahierte Form hervor: 1331 Loytze, 1332 Loitze usw. – Der Ortsname bekundet das Vorkommen des Elches (altpolab. *loś*) in diesem Gebiet.

Lommatzsch Kr. Meißen, Bez. Dresden; im mittelsächsischen Lößgebiet, westl. der Kreisstadt. 5600 E. – Zentralgebiet (Stammesheiligtum) des altsorbischen Daleminzerstammes mit Wall auf dem späteren Kirchhügel (?); nach 929 deutsche Besetzung; um 1200 Stadtgründung durch die Burggrafen von Meißen (1286 civitas seu oppidum); seit 1408 markgräf-

lich-meißnische Stadt. Agrarzentrum; Landmaschinenbau, Glasveredlung, Konservenindustrie.
Von den Daleminziern berichtet Thietmar von Merseburg 1012/18: Ihr heidnisches Heiligtum bzw. Kultzentrum sei ein Quellsee (fons) Glomuci, Glomuzi (andere Handschriften haben Glomize, Zlomizi). Es handelt sich dabei um den späteren, heute verschwundenen Paltzschener See bei Lommatzsch. Ihre Landschaft hieß nach diesem provintia Glomaci. Nicht unschwer wird man in diesem Namen den der späteren Stadt L. wiedererkennen. Auch die Abschrift einer Urkunde Ottos II. von etwa 1150 zum Jahre 981 bietet den Landschaftsnamen, sogar in zweifacher Gestalt: pagus Dalminze seu Zlomekia (worin das *k* ein Ersatz für *z* ist). Der Sächsische Annalist (nach 1150) schreibt zum Jahre 1003 Glumici. Man hat in *Daleminze* (schon 805 Demelcion [wohl für richtigeres Delmecion], um 850 Talaminzi, 1012/18 Deleminci) die frühdeutsche bzw. vorslawische Benennung, in *Glomaci* u. ä. die altsorbische sehen wollen. Der Ort L. wird wie folgt weiter benannt: vor 1190 Lomacz, 1230 Lomaz, 1286 Lomats, 1308 Lomatsch, 1408 Lomaczsch die stat, 1500 Lumbatzsch, 1547 Lomatz, Lommitsch, Lummitsch. Letztere Formen zeigen die mundartliche Abschwächung der unbetonten Endung. – Mit großer Wahrscheinlichkeit stellt nun der Name *Lommatzsch*, der im Altsorbischen wohl **Lomac* lautete, die lautliche Umgestaltung des vorslawischen Namens *Daleminze* dar: **Dalminz-* > **Dlominz*, mit slawischem Wandel *dl* zu *gl*, zumal sich für *glom-* keine akzeptable Herleitung bietet. *Dal(e)minze* konnte noch nicht sicher angeschlossen werden: Es ist wohl alteuropäischer Herkunft, vielleicht ein Fluß- bzw. Bachname (Ketzerbach oder Keppritzbach bei Lommatzsch?), der mit alteurop. **telm-* (griech. *telma* 'Pfütze, Sumpf, Schlamm') zu alteurop. **(s)tel-* 'fließen, rinnen' (mit *-nt*-Suffix) zu verknüpfen wäre.

Lößnitz Kr. Aue, Bez. Karl-Marx-Stadt; im oberen Westerzgebirge, an den Hängen des Lößnitzbaches, nordöstl. der Kreisstadt. 7800 E. – Deutsches Bauerndorf vom Ende des 12. Jh. Stadtgründung um 1250 durch die Burggrafen von Meißen in der Herrschaft Hartenstein (1284 civitas); im 14./15. Jh. Bergbauort (1384 stat, 1521 stetlein).
Wiederum ein Fall, in dem der ursprüngliche *Bachname* (altsorb. *Lěsnica* 'Waldbach') zum Siedlungsnamen wurde. Die Namenentwicklung zeigt 1238 de Lesnicz, 1284 Lesniz, 1338 stat ze Lesnitz, 1384, 1391 zur Lesnitz und noch 1521 stetlein zur Leßnitz. Die hyperkorrekte *ö*-Schreibung für altes *e* beginnt erst im 17./18. Jh.

Lübben/Lubin Kreisstadt, Bez. Cottbus; am Nordende des Oberen Spreewaldes, an der Spree, nordwestl. der Bezirksstadt. 14100 E. – Altsorbische Burg und Burgflecken an altem Spreeübergang; seit Mitte 10. Jh. deutscher Burgbezirk mit Burggrafensitz; Stadtgründung 1200/1220; seit Spätmittelalter Hauptort des Markgraftums Niederlausitz (Sitz der Landvögte). Gemüseanbau- und -verarbeitungszentrum, Trikotagenfabrikation.

Die alte sorbische Spreewaldfeste wird um 1150 als urbs Lubin bezeugt, ihr Burgvogt bzw. Burggraf Johannes 1199 ff. als castellanus bzw. burc(g)ravius de Lubin, sein Nachfolger ist 1218 Vlricus prefectus de Lubin. Die späteren Burgherren nennen sich domini in Lubbin (z. B. 1312, 1328). 1355 schrieb man Lůbin, dann Lubbin, Lubben. – Es liegt ein altsorbischer possessivischer Ortsname *L'ubin* 'Ort des *L'uba*' vor. Vgl. auch Löbau, Löbejün, Lübbenau, Lübtheen, Lübz.

Lübbenau/Lubnjow Kr. Calau, Bez. Cottbus; am Westrand des Oberen Spreewaldes, an der Spree, nördl. der Kreisstadt. 21700 E. – Nahe einem altsorbischen Burgwall, aus einem Burgflecken entstandene Stadt (1315 oppidum; 1301 castrum) mit Herrenburg (Schloß); Mittelpunkt der Standesherrschaft L. Nach 1960 neue Wohnstadt im Süden der Altstadt; mit Großkraftwerk L. (1957/64).

Auch hier tritt die Burg eher als der Ort ins Licht der Geschichte: 1301 wird die Burg (castrum) Lubbenowe genannt, 1312 spricht man von dem Lobenawischen Walde; 1336 ist mit hus tzu Lubenowe wiederum die Burg gemeint; das spätere 14. und das 15. Jh. haben meist Formen mit *o*: 1380, 1394 Lobenaw, 1449 zcu Lobbenaw, 1484 zcu Lobenaw. Erst 1597 zeigt sich heutiges *ü*: Luebenau. – Der Name beruht auf einem Personennamen *L'uben* o. ä. und lautete *L'ubenov*. Vgl. auch Löbau, Löbejün, Lübben, Lübtheen, Lübz.

Lübtheen Kr. Hagenow, Bez. Schwerin; im südwestl. Mecklenburg, am Westrand der Jabelheide, nahe der Unterelbe, südl. der Kreisstadt. 5000 E. – Mittelalterliches slawisches Dorf, nach 1200 eingedeutscht; 1822 Marktflecken; 1938 Stadt.

Erst sehr spät tritt 1363 und 1372 Lubbtene hervor, und wird auch danach kaum noch anders geschrieben. – Dieser Name geht auf altpolab. *L'ubotyńi* 'Ort des *L'ubota*' zurück. Vgl. auch Löbau, Löbejün, Lübben, Lübbenau, Lübz.

Lübz Kreisstadt, Bez. Schwerin; im mittleren Mecklenburg, an der oberen Elde, südöstl. der Bezirksstadt. 6800 E. – Mittelalterliches slawisches, dann deutsches Dorf; seit etwa 1300 mit Burg an Eldeübergang; Burgflecken um 1460 zur Stadt erhoben.
1224 heißt L. Lubicz, 1274 Louize und Loubze; 1317 nochmals Lubizc, Lubisc, Lubetz, 1328 Lubitze, 1377 Lubisse. Die kontrahierten Formen beginnen mit 1322 hus to Lubcze, 1342 zu Luptz. Durch das *i* der Endung war im Deutschen Umlaut des *u* zu *ü* eingetreten, der jedoch erst vom 16. Jh. an gekennzeichnet wurde. – Der altpolabische Ortsname geht am ehesten auf eine possessivische Bildung *L'ubeč* 'Ort des *L'ubek*' zurück. Vgl. auch Löbau, Löbejün, Lübben, Lübbenau, Lübtheen. Auf derselben Grundform beruht auch *Lübs*, Kr. Zerbst.

Lucka Kr. Altenburg, Bez. Leipzig; am Westrand des Bornaer Braunkohlenreviers, an der Schnauder, nördl. der Kreisstadt. 8000 E. – Altsorbische dörfliche Siedlung an Schnauderübergang; seit 12. Jh. mit deutschem Herrensitz im benachbarten Breitenhain verknüpft; Entwicklung zum Marktflecken seit Ende des 13. Jh. (1320 oppidum, 1331 stetichen). Arbeiterwohnort am Rande des Braunkohlentagebaus „Groitzscher Dreieck". Seit 1320 schreibt sich L. überwiegend Luckowe (so 1320, 1324, 1331, 1347, 1350 usw.). Seit 1383 erscheint Luckaw, Lugkaw. Das Stadtsiegel von 1431 hat Luccaw. Erst sehr spät hat man mit der amtlichen Schreibung Lucka (seit 1748) wohl von *Luckau* in der Niederlausitz unterscheiden wollen: Noch 1666 nennt sich der Rat der Stadt zue Luccau. – Der westslawische Ortsname *Lukov*, zu *luk* 'Lauch', kommt als *Luko, Luckow, Lukow, Lucka* usw. häufiger vor und liegt auch hier zugrunde. Vgl. auch Luckau, Luckenwalde.

Luckau/Łukow Kreisstadt, Bez. Cottbus; in der nordwestl. Niederlausitz, an der Berste. 6700 E. – Alte sorbische dörfliche Siedlung; seit 12. Jh. mit deutscher markgräflicher Burg und Burgflecken; Ausbau zur Stadt nach 1250 (1297 civitas).
Die Schreibungen dieses Stadtnamens gleichen weithin denen von *Lucka*: 1275 in Luckov, 1276 de Luk-

kowe, 1290 in Lukowe, 1297 Luckow(e), 1353 Luckowe hus und stat usw. 1427 heißt es Lugkaw, 1429 Luckaw. – Zur Namenerklärung vgl. Lucka, Luckenwalde.

Luckenwalde Kreisstadt, Bez. Potsdam; in der Heidelandschaft nördl. des Niederen Flämings, an der Nuthe. 27900 E. – Wohl deutsche Siedlung des späten 12. Jh. auf älterer sorbischer Grundlage. Vermutlich wurde das 1174 und 1183 erwähnte Kirchdorf (zum) Dieke (mit Herrensitz) mit dieser zum Marktflecken vereinigt (1285 oppidum et castrum).
Der Burgward Lukenwalde (und damit auch der Ort) ist 1216 zuerst erwähnt, die Burg (castrum) 1285 Luckenwalde; 1318 schließlich ein Ritter Johannes de Lukkenwalde. Damit sind auch die Varianten bereits alle erfaßt. – In seinem Erstglied knüpft L. wohl an den Namen einer altsorbischen Vorgängersiedlung an: etwa **Lukov* (vgl. Lucka, Luckau), da dt. *Lücke* wegen des Umlauts nicht vorliegen kann (dieses ist nur im Oberdeutschen umlautlos), es sei denn, man hält L. für eine euphorisierende Zusammensetzung (Burgnamen) zu mnd. *(ge)lucke* (vgl. engl. *luck* 'Glück') und mnd. *wold* 'Waldort'.

Ludwigsfelde Kr. Zossen, Bez. Potsdam; im südl. Teltow, im Heidewaldgebiet, am südl. Berliner Autobahnring, südöstl. der Bezirksstadt. 19300 E. – Als neuzeitliche Kolonie um 1750 auf Wüstung Damsdorf angelegt. Infolge des Aufbaus des VEB IFA-Automobilwerke (seit 1965 LKW-Produktion) starkes Anwachsen der Einwohnerzahl (1950: 5 800).
Das im Spätmittelalter wüstgewordene *Damsdorf* hieß 1375 Danstorff, 1413 Damstorff. Das seit 1753 angebaute *Ludwigsfelde* ist nach dem Gründer, dem Kammerpräsidenten Ernst *Ludwig* von der Gröben, benannt.

Ludwigslust Kreisstadt, Bez. Schwerin; im südwestl. Mecklenburg, südl. der Bezirksstadt. 13300 E. – Mittelalterliche slawische dörfliche Siedlung Klenow; umgestaltet und ausgebaut seit 1764 durch Herzog Christian Ludwig von Mecklenburg zur Residenzstadt und nach ihm benannt; 1793 Marktflecken; 1876 Stadt; seit 1952 Kreisstadt.
Ein typischer *Schloßname* des Zeitalters des Absolutismus, angelehnt an französische Vorbilder (*Monplaisir, Monrepos* usw.): 1724 noch Kle-

now (1333 Clenow, 1344 Klenow), 1754/57 Ludwigslust. – *Klenow* geht zurück auf altpolab. **Klenov*, zu *klen* 'Ahorn', also ursprünglich 'Ort bei den Ahornbäumen'.

Lugau Kr. Stollberg, Bez. Karl-Marx-Stadt; am Südrand des Erzgebirgischen Beckens, dicht nordwestl. der Kreisstadt. 10600 E. – Deutsches Bauerndorf des ausgehenden 12. Jh. Starkes Anwachsen der Einwohnerzahl mit dem Aufkommen des Lugau-Oelsnitzer Steinkohlenbergbaus (1844–1960); Stadt 1924.

Zunächst ein einsilbiger Name: 1286 Lugk, 1438 zcum Luge, 1460 Luck, 1482 dorff der Lugk genant, 1542 dorff zum Lugk, 1552 zum Lug, Lugaw, 1720 Lugau. Die Auslautschreibung *-gk* stellt einen Kompromiß dar zwischen spätmittelhochdeutscher Auslautverhärtung bei Kürzung und „weichen" Konsonanten zwischen Vokalen. Die Grundform lautete wohl '*zum Lug(e)*', weshalb auch analog das junge *-au* schriftsprachlich antreten konnte. – Der Ortsname geht auf altsorb. *lug* 'Grassumpf, sumpfige Wiese' zurück.

Lunzenau Kr. Rochlitz, Bez. Karl-Marx-Stadt; im mittelsächsischen Bergland, im Tal der Zwickauer Mulde, südl. der Kreisstadt. 4400 E. – Altsorbische Fischer- und Mühlensiedlung des 12. Jh.; im 13. Jh. Stadtanlage durch die Herren von Rochsburg (1333 Stetichen).

Für L. ist als Erstbeleg auffälligerweise zu 1327 (aber in jüngerer Schreibung) *Mühlhausen* überliefert (echt wäre *Mulhusen*). Das veranlaßt, in den altsorbischen Formen ein **Młynčina*, zu obersorb. *młynca* 'Mühlhaus', zu vermuten: 1333 Luncznaw, 1387 Lonczenawe; 1436, 1520 Luncznaw, 1490 Lünczinaw. Dieser einmalig erscheinende Umlaut hat sich nicht durchsetzen können. Die Endung wurde an dt. *-au* angeglichen, der für deutsche Sprecher schwierige Anlaut *mł-* zu *l-* vereinfacht.

Lützen Kr. Weißenfels, Bez. Halle; im Südwesten der flachen Leipziger Tieflandsbucht, an alter Fernstraße zwischen Weißenfels und Leipzig. 4800 E. – Altsorbische ländliche Siedlung; seit Mitte 10. Jh. mit deutschem Herrensitz (Wasserburg, später Schloß); Anfang des 13. Jh. Stadtanlage (1269 civitas, 1282 villa forensis). Mit Gustav-Adolf-Gedenkstätte (Schlacht bei L. 1632).

Lucin ist 1269 Stadt (civitas), 1282 und 1290 Marktflecken (villa forensis) Luzin, Lutzin. Als Ort eines 'Gerichtsstuhls' (sedes iudicalis) Luczin tritt es 1291 auf. 1330 sind Flecken und Burg (oppidum et castrum) Lutzin genannt. Daneben begegnen Schreibungen wie Luzcin (1336), Luczczen (1428), Lutczin (1435) u. a. Der Umlaut – bereits früher vorhanden – wird zuerst 1545 mit Lützen gekennzeichnet. – Der Name ist aus altsorb. *Lučno, Lučina* 'Wiesenort' entstanden.

Lychen Kr. Templin, Bez. Neubrandenburg; am Südwestrand der Uckermark, am Lychensee, südl. der Bezirksstadt. 3600 E. – In schwach slawisch besiedeltem Wald- und Seengebiet Anlage der Stadt 1248 durch den Markgrafen von Brandenburg (civitas nostra).

Der Erstbeleg von 1248 in Glichen dürfte einen Verdeutschungsversuch darstellen, da *g-* sonst allgemein fehlt: 1271 Lychina, 1285, 1298 und 1299 Lychen, 1270 Lichne, 1407 Lychen, 1459 Lichen. – Wahrscheinlich liegt eine altpolabische Bildung *Licheń* 'Ort des *Lichen*' zugrunde, vielleicht aber auch ein alter Seename wie poln. *Licheń.*

Magdala Kr. Weimar, Bez. Erfurt; im Hügelland der Ilm-Saale-Platte, an der Magdel, südöstl. der Kreisstadt. 1100 E. – Althüringisches Dorf; seit 10./11. Jh. mit Wasserburg der Grafen von Weimar-Orlamünde; Erweiterung zum Städtchen nach 1284 (1248, 1284 villa, 1288 civitas).

Der Erstbeleg von 876 Madalaha zeigt als Grundlage einen *Bachnamen,* die heutige *Ma(g)del* an. Später heißt der Ort fast durchweg Madala (1248) und Madela (1184, 1262, 1288, 1350 u. a.), 1355 Madla. Eingeschobenes *g* infolge einer Umdeutung tritt zuerst 1290 in Magdala, dann wieder seit 1465 auf. – Die Eindeutung von *Magd* war leicht möglich, weil dieses (mhd. *maget*) mundartlich zu *mād* zusammengezogen war. Ursprünglich eine *a(ha)*-Bildung zu germ. **mala*, ahd. altsächs. *mahala* (<**madala*) 'Gerichtsstätte, Versammlung(sort)'.

Magdeburg Bezirks- und Kreisstadt, Stadtkreis; am erhöhten Westufer an der Mittelelbe, an altem Elbübergang. Zentralort für die Magdeburger Börde. 281600 E. – Sehr alter Handelsplatz und Verkehrszentrum an günstigem Flußübergang; 805 Burg und Sitz eines karolingischen Grenzgrafen (Burgward) gegenüber dem Slawenland östl. der Elbe; im 10. Jh. deutsche Königspfalz und Sitz des Erzbistums M. (968); Frühstadt (973 mercatus), Fernhandelsplatz; seitdem mehrere Stadterweiterungen; Dombau nach 1207. Elbhafen; Zentrum des Schwermaschinenbaus; Hochschulstadt; 1815–1952 Provinzhauptstadt; Großstadt seit 1870. Seit 1952 Bezirksstadt.

M. ist bereits 805 als Magadoburg, 806 als Magadaburg erwähnt und aufgrund seiner Bedeutung, vor allem im 10. Jh., fast jährlich in vielen Urkunden der Ottonen und in erzählenden Quellen genannt. Wir geben nur eine kurze Auswahl an Belegen: 936 Magathaburg, 937 Magedeburg, 941 Magadoburg, 961, 965, 973 Magadaburg, 1019 Magadaburc, 1072 Magadaburg; 1144 Magdeburc(h), 1294 Meydeburch, Magdeborch, 1369 Meideborch usw. – Zweifellos gehört der Name zu altsächs. *magath* 'Jungfrau, Magd, Dienerin'. Wohl schon ein mythologischer bzw. kultischer Name aus vorchristlicher Zeit, vgl. altsächs. *ēkmagadi* 'Nymphen, Elfen, dienende Naturgeister' oder 'Dienerinnen einer Gottheit' (vgl. die römischen Vestalinnen). Jedenfalls 'die geschützte Stätte heidnischer weiblicher Wesen'. Vergleichbar sind noch *Magdefelde*, Kr. Springe (BRD): 1149 Magedevelde, und die alte Godingstätte *Megedeberg* in Wagrien (BRD), ferner die *Magetheide* im Sachsenspiegel des Eike von Reppichau (13. Jh.). – Die gleiche Bedeutung enthalten die frühen Gräzisierungen (*Parthenopolis*) und Latinisierungen (*Civitas Virginum, Castrum Puellarum* u. ä.) sowie tschech. *Děvín*. Auch auf *Keuschberg* bei Bad Dürrenberg, Kr. Merseburg, sei verwiesen.

Malchin Kreisstadt, Bez. Neubrandenburg; am Nordrand der Mecklenburgischen Seenplatte, zwischen Malchiner und Kummerower See, an der oberen Peene, nordwestl. der Bezirksstadt. 10900 E. – Alte slawische Fischersiedlung; um 1220 Stadtanlage durch die mecklenburgischen Fürsten von Werle; mit Burg (später Schloß) (1236 civitas).

Die dreisilbige Namenform dürfte der zweisilbigen vorausliegen: 1215 (Kopie) Malekin, 1240 terra Malechin, 1247, 1260, 1274, 1286 u.a. Malechin; so auch das Stadtsiegel aus dem 13.Jh. Daneben 1236, 1247, 1297 Malchyn, 1300 terra Malchyn; 1257 Malchin. – Die Namenform deutet auf altpolab. *Malochyńi* 'Ort des *Maloch*'. Vgl. auch Malchow.

Malchow Kr. Waren, Bez. Neubrandenburg; in der Mecklenburgischen Seenplatte, am Fleesensee westl. des Müritz- und Kölpinsees, westl. der Kreisstadt, an der Autobahn Berlin–Rostock. 8200 E. – In slawischer Zeit Burg mit Burgsiedlung; Stadtanlage um 1220 durch die Herzöge von Mecklenburg (1235 cives).

Hier liegen die Verhältnisse ebenso wie bei *Malchin*; auf die ältere dreisilbige Namenform folgt die zweisilbige seit etwa 1280: Beim Wendenkreuzzug 1147 wurde nach verschiedenen Annalenwerken die Burg Malchou bzw. 1164 Malachou oder Malacowe bekämpft, und noch 1284 heißt es Malachowe. Andererseits haben wir 1170 und 1256 Malechowe, 1260 Malichowe in bereits abgeschwächter Form. Malchowe heißt es vorwiegend seit 1282 und 1330. Diese Schreibungen weisen auf den altpolabischen Ortsnamen *Malachov* 'Ort des *Malach*'. Vgl. auch Malchin.

Mansfeld Kr. Hettstedt, Bez. Halle; am Ostrand des Unterharzes, an der Wipper, südwestl. der Kreisstadt. 5200 E. – Altthüringische dörfliche Siedlung; seit 10./11.Jh. mit Grafenburg; Burgflecken; → Stadt nach 1200 (Talmansfeld, im Gegensatz zum östl. gelegenen Klostermansfeld). Im Mittelalter Kupfer- und Silbererzbergbau; 1950 mit Stadt Leimbach (seit 1530 Stadt) zusammengeschlossen.

Die Tochtersiedlung Klostermansfeld erscheint zuerst in der Überlieferung 973 als Mannesfeld. Die Familie der Hoyer von Mansvelt, Mannesvelt, -feld ist seit 1051/63 mehrfach bezeugt. Auch sonst zeigt der Stadtname wenig Varianten: 1254 Mannesvelt, 1267 Mansfelt, 1482 Mannsfelt, 1508 in dem tale zu Mansfeld. – Das 'Gefilde entweder eines *Gefolgsmannes, Lehnsmannes*' oder – falls sehr alt – 'das von *Menschen* besiedelte Land'. Evtl. ist auch ein weiteres Vorderglied eines zweigliedrigen Personennamens auf *-mann* (etwa *Wigmann, Herimann* o. ä.) abgefallen, doch sind Verbindungen von Personennamen mit dem Zweitglied *-feld* selten.

Leimbach ist vor 900 als Lembeki genannt; es ist der Ort *am Lehmbach*, zu altsächs. *lēmo*, mnd. *leem* 'Lehm, Ton, Erde', mhd. *leim(e)*.

Marienberg Kreisstadt, Bez. Karl-Marx-Stadt; im mittleren Erzgebirge, an alter böhmischer Straße, südöstl. der Bezirksstadt. 9400 E. – Neben dem eingegangenen mittelalterlichen Dorf Schletta seit 1521 als Bergbaugründung neu angelegte Stadt (Silber-, Kupfer- und Zinnerzabbau).

Die Stadtrechtsurkunde von 1523 nennt St. Marien Bergk. Die Gottesmutter *Maria* sollte die namentliche Beschützerin der Bergleute sein, sie erscheint auch auf dem Stadtwappen (vgl. hier *Annaberg*). Das Kloster *Marienberg* bei Helmstedt (BRD) hieß 1176 bereits Mons Sanctae Mariae.

Märkisch-Buchholz Kr. Königs Wusterhausen, Bez. Potsdam; im Heidewaldgebiet, im südöstl. Teltow, an der Dahme, südöstl. der Kreisstadt. 1000 E. – Mittelalterliches Dorf mit Herrensitz; → Marktflekken am Dahmeübergang (1449 Stetlein).

Buchholt, -holcz erscheint seit 1301 in der Überlieferung. Zur Unterscheidung von zahlreichen anderen B. (Kr. Potsdam, Kr. Belzig, Kr. Fürstenwalde, Kr. Strausberg) hieß es seit dem 18. Jh. *Wendisch-Buchholz*, seit 1937 Märkisch-B. – Es muß damit gerechnet werden, daß einigen dieser Orte *Buchholz* ein slaw. **Bukov(c)* o. ä., zu *buk* 'Buche', vorauslag. Vgl. auch Neubukow und Buckow.

Markkleeberg Kr. und Bez. Leipzig; beiderseits der Pleiße, im Süden vor den Toren Leipzigs. 21600 E. – Aus acht ländlichen Gemeinden 1934/46 gebildete Stadt (Markkleeberg, Gautzsch, Großstädteln, Oetzsch, Raschwitz, Prödel, Zöbigker, Cospuden). Garten- und Wohnstadt für Leipzig; Sitz der Landwirtschaftsausstellung der DDR („agra"); Gelände seit 19. Jh. Landschaftspark.

Eine Ritterfamilie ist auf Cleberg, Cleberc, Cleberch seit 1190 bezeugt. Noch bis etwa 1600 heißt der Ort nur so: 1350 Cleberg, 1484 Klebergk; 1606 dann Marck Clebergk, wohl zur Differenzierung von *Knautkleeberg* südwestl. von Leipzig (heute Stadtteil von Leipzig). – 'Die Siedlung am mit *Klee* bewachsenen Hang'. Möglich erscheint eine Namenübertragung aus Hessen (Kleeberg bei Wetzlar) durch das Rittergeschlecht; aber auch jüngeres *Kleeburg* im Elsaß (Kr. Weißenburg, 1212 Cleberg) ist zu beachten. Der Zusatz *Mark-* ist nicht aus Markt entstanden, sondern bezog sich auf die große *Feld-* und *Waldmark* oder seine Grenzlage.

Markneukirchen Kr. Klingenthal, Bez. Karl-Marx-Stadt; im oberen Vogtland im Schwarzbachtal, nahe der Staatsgrenze zur ČSSR, südwestl. der Kreisstadt. 7800 E. – Um 1200 entstandenes deutsches Dorf mit Herrensitz (Schloß); → Marktflecken im 13. Jh. (1360 stat). Seit 1800 Zentrum des Musikinstrumentenbaus.
Der Inhaber des örtlichen Rittersitzes war 1274 Chunradus de Nuwenkirchen; 1357 ist der Herrensitz (slos) Nuenkirchin genannt, der Ort 1378 und 1444 Nuwenkirchen, -in, 1542 Marckt Neunkirchen. Markneukirchen gilt seit 1858. – Zur Unterscheidung von zahlreichen anderen Orten mit dem Namen Neukirchen, '*zur neuen Kirche(n)*', wurde das Merkmal des *Markt*ortes vorangestellt. Der Ausfall des *t* in der Konsonantenhäufung beruht wohl auf Ausspracheerleichterung.

Markranstädt Kr. und Bez. Leipzig; in der flachen Leipziger Tieflandsbucht, wenige Kilometer südwestl. der Bezirksstadt, unmittelbar westl. der neuen Wohnstadt Leipzig-Grünau. 8500 E. – In der Nähe des mittelalterlichen Dorfes Altranstädt um 1170/80 planmäßig angelegte Marktsiedlung des Markgrafen von Meißen (1287 Ranstete forensis); 1354 Städtchen, 1590 Flecken, 1791 Stadt.
Ranstädt schreibt sich im Namen des älteren Dorfes Altranstädt 1190/95 und 1267 (Antiquum) Ranstede, 1224 Ranstede. Die Stadt wird sicher bezeichnet mit 1213, 1217 Ranstede, 1285 Ranstete, 1287 in Ranstete forensi, 1289 Rantstede, Ranzstede. Das 1287 bereits differenzierende *forensis* erscheint in deutscher Entsprechung wieder in 1355 *Markt*ranstete. Wie bei Markneukirchen beruht der *t*-Ausfall auf Ausspracheerleichterung: 1454 Marg-Ranstet, 1531 Marganstedt. – Falls das Rantstede von 1289 die beste ursprüngliche Namenform darstellte, wäre M. 'die *am Rande liegende* Wohnstätte' (etwa im Grenzgebiet von Merseburg und Leipzig); doch kann im Erstglied auch ein Personenname *Ranno* (aus *Rando* 'Schildrand') vorliegen; dann dürfte der Ort (Altranstädt) bzw. die Namenbildung evtl. in spätgermanische Zeit zurückreichen. *Ran-* kann auch aus *(H)raban* 'Rabe' zusammengezogen sein; dazu auch *Rannungen*, Kr. Kissingen/

Unterfranken (BRD): 772 Ramnungen (statt *-un*, spätere Abschrift), 788 Hrannunga.

Marlow Kr. Ribnitz-Damgarten, Bez. Rostock; am Westrand der Recknitz-Niederung, im Hinterland der Ostseeküste, südöstl. der Kreisstadt. 2300 E. – Kleiner slawischer Burgort mit Burgsiedlung vor 1200 (1230/31 castrenses); Ausbau zum Burgmarkt durch die Herzöge von Mecklenburg um 1250 (1298 oppidum); 1267 Saline bei M. genannt.
In der Überlieferung des Ortsnamens M. wechseln lediglich Formen mit und ohne Endungs-*e*: 1218, 1230, 1248, 1278 u. a. heißt es de/in Marlowe, 1250, 1267 usw. Marlow (-ov). Aus später abgefaßten Chroniken stammt Marlow (zu 1179 und 1210). – Diese Formen weisen auf altpolab. *Marlov* 'Ort des *Marl*'; der Personenname ist im Altpolnischen bezeugt.

Meerane Kr. Glauchau, Bez. Karl-Marx-Stadt; an östl. Zufluß der oberen Pleiße, nordwestl. der Kreisstadt. 24 000 E. – Mitte des 12. Jh. Herrenburg mit Burgsiedlung und Bauerndorf; → Burgflecken nach 1200 (1361 oppidum, 1413 Stetlein); 1565 Stadt. Seit 19. Jh. Zentrum der Textilindustrie.
Die merkwürdige betonte Endung *-ane* ist erst spät an den Namen angefügt worden: 1174 wird das Gut (Herrensitz) Mer, 1189/90 von dem Mer erwähnt, neben denen das entsprechende lateinische Mare erscheint (so 1270 und 1344 in Mari, 1314, 1320, 1361 Mare). Weiter heißt es deutsch: 1332 de Mehren, 1369 zcu dem Mer, 1405 Meher das stettlein, 1413 das stetlein zum Mere genant, 1406 zcum Mehr, 1418 das Mehr. 1491 und 1514 ist es zu Meraw weitergebildet; 1511 lat. de Merania, 1534 bey Meran, 1536 Mherann, 1592 Mehran, 1608 zu Mehrana. – Der Name enthält ahd. *mari, meri*, mhd. *mer(e)* 'stehendes Gewässer, auch Sumpf'. Ein solches war in dem 1488 bezeugten *Merichen*, am Zusammenfluß des Dittricher und Seiferitzer Baches, vorhanden (*Meer* + *-chen*). Hinsichtlich der späten Endung ist an eine „gelehrte" Anlehnung an die lateinische Ländernamenendung *-ania* (*Hispania, Germania* u. a.) zu denken, die im Humanistenzeitalter häufig übernommen wurde. Die Schreibung *Meer-* mit *ee* hat sich erst spät durchgesetzt: 1819 Meerane; früher konnte die Vokallänge auch mit *h* verdeutlicht werden.

Mehlis s. Zella-Mehlis

Meiningen Kreisstadt, Bez. Suhl; in breiter Talaue an der oberen Werra, im bergigen südl. Vorland des Thüringer Waldes, westl. der Bezirksstadt. 26100 E. – Sehr alte thüringische Siedlung an altem Verkehrsknotenpunkt; im 8./9. Jh. Königshof und Reichsgutmittelpunkt; städtische Anfänge im 11. Jh. bei bischöflich-würzburgischer Wasserburg; Stadtanlage bzw. Erweiterung um 1200 (1230 civitas); im 15. Jh. Zentrum der Grafschaft Henneberg; seit 1583 sächsisch; 1680–1919 Residenzstadt des Herzogtums Sachsen-Meiningen.

Die historischen Nennungen für M. beginnen 982 mit Meininga, das auch – mit Suffixablaut – 1008 als Meinunga erscheint. 1007 liest man: in vico Meinungun dicto. Meinungen und Meiningen wechseln auch weiterhin miteinander: 1057 Meiningero marka (Mark M.), 1108 Meinunga, 1230 Meiningen usw. – Die *Magen* 'Verwandten', zu altsächs. *māg*, altfries. *mēch, meī*, altnord. *māgr* 'durch Heirat zum Verwandten Gewordener, Schwager, Schwiegersohn, Schwiegervater usw.', ein durch Richard Wagner wiederbelebter germanischer Ausdruck, ist sicher in dieser *-ingen/-ungen*-Bildung enthalten, doch früh zu *mein-* (Palatalität von *g*) kontrahiert worden. M. war also der Ort 'zu den Verwandten, Verschwägerten'. Vergleichen läßt sich die Wüstung *Meiningen*, Kr. Daun, in der Eifel (BRD): 838 Magininga.

Meißen Kreisstadt, Bez. Dresden; am Fuße der Burg M., am linken Elbufer an der Mündung der Triebisch, nordwestl. der Bezirksstadt. 41900 E. – Deutsche Reichsburg 929 auf Felsplateau beim slawischen Dörfchen Meisa errichtet; unterhalb der Felsenburg Wasserburg mit Burgsiedlung (979 portus; 1002, 1015); Stadtgründung vor 1150 durch den Markgrafen von Meißen (1150 civitas; 1205 forum); seit 968 Bistumssitz; Residenz der Wettiner bis gegen 1300, danach Dresden; Dombau 1006–1073; Neubau sei 1240; Albrechtsburg 1471 ff. errichtet; 1710 Gründung der berühmten Meißner Porzellanmanufaktur. Nach 1945 LPG-Hochschule in der früheren Fürstenschule St. Afra.

Die wohl der Grundform des Namens nächstkommende Schreibung sind die Formen Misina bzw. Misna der Gründungsurkunde für das Bistum Meißen von 968, die auch 1160 und 1185 nochmals auftauchen. Thietmar von Merseburg, der selbst in M. weilte, schildert die Errichtung und weiteren Schicksale der Burg Misni bis zu seinen Lebzeiten (1012/18, zu 928/929 und 984) in einer (wohl latinisierten) Namenform, die auch das Protokoll der Synode von Ravenna 967 (in

Abschrift des 11. Jh.) und eine Urkunde von 1068 bietet. Ansonsten hat das 11. Jh. 1046 Missene, 1064 Misine, das 12. Jh. Misena, Misne, Misna; 1296 erscheint Missen, 1350 Myszne, Mysna, Myszen, 1378 Mizsen, Mißen, 1408 Meißin, 1428 Meissen. – Offenbar steht der Name im Zusammenhang mit dem *Meisabach* dicht nördl. von dem Burgberg: 1150 rivulus, qui dicitur Misne, mit dem Ort *Meisa*: 1392 yn der Mysen, und er hat vermutlich – falls diese primär sind – die 'Burg (und Burgsiedlung)' am Meisabach bezeichnet. – Der Name konnte bisher nicht zufriedenstellend geklärt werden: evtl. zur indoeuropäischen Wurzel **meiĝh-* 'harnen, tröpfeln, hervordringen', die ins Slawische als **miz-* überging, vgl. tschech. *míz(h)a*.

Merseburg Kreisstadt, Bez. Halle; am erhöhten Westufer der mittleren Saale, südl. der Elster- und Luppemündung und der Bezirksstadt. 52000 E. – Althüringische Burg und Burgsiedlung an Saalefurt (Burg-, später Schloß- und Domhügel); 8./9. Jh. karolingischer Grafensitz; im 10.–12. Jh. deutsche Königspfalz; Fernhandelsplatz; Bistumssitz seit 968; frühstädtisch seit 10. Jh.; Bürgersiedlung mit Markt seit 1050 faßbar; 1188 Anlage der Neumarktsiedlung am rechten Flußufer. Starke Bevölkerungszunahme durch chemische Großbetriebe in der näheren Umgebung: Leunawerke in Leuna, Bunawerke in Schkopau, Braunkohlenabbau im Geiseltal seit dem 19. Jh., Hochschule für Chemie.

Das Hersfelder Zehntverzeichnis des 9. Jh. erwähnt bereits Mersiburc, Merseburg civitas. Als nicht korrekt müssen die Formen Mesaburg und legio Mesaburiorum in Widukind von Corveys Sachsengeschichte zu 939 (geschrieben um 965) eingeschätzt werden. Zahlreich sind die Nachweise im 10. Jh. nach den Königsurkunden: 932 Merseburc; 952, 968, 980 Merseburg, 973 Mersiburg, 975 Merseburch, 981 Mersi-, Merseburg, -burch, 992 Mersaburg u. a. Bischof Thietmar von Merseburg schreibt 1012/18 Merse-, Mersburg, -burch, -burhg. Alle späteren Nennungen zeigen nur noch Schreibvarianten (u. a. auch Meresburg). – Das Erstglied des Namens ist vieldeutig: In Frage kommen könnte eine Bildung zu altsächs. *meri*, germ. **mari* 'stehendes Gewässer, See, Lache, wässeriges Gelände, Sumpf usw.' oder germ. **mairja* 'Grenze, Grenzgebiet' (dazu angelsächs. *mǣre*, altisl. *mǣri*), mit einer Umstellung der Genitivendung *-(r)es* zu *-(r)se*, bezogen auf die Saaleaue oder den Gotthardsteich in M. bzw. die Grenzlage seit dem 6. Jh. – Es könnte aber auch ein germanischer zweigliedriger Personenname mit weitgehender Reduktion des Zweitgliedes vorhanden gewesen sein: etwa *Merifrid, Merowig, Me-*

riswi(n)d (Femininum) u. ä., auch *Marso* ist als Kurzname bezeugt. – Nicht auszuschließen ist auch ein Stammesgruppenname, etwa die *Marsi, Marsaki, Marsingi* im Niederrheingebiet. Die frühmittelalterliche Bezeichnung 'Friesenfeld' für die Landschaft nördl. der Unstrut könnte als Bestätigung der Zuwanderung von Splittergruppen aus dem Nordseeküstenraum angesehen werden (die *Marsi* und *Marsaci*, aus *Marsum* = Inselgebiet an der Rhein-/Maasmündung). Vergleichbar sind evtl. *Maarsbergen* in der Provinz Utrecht: 1134 Merseberch, die Wüstung *Marschleben* bei Quedlinburg: 937 Merselevo, 961 Mersenleba. Meersburg am Bodensee ist nicht vergleichbar (1113 Merdesburch); das niederländische *Meersen* heißt 888 Marsna, 1130/57 Mersene. – Deutungen des Namens M. aus slawischen Sprachmitteln (z. B. *Mezibor* 'Grenzwald') sind – weil ohne ausreichende Grundlage – abzulehnen; auch Thietmar von Merseburgs Erklärung zum römischen Kriegsgott *Mars* (*Martisburg*) ist ein untauglicher Versuch.

Meuselwitz Kr. Altenburg, Bez. Leipzig; im Westteil des Borna-Meuselwitzer Braunkohlenreviers, an der oberen Schnauder, südl. der Bezirksstadt. 13000 E. – Altsorbische dörfliche Siedlung, seit etwa 1100 mit deutschem Rittersitz; → Marktflecken bis zum 16. Jh.; 1874 Stadtrecht. Seit 1860 Braunkohlenbergbauzentrum; Werkzeugmaschinen, Gußfabrikation.

Im Kopialbuch des Klosters Bosau vom 14. Jh. wird das Dorf (villa) Mizleboze zu 1139 bezeugt; 1168 und 1196 lassen sich in Muzelbuze, Muselbuce Zeitzer Stiftsministerialen nachweisen. Ein Naumburger Kopialbuch von 1528 übernimmt von 1286 Muczelbuce; 1418 ist daraus Mußelbuß geworden. Das näherstehende Pegauer Stadtbuch schreibt schon 1399 Muselbicz. Die moderne Form ist 1490 mit Mewselwitz, in Angleichung an andere Namen auf *-(w)itz*, erreicht. – Die älteren Schreibungen lassen den altsorbischen possessivischen Ortsnamen *Myslibuz* 'Ort des *Myslibud*' (mit derselben Struktur wie *Cottbus* aus *Chotěbuz*) erkennen.

Meyenburg Kr. Pritzwalk, Bez. Potsdam; am Nordrand der Prignitz und Oberlauf der Stepenitz, nördl. der Kreisstadt. 2900 E. – Wasserburg mit Burgweiler der Markgrafen von Brandenburg seit der Mitte des 13. Jh. (1317 civitas et castrum).

Von Überlieferungsbeginn an zeigt sich bereits die noch heute geltende volkssprachliche bzw. amtliche Form: 1285, 1287, 1316, 1317, 1318, 1325 usw. Meyenborch, Meienborg, Meienburch, Meyenburg. – Wie auch das Stadtwappen bezeugt, enthält das Erstglied mnd. *meie*, den 'Mai(en)baum', die Birke.

Mirow Kr. Neustrelitz, Bez. Neubrandenburg; in der östl. Mecklenburgischen Seenplatte, südöstl. des Müritzsees, südwestl. der Kreisstadt. 4900 E. – Älterslawisches Dorf; 1227 Niederlassung des Johanniterordens; → Burg- bzw. Marktflecken (so im 16. Jh.); Stadt 1919.

Die überlieferten Namenformen schwanken lediglich zwischen Mirowe (1227, 1270, 1273) und Myrow(e) (1242, 1270, 1283, 1298 u. a.). Sie lassen altpolab. *Mirov* 'Ort des *Mir*' erkennen.

Mittenwalde Kr. Königs Wusterhausen, Bez. Potsdam; in der Niederung des Nottekanals im südl. Teltow, südwestl. der Kreisstadt. 2300 E. – In vordeutscher Zeit (vor 1150) slawischer Burgwall mit Burgsiedlung; seitdem deutsche Markgrafenburg; → Burgflecken; Planstadt nach 1250 erbaut (14. Jh. civitas, oppidum).

Die meisten Namenbelege schwanken zwischen niederdeutschen und hochdeutschen Schreibungen, auch Mischformen kommen vor: 1239 Mittenwolde, 1240, 1255 und 1295 Middenwalde, 1301 und 1317 Middenwold, 1322 und 1346 Middenwolde; 1298 Mittenwalde. – M. ist eine Lagebezeichnung: die in der Mitte(n) des Waldes gelegene Siedlung, zu mnd. *midde* 'Mitte'. Vgl. auch Mittweida.

Mittweida Kr. Hainichen, Bez. Karl-Marx-Stadt; im mittelsächsischen Bergland, auf der Westseite der unteren Zschopau, südl. der Talsperre Kriebstein. 20000 E. – Deutsches Bauerndorf Altmittweida um 1160 entstanden; dessen nördl. Ende nach 1200 zum Straßenmarkt erweitert; Planstadtanlage nach 1286 an der Straße Rochlitz–Freiberg. Heute mit entwickelter Baumwollspinnerei und -weberei, Maschinenbau, chemischen und feinmechanischen Betrieben; Ingenieurschule für Elektrotechnik.

Zuerst sind zwei Pfarrer von M. bezeugt: 1209 Jordanus de Mideweide und 1243 Andreas de Mitteweide; die Stadt erscheint 1286 als Mitheweide, 1323 Miteweide; mundartlich 1329 als Methewed. – Der Ort 'in der Mitte der (Wald-)Weide', zu mhd. *weide* 'Futter, Speise, Ort zum Weiden, zu Jagd und Fischfang'; vergleichbar sind die Familiennamen *Weidmann* und *Weidner*. Zum Erstglied vgl. Mittenwalde.

Möckern Kr. Burg, Bez. Magdeburg; im Grundmoränengebiet zwischen Mittelelbe und Fläming, an der Ehle, östl. der Bezirksstadt. 3500 E. – Slawischer Burgwall mit Burgsiedlung vor etwa 950, danach deutscher Burgwardmittelpunkt; → Burgflecken; → Städtchen 12.–15. Jh.

948 kommt der Zehnt vom Burgward und der Ort Mocr(i)anici an das Bistum Brandenburg; 965 ff. werden Burg und Burgward noch öfter genannt: 965 Mocornic, 992 Mokernik, 1195, 1196 Mokernic; 1161 Mukerne, 1186 und 1216 Mokerne. 1383 erscheint Mokeren. Der zugehörige Altsiedelgau heißt seit 948 Moraciani, zu **mroka* 'Sumpf'. – Es liegt eine Bildung zu *mokry* 'naß' vor, etwa **Mokeŕnica, *Mokeŕno.*

Mücheln Kr. Merseburg, Bez. Halle; im Südwesten der Halle-Leipziger Tieflandsbucht im Geiseltal, südwestl. der Kreisstadt. 8700 E. – Altthüringische Dorfsiedlung; seit Ende 8. Jh. mit karolingischer Burg (Grafensitz); → Marktflecken seit etwa 1200; Stadtrecht 1350. Im 19. Jh. Zentrum des Braunkohlenbergbaus nördl. des Geiseltals. Arbeiterwohnstadt; Chemieanlagenbau, Lebensmittelindustrie, Bau- und Landwirtschaftsbetriebe.

Das Hersfelder Zehntverzeichnis nennt im 9. Jh. Muchilidi und die Muchileburg. Eine Königsurkunde Ottos II. von 979 bietet Mochenleivaburch (das Hersfelder Kopialbuch des 12. Jh. hat Muchunlevaburg). Offenbar ist hier fälschlich das Zweitglied *-leva/-leben* eingefügt worden – wie auch im Ortsnamen *Schraplau* –, da noch andere Orte auf *-leben* mitgenannt werden (z. B. *Holleben*), denn diese Form steht völlig vereinzelt. Es folgen 1128 Muchele, 1143 Můchile, 1144 Muchil, weiter allgemein von 1200 bis 1367 Muchele, Muchel. Der Umlaut ist erkennbar in 1352 Michell und 1400 Michele (*ü* mundartlich entrundet > *i*). Die erste *-n*-Endung ist zu finden in 1548 Mucheln. – Es liegt eine alte kollektivierende *-idi*-Bildung, eine Örtlichkeitsbezeichnung zugrunde: 'Ort wo es schimmlig, faulig, morsch, sumpfig ist', zu mhd. *mûche* 'Sumpfboden, Sumpfwasser', mhd. *mucheln, müchein* 'schimmlig riechen', mundartl. nhd. *maukig* 'verfault', schweiz. *mauch* 'morsch'; zur indoeuropäischen Wurzel **meug-/meuk-* 'schlüpfrig, schleimig'; dazu auch altisländ. *mygla* 'Schimmel', lett. *mukls* 'sumpfig', slaw. *(s)mykły* 'schlüpfrig, glitschig'.

Mückenberg s. Lauchhammer

Mügeln Kr. Oschatz, Bez. Leipzig; am Nordrand des mittelsächsischen Lößhügellandes, in der Talwanne der Döllnitz, südwestl. der Kreisstadt. 5100 E. – Frühmittelalterliches altsorbisches Dorf mit Sumpfwall; seit etwa 950 mit deutscher Herrenburg (Festenberg Baderitz), Burgflecken; Marktgründung nach 1150; Ausbau zum Städtchen seit 1200 (1288 civitas); zeitweilig Residenz der Bischöfe von Meißen.

Thietmar von Merseburg erwähnt 1012/18 zu 984 und 1003 die Burg (urbs) Mogelini bzw. Mogilina. Seit dem 12. Jh. wechseln dann *o*- und *u*-Formen: 1161, 1185, 1243, 1261, 1288 Mugelin, 1245 Muglin; 1185 Moglin, 1218 und 1350 Mogelin. Im 16. Jh. zeigt sich dann die jüngere Verkürzung: 1551 Mogelln, 1555 Mögeln, 1556 Mugelnn, 1590 Mügeln. – Der Name gehört zu *mogyla* 'Hügel, Grabhügel', erweitert mit einem *-n*-Suffix.

Mühlberg Kr. Bad Liebenwerda, Bez. Cottbus; am Ostrand des Urstromtales der mittleren Elbe und an altem Flußarm, südwestl. der Kreisstadt. 3600 E. – Fischer- und Schiffersiedlung Mitte 12. Jh. mit deutschem Herrensitz; seit etwa 1200 Stadtanlage (1230 oppidum); Neustadt seit 1250/70 angebaut.

Bei diesem Namen wechseln *o*- und *u*-Formen ziemlich oft miteinander: 1226 de Mőlenberch, 1228 Moleberch, 1230, 1234 Můleberc, Moleberc(h), 1242, 1251 Mulberc, 1302 Mulberg, 1309 Moleberch, Můlberch usw. Im 15./16. Jh. setzen sich die *u*-Formen durch. – Das Lehnwort aus lat. *molīna* lautete altsächs. ahd. *mulin*, mnd. *mole(ne)* 'Mahlwerk, Mühle'. Bei einer solchen (Schiffsmühle?) wird die Stadt entstanden sein. Vgl. auch Mühlhausen, Mühltroff.

Mühlhausen, Thomas-Müntzer-Stadt Kreisstadt, Bez. Erfurt; am Westrand des Thüringer Beckens, an der oberen Unstrut. 43700 E. – Mitte des 8. Jh. Ansiedlung von Franken an alter Fernstraßenkreuzung bei dem Zentrum des Königsgutbezirks Görmar; mit Grafenburg und Königshof; Anfänge der Stadtbildung 10./11. Jh.; Anlage der Altstadt nach 1100; 1180 Reichsstadt (civitas imperatoris); nach 1200 Entstehung der Neustadt. Zentrum des deutschen Bauernkrieges 1524/25; Wirkungsstätte Thomas Müntzers.

In einer Urkunde Karls des Großen von 775 für Kloster Hersfeld wird vom Ort Mulinhus(o) gesagt, daß hier Franken wohnen: ubi

Franci homines commanent. 967 und 985 erscheinen die zeitgemäßen althochdeutschen Schreibungen Mulinhuson, 974 Mulenhusa, 1006 und 1069 Mulinhusun. 1107 ist die Mittelsilbe abgeschwächt: Mulehusen, 1180 Molhusen, 1199 Mulhusen. Nach 1200 überwiegt Molhusen bis weit ins 16. Jh. – M. ist 'die (Franken)siedlung an der Mühle'. Die hochdeutschen Formen *mulin* wechseln mit den niederdeutschen *mole(ne)*, da M. im Grenzbereich beider Dialekte lag. Das spätlateinische Lehnwort haben mit der Sache vor allem die Franken verbreitet; es verdrängte germ. *kirn* (hier in Querfurt). Vgl. auch Mühlberg, Mühltroff.

Mühltroff Kr. Schleiz, Bez. Gera; im Thüringer Schiefergebirge an der Wisenta (rechts zur oberen Saale), südöstl. der Kreisstadt. 2000 E. – Deutsche Mühlensiedlung vom Ende des 12. Jh. mit Herrensitz (Wasserburg); Entwicklung zum Städtchen im 13./14. Jh. (1378 oppidum).

Obwohl spätmittelalterliche Stadt, hat M. im Namen seinen dörflichen Ursprung bewahrt: 1274, 1342, 1347, 1350, 1356, 1379, 1398 heißt es stets Muldorf(f), 1378, 1382 und 1410 Moldorf(f). Die *r*-Umstellung im Zweitglied *-dorf* können wir erstmals 1576 in Mühldrof nachweisen; in dieser Hinsicht vergleichbar sind *Ohrdruf* bei Gotha und *Wilsdruff* bei Dresden, teilweise auch *Adorf*, Kr. Oelsnitz. Das heutige *t-* statt *d-* ist etymologisch nicht berechtigt. – Zum Erstglied vgl. Mühlberg, Mühlhausen.

Müllrose Kr. Eisenhüttenstadt, Bez. Frankfurt; im ostbrandenburgischen Heide- und Seengebiet, an der Mündung der Schlaube in den Oder-Spree-Kanal, südwestl. der Bezirksstadt. 3300 E. – Altslawische Wallburg mit Burgsiedlung; letztere seit etwa 1150 eingedeutscht; Stadtgründung um 1260 durch den Markgrafen von Brandenburg (1275 civitas).

Die Eindeutschung des ursprünglich niedersorbischen Namens hat einige merkwürdige Formen zustande gebracht: 1275 Molrasen, 1285 Melraze, 1280 Melrese, 1377 Melratze, 1499, 1500 zur Melroß, 1550 von der Melrose, 1558 schließlich Mülrose. Die Ausgangsform altsorb. *Miło-* hat *Mühlrose*, Kr. Weißwasser, länger bewahrt: 1536 Milleros; das *e* in unseren Belegen *Mel-* wird man als Vokalsenkung der Mundart erklären müssen. Die altsorbische Namenform lautete *Miloraz* 'Ort des *Milorad*' und hat dieselbe Struktur wie *Lieberose, Cottbus, Meuselwitz* usw.

Müncheberg Kr. Strausberg, Bez. Frankfurt; im ostbrandenburgischen Heide- und Seengebiet, an der Straße Berlin–Seelow–Kostrzyn (früher Küstrin), südöstl. der Kreisstadt. 5300 E. – Die Lebuser Mönche (Lebus in Schlesien, heute Lubiąz) erhielten vom schlesischen Herzog 1225 das Gebiet, auf dem dieser 1232 die Gründung der Stadt Lubes anordnete, die bald darauf (1233) in Müncheberg umbenannt worden ist (1232 civitas; 1245 oppidum, forum). Heute mit international bekanntem Bodenforschungsinstitut der Akademie der Landwirtschaftswissenschaften der DDR.

Die Namenformen lauten: 1233 Municheberc, 1245 opidum quod nunc Monichberch appellatur (Städtchen, das jetzt Monichberch genannt wird). 1253 und 1311 erscheint die niederdeutsche Form Monekeberch, 1319 Monikeberg, to -berghe. Der Aussprache nahe kommt sicher 1362 Munkkeberch. – Lat. *monachus*, griech. *monachos* wurden als *munih, münech*, md. *mön(ni)ch* ins Deutsche entlehnt; altsächs. *munik*, mnd. *mon(i)k*; vergleichbar ist der Ortsname *München*: 'zu den Mönchen'.

Münchenbernsdorf Kr. und Bez. Gera; auf der ostthüringischen Buntsandsteinplatte, südwestl. der Bezirksstadt. 4100 E. – Hochmittelalterliches Rodungsdorf vom Ende des 12. Jh. mit Herrensitz (Wasserburg); → Städtchen um 1300 (1332 stetelin).

In einer Abschrift des 16. Jh. lautet der Name (zu 1250, 1251) Bernnszdorf, Bernsztorff. Die ältere vollere Form aus echter Urkunde bietet 1332 Bernhartisdorf; noch früher ist der Pfarrer von Bernhardesdorf, -torf erwähnt (1260, 1266). Echte verkürzte Formen sind 1302 und 1354 Bernsdorf, -torf. Der Vorsatz *München-* hat nichts mit Mönchen zu tun, sondern hat sich eingebürgert, weil im 15. Jh. eine Familie *von Münch* auf der hiesigen Wasserburg ansässig war und Bernsdörfer bereits in großer Zahl im Saale-Elbe-Gebiet vorhanden waren.

Muskau, Bad/Mužakow Kr. Weißwasser, Bez. Cottbus; in der Oberlausitzer Heide, an der mittleren Görlitzer Neiße und der Staatsgrenze zur VR Polen, nordöstl. der Kreisstadt. 4800 E. – Altsorbische Fischersiedlung an altem Neißeübergang; seit 12. Jh. mit deutschem Herrensitz (Wasserburg); → Flecken, Städtchen um 1350; Stadtrecht 1452. Standesherr

1785–1846 der bekannte Fürst Pückler, Landschaftspark von ihm angelegt; Moor- und Mineralbad.
Von 1251 bis nach 1307 ist ein Dietrich (Theodericus, Thyczco, Tizscho, Ditericus) de Muschow(e), Muzcowe mehrfach in schlesischen Urkunden erwähnt. Der Zoll zu Muzckow wird 1253 bezeugt, die Wasserburg (veste) Muskow im Jahre 1361. Latinisiert erscheint eine Straße nach M. 1268 als semita que dicitur Muscatensis (zu Musca). Später begegnen noch Muskaw und Muska (1380, 1400, 1405, 1428, 1552); 1597 Moschka und Mußkaw. – Wir erkennen im Namen altsorb. *Muž(a)kov* 'Ort des *Mužk* oder *Mužak*', eine Erweiterung des Personennamenstammes *muž* 'Mann'; eine Mannesgestalt zeigt auch das Stadtwappen. Vgl. auch Mutzschen.

Mutzschen Kr. Grimma, Bez. Leipzig; am Nordwestrand des mittelsächsischen Lößhügellandes und an der Südwestecke des Wermsdorfer Forstes, östl. der Kreisstadt. 2000 E. – Altsorbisches Dorf, wohl mit Burgwall; deutsche Burg Mitte 12. Jh.; Burgflekken; → Städtchen um 1170/1200 (1350 oppidum).
In einer Fälschung des 12. Jh. zu 1081 wird das Dorf (villa) Musitscin aufgeführt, was aus der echten Vorlage stammen kann, da noch 1160 ein Maroldus de Musitsin bezeugt ist. Nach 1200 begegnen nur noch kürzere Formen: 1206 Mutsin, 1291 Mutschin, 1341 Muzin, 1384 Muczschyn, 1529 Mutzschen. – Sie beruhen auf altsorb. *Mužičin*, zum Personennamen *Mužik*. Vgl. auch Bad Muskau.

Mylau Kr. Reichenbach, Bez. Karl-Marx-Stadt; im unteren Vogtland, an der Göltzsch, dicht südwestl. der Kreisstadt. 5500 E. – Kleine altsorbische Siedlungsinsel; um 1180 Errichtung einer deutschen Burg; Reichsministerialensitz; Burgsiedlung; → Städtchen im 13./14. Jh. (1367 Stadtrechte). Textilindustriezentrum mit Reichenbach und Netzschkau.
Die Kleinlandschaft (provincia) Milin taucht 1212 in einer Königsurkunde auf; auch ist 1140 (in einer Fälschung von etwa 1460) das Ufer, die Aue (ripa) Mylen genannt. Auf der Burg sitzen 1214 zwei Ritter de Milin, weitere sind 1263 ff. erwähnt: de Mylen, Milyn, Milen, 1328 Cuncz von Milin, 1333 her Cunrat von Milen, ritter. Die veränderte Endung ist seit 1493 mit Myla bezeugt, 1513 auff Milaw, 1538 Mylaw. – Wahrscheinlich gehört der Bachname zu indoeurop. **mel-* 'mahlen' und wurde als *Milin-* o.ä. von den Sorben dann mit altsorb. *mily* 'lieb' verbunden.

Nauen Kreisstadt, Bez. Potsdam; am Südostrand des Havelländischen Luchs, nordwestl. der Kreisstadt. 12000 E. – Slawische dörfliche Siedlung mit Burgwall am Luchübergang; Stadtgründung durch die Markgrafen von Brandenburg im 13.Jh. (1305 civitas), mit Stadtburg.

1186, 1195 und 1197 ist der Priester Hermann de Na(u)wen, Nowen Urkundenzeuge. Ritter von N. sind 1281 (Nowen) und 1336 (Nawen) genannt; der Ort schreibt sich seit 1305 überwiegend Nawen, daneben seltener Nowen (so noch 1500). – Der Name ist wohl abzuleiten aus altpolab. *Nov-ń* 'Ort des *Nov-n*'; der Personenname läßt sich nicht genau angeben (*Noven, Novan* o. ä.).

Naumburg Kreisstadt, Bez. Halle; gegenüber der Unstrutmündung, am Südhang (Terrasse) zur mittleren Saale. 35100 E. – In altsorbisch vorbesiedeltem Raum Verlegung der Markgrafenburg der Ekkehardiner von Großjena hierher um 1010; nach 1100 Anbau der Altstadt an die Burgsiedlung (1144 civitas); 1028/30 Verlegung des Bistumssitzes von Zeitz nach N. und Umzug der Fernhandelskaufleute von Großjena nach N. (1033). Berühmter Westchor des Domes mit Stifterfiguren um 1250 erbaut. Seit Mitte des 13. Jh. bedeutender Fernhandelsort bis zum Aufstieg Leipzigs (Peter-Pauls-Messen); Industrialisierung stärker erst nach 1949: Maschinenbau, Metallwaren, Arzneimittel.

Die Merseburger Bischofschronik vermeldet zu 1021 in Numburg die (kurz zuvor erfolgte) Neugründung einer Propstei; 1028 genehmigte der Papst die Verlegung des Bistumssitzes von Zeitz in Nuemburgum locum munitum (befestigten Ort), an gleicher Stelle auch Numburg. 1030, 1032, 1033 folgen weitere diesen Vorgang begleitende Urkunden, die Nuonburgensis civitas, Nuwenburc, -burg schreiben; 1065 nochmals Nuwenburg, 1103 Nuenburch, 1144 Nuenburg; das Stadtsiegel von 1305 hat Nuenburc. Als eine der ersten Diphthongschreibungen fanden wir 1516 Nawmborg. – N. ist der '*neuangelegte Burgort*' (Burg mit Vorburgsiedlung). Das Adjektiv lautete in den mitteldeutschen Dialekten mhd. *nūwe* 'neu' (gegenüber obd. *niuwe* und altsächs. *nīwi, nīgi*, mnd. *nīe*), so daß sich mundartl. nhd. *nau-* daraus ergab. Die Nachbarschaft von *n* und *b* führte zur Entwicklung *-mb-* (partielle Assimilation). Vergleichbar sind *Naumburg* bei Fritzlar in Hessen: 1182 Nuwenburc, Bad *Nauheim* u. a. Vgl. auch Naunhof.

Naunhof Kr. Grimma, Bez. Leipzig; im Südosten der Leipziger Tieflandsbucht, an der Parthe, nordwestl. der Kreisstadt. 5600 E. – Planmäßige Anlage eines markgräflich-meißnischen Jagdhofes mit Dienstsiedlung in altem Forstgebiet bald nach 1150; 1285 bäuerlicher Nahmarktort; noch 1378 Wasserschloß und Dorf (castrum und villa); Ende des 14. Jh. → Städtchen (so 1406). Naherholungsgebiet für Leipzig.
In lateinischer Form wird 1210 Nova Curia ersterwähnt, ebenso 1272. Die gleiche Form in einer Fälschung von 1250/1300 zu 1020/25 kann nicht berücksichtigt werden. Die deutsche Gestalt erscheint 1222 mit Nuwinhoff, 1267 Nuenhove, 1292 Nuwenhof usw. Die erste diphthongische Schreibung liegt in 1446 Nauenhoff vor. – N. war der '*neue* (markgräfliche) *Hof*'; zur Lautung vgl. Naumburg.

Nebra Kreisstadt, Bez. Halle; an steilem Talhang in der großen Schleife der unteren Unstrut, südl. von Querfurt. 3300 E. – Altthüringischer Ort an sehr altem Flußübergang; im 9. Jh. karolingischer Königshof, später Herrensitz; um 1200 planmäßige Stadtanlage im Anschluß an den älteren Burgflecken (Oberstadt, 1254 genannt); Neustadt (Unterstadt) seit etwa 1300 angebaut. Kreisstadt seit 1952.
Kloster Fulda hatte im 9. Jh. Besitzungen in Nevere (Nebure) erhalten, 876 wird es als Neueri wiedererwähnt. 1207 ist die Brücke in Nevere genannt. Von 1200 an überwiegen dann die *b*-Schreibungen: 1205 de Nebere, ebenso 1250, 1259, 1267, 1321, 1400; daneben 1300, 1350, 1378 Nebre und Neber, 1335, 1342, 1350 u. a. Nebir. Formen mit der kanzleimäßigen Endung *-a* treten seit 1500 hervor. – N. war möglicherweise der ältere Name der unteren Unstrut: evtl. eine *r*-Ableitung zur indoeuropäischen Wurzel **nāu̯i-* 'Schiff, schiffbar' (lat. *navis* 'Schiff', ursprünglich wohl 'Trog, Mulde'; gall. *nāvā* 'Talschlucht') oder zu indoeurop. **nebh-* 'Feuchtigkeit, Wasser, Dampf, Dunst', worauf auch unser *Nebel* beruht. Da im ostthüringischen Raum mit anglischem Wortgut zu rechnen ist, lassen sich möglicher-

weise die englischen Flußnamen *Naver* und *Nevern* vergleichen. Andererseits ist eine Anknüpfung an indoeurop. **(s)nēbh-ri* 'eng, schmal' nicht auszuschließen und eine alte Örtlichkeitsbezeichnung annehmbar, bezogen auf die hier vorhandene Enge des Unstruttales.

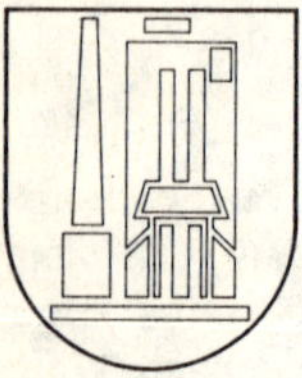

Nerchau Kr. Grimma, Bez. Leipzig; am Nordwestrand des mittelsächsischen Berglandes, am rechten Ufer der mittleren Mulde, nordöstl. der Kreisstadt. 3500 E. – Altsorbische Fischersiedlung; seit Mitte des 10. Jh. mit deutscher Burg und zugehörigem Burgward; Burgflecken im 13. Jh.; → Städtchen (1282 oppidum).
Ob das vom arabischen Händler Ibrahim-ibn-Jakub auf seiner Reise durch Ostdeutschland 965 berührte Nurndjin mit Nerchau gleichzusetzen ist, kann nicht sicher erwiesen werden. Thietmar von Merseburg nennt es 1012/18 zu 974 Niriechua, Urkunden Ottos III. 991 Nerichouua und 997 Nirechouua. 1231 ist Nerechowe, 1230, 1232, 1282, 1350, 1416 Nerchow(e) verzeichnet, 1304 nochmals Nerichowe; von 1414 an Nerchaw. – Es liegt ein altsorbischer possessivischer Ortsname *Nerěchov* 'Ort des *Nerěch*' vor.

Netzschkau Kr. Reichenbach, Bez. Karl-Marx-Stadt; an Hochflächenhang westl. der unteren Göltzsch, im nördl. Vogtland, südwestl. der Kreisstadt. 6500 E. – Hochmittelalterliche altsorbische Dorfsiedlung; seit 12./13. Jh. mit deutschem Herrensitz; Ende 15. Jh. Marktflecken; 1687 Stadt. Neben traditioneller Textilindustrie Kälteanlagenbau.
Ein Conrad von Neczkow ist 1357 und 1358 (Cuncze von Neczkow) genannt. 1366 schreibt man Netzschkaw, 1460 Netzschka und Neczke, 1496 Netzkaw. – Wahrscheinlich gehört der Name zum altsorbischen Wort *necky, necka* o. ä. 'Mulde', wohl als Bezeichnung für eine Vertiefung im Gelände.

Neubrandenburg Bezirks- und Kreisstadt, Stadtkreis, im Nordosten der DDR, auf dem östl. Mecklenburgischen Landrücken, an der Tollense und am Nordende des Tollensesees. 71500 E. – Im altslawischen Gebiet von Stargard (vgl. hier Burg Stargard) im Jahre 1248 vom brandenburgischen Markgrafen neu gegründete, planmäßig angelegte Stadt an altem Straßenkreuz (civitas); zuvor (1236/37) Kloster Broda dicht westl. da-

von gegründet. Seit 1870 stärkere Industrialisierung; Agrargebietszentrum, Maschinenbau, chemische, Lebens- und Futtermittel- sowie Bauindustrie; seit 1952 Bezirksstadt.
In lateinischer Fügung wird 1248 die Stadt (civitas nostra) Brandenborch Nova festgehalten; 1259 und 1261 Brandenburg Nova, dies seit 1270 noch öfter. Die niederdeutschen Namenformen erscheinen als 1299 Nygen Brandenburg, 1304 Nyen-Brandenborch, 1305 Nygen-Brandenborch, 1439 Nyenbrandenborch usw. – Die Neugründung knüpfte bewußt an das alte *Brandenburg* an der Havel, das namengebende Zentrum für den neuen askanischen Territorialstaat, an. Zur Namenerklärung vgl. Brandenburg.

Neubukow Kr. Bad Doberan, Bez. Rostock; im Küstentiefland östl. der Wismarer Bucht, südwestl. der Kreisstadt. 4500 E. – Slawische Siedlung mit Burgwall an der Straße Wismar–Rostock vor 1200; um 1250 Planstadtanlage durch den Herzog von Mecklenburg-Schwerin (1260 novum oppidum); mit herzoglicher Burg. – Altbukow ist Dorf westl. von Neubukow, am Westrand eines Buchenwaldgebietes, nördl. davon liegt Neubukow.
1260 ist vom neuen Städtchen (novum oppidum) Bukow als Neugründung die Rede, 1270 heißt es Nova Buchowe; später fehlt der differenzierende Zusatz zeitweilig wieder: 1278, 1283 in Bucoywe, 1304 in Bucowe; 1395 in Nyen Bukowe. Altbukow schreibt sich 1281 (de) Bucoywe. – Das *-oywe* ist eine Wiedergabe des eingedeuteten dt. *-aue*, mnd. *-öje* (*-oi, ō̈*). Die altpolabische Grundlage war *Bukov*, zu *buk* 'Buche'.

Neugersdorf Kr. Löbau, Bez. Dresden; im Lausitzer Gebirge, nahe der Spreequelle, an der Staatsgrenze zur ČSSR, südl. der Kreisstadt. 9800 E. – Als deutsches Bauerndorf Gersdorf um 1200 entstanden; im 15. bis Mitte 17. Jh. Wüstung; 1657 Neugründung als Neugersdorf mit böhmischen Exulanten. Seit 19. Jh. Standort intensiver Textilindustrie (1820 Marktflekken); Stadt seit 1924.
Altgersdorf hieß 1241 Gerhartesdorf, 1306 Gherardesdorpp (in niederdeutscher Urkunde), 1408 Bösengerharsdorf, 1419 Bösengerichsdorff, 1578 nur noch Holz der Gersdorf, wüst Gersdorf. Die Neugründung tritt 1657 mit Neugersdorf hervor. – N. ist 'das wiederbegründete *neue Ger(hart)sdorf*'.

Neuhaus am Rennweg Kreisstadt, Bez. Suhl; auf der Kammhöhe inmitten des südöstl. Thüringer Waldes, an alter Straße von Saalfeld nach Eisfeld und Sonneberg. 5900 E. – 1673 herrschaftliches Jagdhaus erbaut mit Ansiedlung von Waldarbeitern und Glasmachern; beide 1922 vereinigt; Industrialisierung seit ausgehendem 19. Jh.; 1933 Stadt; 1952 Kreisstadt. Röhrenwerk für Rundfunk und Fernsehen; Pharmaglaswerk, Porzellan- und Steingutwerk; Erholungsort.
1673 (noch nicht Ortsname): das neue Haus, 1731 Neuehauß, 1740 Neuhauß. – Die Glashütte hieß seit 1607 Schmalenbuche, die Köhlersiedlung Igelshieb.

Neukalen Kr. Malchin, Bez. Neubrandenburg; an der Westseite des Kummerower Sees, in der Peeneniederung, am Nordrand der Mecklenburger Schweiz, nordwestl. der Bezirksstadt. 3200 E. – 1281/83 Burg und Stadt (Alt)Kalen; 1244 vom Fürsten von Mecklenburg Borwin gegründet und an den Platz 10 km südöstl. der Muttersiedlung verlegt (in das Dorf Bugelmast) (1283 oppidum Kalen).
Bereits Altkalen (1174/1219 urbs und stagnum Kalen) wurde umgedeutet zu Kalant (1244, 1253, 1276, 1281); in dieser Gestalt wurde der Name auf die Neugründung N. übertragen (1283 Kalant, 1306 Novum Kalant); 1366 Nygenkalant. – Umgeformter Name in Anlehnung an die im späteren Mittelalter weitverbreiteten *Kaland*bruderschaften, die ihren Namen nach ihrem Sitzungstag trugen: lat. *calendae* 'Monatserster'; danach auch unser Wort *Kalender.* Der altpolab. Ortsname gehört zu *kal* 'Sumpf'. Vgl. auch Calau, Kahla.

Neukloster Kr. Wismar, Bez. Rostock; im Endmoränengebiet südöstl. der Wismarer Bucht und der Kreisstadt. 4600 E. – In slawisch besiedelter Landschaft (Kutzin) 1219 Anlage des Benediktinernonnenklosters Campus Solis (Sonnenfeld, Sonnenkamp); blieb Flecken (Amtssitz) bis zur Stadterhebung 1938.
Das neue Kloster Campus Solis wurde 1219 beim Dorfe Cuszin (1170 Cuchin, um 1165 Cuzin, 1235 Kvscyn) angelegt. Hieß es anfangs zumeist nach der Eigenbenennung der Mönche Campus solis (1219 ff.), so setzte sich seit etwa 1240 der volksläufige Name '*das/zum neue(n) Kloster*' durch, der jedoch zunächst auch nur in lateini-

scher Urkundensprache überliefert ist: 1243 ff. Novum claustrum, in Novo claustro, 1374 ff. dann Nyenkloster, -clostere. – Lat. *claustrum* wurde aus volkslat. **clōstrum* 'abgeschlossener Raum' ins Althochdeutsche als *klōstar* entlehnt, mhd. und mnd. dann *klōster*.

Neumark Kr. Weimar, Bez. Erfurt; Zwergstädtchen im östl. Thüringer Becken, an der Vippach, nordwestl. der Kreisstadt. 600 E. – Burg mit Marktsiedlung vor 1179 (1281 munitio, castrum; 1324 villa seu oppidum, 1326 stat).

1179 tritt ein Ritter Hermann de Novo Foro, 1248, 1269 und 1281 der Ort in lateinischer Sprache der Urkunden als Novum Forum hervor, die dann in den folgenden deutschsprachigen Quellen ihre genaue Entsprechung haben: 1324 Nuwenmarckt, 1326 Nuwinmarkete, 1367 Nuwenmargte. 1487 erscheint mundartlich mitteldeutsches Nawenmarckt, 1544 Nauenmarckt; aber bereits 1382 entfällt das schließende *-t* und es heißt Nuwenmarc, 1554 dann Neuenmargk. – N. ist 'der *neue Marktort*' (lat. *forum* 'Marktplatz'), *Markt* ist entlehnt aus lat. *mercātus* 'Kauf, Handel, Marktverkehr' bzw. volkslat. *marcātus*: ahd. *markāt*, mhd. mnd. *market*. Die Konsonantenfolge *-rkt* wurde gern erleichtert, so daß eine Verwechslung mit dt. *mark* 'Grenze, Grenzflur' eintreten konnte; Erleichterung zu *-rt* in 1363 Nuwinmarte und 1378 Nuwenmart.

Neuruppin Kreisstadt, Bez. Potsdam; an der Westseite des Ruppiner Sees gegenüber Alt Ruppin, auf dessen Ostseite, nördl. des Rhinluchs und der Bezirksstadt; an der Autobahn Berlin–Rostock. 25 100 E. – Muttersiedlung Alt Ruppin mit vordeutscher, seit Mitte 12. Jh. deutscher Burg (Grafenburg); vorher Zentrum der slawischen Zamzizi; planmäßige Stadtgründung von N. nach 1214 durch die Grafen von Arnstein-(Alt) Ruppin; Stadtrecht 1256. Geburtsort Th. Fontanes.

Bei den ältesten Nennungen ist nicht ganz sicher zu entscheiden, ob es sich um die Altsiedlung Alt Ruppin oder bereits um Neuruppin handelt, da beide ganz nahe beieinander lagen: 1238 Rapin; doch schon 1256 werden Olden Ruppyn und die Stadt (civitas) Ruppin (Neuruppin) getrennt angeführt. Die Gründung des Klosters (Claustrum Rupinense) ist auf einer Inschrift im ehemaligen Kloster Röbel mit der Jahreszahl 1246 versehen. 1272 wird dann Novum Repyn, 1291 Nova Repin zitiert; 1363 folgt Nova Ruppyn. – Zur Namenerklärung vgl. Alt Ruppin.

Neusalza-Spremberg Kr. Löbau, Bez. Dresden; im Lausitzer Gebirge, an der oberen Spree, südwestl. der Kreisstadt. 3800 E. – Doppelsiedlung: um 1200 Gründung des Bauerndorfes Spremberg; 1670 ff. Anlage von Neusalza mit böhmischen Exulanten durch die Inhaber des Rittergutes, die Herren von Salza; Stadtrecht für Neusalza 1673; 1920 Vereinigung der beiden Gemeinden. Textilindustrie und Erholungsort.
Spremberg ist 1242 als de Sprewemberch, 1272 Sprewenberc, 1397 als Spremberk überliefert. – 1662 erscheint das Gut Neuen-Salza, 1675 Neusalza. – Der Doppelname wurde durch die Vereinigung der beiden Gemeinden hervorgerufen, zumal die Möglichkeit der Verwechslung mit dem niederlausitzischen Spremberg (am gleichen Fluß) bestand. Zur Namenerklärung von Spr. vgl. Spremberg (Bez. Cottbus). Die Herren *von Salza* stammten von Langensalza (vgl. dort).

Neustadt (Dosse) Kr. Kyritz, Bez. Potsdam; im Niederungsgebiet an der Dosse (rechts zur unteren Havel), südl. der Kreisstadt. 3600 E. – Burg mit Burgflecken des 13. Jh.; 1525 Städtchen; 1664 Stadt.
N. hieß 1375 Nuwestat, 1379 to der Nyen Stadt, 1420 czu der Nuenstad, 1540 sogar Neustetlein. Die hochdeutsche amtliche Namenform hat die einheimische niederdeutsche (seit 1379) verdrängt. – N. bedeutet 'zur *neuen Stadt*' bzw. '*Neugründung*'. Vgl. auch Neustadt-Glewe, Neustadt (Orla), Neustadt (Sachsen).

Neustadt-Glewe Kr. Ludwigslust, Bez. Schwerin; am Südrand der Lewitzniederung, an der Elde, südöstl. der Bezirksstadt. 7400 E. – Im frühen 12. Jh. slawisches Dorf mit Niederungswall; seit der zweiten Hälfte des 12. Jh. Burg und Burgsiedlung der Grafen von Schwerin; Stadtgründung kurz vor 1248.
Im 13. Jh. sind auch hier nur latinisierte (übersetzte) Namenformen urkundlich bezeugt als *Neustadt*: 1248, 1253, 1265, 1275, 1291 Noua Civitas (in verschiedenen Kasusformen); in mehreren Jahren tritt bereits der differenzierende Name der Altsiedlung hinzu: 1253 N. C. Chlewa, 1265 N. C. que Gh(l)iwe dicitur, 1300 N. C. Glewe. Nach 1300 entfällt dieser wiederum für längere Zeit und wird erst in der Neuzeit wieder aufgenommen: So heißt es 1317 nur Nyenstat, 1331 Nigenstad, 1337 Nigestat usw. – Das hochdeutsche Adjektiv *neu* lautete mnd. *nī(g)e*, altsächs. *nīgi, ni(u)wi*; md. *nūwe*

in Naumburg, Naunhof u.a. Vgl. Neustadt (Dosse), Neustadt (Orla), Neustadt (Sachsen). – *Glewe* beruht auf altpolab. *chlěv* 'Stall'.

Neustadt (Orla) Kr. Pößneck, Bez. Gera; im Ostteil der Orlasenke, nordöstl. der Kreisstadt. 10500 E. – Planmäßige Stadtgründung der Herren von Lobdeburg um 1200/1250 unter dem Burghügel von Arnshaugk an der Fernstraße von Gera nach Saalfeld, in Anlehnung an dörfliche Neusiedlung kurz nach 1100 (1287 civitas).
Wiederum zunächst in lateinischer Gestalt lautet der Ort wohl zuerst *Neudorf*: 1120 und 1145 Nova Villa, dann *Neustadt*: 1287 Nova Civitas (so noch 1382), 1291 aber dt. Nuenstat, 1331 bi der Nuwenstad, 1350 Nuenstad, Nuwenstat, 1480 Nawenstad an der Orla, 1493 Nawstat, 1523 wieder Newstat an der Orle. – Nach vorübergehend mitteldeutscher Lautung bzw. Schreibung (*au*-Formen) Übergang zur hochdeutschen *eu*-Form, bei der es schließlich blieb. Vgl. auch Neustadt (Dosse), Neustadt-Glewe, Neustadt (Sachsen).

Neustadt (Sachsen) Kr. Sebnitz, Bez. Dresden; in der Weitung des oberen Polenztales, nahe der Staatsgrenze zur ČSSR, nordwestl. der Kreisstadt. 12000 E. – Im Anschluß an Rodungssiedlung des 13. Jh. Stadtgründung nach 1300 (1333 oppidum).
Da dieses Neustadt nur in deutschsprachigen Urkunden erwähnt wird, gibt es hier keine lateinischen Parallelen: 1333 zuo der Nuwenstad, 1347 von der Nuenstad, 1413 Nuestad, 1423 uff der Newenstat, Nawstet, 1437 bei der Nawinstad, 1446 Nawstad, 1483 Newstad. – Auch bei diesem Namen ist ein zeitweiliges Schwanken zwischen der mitteldeutschen *au*-Form und der hochdeutschen und oberdeutschen *eu*-Form zu verzeichnen. Vgl. auch Neustadt (Dosse), Neustadt-Glewe, Neustadt (Orla).

Neustädtel s. Schneeberg

Neustrelitz Kreisstadt, Bez. Neubrandenburg; im Ostteil der Mecklenburgischen Seenplatte und Quellgebiet der Havel, an altem Straßenknotenpunkt. 26900 E. – Hervorgegangen aus (Alt-)Strelitz und dem ursprünglichen Slawendorf Glienecke. Alt-Strelitz: Ende 12.Jh. markgräflich-brandenburgische Burg und Burgsiedlung; seit 1349 Stadt; Dorf Glienecke:

im 14. Jh. Wüstung; im 16. Jh. Schäferei; 1710 herzoglich-mecklenburgisches Jagdhaus; seit 1731 planmäßige Anlage der Residenzstadt Neu-Strelitz (sternförmig); 1932 Vereinigung von Alt-Strelitz und Neu-Strelitz zu N.; Hauptstadt des Landesteils Mecklenburg-Strelitz seit 1701; Bezirksstadt 1952–1968, danach Neubrandenburg.
Alt-Strelitz ist 1278 und 1316/28 als Strelitz, 1329 als Streliz erwähnt; Neustrelitz 1733. – Man darf von einer altpolabischen Namenform *Strěl'ci* 'Schützen' (spezialisierte Krieger des Burgherren?) ausgehen.

Niemegk Kr. Belzig, Bez. Potsdam; am Nordrand des Hohen Flämings, südöstl. der Kreisstadt, an der Autobahn Hirschberg–Berlin. 3000 E. – Mitte des 12. Jh. deutsche Burg mit Burgsiedlung und Burgbezirk; nach 1200 Burg-/Marktflecken; → Städtchen (1358 civitas).
In den Jahren seit 1161 wird der Burgward N. mehrfach genannt: Er schreibt sich 1161 Niemic, 1186 Nimich, 1216 Nymik, 1234 Nimic. Eine Familie von N. ist seit 1174 bezeugt: 1174 ff. Conradus de Niemick, 1194 Theodericus de Niemeke, 1265 Theodericus de Nemick, Nemech, 1267 Johannes de Nemick, 1280 fratres de Nemik. Im 14. Jh. gilt 1344 Nemic, 1358 Nimik, 1397 Nemik; dann 1441 schließlich Nymegk. – Es wird mit großer Wahrscheinlichkeit Namenübertragung durch Siedler von *Nijmegen*, Provinz Geldern in den Niederlanden, angenommen, das um 365 als Noviomagi, 777 Niumaga, um 1100 Niumago 'Neufeld oder Neumarkt' (galloromanisch) bezeugt ist. Andererseits ist auch eine altsorbische Vorform, wohl zu altsorb. *němy* 'stumm', nicht auszuschließen, die die Niederländer umdeuteten.

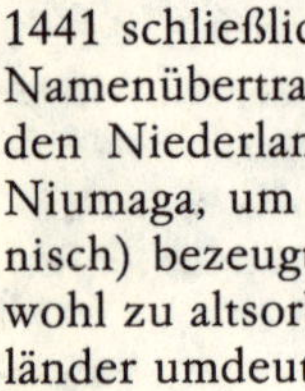

Nienburg Kr. Bernburg, Bez. Halle; an der Bodemündung in die untere Saale. 7100 E. – Deutsche Burg mit Burgbezirk (Burgward); Mitte des 10. Jh. Reichskloster (975 ff.), daher zeitweise „Mönchen-Nienburg" genannt; 1035 Markt- und Münzort; Stadtanlage im 12. Jh. (Rat 1393).
N. verdankt seine sehr frühe häufige Nennung der Klosterüberlieferung am Ort, die 961 mit Nianburg beginnt. Auch das 965 vom arabischen Händler Ibrahim-ibn-Jakub erwähnte Nubgrad (Novograd), aus slawischem Munde gehört, dürfte mit N. identisch sein. Es folgen dann 975 Nigenburg; 978, 980 Nienburg, 997 Niianburg, 999 Niwanburg, 1000 Niuenburg. Thietmar von Merseburg nennt es zu 993 und 1015 lateinisch Nova urbs bzw. 1017 Nova

civitas. Im 11./12. Jh. heißt es weiter sehr oft Ni(g)enburg, Nianburg, Niuuenburc u. a.; 1233 schreibt man Nienborch, 1357 Monkenyenborch. – N. bedeutet 'zur *neuen Burg*', zu nd. *nī(g)e* 'neu', vgl. hier auch Neustadt-Glewe.

Niesky/Nizka Kreisstadt, Bez. Dresden; in der nordöstl. Oberlausitz, am Südrand der Lausitzer Heide, nordwestl. von Görlitz. 11400 E. – Entstanden durch Ansiedlung böhmischer Auswanderer (Exulanten) seit 1742 auf der Rittergutsflur Trebus. Durch Braunkohlenabbau seit Ende 19. Jh. stark angewachsen; Kreisstadt seit 1952.
Die neuzeitliche Siedlung schrieb man 1768 Nisky, 1791 Nißky; 1835 sorbisch Niska. Sie beruht auf tschech. *nízký* 'niedrig gelegen'.

Nordhausen Kreisstadt, Bez. Erfurt; am Südharzrand und Nordwestende der Goldenen Aue, an der Zorge. 46100 E. – Altthüringisches Dorf an altem Verkehrsknotenpunkt (Altendorf), seit 8. Jh. fränkischer Krongutbezirk mit Königshof; im 10. Jh. Königsburg und Burgflecken; seitdem frühstädtische Entwicklung (962 mercatus, 972 curtis imperatoris); Reichsstadt seit 12. Jh. (1157, 1178 königlicher Stadtvogt; 1180 imperatoris civitas); neben der Altstadt seit 13. Jh. Entstehung der Neustadt. Seit 19. Jh. stark industrialisiert.
Die gesicherte zeitgemäße Überlieferung beginnt 876 mit Nordhusa, das auch 927, 929 und 934 erscheint; Northusa nochmals 972, 974 und 1033. Daneben treten nach und nach häufiger die Formen im Lokativ auf: 965, 966 und 1075 Northusun, 1105 Northuson; seit dem 12. Jh. Nord-, Northusen. *-hausen* wird diphthongisch geschrieben seit Ende des 15. Jh.: 1480 Northausen, 1526 Northawssenn. – N. ist die 'im *Norden* gelegene Wohnstatt'. Gegenstücke dazu bieten *Sundhausen, Westhausen, Osterhausen* in Thüringen; Parallelen bilden die *Nordheim*-Orte, z. B. hier *Kaltennordheim*.

Nossen Kr. Meißen, Bez. Dresden; auf hohem Bergsporn an Knie der Freiberger Mulde und an der Autobahn Leipzig–Dresden, westl. der Bezirksstadt. 7600 E. – Slawische Wallburg am Rande des altslawischen Siedlungsgebietes (Gau Daleminze = Lommatzscher Pflege); seit 12. Jh. deutsche Burg mit Burgsiedlung; unterhalb an der Mulde seit 1175 das

ehemalige Benediktinerkloster Altzella (markgräfliches Hauskloster); Burgflecken → Städtchen im 13. Jh. (1376 oppidum). Nach 1945 Produktion von Meßgeräten, Automatisierungs- und Reglertechnik.
Das von 1171 an bezeugte Rittergeschlecht nennt sich de Noz(z)in, Noscin, Noßin, Nuz(z)in, Nuzzyn u. ä., der Ort 1263 Nuzcin, Nuzzin, 1264 Nussin, 1316 Nussyn. Erst im 16. Jh. setzen sich die *o*-Formen wieder durch: 1529 Nossaw, 1553 Nossa, 1552 Nossen. – Die *u*-Formen stellen offensichtlich mundartlich beeinflußte Schreibungen dar, so daß die Nameninterpretation im Stadtwappen und Stadtsiegel durch die Darstellung von drei Nußbäumen irreführend ist. – Der Ortsname beruht auf altsorb. *nos* 'Nase', hier toponymisch für den Bergsporn am Knie der Freiberger Mulde; als Grundform kann *Nosno* angesetzt werden. Eine entsprechende deutsche Namengebung liegt beim Dorfnamen Nasenberg südöstl. von Oschatz vor.

Oberfrohna s. Limbach-Oberfrohna

Oberhof Kr. und Bez. Suhl; auf der Paßhöhe einer alten Fernstraße (1259 als „Waldstraße" erwähnt) von Erfurt/Arnstadt und Gotha/Ohrdruf über den hohen Thüringer Wald nach dem oberen Werragebiet und Mainfranken, nördl. der Kreis- und Bezirksstadt. 3000 E. – Im späten Mittelalter Rast- und Geleitshaus an der genannten Paßstraße; 1616 herzoglich-weimarisches Jagdschloß an Stelle der heutigen Kirche; seit dem 17. Jh. kleine Waldarbeitersiedlung; seit dem ausgehenden 19. Jh. Wintersport- und Erholungszentrum. Stadt seit 7. 10. 1985.
Die erste Erwähnung stammt von 1470: der Oberhof, die Herberge auffm Schwarzwald; in der Folgezeit wechseln Oberhof und Oberhoff in der Schreibung (1512, 1556), um 1550 heißt es ofn Obernhoffe, 1569 der Obernhof, im 17. Jh. auch der Neuhoff. – Es liegt eine differenzierende Benennung zu einem 'unteren Hof' vor, der bei Crawinkel an der gleichen Paßstraße lag. Wegen der Höhenlage (810–825 m) bot sich die Lagebenennung *'oberer Hof'* von selbst an.

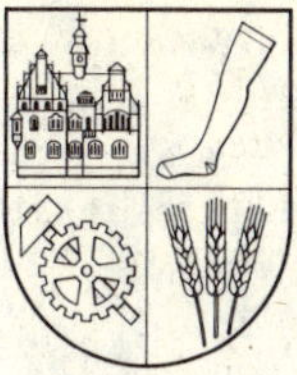

Oberlungwitz Kr. Hohenstein-Ernstthal, Bez. Karl-Marx-Stadt; im Erzgebirgischen Becken, südl. der Kreisstadt, im Tal des Lungwitzbaches. 7500 E. – Deutsches Bauerndorf vom Ende des 12. Jh.; infolge starker Industrialisierung im 19./20. Jh. 1936 zur Stadt erhoben. Bedeutendes Zentrum der Untertrikotagen-, Strumpf-, Wirk- und Strickwarenindustrie.
Eine Abschrift des 16. Jh. nennt für 1273 Lunckwitz; 1362 tritt ein Thymo de Lunkewitz auf. Der Ausgangsform näher stehen 1367 in der Longwicz und 1411 die Lonckewicz. 1446 spricht man von der Langen Lunckwicz, womit von Niederlungwitz, weiter abwärts am Lungwitzbach, differenziert werden sollte. Offenbar schien jedoch Obern Lunckwitz (1497) treffender zu sein. Seit 1720 wird Oberlungwitz geschrieben. – Der Orts- bzw. Bachname geht von altsorb. *Lǫkavica* 'Wiesenbach', zu *lǫka* 'Wiese', aus. Vgl. auch Langewiesen.

Oberweißbach Kr. Neuhaus am Rennweg, Bez. Suhl; im Thüringer Schiefergebirge an einem Höhenrücken, südl. des Schwarza- und westl. des Lichtetales, nördl. der Kreisstadt. 2100 E. – Rodungssiedlung des späteren Mittelalters; seit 1705 Marktrecht; 1932 Stadt. Erholungsort; Geburtsort Friedrich Fröbels. Der ältere Ort ist Niederweißbach.
Zuerst wird 1370 mit Vyzbach ein Waldgebiet bezeichnet, das – wie der jüngere Ort (zunächst Nieder-/Unterweißbach, dann Oberweißbach) – nach dem dort fließenden Bach benannt war. 1417 steht Wisebach geschrieben, 1452 Obren Wißbach. Nieder-/Unterweißbach ist 1394 als Nedirn Wysbach aufgezeichnet, 1446 als Nidern Weissbach. Also die 'Siedlung(en) am *weißglänzenden Bach*'. Im hohen Mittelalter wurde mhd. *ī* im Namen zu *ei* diphthongiert, dieses erscheint in der Schrift jedoch erst später.

Oberwiesenthal, Kurort Kr. Annaberg, Bez. Karl-Marx-Stadt; höchstgelegene Stadt der DDR am Fuße des Fichtelberges (Kammregion des Obererzgebirges), an der Staatsgrenze zur ČSSR, südl. der Kreisstadt. 3000 E. – Nach Entdeckung eines Silberganges am Fichtelberg 1526 Anlage der Neustadt Wiesenthal im Gegensatz zum älteren Unterwiesenthal. O. erhielt 1530 Stadtrecht, Unterwiesenthal wurde 1921 eingemeindet. Seit 1935 „Kurort" O. (Luftkurort).

Das 1406 erwähnte Wizinthal ist zunächst der Ort Unterwiesenthal. Als um 1500 im Wyssental Silbererzfunde gemacht wurden, kam es zur Gründung der Neustadt Wiesenthal, 1559 Neu-Wiesenthal, 1761 Ober-Wiesenthal. Da der Pöhlbach die sächsisch-böhmische Grenze markierte, entstand auf der Ostseite desselben noch Böhmisch-Wiesenthal. – Der Name bezeichnet 'den Ort *im oberen Wiesental*'.

Oebisfelde Kr. Klötze, Bez. Magdeburg; im Südwesten der Altmark, an der Staatsgrenze zur BRD, am Südrand des Drömling und nahe dem Weser-Elbe-Kanal (Mittellandkanal), westl. von Gardelegen. 5500 E. – Ursprüngliches altsächsisches Dorf; um 1200 mit feudalem Herrensitz (Wasserburg) und Burgflecken; Erhebung zur Stadt (oppidum) vor 1262.

In Ovisfelde (bzw. Ocisfelde = Oetzfelde bei Hannover?) war evtl. bereits im 11. Jh. dem Kloster Corvey an der Weser eine Schenkung gemacht worden. 1212 ff. ist ein Wolbertus de Ovesvelde, Owesuelde Vogt des Klosters Hillersleben. Aus dieser Familie sind im 13. Jh. weitere Mitglieder genannt, z. B. 1291, 1295 Hildebrandus de Ouesuelt. 1260 ff. schreiben sich Burg und Stadt Ousfelt, Oysuelt, Oisveld sonst weiterhin meist Ovesvelt, Ouesuelt, Owesfelde, 1475 zcu Oveszfelde. – Der Name ist zweifellos im Erstglied mit altsächs. *ewi, öuwi* 'Schaf' gebildet, evtl. auch mit dem davon abgeleiteten *ewist* 'Schafstall'. Es lag jedenfalls den Schreibungen ein umgelautetes **awi(st)*, **ouwi(st)* zugrunde, das sich aus indoeurop. **oṷi-s(to)-*, vgl. lat. *ovis*, slaw. *ovc-*, entwickelt hatte; dazu auch mundartl. dt. *Aue* 'weibliches Schaf'.

Oederan Kr. Flöha, Bez. Karl-Marx-Stadt; am Nordfuß des mittleren Erzgebirges, östl. der Kreisstadt. 7100 E. – Etappenort an alter böhmischer Straße vor 1150; nach 1180 Zusiedlung deutscher Bauern und Bergleute; Stadtgründung durch den Markgrafen von Meißen um 1250 (1286 civitas seu oppidum) mit Stadtburg (1292 civitas et castellum) an der Kreuzung der böhmischen Straße mit der Straße Zwickau–Chemnitz (heute Karl-Marx-Stadt)–Freiberg–Dresden. Heute Garn- und Wäschefabrikation, Sitzmöbel-, Plast- und Metallwarenbetriebe.

1286, 1292 und 1319 hören wir erstmals von Oderen, 1336 Oderin; 1378 bietet das markgräflich-meißnische Register Aderen und Oderen; verkürzt heißt es 1383 Odren und 1403 Odran, 1445 Odern und 1459 Oedernn, 1530 Ödernn. Die heutige Namenform gilt seit

1590. – Am ehesten liegt altsorb. **Odrina* zugrunde, zu *odr* 'Brettergerüst, Stall, Pfahl', spezieller 'Anstand des Jägers', 'Gestell für Waldbienenstöcke (russ.) u.ä.', vgl. mnd. *ader* 'Zaunpfahl', ahd. *etter* 'Zaun', angelsächs. *eodor* 'Hecke, Zaun, Wohnung, First', aus indoeurop. **edh-* 'Zaunstecken, Zaun aus Pfählen'. O. ist wohl ursprünglich eine Siedlung von Waldbeutern. Die jüngere *an*-Endung wird auf eine Umdeutung 'Öde am *Ran* (= *Ranisberg* östl. von Oederan)' zurückgeführt.

Oderberg Kr. Eberswalde, Bez. Frankfurt; am Nordufer eines alten Oderarmes, an der Abzweigung des Finowkanals von der Oder, am Südrand der Uckermark, östl. der Kreisstadt. 4000 E. – Beim älteren slawischen Dorf Barsdin (jetzt Kietz) um 1190 von den Markgrafen von Brandenburg angelegte Burg; Stadtanlage an altem Oderübergang bald nach 1200. Heute Schiffswerft, Holzverarbeitungsbetriebe.

Der Name des slawischen Vorgängerortes scheint noch eine Weile mit dem der Markgrafenburg Oderberg konkurriert zu haben: Die Brandenburgische Chronik vermeldet den Bau der Burg (castrum) Oderberg zu 1192. Barsdyn wird 1231 genannt, 1258 liegt Barsdin prope (bei) Oderberg. Während sich die landesherrlichen Vögte nach der Burg nennen (1233 ff. Oderberch, Oderberg), schreibt das Landbuch von 1375 noch Oderberg, quod Barsedin dicitur (Oderberg, das Barsedin genannt wird). – O. bezeichnete 'die *Bergfeste an der Oder*'. Der altpolabische Name *Barsdin* dürfte zu einem Personennamen zu stellen sein.

Ohrdruf Kr. Gotha, Bez. Erfurt; am Nordrand des Thüringer Waldes, an der Ohra, südl. der Kreisstadt. 6600 E. – Altthüringisches Dorf, in dem Bonifatius 725 eine Missionsstation (cellula) gründete (später Petersstift); im 12./13. Jh. → Marktflecken mit Burg (später Schloß) der Grafen von Käfernburg, später von Gleichen, an alter Straße über den Thüringer Wald; Stadterweiterung Mitte des 14. Jh. (1356 Ratsmeister erwähnt, 1375 Flecken). Bleifarben-, Spiel- und Lederwarenproduktion.

Schon 725 gründete Bonifatius die kleine Zelle (cellula) Ordorf(f), die dann in dieser Schreibform noch sehr oft Erwähnung findet (777, vor 786, 961, 1005/06, 1047/50, 1137, 1168, 1251, 1337 usw.). Aus niederdeutschen Urkunden und Bonifatius-Viten stammen vereinzelte Schreibungen wie Ordorp (961) und Orthorp (zu 725). – Die *r*-

Umstellung, die zur heutigen amtlichen Form führte, fanden wir erstmals in 1590 Ohrdruffe. – O. ist 'das *Dorf an der Ohra*'; dieser Bachname ist 1276 als Hora, 1378 als Ora überliefert, vgl. dazu altnord. *aurr* 'Wasser, Nässe, Kot'.

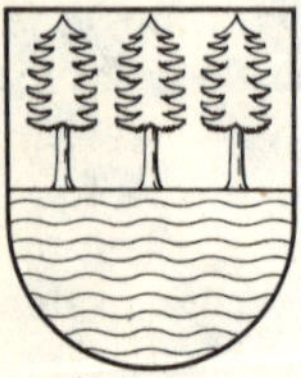

Olbernhau Kr. Marienberg, Bez. Karl-Marx-Stadt; im mittleren oberen Erzgebirge, im Tal der oberen Flöha, an der Staatsgrenze zur ČSSR, östl. der Kreisstadt. 12900 E. – Deutsches Bauerndorf vom Ende des 12. Jh.; um 1800 Marktflecken; 1902 Stadt.
Die Schreibungen lauten: 1434 Albernhaw, 1495 Albernaw, 1497 Olbernhaw, 1501 Olbirhaw. – O. ist 'der *Waldeinhieb* (Rodung) *eines Albero*'. Die Mundart verdunkelte *a* zu *o*.

Oelsnitz (Erzgebirge) Kr. Stollberg, Bez. Karl-Marx-Stadt; am Südrand des Erzgebirgischen Bekkens, westl. der Kreisstadt. 15100 E. – Deutsches Bauerndorf des ausgehenden 12. Jh. an gleichnamigem Bach, mit Herrensitz; Entwicklung zur Stadt erst seit 1843 (Beginn des Steinkohlenbergbaus im Erzgebirgischen Becken); Stadterhebung 1923. Heute Bauindustrie, Metall- und Textilbetriebe.
Der zweifellos auf einem altsorbischen Wald- oder Bachnamen beruhende Ortsname erscheint zuerst im Namen der ansässigen Ritterfamilie 1219 de Olsniz, 1297 de Olsnicz, 1338 de Olseniz. 1386 schreibt er sich Olzenicz, 1438 Olsnicz. Die Umlautbezeichnung ist erst seit Ende des 16. Jh. nachweisbar. – Die altsorbische Grundform ist *Olešnica* und gehört zu *ol'ša* 'Erle'. Vgl. auch Oelsnitz (Vogtland).

Oelsnitz (Vogtland) Kreisstadt, Bez. Karl-Marx-Stadt; im oberen Vogtland, an der Weißen Elster, südöstl. von Plauen. 14 500 E. – Deutsches Rodungsdorf unter der um 1240 errichteten Burg Voitsberg (der Vögte von Straßberg); Burgflecken 1281 (vicus, Altstadt); nach 1300 Anlage der Neustadt; Rastort an alter Straße von Plauen nach Eger. Teppich- und Gardinenweberei, Textilmaschinenbau.
Dieses Oelsnitz ist mit den Nennungen Olsnitz von 1200, 1225 und 1250 gemeint. 1281 wird Olseniz als Flecken (vicus) bezeichnet. 1410 schrieb man Oelznitz erstmalig mit bezeichnetem Umlaut. – Zur Namenerklärung vgl. Oelsnitz (Erzgebirge).

Oranienbaum Kr. Gräfenhainichen, Bez. Halle; am Nordrand der Dübener Heide und am Südrand der Mittelelbniederung, südöstl. von Dessau. 5000 E. – Auf der Flur des mittelalterlichen Sorbendorfes Nischwitz (um 1500 wüst) 1644/45 angelegter Jagd- und Wirtschaftshof der Fürsten von Anhalt-Dessau; Ausbau zur Residenz seit 1673 (mit Neubenennung); 1695 Marktrecht für die Schloßsiedlung; Stadt seit 18. Jh.

Der jüngere Name O. ist 1673 zuerst im Kirchenbuch von Wörlitz aufgezeichnet. Er wurde zu Ehren der Fürstin Henriette Katharina von Anhalt-Dessau, einer geborenen Prinzessin *von Oranien*, verliehen. Dieses Geschlecht der *Oranier* (seit Wilhelm von Oranien 1581) führte einen Orangenbaum im Wappen, ndl. *Oranje*. Vgl. auch Oranienburg. – Der ältere Vorgängerort *Nischwitz* lautete 1179 Nichaize, 1198 Nigaiz, 1512 wüst Nichtwitz; wahrscheinlich ein patronymischer Ortsname, altsorb. *Nichovici*, zum Personennamen *Nich* o. ä.

Oranienburg Kreisstadt, Bez. Potsdam; nördl. von Berlin, an der Havel und am Havelkanal in altem Heidegebiet. 24400 E. – Ursprünglich mittelalterliches Slawendorf Bötzow; mit markgräflich-brandenburgischer Burg seit etwa 1200; Burgflecken; → Städtchen im 13. Jh. (1350 stedeken); Schloßneubau mit Stadterweiterungen seit 1651; Neustadt 1718 begonnen; im 19./20. Jh. stark industrialisiert; Wohn- und Gartenstadt. Dicht nördl. der Stadt 1933–1945 das KZ Sachsenhausen (Nationale Mahn- und Gedenkstätte).

Das ältere *Bötzow* (1216 Bothzowe, 1288 ff. Botzowe, 1350 Bo̊tzow) wurde 1652 zu Ehren der Kurfürstin Luise Henriette, einer geborenen Prinzessin *von Nassau-Oranien*, in *Oranienburg* umbenannt. Vgl. auch Oranienbaum. – *Bötzow* dürfte zu einem altpolabischen Personennamen gehören, etwa *Bod-š* (Grundform *Bodišov-*), oder zu **boč* 'in Holz gefaßter Brunnen, Quelle'?

Orlamünde Kr. Jena, Bez. Gera; auf einer Anhöhe unmittelbar über der Saaleaue, gegenüber der Mündung der Orla in diese, südl. der Kreisstadt. 1700 E. – Seit 10. Jh. Burg und Burgsiedlung der Grafen von Weimar-Orlamünde; → Marktflecken seit dem 12. Jh. (1344 Burg und Stat).

O. ist benannt nach seiner Lage an der Mündung der Orla: Der Sächsische Annalist erwähnt (nach 1150) zu 1040 und 1043

Orlagemunde; infolge der bedeutenden Rolle der Grafen von O. wird Burg und Stadt in deren Namen seit 1100 sehr oft angeführt, überwiegend in den Formen Orlagemunde und Orlamunde, 1137 auch als de Orlahemunde. Die Zitierung des Ländchens (terra) Orla und von Orlamunde zu 1071 und etwa 1083 beruht möglicherweise auf jüngeren Formen in Kopien. Neben den regulären Formen wären als abweichende noch zu vermerken: 1170 de Horlemunde (mit falschem prothetischem *h-*) und 1350 Orlemund. – Das Zweitglied enthält ahd. altsächs. *gimundi* 'Mündung'; dazu auch die Städte *Gemünd* südwestl. von Köln (BRD): 1213 Gemunde, *Saargemünd* u.a. Das kollektivierende Präfix *ge-/gi-* wurde in vielen zugehörigen Namen seit etwa 1200 eingespart, wie etwa bei *Hörschel* an der Mündung der *Hörsel* in die Werra, nordwestl. von Eisenach: 932 Hursilagemundi. – Zum Flußnamen *Orla*: 1192 Orlah, vermutlich eine germanisch-slawische Parallelbezeichnung: germ. **Arula*, zu *Aro* 'Aar, Adler', altsorb. **Orьla*, zu *orьlъ* 'Adler, Adlerfluß'.

Ortrand Kr. Senftenberg, Bez. Cottbus; im nordwestl. Lausitzer Heidegebiet, am Ostrand der Schradenniederung, an der Pulsnitz und der Autobahn Dresden–Berlin. 3200 E. – Ende des 12. Jh. erbaute markgräflich-meißnische Burg mit Burgsiedlung in altsorbischer Kleinlandschaft; Stadtgründung bald nach 1200 (1238 oppidum).
In den älteren Erwähnungen wird O. überwiegend Ortrant geschrieben, so 1238, 1292, 1312, 1350; 1395 steht im Auslaut erstmals *-d* (wie heute). – Wohl ein zweigliedriger deutscher Personenname, der ohne Veränderung zum Ortsnamen gemacht wurde: '*zum Ortrant*', evtl. älter '*Ortnand*', vgl. das benachbarte *Ruhland* ('*zum Rōland*)'. Ein Wechsel von *Ortnand* zu *Ortrant* könnte unter Anlehnung an den Kreuzfahrerausgangspunkt, den Adriahafen *Otranto*, erfolgt sein, dazu die Pegauer Annalen zu 1227: apud Ortrandum in Apulia.

Oschatz Kreisstadt, Bez. Leipzig; östl. des nordsächsischen Wermsdorfer Forstes mit dem Collmberg, an der Döllnitz. 18800 E. – Altsorbischer Burgwall (Rosenthal bei Altoschatz) mit Burgsiedlung vor 929; danach wohl deutscher Herrensitz; um 1150 Ansiedlung deutscher Handwerker und Kaufleute und zur gleichen Zeit Altmarktanlage; um 1200 Erweiterung mit der Neumarktsiedlung durch den Markgrafen von Meißen (1350 civitas). Heute mit bekanntem Glasseidenwerk.

Die Form Oszechs in einer Fälschung des 13. Jh. zum Jahre 1065 kann nur für das 13. Jh. in Anspruch genommen werden. Um 1200 setzen auch die echten Originalbelege ein: 1200 de Ozzetz, 1208 Ozzesh, 1211 Ozcethz, 1266 Oszetz, 1331 Ossechz, 1334 Ozzecz, 1337 Ossacz, 1350 Oschecz, Oschacz, u. a. – In den ursprünglichen altsorbischen Namen wurde sekundär dt. *-schatz* eingedeutet: Er lautete *Osěč* und bezeichnete einen 'Verhau' im Walde, eine 'Schanze', zu altsorb. *sěkati* 'hauen'. Vgl. auch Großenhain, altsorb. *Osěk*.

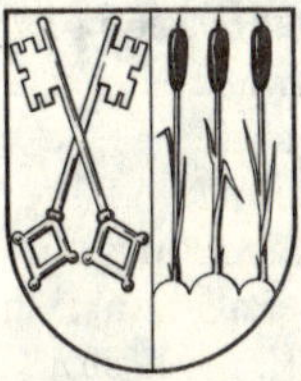

Oschersleben Kreisstadt, Bez. Magdeburg; in der Magdeburger Börde, am Bodeknie und Ostrand des Großen Bruchs, südwestl. der Bezirksstadt. 17100 E. – Frühmittelalterliche dörfliche Siedlung am Bodeübergang; seit 11. Jh. mit Feudalburg; im Anschluß an die Burg Stadgründung um 1200 (1235 civitas); Kreisstadt seit 1816.

994 wird Ocheresleuo ersterwähnt. Daß *sch* als *sk* zu lesen ist, zeigen die weiteren Formen: 1010 Oskeresleuo, 1065 Osckerslevo, 1083 Oskerslevo, 1173 de Osscersleve, 1208 und 1215 in Oskersleve. Seit 1184 erscheint überwiegend Oscherslove, -leve. Schon 1083 ist von zwei Orten O. die Rede, 1211 wird parvum Oschersleve gesondert genannt. – Das anlautende *o-* deutet eher auf ein ursprüngliches *Ans-* im Erstglied des Personennamens hin, das entnasaliert wurde, wodurch die „Verdunklung" des *a* > *ō* eintrat. Dann läge ein nordischer Name *Anskar* vor, der als *Oskar* ins Deutsche übernommen wurde. Ein zweigliedriger Personenname, germ. *Ask* + *gēr* 'Eschenspeer', kommt wohl nicht in Frage.

Osterburg Kreisstadt, Bez. Magdeburg; in der nördl. Altmark, am Zusammenfluß von Uchte und Biese, nördl. von Stendal. 8400 E. – Burg mit Burgsiedlung und Burgbezirk (Grafensitz, Reichsburg) seit 10. Jh. (Altstadt); Planstadtanlage vor 1200 (1208 oppidum et castrum) an altem Verkehrsknotenpunkt durch die Markgrafen von Brandenburg. Kreisstadt seit 1815.

Die auf der Burg O. ansässige Grafenfamilie ist seit Mitte des 12. Jh. sehr häufig bezeugt: 1157 ff. de Osterborch, Osterburch, Osterburg. Die Schreibung des Ortsnamens entspricht diesen Formen weitgehend: 1151 Osterburch, 1160 Osterburg, 1196 ff. Osterborch. – O. war 'die *im Osten gelegene, nach Osten vorgeschobene Grenzburg*' der Altmark gegen die Slawen. Vgl. auch Osterfeld, Osterwieck.

Osterfeld Kr. Zeitz, Bez. Halle; am Südrand des Zeitz-Weißenfelser Lößhügellandes, westl. der Kreisstadt, an der Autobahn Berlin–Hirschberg. 3000 E. – Vor 900 altsorbische Wallburg und Burgsiedlung am Südostrand des Wetagaues, danach deutsche Burg; Burgflecken; → Städtchen um 1300 (1335 castrum et oppidum).

Der deutsche Ortsname, der die 'Siedlung auf dem *im Osten* (von Thüringen aus gesehen) *gelegenen Landstrich*' bezeichnete, weist nur wenige Schreibvarianten auf: 1198 de Osterfelt, 1232, 1248, 1286 (de) Ostervelt, 1258 Osterfeld, 1335 Ostiruelt, Ostirveld usw.; noch 1532 Osterfelt. Vgl. auch Osterburg, Osterwieck.

Osterwieck Kr. Halberstadt, Bez. Magdeburg; im nördl. Harzvorland, südl. des Großen Fallsteins, an der Ilse, nördl. von Wernigerode. 4900 E. – Missionsstützpunkt vom Ende des 8. Jh. (Seligenstadt); Missionsbistum für das östl. Altsachsen 804 von hier nach Halberstadt verlegt; frühstädtisch seit 10. Jh. (994 Markt, Münze, Zoll) an alter Straße Halberstadt–Braunschweig; Namenwechsel nach Ansiedlung von Fernhändlern Mitte des 11. Jh. (1215 civitas).

Der ältere Name lautete zu 780 Sali(n)genstede, 974 Saligenstat, 992 Saligestat, 994 Saligansstedi, 1013 Seliganstad und bezeichnete 'die Heimstatt, Wohnstatt der Frommen, Glückhaften' oder adjektivisch den Ort 'zur frommen, glücklichen Wohnstatt', zu altsächs. *sālig* 'fromm, glücklich, selig'. – Der Sächsische Annalist, der nach 1150 schrieb, datiert Asterwic irrtümlich zurück auf 781, das sonst erst seit etwa 1100 bezeugt ist: 1108 (H)osterwich, 1112 Osterwic, 1133 de Osteruuich, 1172 Osterwich, 1178 Osterwic, 1245 Osterwick. Dieser Name benannte 'den *im Osten gelegenen Wik* (Flecken)'. Die *ch*-Schreibungen sind wohl als *k*-Laute zu interpretieren, kaum als „verhochdeutschte" Schreiberformen. Vgl. auch Osterburg, Osterfeld.

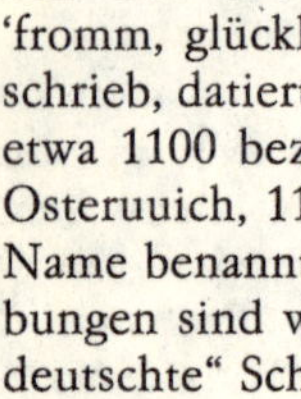

Ostritz/Wostrowe Kr. Görlitz, Bez. Dresden; am Ostrand des Oberlausitzer Berglandes, am Westufer der Neiße, südl. der Kreisstadt. 4000 E. – Vor 1000 altsorbischer Burgwall, danach deutsche Burg mit Burgsiedlung an alter Neißerandstraße (Süd–Nord); Burgflecken; → Städtchen um 1200 (1241 oppidum).

Der altsorbische Burgwall heißt 1007 castellum Ostrusna, die zugehörige Siedlung 1241 oppidum Oztrosen, 1242

Ostrozn, 1243 Ostros 1244 Ostrose. Seitdem schwankt die Endung: 1326 in novo Ostros, 1334 Ostrosin, 1366 Ostroz; 1419, 1437 Ostris, 1441 Ostricz. Noch 1491 schreiben die Görlitzer Ratsannalen Ostrys, Ostriss. Es erfolgte also Angleichung an die häufigeren Ortsnamen auf *-itz*. Dem Namen liegt altsorb. *ostrog* 'mit Palisaden befestigter Platz' zugrunde, sprachlich identisch mit Königs Wusterhausen (vgl. dort): Grundform **Ostrožna* o. ä.

Parchim Kreisstadt, Bez. Schwerin; südl. der Mecklenburgischen Seenplatte und südöstl. der Bezirksstadt, an der Elde. 23 100 E. – Burg und Burgbezirksmittelpunkt im frühen Mittelalter (altslawische Zeit); seit 1147 eingedeutscht; Stadtgründung um 1200 (1225/26 civitas; 1264 castrum cum oppido); Neustadt seit etwa 1250 angelegt (1269 nova civitas P.).
Die Schreibungen für P. variieren lediglich zwischen *-im* und *-em* in der Namenendung: Parchim erscheint 1170, 1248, 1249, 1265, 1299 u.a.; Parchem 1202, 1216, 1225/26, 1229, 1238, 1246, 1264, 1284, 1293 usw. – Sie weisen auf den altpolabischen Ortsnamen *Parchoḿ* 'Ort des *Parchom*', gebildet mit dem possessivischen Suffix *-j-*.

Pasewalk Kreisstadt, Bez. Neubrandenburg; in der Grundmoränenlandschaft der nördl. Uckermark, südl. des Oderhaffs, an der Uecker. 15 100 E. – Ältere pommersche Burg und Burgsiedlung an alter Fernstraßenkreuzung (Unterstadt); 1178 Marktflecken (ecclesia forensis); Gründung der Oberstadt 1239 durch den Herzog von Pommern (1276 civitas).
Der Verfasser der Pegauer Annalen (um 1150) berichtet zu etwa 1070 anläßlich der Herkunftsschilderung Wiprechts von Groitzsch von 'Posduwlc, id est urbs Wolfi' (P., das ist 'Wolfsburg'). Die urkundliche Bezeugung beginnt mit 1168, 1177, 1178 Pozdewolc, -wolk, 1195 Posduwolc, 1216 Pozdeuuolc; 1239 heißt es Pozowalc, 1288 Pozewalk, 1319 thu Pozewalk. Die Formen mit *a* beginnen um

1280: 1282 Paze-, Pasewalck; sie erklären sich möglicherweise aus hyperkorrekter Rückbildung $\bar{o}$ > $\bar{a}$, da mundartl. $\bar{a}$ > $\bar{o}$ verdunkelt wurde (z. B. mnd. *wold*, hd. *wald*). – Die Herkunft dieses altpolabischen Ortsnamens ist nicht aufgeklärt. Es könnte eine Bildung zu *volk* 'Wolf', aber auch zu *volk* 'Stelle, wo etwas über das Wasser gezogen wurde', vorliegen. Vgl. auch Pritzwalk.

Pausa Kr. Zeulenroda, Bez. Gera; im westl. Vogtland, in der Quellmulde der Weida, nordwestl. von Plauen. 3900 E. – Im Anschluß an die ältere slawische Dorfsiedlung Burg und Burgsiedlung der Vögte von Gera, Weida und Plauen um 1200; → Städtchen im 14. Jh.

Da das inlautende *-au-* bzw. *-ū-* keinen Umlaut erhielt, muß die häufige *-in*-Endung wohl nur als Schreibgewohnheit für abgeschwächtes *-en* angesehen werden: Um 1263 wird der Pfarrer in Buzin, Puszen, Pussen genannt, 1282 der Ort Buzin, 1348, 1350 Pusin; 1357 heißt es Puwesin, 1372 und 1410 Pusen, 1443 Pawßen, 1506 Pausa, nachdem schon 1462 einmal Pvsaw geschrieben worden war. – Der Name geht auf altsorb. *Buzin* 'Ort des *Buz(a)*' zurück.

Pegau Kr. Borna, Bez. Leipzig; im Süden der Leipziger Tieflandsbucht, am Westufer der Weißen Elster, südwestl. der Bezirksstadt. 7600 E. – Um 1080 Dorf und Burg des Grafen Wiprecht von Groitzsch; 1091/92 Jakobskloster (Benediktiner) von diesem hier gestiftet, 1096 geweiht; Burgmarkt (Unterstadt) seit Ende des 11. Jh.; um 1170/90 Erweiterung derselben um die Neustadt = Oberstadt (1172 civitas, Reichskloster) durch Reichsministerialen und den Abt.

Die lateinisch verfaßten Pegauer Klosterannalen latinisierten den Ortsnamen zu Bigaugia (genannt zu 1080 ff., um 1150), wobei offensichtlich dt. *-ouw(i)a* 'Aue' eingedeutet erscheint. Die Urkunden bieten 1106 Bigowia, 1153 de Bigouwe. Ab etwa 1160 gilt fast ausnahmslos die wohl hyperkorrekte *p*-Schreibung: 1160 und 1183 in Pigowe, 1181 Bigowe, seit 1216 Pigowe, vereinzelt Pygowe (1317, 1350). Die *e*-Schreibungen setzen sich seit 1367 zunehmend durch: 1367, 1436 Pegow; 1395, 1425 Pegaw(e), 1478 Pegaw. – Eine befriedigende Herleitung des Ortsnamens ist noch nicht gefunden worden. Vielleicht zu slaw. *byg-* 'Biegung', zumal der Ort an einer Flußbiegung liegt, dann müßte altsorb. *b-* früh zu dt. *p-* geworden sein, wie es in diesem Gebiet oft vorkommt.

Peitz/Picnjo Kr. und Bez. Cottbus; östl. des Oberspreewaldes in der Spreeniederung, nördl. der Bezirksstadt. 4200 E. – Altsorbische Siedlung an der Straßengabel Cottbus – Guben bzw. Cottbus – Beeskow; mit Burgwall; Burgsiedlung; → Städtchen nach 1300 (1336 Weichbild). Bekannt durch seine Fischzucht im Teichgebiet südl. der Stadt.
Pizne wird 1301 ersterwähnt; 1317 steht de Pyzene, 1336 tzu Pyzne, 1353 dy Picze, 1380 keyn der (gegen) Pyczen, Picze(n), 1382 Peize, 1399 Peicze, 1420 Peyczin, 1499/1500 zur Peitz. Es liegt wohl eine altsorbische Bildung *Picno*, zu niedersorb. *pica* 'Futter', verwandt mit slaw. *pitati* 'nähren', vor. Die *i*- bzw. *y*-Schreibungen und die Diphthongierung zu *ei* sprechen gegen die Herleitung von niedersorb. *pjec* 'Ofen'.

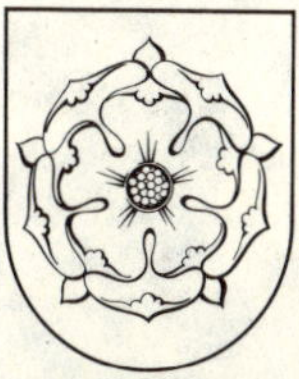

Penig Kr. Rochlitz, Bez. Karl-Marx-Stadt; im mittelsächsischen Bergland, auf Terrasse und an Südhang der Zwickauer Mulde. 9000 E. – Altsorbische Fischersiedlung an altem Muldenübergang (Böhmische Straße Altenburg – Chemnitz – Reitzenhain – Brüx/Most – Prag); Ende 12. Jh. Dorf Altpenig auf dem Norduferhang angelegt, zugleich deutsche Wasserburg im späteren Stadtgebiet; Stadtanlage um 1300 durch die Burggrafen von Altenburg (1314 civitas).
Ein Fridericus de Penic, Penik eröffnet 1264, 1268 und 1288 die Reihe der Belege; die Stadt selbst heißt 1313 oppidum Penik, 1314 civitas Penig, 1382 Penek, 1394 Peneck. – Der Name geht wohl auf altsorb. *pěna* 'Schaum', evtl. auch 'Dunst, Nebel', zurück und lautete wohl *Pěnik*. Noch heute befindet sich ein deutliches Gefälle in der Mulde, an dem das Wasser des Flusses stark schäumt. Weniger wahrscheinlich ist die überlieferte Form mit tschech. *penka* 'Gestell, Stegstütze im Wasser' zu verknüpfen.

Penkun Kr. Pasewalk, Bez. Neubrandenburg; in der östl. Uckermark, in einer Seenlandschaft, an der Autobahn Berlin – Szczecin, östl. von Prenzlau. 1700 E. – Im 11./12. Jh. pommersche Burg mit Burgsiedlung (1240 vicus); um 1250 Stadtanlage (1269 oppidum, 1284 civitas).
1240 wird der Flecken (vicus) und das Ländchen (territorium) Pincun, Pinkun genannt, 1261 und 1269 nochmals Pinkun, Pincun, Pynchun geschrieben. Danach treten nur noch *e*-Schreibun-

gen auf: 1284 Pencun, Penkůn, 1320 Penckun, 1480 Penkun, Penckunn. Diese Schreibungen geben die altpolabische Form *Peńkuń* 'Ort des *Peńkun*' wieder, der neben *Penek* usw. stand. Er ist mit dem Suffix *-j-* gebildet.

Penzlin Kr. Waren, Bez. Neubrandenburg; im Ostteil der Mecklenburgischen Seenplatte, südwestl. der Bezirksstadt. 3200 E. – Slawische Burg und Burgsiedlung vor 1200; bald danach Erhebung zur Stadt durch den Fürsten von Werle (1263 cives genannt).
Mitte des 13. Jh. wurde eine echte Vorlage von 1170 verunechtet und dabei beim Namen P. wohl das Nasalitätszeichen übersehen: daher eher Pancelin statt Pacelin oder auch Panselino (in einer Kopie von 1328) zu lesen, denn 1244 heißt es in der Bestätigung der obigen Angelegenheit Pancilin (nicht: Pancirin). 1263ff. erscheint dann de Pentzellin, 1273 Penzellin, 1274 Pencelin usw. Das Stadtsiegel von 1328 hat Pencelin. – Der Name geht auf altpolab. *Pąčlin* 'Ort des *Pąčl(a)*' zurück. Dieser Personenname steckt auch in anderen Ortsnamen, z.B. Penzlin in der Ostprignitz.

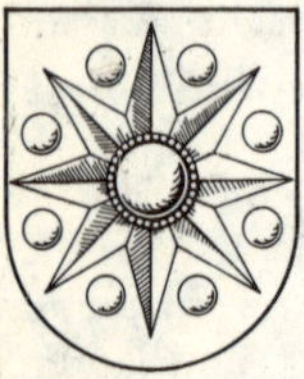

Perleberg Kreisstadt, Bez. Schwerin; in der Westprignitz, an altem Stepenitzübergang, nordöstl. von Wittenberge (Elbe). 15000 E. – Deutsche Burg mit Burgsiedlung Mitte des 12. Jh.; Stadtgründung um 1200 (1239 civitas).
In dem 1275 genannten Herrschaftsgebiet (terra) Perleberge lag bereits 1239 die gleichnamige Stadt; 1298 territorium Perlebergh. 1294, 1303, 1347 schrieb man Parleberch, Parleberghe, doch hat sich Perleberg(he), -berch durchgesetzt. – Ein schmückender Name: Die *Perle* galt bereits im Mittelalter als Sinnbild des schimmernden Glanzes: mnd. *perle*, ndl. *parel, paarl* wurde im 9. Jh. aus volkslat. **perula, perla* entlehnt, das als Wortkreuzung von lat. *perna* 'eine Art Muschel' und *sphaerula* 'kleine Kugel' verstanden wird.

Pirna Kreisstadt, Bez. Dresden; am Nordwestende des Elbsandsteingebirges, an der Mündung der Gottleuba in die Elbe, südöstl. der Bezirksstadt. 48600 E. – Altsorbischer Burgwall und Burgsiedlung (Schiffer- und Fischersiedlung) an alter Elbefurt; um 1100 böhmisch; um 1200 Planstadtanlage durch den Markgrafen von Meißen; Stadtrecht um 1250 (1289 hus unde

stat). Verkehrsknotenpunkt; Kunstseiden- und Zellstoffwerke, Baustoff- und Chemiebetriebe.
In der Mehrzahl der Belege für den Ortsnamen erscheint zunächst *e*: Perne (1233, 1239, 1269, 1289, 1292), daneben Pirne (1245, 1269) und Pyrne (1239, 1291); 1296 Pirn. Als Latinisierungen sind Formen auf *-is* anzusehen: 1292 und 1307 Pirnis, 1315, 1336 Pyrnis usw. Pirn(e) herrscht im ganzen 14. Jh. vor. Mundartliche Anlautschwächung zeigt 1418 Birn. Abgesehen von 1407 Pyrnaw und 1413 Pernaw erscheint die kanzleigemäße Endung *-a* erst seit dem 16. Jh. (noch 1516 Pirn). – Die Volkssprache knüpfte fälschlich an dt. *Birne* an, weshalb auch ein *Birnbaum* im Stadtwappen und bereits 1299 auf dem Stadtsiegel auftaucht. Der altsorbische Name könnte auf *pyŕ* 'Asche, Brandstelle' beruhen, Grundform etwa *Pyŕno* (?); er könnte aber auch vorslawischer Herkunft sein.

Planitz s. Zwickau

Plau Kr. Lübz, Bez. Schwerin; inmitten der Mecklenburgischen Seenplatte, am Westufer des Plauer Sees, am Ausfluß der schiffbaren Elde (kanalisiert) aus diesem. 6800 E. – Slawische Burg (Quetzin) dicht nördl. von P.; alter slawischer Fischer- und Flößerort; um 1225 Stadtgründung durch den Fürsten von Mecklenburg (1235 civitas). Landwirtschaftszentrum, mit großer Edelpelztierfarm (Nerzproduktion).
Gebiet und Stadt Plawe werden 1235 zugleich genannt; die Namenschreibung ändert sich seitdem bis etwa 1500 nicht; 1307 wird auch der Plauer See erwähnt (stagnum Plawe). – Zur Namenerklärung vgl. Plauen.

Plaue Kr. Arnstadt, Bez. Erfurt; in den nördl. Vorbergen des mittleren Thüringer Waldes, im Tal der Gera, südwestl. der Kreisstadt. 2100 E. – Im frühen Mittelalter altsorbische Dorfsiedlung; seit 11./12. Jh. eingedeutscht; Stadtanlage im 13. Jh. (1346 stad zcu P.; 1335 Markt und Rat). Erholungsort.
Die Überlieferung dieses Stadtnamens zeigt kaum Varianten: 1222 Reinhardus de Plawe, nach 1273 Plawe, nach 1324 dorf zcu Plawe, 1346 die stad zcu Plawe, 1411 Plauwe. – Zur Namenerklärung vgl. Plauen.

Plaue (Stadtteil) s. Brandenburg

Plauen Kreisstadt und Stadtkreis, Bez. Karl-Marx-Stadt; im mittelvogtländischen Bergland, an der oberen Weißen Elster. 79500 E. – Altsorbisches Dorf; 1122 deutsche Burg mit Burgsiedlung (vicus); → Marktflecken; Stadtgründung um 1220/30 durch die Reichsvögte von Gera, Weida und Plauen (1244 civitas); Residenz derselben; Umschlagplatz für den Handel mit Süddeutschland und Böhmen. Textilindustriezentrum („Plauener Spitzen").
1122 wird Plawe als Flecken (vicus) bezeichnet; stärker setzt die Überlieferung erst 100 Jahre später ein: 1224, 1230, 1236, 1244, 1260 usw. Plawe. Das sekundäre auslautende *-n* tritt seit 1360 auf und setzt sich dann durch: Plawen, Plauen. – Die Namen *Plau-* gehen auf altsorb. *plav* 'Schwemme' zurück. Es ist heute nicht mehr erschließbar, inwieweit das Flößen von Holz, das Schwemmen von Pferden usw. gemeint war. Ersteres ist hier jedoch wahrscheinlicher. Vgl. auch Flöha, Plau, Plaue.

Pößneck Kreisstadt, Bez. Gera; in der Orlasenke, östl. von Saalfeld, südwestl. der Bezirksstadt. 19100 E. – Altsorbische Dorfsiedlung im frühmittelalterlichen deutschen Königsgutbezirk Saalfeld (9./11. Jh.) mit der Altenburg; wohl im 12. Jh. Entwicklung zum Burgmarkt (Altstadt, 1425 genannt); Stadterweiterung im 13. Jh. (1324 stat und hus) durch die Grafen von Schwarzburg. Kreisstadt seit 1952.
Der Pfarrer von Pesnic eröffnet 1303 die Belegreihe für P.; 1324 und 1350 heißt es Peznik, 1346 Pezcenig, 1529 Pesnick. Erst im 17./18. Jh. wird die hyperkorrekte amtliche, noch heute gültige Namenform eingeführt: 1757 Pösneck. – Altsorb. *Pěsnik* bezeichnete den sandigen Ort bzw. eine Sandgrube, zu altsorb. *pěs* 'Sand'.

Potsdam Bezirks- und Kreisstadt, Stadtkreis; südwestl. der Hauptstadt Berlin, inmitten zahlreicher Havelseen. 125000 E. – Frühmittelalterliche slawische Wallburg gegenüber der Nuthemündung in die Havel; mit dörflicher Fischersiedlung; im 12./13. Jh. deutsche Zusiedlung mit Burg der Markgrafen von Brandenburg; Anwachsen zum Städtchen (1317 oppidum; 1323 städeken; 1452 opidulum); im 18. Jh. Ausbau zur Residenz der Könige von Preußen und Anlage von Schloß und Park Sanssouci (1721 Neustadt); 1945–1952 Hauptstadt des Landes Brandenburg;

1952 Bezirksstadt. Großstadt. Hochschulstadt; Schloß Cecilienhof 1945 Tagungsstätte der Potsdamer Konferenz der Alliierten.
Eine Schenkungsurkunde Ottos III. nennt 993 Poztupimi. Dann taucht der Name erst nach 300 Jahren wieder auf: 1317 Postamp, 1323 Pozstamp, 1411 Postamp, 1414, 1459 Potstamp, 1416 Pottstamm. – Der Erstbeleg muß als altsorbische Namenform betrachtet werden, die späteren zeigen die altpolabische. Die lange Erhaltung des auslautenden *-p* sichert die Zugehörigkeit zu germ. **stampa-* 'Stampfe, stampfen', mnd. *stampe* 'Stampfwerk, Mörserkeule', das wohl aus dem Germanischen ins Slawische früh entlehnt wurde; doch kann es sich auch um ein gemeinsames indoeuropäisches Erbwort handeln: indoeurop. **stemb(h)-/stemp-* 'mit den Füßen stampfen', altbulg. *stǫpiti* 'schreiten, treten', tschech. *stoupati*, obersorb. *stupać* 'stoßen, treten', obersorb. *stupa* 'Mörser' usw. Demnach 'der Ort bei der bzw. mit der Stampfe'. Die Herleitung aus einem slawischen Personennamen ist unwahrscheinlich.

Premnitz Kr. Rathenow, Bez. Potsdam; an der unteren Havel, südl. der Kreisstadt. 11600 E. – Mittelalterliche slawische Fischer- und Schiffersiedlung; seit Ende des 12. Jh. eingedeutscht; infolge starker Industrialisierung seit 1915 (1919ff. Kunstfaserwerk) Anwachsen zur Stadt; seit 1962 Stadt. Chemiefaserwerk „Friedrich Engels".
Der Ortsname erscheint zuerst im Herkunftsnamen eines Bürgers in Brandenburg: 1336 Conradus Predemiz; das Landbuch von 1375 hat Predemitz und Predemisse; noch um 1500 heißt es Predenitz. Sehr verkürzt ist bereits 1450 Premcze; die der heutigen Gestalt nächststehende Form fanden wir in 1610 Premenitz. – Die altpolabische Grundform lautete *Predmici* 'Leute des *Predma*'. Dieser Personenname dürfte eine Kurzform zu zweigliedrigen Personennamen wie *Predmir* o. ä. sein.

Prenzlau Kreisstadt, Bez. Neubrandenburg; im Zentrum der Uckermark, am unteren Ueckersee und der Uecker, an altem Straßenknotenpunkt südöstl. der Bezirksstadt. 22 300 E. – Frühmittelalterliche slawische Burg und Burgsiedlung; seit 1170 deutsche Zuwanderung; → Burg- und Marktflecken; neue Stadtanlage 1234/35 (1188 castrum cum foro).
1187 wird der Priester Stephanus Prinzlaviensis genannt; 1188 Burg, Markt und Schenke in Prenczlaw. Dann heißt es 1235 Prencelaw,

Prenzlaw(e), 1237 Premizlawe, 1261 Primzlawe, 1294 Prim(i)slaw, 1299 Primizslaw, 1302 Prentzlow, 1316 Prentslaw, 1373 Premslaw nova et antiqua civitas, 1426 Prempßlaw, seit 1484 meist Prentzlow, -aw. – Der Name ist mit dem possessivischen Suffix *-j-* gebildet: altpolab. *Premislaví* 'Ort des *Premislav*' o. ä.

Prettin Kr. Jessen, Bez. Cottbus; in der breiten Mittelelbniederung, östl. des Flusses, westl. der Annaburger Heide, südl. der Kreisstadt. 3000 E. – Frühmittelalterliche Burg mit Burgsiedlung; im 10./11. Jh. deutscher Burgward; nach 1200 → Burgflecken; Städtchen (1334 Stadt).

Eine rückdatierte Fälschung auf 965 von 1004 und eine echte Urkunde von 1004 weisen dieselbe Schreibform Pretimi auf, dazu kommt Thietmar von Merseburgs Schreibung Pretim 1012/18. Seit 1163 (Pretin) variieren die Namenformen nur noch wenig: 1207 Prittin, 1231 Prittyn, 1259 Pretin, 1332 Pryttin, 1424 Prettin. – Der Name geht auf altsorb. *Prětiḿ* 'Ort des *Prětim*' zurück.

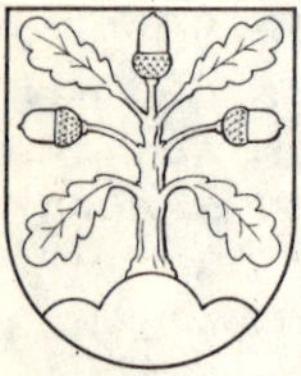

Pretzsch Kr. Wittenberg, Bez. Halle; am Ostrand der Dübener Heide, auf der Flußterrasse (Westufer) der mittleren Elbe, an altem Flußübergang südöstl. der Kreisstadt. 3000 E. – Altsorbische Fischer- und Schiffersiedlung mit Burgwall; um 950 deutscher Burgward und Burgflecken; im 16. Jh. Städtchen; 1651 Stadt.

P. ist anfänglich an denselben Stellen genannt wie Prettin: 1004 und – gefälscht auf 965 – Prietozina, Prietozini; dazu Thietmar von Merseburg zu 1004 Pretucina. Zusätzlich ist 981 Pretokina zu vermerken (mit falscher Rückbildung *c* oder *z* zu *k*, sog. Zetazismus). Erst 1361 folgt Pretaz, 1389 Pretacz(sch), 1423 Prettaczsch, Pretucz; schließlich 1479 Pretz und Pretzsch. – Die altsorbische Namenform lautete *Pretočna* o.ä. und bezeichnete den Flußübergang; zu slaw. *pretoka* 'Durchfluß, Kanal'.

Pritzerbe Kr. Brandenburg, Bez. Potsdam; an der unteren Havel nordwestl. der Kreisstadt. 1400 E. – Altslawischer Burgwall und Burgsiedlung (Fischer- und Schiffersiedlung); nach 1147 deutscher Burgwardort; Burgflecken nach 1200; → Städtchen (1225 oppidum); bischöflich-brandenburgische Residenz nach 1216.

Burg und Burgward P. schreiben sich 948 Pricervi und 1161 Pritzereuui, 1186 Prizerwe. Die Besitzbestätigung für das Bistum Brandenburg hat 1161 die Form von 948 übernommen. Auch weiterhin bleibt der Name fast unverändert: 1216, 1225, 1258, 1375 Pritzerwe, 1275 Pritzerwi; 1550 heißt es wie heute Priczerbe. – Wahrscheinlich liegt altpolab. *Pričirv-/Pričerv-* zugrunde, das wohl zu *čirv'* 'Wurm, Insekt' gehört und auch im Namen Zerbst enthalten ist.

Pritzwalk Kreisstadt, Bez. Potsdam; in der Ostprignitz, in der Dömnitzniederung, nordöstl. von Wittenberge. 12000 E. – Altslawisches Dorf an Altstraßenkreuzung, nach 1150 eingedeutscht; Entwicklung zum Marktflecken; planmäßige Stadtanlage nach 1200 durch die Herren von Putlitz; Stadtrecht 1256 (civitas) durch den Markgrafen von Brandenburg.
Im 'Territorium' 1267 Prezwalk, 1298 Priszwalk, befindet sich 1256 die Stadt (civitas) Prizwalk, 1287, 1303 Priswalc, 1300 Prizcewalc, 1325 Pritzwalc. – Vielleicht altpolab. **prezvalk* 'Landenge zwischen Flüssen, Schleifstelle' neben *Převalk* im tschechischen Ortsnamen *Přívlaky*. Zum Zweitglied *-walk* vgl. Pasewalk.

Pulsnitz/Połčnica Kr. Bischofswerda, Bez. Dresden; im Nordwesten des Lausitzer Berglandes, am gleichnamigen Fluß, nordwestl. der Kreisstadt. 6600 E. – Um 1200 entstandenes deutsches Bauerndorf mit Herrensitz (Burg); → Marktflecken (1318 oppidum); 1375 Stadtrecht.
Der Ort trägt den Namen des Flusses Pulsnitz: 1228/41 maior, minor Polsniza, Polzniza, 1384 die Polsenicz daz wasser. Die ansässige Familie 1225ff. de Pols(e)niz, Polsnicz, die Stadt 1318 Pols(e)nitz, 1355 Pollsnitz, 1375 Polßnitz, 1399 zu der Pulsenicz, 1415 zcur Pulssnicz. – Das ursprüngliche *o* wurde mundartlich zu *u* „erhöht". Der Flußname P. geht auf die altsorbische Grundform *Polznica* zurück, zu altsorb. *polzati* 'kriechen (langsam fließen)'.

Putbus Kr. Rügen, Bez. Rostock; im Südosten der Insel Rügen, hinter der Küste zum Greifswalder Bodden. 5200 E. – Slawisches Dorf des Mittelalters; im 13. Jh. eingedeutscht; Herrschaftssitz; 1810 Residenzgründung eines Nachkommen der Fürsten von Rügen; Städtchen (1835: 800 E.), Kulturzentrum; Stadt 1960.

1253 tritt ein Nicolaus de Podebuz, Pedebuz auf, 1295 de Putbuz(ke), 1318 ein M. van Putbuzke. 1320 wird Pudbuczk geschrieben; auch das erste Stralsunder Stadtbuch hat um 1280 Putbuzk. – Der Name führt zu altpolab. *Podboz*, zu *pod* 'unter(halb)' und wohl *boz* 'Holunder'; vgl. auch russ. mundartl. *buz* neben westslaw. *bez, boz.*

Putlitz Kr. Pritzwalk, Bez. Potsdam; in der hügeligen Ostprignitz, an der Stepenitz, nordwestl. der Kreisstadt. 2200 E. – Frühmittelalterliche slawische Burg und Burgsiedlung; nach 1150 deutsche Burg und Burgflecken; Sitz der Herren Gans von P. (1150 civitas); 1319 Städtchen mit Rat.

Die um 1150/80 verfälschte und um zwei Jahre auf 946 vordatierte Havelberger Bistumsurkunde nennt Städtchen und Burg (civitas cum burcwardo) Pothlustim; diese Namenform übernahm die Bestätigungsurkunde König Konrads III. von 1150. Eine weitere Bestätigungsurkunde Friedrich Barbarossas von 1179 schreibt Potlustin. Im 13. und 14. Jh. erscheinen sehr häufig Potlest (1272, 1291, 1295, 1371), Putlist (1275), Potlist (1295, 1304, 1388), Putlest (1306, 1307). Die *u*-Formen dringen seit etwa 1450 durch: 1454, 1531 Putlist, 1499 Puthlisth; die Angleichung an die *-itz*-Namen stellten wir für 1543 fest: Potlitz. – Offenbar liegt eine altpolabische Bildung (*Potlustim*?) zugrunde, deren Bedeutung nur noch schwer wiedergegeben werden kann.

Quedlinburg Kreisstadt, Bez. Halle; im hügeligen Harzvorland, an der Bode, südl. von Halberstadt. 29 400 E. – Sehr alter Siedlungsplatz mit Burg; seit 919 mit deutscher Königspfalz (Heinrich I.); Marktort, Zoll- und Münzstätte (994); Zusammenwachsen mehrerer alter Siedlungskerne zur Altstadt im 10.–12. Jh.; Anlage der Neustadt um 1200; Burgberg, später Schloßberg mit bekannter Servatiuskirche (1129 geweiht) und Servatiusstift (936/37 ff.).

Kern der Stadtentwicklung war anscheinend der 961 bezeugte Königshof (curtis) Quitilinga, der allerdings zusammen mit der Frühstadt schon 922, 927 und 929 Quitilingaburg heißt. 936 wird die Burg (urbs) in Quidilingoburg erwähnt; weitere Nennungen folgen fast jährlich; unregelmäßig wechseln dabei im Inlaut *-t-* und *-d-*. Hier nur eine kurze Auswahl: 944 Quidilingaburc, 950 Quitilingaborch, 994 Quidiliggaburhc, 995 Quitiliniburg; 1012/18 (Thietmar von Merseburg) Quidilingaburg, 1032 Quitilineburg, 1085 Quitelineburch usw. Das Ratssiegel von 1298 hat die Form Quedeligeborch; wie auch andere vereinzelte *Qued-*Formen zeigen, kommen diese erst im 14./15. Jh. zum Durchbruch. – Q. war die 'Siedlung der *Quidilinge*, der Leute eines *Quidilo*'. Der Rufname gehört zu altsächs. *cweðan*, ahd. *kwedan* 'reden' bzw. altsächs. *quīðian* 'klagen, wehklagen', gebildet mit kosendem *-ilo-*Suffix.

Querfurt Kreisstadt, Bez. Halle; auf der flachwelligen fruchtbaren Querfurter Platte, südwestl. der Bezirksstadt, an der Weida (vor 18. Jh. Querne). 8500 E. – Altthüringische dörfliche Siedlung; seit dem 9. Jh. mit großer Grafenburg und Burgflecken; → Stadt Ende 12. Jh. Verkehrsknotenpunkt, Agrarzentrum: Nahrungsgüter- und Futtermittelproduktion.

Die in der Kopie (11. Jh.) des Hersfelder Zehntverzeichnisses (9. Jh.) überlieferten Formen Curnfurt, Curnfurdeburg stellen eine Verhochdeutschung des sicher altniederdeutschen Namens dar, der sonst durchweg mit *Q-* anlautet: 979 Quernuordiburch, zu 1002/08 Brun de castro Quernevorde; 1120 ff. sehr häufig die Grafen de Quer(e)nforde, -vorde, -furt; 1350 Quernforte, -furte, 1499 Qwernfurdt usw. – Der Name gehört zu altsächs. *quërn*, mnd. *quërne*, ahd. aber *quirna* und *churn* und bezeichnete die Mühle (älter Handmühle) bzw. den Mühlstein; zu indoeurop. **gu̯er-n-* 'schwer, Gewicht, Masse' bzw. 'Mühlstein', got. *quairnus*, altnord. *kvern*, altsorb. *žr̥n-*. Die Komposition mit and. *-vorde* 'Furt, Durchgang' läßt auch die Möglichkeit eines ursprünglichen Bachnamens **Querna(ha)* 'Mühlbach' offen. Vergleichbar ist auch der Bachname *Kernbach* bei Marburg (Lahn) und der Ortsname *Kürnach* bei Würzburg (844 Quirnaha).

Rabenau Kr. Freital, Bez. Dresden; am Nordfuß des Osterzgebirges, östl. des Tharandter Waldes, auf Bergrücken über dem Tal des Oelsabaches. 3800 E. – Deutsche Herrenburg mit Burgsiedlung gegen Ende des 12. Jh.; → Städtchen vor 1300 (1300 oppidum). Betriebe der Polstermöbelindustrie (seit 17. Jh. Stuhlmacherei). Erholungsort.

In der Überlieferung von R. wechseln lediglich die Formen Rabenow(e) (1235, 1318) und Rabinow(e) (1300, 1347), später Rabenaw (1349, 1418, 1454). – Der Name gehört sehr wahrscheinlich zu den hochmittelalterlichen Burgennamen und bezeichnete wohl ursprünglich zugleich das Tal des Oelsabaches durch das Zweitglied *-au(e)*. Zu dem Vogelnamen *Rabe* gehören auch die Burgennamen (und die Ortsnamen) *Rabenstein* bei Karl-Marx-Stadt (1301 de Rabensein), *Rabenstein*, Kr. Belzig (1251 de Ravenstein), *Rabenstein* bei Pegnitz (BRD, 1349 veste Rabenstein); zu ahd. *hraban*, mhd. *raben*, mnd. *raven* 'Rabe'.

Radeberg Kr. und Bez. Dresden; am Ostrand der Dresdener Heide, an der oberen Röder, nordöstl. der Bezirksstadt. 17800 E. – Deutsches Bauerndorf vom Ende des 12. Jh. mit Rittersitz (1289 castrum); Stadtanlage vor 1300 (1344 Städtchen); nach 1858 rasche Industrialisierung. Nach 1945 mit VEB Robotron-Elektronik und Exportbierbrauerei („Radeberger Pilsner"). Labor- und Glastechnik, Möbelfabrikation, Fernsehgerätewerk (1951–1967).

Gleichzeitig mit einem Ritter Thimo de Radeberc erscheint 1233 der Ort Radeberch; die Ritterfamilie taucht im 13. Jh. noch mehrfach auf (de Radeberg). Später gibt es nur selten Abweichungen von der heutigen Schreibung: 1300 Radberch, 1316 Radeberk, 1350 Rad(e)berg und Aldenradeberg, 1551 Radebergk u. a. – Falls nicht die ansässige Ritterfamilie ursprünglich ein *Rad* als Symbol in ihrem Wappen führte oder dieses evtl. mitgebracht hat und zur Namengebung verwendete (auch das jüngere Stadtwappen führt dieses Zeichen), vielleicht im Sinne des Glücksrades, der Fortuna, müßte man an ein *Rodeberg* denken, das mundartl. md. und nd. auch *Rade* lautete, man vergleiche etwa *Radefeld* südwestl. von Delitzsch, das 1350 und 1378 als Rade- und Rodevelt, 1518 als Rodefeltt und noch 1578 in beiden Formen bezeugt ist. Allerdings hätte man dann hier auch einmal ein Rodeberg zu erwarten. Nicht auszuschließen ist für *Rade-* auch die Bedeutung *'Mühlrad'*. Vgl. auch Radeburg, Vierraden.

Radebeul Kr. und Bez. Dresden; in der breiten Elbaue, rechts des Flusses, dicht nordwestl. der Bezirksstadt. 36200 E. – Aus mehreren frühmittelalterlichen slawischen Dörfern (Radebeul, Serkowitz, Kötzschenbroda) zusammengewachsene Großsiedlung; seit 1923 Stadt. Zentrum des sächsischen Weinbaus (Sektherstellung), des Obst- und Gartenbaus (Lößnitz, Landstrichname); Wohn- und Gartenstadt im Ballungsraum Dresden; Indianermuseum.

Die Überlieferung für *Radebeul* setzt spät ein: 1349 und 1378 Radebůl, -bul, 1354 Radebůyl, 1412 Radebůle, 1528 Radebeul, 1723 mundartl. entrundet, Radebeil. Eher beginnt die von *Kötzschenbroda*: 1226 Schozebro(de), 1242 Schosebrode, 1271 Coschebrude, 1287 Kőczebrode, 1378 Koczschenbrőde, Kocschebrude. *Serkowitz* schließlich ist 1315 als Zerakuicz, 1337 Cerkuwitz, 1378 Circuwicz, 1547 Serckewitz belegt. – Der Ortsname *Radebeul* geht auf den altsorbischen zweigliedrigen Personennamen *Radobyl*, erweitert mit *-j*-Suffix, zurück. Vgl. auch Radegast. *Kötzschenbroda* enthält die altsorbische Grundform *Skočibrod* 'spring über die Furt', *Serkowitz* das altsorbische Wort für 'Kirche', *cirkev*.

Radeburg Kr. und Bez. Dresden; am Westrand der Laußnitz-Radeburger Heide, an der oberen Röder, nördl. der Bezirksstadt, an der Autobahn Dresden – Berlin. 5000 E. – Deutsches Bauerndorf der zweiten Hälfte des 12. Jh. mit Herrenhof (1350 curia); nach 1200 Stadtanlage (1289 oppidum). Geburtsort von Heinrich Zille.

Nur 1248 weicht die Schreibung Radeburch von der danach unveränderlichen Radeburg (1289, 1326, 1350, 1378 usw.) ab; ganz vereinzelt steht zuweilen Radburg (1350). – Der Name der Röder ist kaum in den Namen des Ortes – trotz seiner Lage an dieser – eingeflossen. Eher kommt hier noch die Anknüpfung von *Rad(e)-* an *'Mühlrad'* in Frage. Vgl. auch Radeberg, Vierraden.

Radegast Kr. Köthen, Bez. Halle; im Nordteil der Halle-Leipziger Tieflandsbucht, am Nordrand der Fuhneniederung, südöstl. der Kreisstadt. 1900 E. – Altsorbische frühmittelalterliche Siedlung an einem Altstraßenübergang über die Fuhne; seit 12. Jh. eingedeutscht; Marktflecken 1727; Stadt im 19. Jh.

1244 werden Brüder de Radegiz, 1344 dat dorp tu Radegast genannt. Weitere Belege haben wir erst von 1547/49 Radigast und 1563 Radegast. Der Name ist mit dem possessivischen Suffix *-j-* vom zweigliedrigen Personennamen *Radogost* gebildet. Vgl. auch Radebeul.

Raguhn Kr. Bitterfeld, Bez. Halle; in der Talniederung der unteren Mulde, die Altstadt auf einer Muldeninsel, nördl. der Kreisstadt. 5200 E. – Altsorbische Siedlung an altem Flußübergang; seit 12. Jh. eingedeutscht; Entwicklung zum Städtchen im 13. Jh. in Abhängigkeit von der dicht südl. gelegenen Burg Lippehne (anhaltinisch).

Zuerst taucht 1285 der Pfarrer in Ragun in Urkunden auf, auch 1395 und 1547/49 schreibt sich der Ortsname so. Daneben steht um 1370 Raguhn und 1461 Raghun. – Der altsorbische Name dürfte zum Personennamen *Rogun* gehören und mit dem possessivischen Suffix *-j-* erweitert sein.

Ranis Kr. Pößneck, Bez. Gera; am Südrand der Orlasenke, mit Burg auf Zechsteinriff, dicht südwestl. der Kreisstadt. 2300 E. – Im altsorbisch dichtbesiedelten Orlagau (Königsgutbezirk des 9./12. Jh.) errichtete Reichsburg mit Burgflecken; Stadtanlage im 13. Jh. durch die Grafen von Schwarzburg.

Auf Burg Ranis sind seit dem letzten Drittel des 12. Jh. Herren von Ranis bezeugt, die Burg selbst im Jahre 1199. Die Namenschreibung bleibt überwiegend bei dieser Form (1212, 1278, 1346, 1381 u.a.). Nur 1506 schrieb man Raniss, 1389 Ranys, 1418 Raniß. Auch das Stadtsiegel vom Anfang des 15. Jh. hat Ranis. – Die Namenendung wie auch die sonstige Verbreitung legen altsorbischen Ursprung des Namens nahe: Der altsorbische Personenname *Raniš* kann die Grundlage sein, zumal andere slawische Ortsnamen auf *-iš* (*-uš*) als *-is* eingedeutscht wurden (z. B. *Gohlis* bei Leipzig).

Rastenberg Kr. Sömmerda, Bez. Erfurt; im Osten des Thüringischen Beckens, am Südfuß der bewaldeten Finne, an der Lossa. 2100 E. – Mitte des 11. Jh. erbaute Burg mit Burgflecken; um 1378 Erhebung zur Stadt durch die Wettiner. Erholungsort.

Auf der Burg R. sitzen 1252 naumburgische Stiftsministerialen de Raspenberck, -berg; 1267 ist der Pfarrer de Raspenberg Urkundenzeuge. Die Burg, die 1321 als Raubritternest zerstört wurde, ist in den Jahren 1274 ff. noch mehrfach Ausstellungsort für Urkunden (Handlungsort): Raspenberg, Raspinberg(k); 1333 erscheint Dorf Rasspinberg im Beteverzeichnis des Amtes Buttelstedt und 1350 dann Rastenberg im Lehnbuch Friedrichs des Strengen. – Die Grafen mit Beinamen *Raspe* waren ein Zweig des thüringischen Landgrafenhauses und saßen vor 1200 wohl auf der von ihnen erbauten Burg. Der Beiname *Raspe* gehört zu ahd. *hrëspan* bzw. *raspōn* 'rupfen, raffen'; dazu auch die Appellativa *Raspe* und *Raspel* 'Reibeisen, grobe Feile'. Später erfolgte eine Umdeutung zu *Rast* 'Ruhe, Verweilen'.

Rathenow Kreisstadt, Bez. Potsdam; am Ostufer der unteren Havel, nordwestl. von Brandenburg. 31800 E. – Altslawischer Burgwall mit Burgsiedlung an altem Havelübergang; nach 1147 markgräflich-brandenburgische Burg mit Burgflecken; Burgward; planmäßige Stadtanlage um 1280 (1288 civitas); Neustadt seit 1733 entstanden. Bekannt durch seine optischen Werke.
1216 ist vom Burgward, 1264 vom Ort Ratenowe die Rede, 1244 vom Pfarrer de Rathenow, 1295 von der Burg Rathenow. 1276 ff. wird meist Ratenow geschrieben, so auch noch 1375 im Landbuch der Mark Brandenburg. – Der Name, altpolab. *Ratenov*, enthält den Personennamen *Raten, Ratna*, der sowohl im Tschechischen als auch im Polnischen bezeugt ist.

Regis-Breitingen Kr. Borna, Bez. Leipzig; am Südrand der Leipziger Tieflandsbucht, Doppelsiedlung linksseitig der Pleiße, südwestl. der Kreisstadt. 5000 E. – Regis: die ältere altsorbische dörfliche Siedlung; im 10./11. Jh. mit königlichem Wirtschaftshof, seit etwa 1070 bischöflich-naumburgisch; Ausbau zur Burg mit Burgflecken im 12. Jh. (1228 castrum et oppidum). Breitingen: benachbarte Dorfsiedlung des 12. Jh. mit Herrengut; beide Orte 1920 zur Stadt R.-B. vereinigt. Heute Bergarbeiterwohnsiedlung (Bornaer Braunkohlenrevier).
Regis: Nicht gerechtfertigt ist die Zuweisung der Schenkung des Gutes Rogaz 1043 durch König Heinrich III. an das Bistum Naumburg zu unserem Ort wegen der beigefügten Lageangabe. In den gesicherten Nennungen steht stets *i* und ab 15. Jh. *e*: 1186 de Riguz, 1228, 1242, 1306 Riguz, 1422 Reges, 1450, 1484 Regis. – *Riguz* entstand aus altsorb. **Rěguš* oder **Riguš*, das wohl eine 'feuchte, nasse, wasserrei-

che Wiese' bezeichnete; doch könnte auch eine ältere Bildung, altsächs. *riga*, mhd. *rige*, nhd. *Riege* mit der Bedeutung 'Linie, Reihe', auch 'künstlicher Wassergraben', vorangegangen sein, die mit *-uš* sorabisiert wurde: also 'Ort am Wassergraben' bzw. 'auf oder an der nassen Wiese'.
Breitingen lautet 1265 Bredingin und 1405 ff. Breitingen. Da *-ingen*-Namen östl. der Saale nicht originär sind, ist mit Übertragung von *Breitungen* an der Werra zu rechnen.

Rehna Kr. Gadebusch, Bez. Schwerin; in der nordwest-mecklenburgischen Grundmoränenlandschaft, an der Radegast, nordwestl. der Kreis- und Bezirksstadt. 3 500 E. – Vor 1147 slawischer Burgwall mit Burgsiedlung an der Straße Lübeck–Schwerin; nach 1200 Eindeutschung; 1236 Benediktinerkloster; seit 1300 → Städtchen (1362 oppidum); 1791 Stadt.
R. erscheint durch alle Jahrhunderte hindurch unverändert als Rene (1201, 1230/34, 1237, 1244, 1246 usw.). Die heutige Form dürfte als amtliche im 16. Jh. aufgekommen sein. – Der Name beruht wohl auf altpolab. *rěň* und bezeichnete den 'sandigen Ort, die Sandbank'.

Reichenbach (Oberlausitz) Kr. Görlitz, Bez. Dresden; im Osten des Oberlausitzer Hügellandes, westl. der Kreisstadt. 3700 E. – Im Anschluß an ein deutsches Bauerndorf gleichen Namens bald nach 1200 gegründete Stadt mit Vogtei des böhmischen Königs (1346 stat).
1238 und 1280 Richenbach, 1239 Richinbach, ebenso 1346. Der Diphthong *ei* wird seit 1400 gekennzeichnet, war jedoch schon früher vorhanden. R. ist die Siedlung am fisch- oder wasserreichen Bach, oder es handelt sich um einen schmückenden Namen. Vgl. auch Reichenbach (Vogtland).

Reichenbach (Vogtland) Kreisstadt, Bez. Karl-Marx-Stadt; im unteren Vogtland, an Hang östl. der unteren Göltzsch, südwestl. von Zwickau. 26300 E. – Ursprünglich deutsches Bauerndorf (Ober-R.) am Rande des altsorbischen Kleingaues Mylau um 1200; um 1240 planmäßige Stadtanlage auf dessen Flur durch die Herren von Mylau. Seit 19. Jh. Ausbau der Textil- und Bekleidungsindustrie; Kreisstadt 1952.

In einer formalen Fälschung von etwa 1460 auf 1140 wird die Kirche in Richenbach genannt, so auch geschrieben 1212, 1266; sonst Richinbach (1224, 1225, 1260, 1264 usw.); 1330 Rychenbach. Diphthongische Schreibung in echter Überlieferung beginnt erst im 15. Jh. Vgl. auch Reichenbach (Oberlausitz).

Remda Kr. Rudolstadt, Bez. Gera; im Rinnetal im Süden der Ilm-Saaleplatte, nordwestl. der Kreisstadt. 1400 E. – Kleingruppe sehr alter thüringischer Dörfer gleichen Namens im frühen Mittelalter an der Straße Erfurt–Arnstadt–Rudolstadt; Pfarrort derselben; planmäßige Stadtanlage (Flecken) nach 1200 (1286 civitas) bei der Burg der Grafen von Schwarzburg (11./12. Jh.).

Bereits 750/779 erhielt Kloster Fulda Güter in den drei Dörfchen (in tribus villulis) Remnidi geschenkt, 775/786 erwarb Kloster Hersfeld in Remmidi Besitz. 1133 ist Kloster Paulinzella in Remede, Remde begütert. Remide (1163), Remede (1286), Remde (1323, 1358, 1481) sind die weiteren Namenformen. Die Endung *-a* ist ein Kanzleiprodukt des 16. Jh. – Der Name ist mit dem kollektivierenden Suffix *-idi*, später *-(i)de*, zu einem Gattungswort gebildet. Falls das *n* im Erstbeleg – wie anzunehmen – nur für *m* verschrieben ist, wäre an germ. **rim-*, angelsächs. *rima* 'Rand, Grenze, Küste', altnord. *rimi* 'Hügelrükken, Höhe', norw. *rimme* 'Erdrücken' anzuknüpfen; *i* müßte dann schon vor Überlieferungsbeginn zu *e* gesenkt worden sein; doch gab es auch eine Ablautform **ram-*, die in hd. *Rand* nachweisbar ist, deren *a* hier zu *e* umgelautet worden wäre. Der Anschluß an schwed. mundartl. *ram* 'feuchte Wiese, Sumpf' bleibt fragwürdig. Also wohl 'der Ort bzw. die Orte am Hügelrücken, Rand'.

Rerik, Ostseebad Kr. Bad Doberan, Bez. Rostock; am Salzhaff, an der Ostseite der Wismarer Bucht, am Fuße der Halbinsel Wustrow. 2400 E. – Ursprünglicher Name Alt-Gaartz (bis 1937). – Altslawische Burg mit Burgsiedlung bis nach 1200; danach deutsche Fischer- und Schiffersiedlung; 1938 nach gesuchtem altem Seehandelsplatz an der Wismarer Bucht umbenannt und zur Stadt erhoben. Heute Seebad.

In den Lorscher Reichsannalen wird zu 808 und 809 von der Zerstörung des Handelsplatzes (emporium) Reric durch die Dänen berichtet und gesagt, daß dies der dänische Name sei. Adam von Bremen setzt um 1075 die Obodriten mit den Reregi gleich, also muß der Ort im engeren Obodritenland gelegen haben. – Es handelt sich wohl um eine Ableitung von germ. *rauza-* '(Schilf)rohr', das mit dem Kollektivsuffix *-iki* verknüpft wurde, vergleichbar ist angelsächs. *rieric* 'Röhricht'. – Das jüngere *Alt-Gaartz* hieß 1239 Nyengartz, 1267 Garcz oder Gardiz, 1271 Gartz, 1292 de Gardze. Zur Namenerklärung vgl. Gartz.

Rheinsberg Kr. Neuruppin, Bez. Potsdam; am Südostrand der Mecklenburgischen Seenplatte und am Ausfluß des Rhins aus dem Rheinsberger See, nördl. der Kreisstadt. 5300 E. – Bald nach 1214 von den Grafen von Ruppin erbaute Burg mit Burgflecken; → Städtchen im 13./14. Jh. (1368 civitas); seit 18. Jh. königlich-preußisches Schloß.

Am Überlieferungsbeginn stehen zwei ritterliche Ministerialen: 1291 Gerhardus de Rynesberge, 1315 Petrus de Rinesberg. Es folgen 1335 Rynesperg, 1368 Rynesbergk, 1375 Ryns-, Rinsberg; 1524 Reinßberg. – Die Siedlung ist nach der Lage am *Rhin* benannt; dieser hat die Bedeutung 'Fließ, Wasserlauf', zu indoeurop. **(e)rei-/ri-n-* 'fließen'. Wegen seiner dortigen starken Verbreitung wird eine Übertragung der Bezeichnung aus dem niederländischen Raum angenommen. Die Diphthongierung *ī > ei* erfolgte als Verhochdeutschung bzw. in Anlehnung an den Namen des *Rheins*. Vgl. auch Rhinow.

Rhinow Kr. Rathenow, Bez. Potsdam; an der Niederung des Rhinluchs (heute Rhinkanals), östl. der unteren Havel, nördl. der Kreisstadt. 2100 E. – In der Nähe eines slawischen Burgwalls (Sumpfburg) gegen Ende des 12. Jh. neuangelegte deutsche Burg mit Burgsiedlung (Kietz) der Markgrafen von Brandenburg; nach 1300 → Städtchen (1333 oppidum); Mittelpunkt des gleichnamigen „Ländchens" (zuvor war dieser das Dorf Altgarz). Landwirtschaftszentrum. Mit Gedenkstätte für den Flugpionier Otto Lilienthal.

R. ist benannt nach seiner Lage am *Rhin*, der 1238 als Renus, 1336 tussen deme Rine überliefert ist; slawisch hieß er entsprechend *Rěka*, dazu mundartl. *Räke* (an der Quelle bei Rheinsberg). Die Belege für den Ort lauten: 1216 Rinowe, 1333 Rynowe, 1264 in Rhynowe, 1375 und 1441 Rynow, für das Ländchen: um 1300 terra Rynowensis, 1376 land Rynow. – Zur Namenerklärung vgl. Rheinsberg. Die Endung *-ō(w)* trat wohl analogisch an oder stellt mnd. *ō(ge), ou(we)* 'Aue, Land am Wasser' dar.

Ribnitz

Damgarten

Ribnitz-Damgarten Kreisstadt, Bez. Rostock; Doppelstadt am Saaler Bodden beiderseits der Recknitzmündung in diesen, nordöstl. der Bezirksstadt. 17800 E. – Doppelort: altslawischer Burgflecken und Burg Ribnitz westl., die ursprüngliche Fischersiedlung Damgarten östl. der Recknitz; Erweiterung zur Stadt: R. vor 1250, D. 1258, an der Küstenstraße Rostock–Stralsund; Vereinigung beider Städte 1950; Kreisstadt seit 1952.

1216 wird der Bach (rivus) Ribeniz, 1225 der große See (magnum stagnum) Ribeniz verzeichnet. Schreibungen für den Ort *Ribnitz* sind 1210 und 1233 Rybeniz; 1252, 1267 Ribeniz, 1286 Ribbenitz, 1311 Ribbenitze. – Der Gewässername *Rybnica* weist auf den Fischreichtum hin: altpolab. *ryba* 'Fisch'.

Damgarten heißt 1225 Dammechore, 1261 Damechore, 1258 und 1324 Damgur, 1286 Dambegore, 1321 und 1328 Damgar, 1348 Damgor, 1359 aber Damgarden, 1364 Damgharden. – Hier liegt eine Ein- bzw. Umdeutung von mnd. *garde* 'Garten' in altpolab. *Dąbogora* o. ä. 'Eichenberg' vor; zu altpolab. *dąb-* 'Eiche' und *gora* 'Berg'.

Richtenberg Kr. Stralsund, Bez. Rostock; im Küstentiefland der Ostsee, südwestl. der Kreisstadt, in Wiesenniederung der Blinden Trebel; 1231 mit Salzquelle. 2200 E. – Deutsches Dorf der Zeit um 1200; Städtchen im späten 13. Jh. (1297 oppidum).

Die heutige Namenform beruht auf einer Ein- bzw. Umdeutung seit 1469; upme Richtnberg, 1508 tom Richtenberghe, wohl in Anlehnung an *richten, Gericht.* Vorher heißt der Ort 1231 Richeberg, Rychenberch, 1242 de Rikenberg, 1263 Rikenberghe, 1352 Rychenbergk. – Ein Kurzname *Rīko,* hd. *Rīcho,* zu mnd. *rīke* 'reich', ist nicht sehr wahrscheinlich; eher entspricht der Name den hochdeutschen Bildungen *Reichenberg, Reichenbach* usw. mit werbendem, prunkendem Charakter, enthält das Adjektiv *reich.*

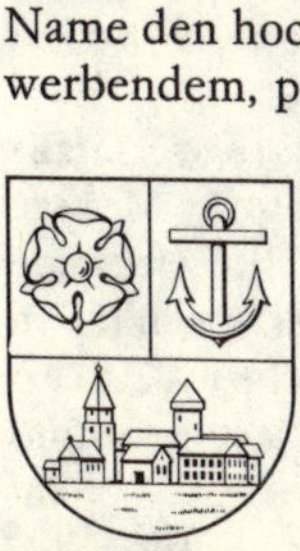

Riesa Kreisstadt, Bez. Dresden; am und auf dem linken Hochufer der Elbe, an der Mündung des Jahnabaches, nordwestl. von Meißen und der Bezirksstadt. 50400 E. – Altsorbisches Dorf auf der Elbterrasse; seit 1150 mit deutscher Zusiedlung und 1119/1170 mit Benediktiner- bzw. Augustinerkloster; im 16. Jh. Marktflecken; 1623 Stadt. Infolge Industriali-

sierung seit 19. Jh. Entwicklung zum Elbhafen und Eisenbahnknotenpunkt (1843ff. Eisen- und Stahlwerk; heute VEB Stahl- und Walzwerk); seit 1952 Kreisstadt.
1119 wurde das Kloster (monasterium) in Reszo(w)a gegründet. Das *e* erscheint noch 1186/90, 1197, 1211 und 1227/32 in Rezowe. Eine Kopie des 14. Jh. schreibt zu 1168 und 1170 Rizowe bzw. Riezowe. Die *i*-Formen setzen sich dann im 13. Jh. durch: 1214, 1236 Rizowe, 1328 in Ryzzowe, 1347 Ryssowe, 1378 Rizow, Rissow; 1445 Rysaw, 1499 Riesse, 1547 Ryssa. – Der altsorbische Name lautete *Rězov* und bezeichnete das Gelände, in dem es 'Einschnitte' (*rěz*) gab.

Röbel Kreisstadt, Bez. Neubrandenburg; an der Bucht auf der Westseite des Müritzsees, in der Mecklenburgischen Seenplatte, westl. von Neustrelitz und südwestl. der Bezirksstadt. 6700 E. – Im 11./12. Jh. slawische Burg und Burgdorf (Fischersiedlung); Stadtgründung vor 1250 durch die Grafen von Werle (1261 civitas). Kreisstadt seit 1952.
Als älteste Belegform dürfte Robole (1227, 1232, 1233, 1241, 1244, 1249) gelten; daneben tritt abgeschwächtes Robele häufig auf (1237, 1239, 1244, 1249, 1254, 1261, 1297, 1305, 1347 u. a.). – Die Formen lassen den Personennamen *Robol* erkennen, der entweder in den Plural (*Roboly*) gesetzt oder mit dem possessivischen Suffix *-j-* (*Robol*) erweitert wurde.

Rochlitz Kreisstadt, Bez. Karl-Marx-Stadt; auf einer Flußterrasse am linken Ufer der mittleren Zwickauer Mulde, am Fuße des Rochlitzer Berges und an altem Muldenübergang, nördl. der Bezirksstadt. 7700 E. – Zentrum eines altsorbischen frühmittelalterlichen Kleingaues; seit Mitte des 10. Jh. mit deutscher Königsburg und Burgsiedlung, Burgward; Planstadtanlage Ende 12. Jh. durch den Wettiner Dedo von R.-Groitzsch; später wettinische Amtsstadt und Residenz; 1952 Kreisstadt.
968 wird von dem Westteil der Siedlungskammer R. (occidentalis ripa Rochelinze) bei der Festlegung der Bistumsgrenzen für Meißen in einer Urkunde Ottos I. gesprochen, was eine gefälschte Urkunde des 11. Jh. zu 996 als Rochilinze wieder aufnimmt. Hieran schließen sich die Formen, die Thietmar von Merseburg gebraucht (1012/18): zu 1009 urbs Rochelinti, Rocholenzi, zu 1014/18 dieselben und Rochelinzi, Rochelenzi. Eine zweite, wiederum voneinander abhängige Überlieferungslinie bietet *d*-Formen: 1046 Rochidez, 1064 Ro-

chidaz, 1074 Rochedez. Im 12. Jh. setzen sich die *l*-Formen fort mit 1168 Rochelez, 1174 Rochelez, Rocheliz, 1198 Rocheliz; 1329 und 1336 ist Rochlitz erreicht. – Der Name gehört wohl zu einem altsorbischen Rufnamen *Rochol(a)*, der auch im altpolabischen Gebiet bezeugt ist. Thietmars *Rochelinti* (mit *t*) dürfte als Latinisierung zu verstehen sein. Das *-enzi, -inzi* kann auf einem zeitweiligen *n*-Einschub beruhen, wie er in Koseformen frühmittelalterlicher deutscher Rufnamen vorkommt, z. B. *Liubinzo, Liavinzo, Gislincio, Richinzo, Wegalenzo* u. a., zumal *Rochilo* auch als deutscher Rufname bezeugt ist, etwa im Ortsnamen *Rechling* bei Augsburg: 1031 Rochelingen, und Wüstung *Rücheln* bei Urloffen (Amt Offenburg): 1150 Rǒchelheim. Auch ein vorslawisches **Rocholingas* könnte somit slawisiert worden sein zu **Rocholinci* und **Rocholici*. Deutsches und Slawisches sind anscheinend untrennbar ineinandergeflossen. Demnach wohl 'die Leute eines *Rochol(a)*'.

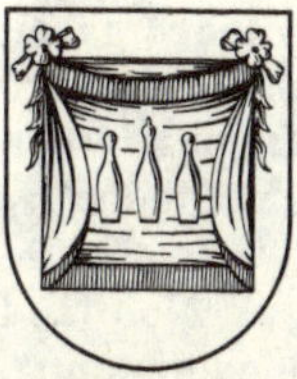

Rodewisch Kr. Auerbach, Bez. Karl-Marx-Stadt; im östl. Vogtland, an der Göltzsch, dicht nördl. der Kreisstadt. 9700 E. – Um 1200 angelegtes deutsches Bauerndorf; 1834 Marktflecken; 1924 Stadt. Textilindustrie, Schulsternwarte.

Die leider erst spät einsetzende Überlieferung erschwert auch die Deutung dieses Namens: 1411 Redewisch (*Red-* wohl in versehentlicher Analogieschreibung zum mitgenannten Rebesgrün), 1450 Radewischs, 1455 Rodewiss, 1533 Rodwisch, 1584 Rudwisch. – Die Auslautschreibungen deuten auf dt. *-wisch* 'Bündel Heu oder Stroh, Büschel, Wedel, Besen'; ein solcher Wisch galt seit alters als Flur- und Hoheitszeichen (*Hegewisch*). Vermutlich war hier bei Rodungsbeginn ein solches Zeichen aufgesteckt.

Römhild Kr. Meiningen, Bez. Suhl; im südl. Vorland des Thüringer Waldes, westl. der beiden Gleichberge, südl. der Kreisstadt. 2200 E. – Altthüringisches Dorf des frühen Mittelalters an alter Nord-Süd-Straße nach Coburg, Bamberg und Nürnberg; Stadtanlage Ende 13. Jh. durch die Grafen von Henneberg unterhalb ihrer Burg Hartenberg (1317 cives erwähnt; 1321 stat).

Beide Namenglieder erlitten eine Umdeutung, wie die Überlieferung zeigt: Im Jahre 800 hat Kloster Fulda Besitz in Rotemulte, der 815 in Rootmulti vermehrt wird und 867 zu Rotmulti bestätigt wird. 1163 und um 1260 ist der Name bereits abgeschliffen: *t* wiederholt sich im

Zweitglied, deshalb wurde aus dissimilatorischen Gründen der Schwund des ersten *t* beschleunigt: Romulte. 1321, 1347, 1350 erscheint dann schon Romhilt. – R. ist der 'Ort auf roter Erde', hier der braunrote Mergelboden, zu ahd. *rōt* 'rot' und *molta* 'Staub, lockere Erde', eigentlich 'Zerriebenes' (zur gleichen Wurzel wie *mahlen, Mehl, Müll*).

Ronneburg Kr. und Bez. Gera; östl. der Kreis- und Bezirksstadt, am Oberlauf eines rechten Elsterzuflusses, an der Autobahn Dresden – Eisenach. 9500 E. – Deutsches Bauerndorf vom Ende des 12. Jh. mit Herrensitz; Planstadtgründung nach 1250 durch die Vögte von Gera – Weida – Plauen (1304 civitas). Industrialisierung seit 19. Jh.; nach 1945 Uranerzabbau.
1209 beginnt mit Heinrich de Ronneberg und dem Ortspfarrer Helwig de Ronneberg die Belegreihe. Es folgen 1237 Ronberg, 1297 und 1307 Roneberch, 1301 Ronberc, 1302 Roneberg, 1336 Ronberg; seit 1550 dann Ronneburg. – Das Erstglied ist zweifellos mhd. *ron(e)* 'umgestürzter, liegender Baumstamm, Windbruch', R. ist also der 'Ort an einer durch Windbruch oder Rodung gekennzeichneten Anhöhe'.

Roßlau (Elbe) Kreisstadt, Bez. Halle; am Nordrand der Mittelelbaue gegenüber der Muldemündung, nördl. von Dessau. 15700 E. – Altsorbische Wasserburg mit Burgsiedlung nahe altem Elbübergang. Seit 12. Jh. deutscher Rittersitz; Burgflecken; → Städtchen im 14./16. Jh. (1382 hus und stat); 1935–45 nach Dessau eingemeindet; Kreisstadt seit 1952. Schiffbauindustrie, Elbhafen.
Ersterwähnung 1215 mit einem Albert de Rozelowe, dann 1230 und 1282 Rozlowe, 1315 ff. de Roslow(e), 1320 de Roczlawe, 1349 und 1382 Roßlaw, 1357 Rosselaw, 1557 Roßlow. – R. ist vermutlich eingedeutscht (*-au*) aus altsorb. *Rosłaŭ* 'Ort des *Rosłav*', verkürzt aus *Rostisłav*.

Roßwein Kr. Döbeln, Bez. Leipzig; im mittelsächsischen Bergland, an Nordhang zur Freiberger Mulde, südöstl. der Kreisstadt. 9700 E. – Altsorbisches Fischerdorf des frühen Mittelalters, seit 12. Jh. eingedeutscht, mit Herrensitz; markgräflich-meißnische Stadtanlage Ende des 12. Jh. (1286 civitas seu oppidum).

Der Stadtvogt von R. steht 1220, 1221 und 1230 mit Rosewin, Rossewin an der Spitze der Nennungen; 1286 heißt es Russewyn; 1378 folgt Rossewin, 1428 Russewein, 1528 Roßweynn. – Der Name geht zurück auf altsorb. *Rusavin* 'Ort des *Rusava*', später mit Umdeutung *Roß* + *wein*, was im Stadtwappen zum Ausdruck kommt.

Rostock Bezirks- und Kreisstadt, Stadtkreis; an der verbreiterten Warnow vor deren Mündung in die Ostsee (Breitling), mit Stadtteil Warnemünde u. a. 220 900 E. – Altslawische Burg mit Burgsiedlung (Schiffer- und Fischerdorf); Seehandelsplatz; seit 1170 Zusiedlung deutscher Kaufleute (1189 Alter Markt); stufenweise Erweiterung durch Altstadt (1218 oppidum), Mittelstadt (1232), Neustadt (1252); 1265 Zusammenschluß zur Gesamtstadt; mecklenburgischer Fürstensitz im 12./13. Jh.; Hansestadt; seit 1419 Universitätsstadt (heute Wilhelm-Pieck-Universität); Schiffbauzentrum (Warnowwerft); Überseehafen der DDR. Bezirksstadt seit 1952; starker Ausbau durch neue Stadtteile (z. B. Lütten Klein).

Helmold von Bosau erwähnt um 1165 in seiner Slawenchronik Rozstoc als erster. Die Burg von R. wird 1171 urbs Rozstoc, 1182 castrum Rostoch genannt; 1189 werden Urkunden in Rotstoc, Rotstoch ausgestellt, das angehängte Siegel des Wendenfürsten hat Nicolavs de Roztoc. 1218 folgt Rozstoc, 1219 Roztoc, 1234 Roztok, 1240 Rostok. – Zu altpolab. *rostok* 'Ort, wo sich das Wasser spaltet, auseinanderfließt'; sehr häufig in slawischen Orts- und Flurnamen.

Warnemünde, seit 1323 zu Rostock gehörend, ist nach der Lage an der Mündung der Warnow benannt (1186 aqua Warnow; 1252 Warnemunde). – Der Flußname, slaw. **Varnova* o. ä., enthält *varn* 'Rabe' oder *varna* 'Krähe'.

Rötha Kr. Borna, Bez. Leipzig; in der flachen Leipziger Tieflandsbucht, südl. der Bezirksstadt, an der Pleiße. 5 100 E. – Altsorbische Burg mit Burgsiedlung (Fuchsberg) im 9.–11. Jh.; danach deutscher Herrensitz (Wasserburg), später Rittergut; Ende 13. Jh. Marktflecken; Gerichtsort; seit 19. Jh. Arbeiterwohnsiedlung im Bornaer Braunkohlenrevier.

Eine oft bezeugte Familie von R. saß auf der hiesigen Wasserburg: 1127 ff. Heinricus de Rotow(e), 1145 ff. Otto de Rothowe, 1263 Henricus de Rotouue. 1291, 1292 heißt der Ort Rotow, in Rotowe, 1350 de Rotowe, 1360 Rottow, 1421 Rotow, 1471 Rotaw; erstmals mit Umlautbezeichnung 1490 Roͤtaw, 1514 Rote. – Da der Ort bereits in frühslawischer Zeit besiedelt war, wird man an altsorb. *rot, rt* 'Bergspitze, Anhöhe' (gemeint ist der Fuchsberg) denken müssen, zumal dieses Wort in der slawischen Namengebung gut bekannt ist.

Rothenburg/Rozbork Kr. Niesky, Bez. Dresden; in der waldreichen nordöstl. Oberlausitz, am westl. Hochufer der Neiße und der Staatsgrenze zur VR Polen, nördl. von Görlitz. 4300 E. – Deutscher Rittersitz mit Siedlung kurz nach 1200; um 1250 Stadtanlage (1268 civitas).

Auf dem Rittersitz wohnt 1264 ein Christian de Rotenburg; 1268 heißt der Ort Rotenberg und noch 1361 de Rotinberc, jedoch häufiger seit 1305 Rothenburch, Rothinburg, Rotenburg u. ä. – Sicher zur Farbbezeichnung mhd. *rōt* 'rot' zu stellen, zumal auch ein Weißenberg hier begründet wurde. Der Name schwankte im Zweitglied offensichtlich noch einige Zeit zwischen *-burg* und *-berg*. Die obersorbische Namenform entstand aus der deutschen.

Rudolstadt Kreisstadt, Bez. Gera; auf der westl. Saaleterrasse, an der Rinnemündung, am Südrand der Ilm-Saale-Platte, südl. von Weimar. 31700 E. – Altthüringische Dorfsiedlung; seit 11./12. Jh. mit deutscher Burg; Burgflecken; Neustadtanlage um 1300 (1326 stat) durch die Grafen von Schwarzburg; fürstliche Residenz (Schloß Heidecksburg) seit 16. Jh. (bis 1918). Im Stadtteil Schwarza Kunstfaserwerk „Wilhelm Pieck".

R. ist die 'Wohnstätte, Heimstatt eines Rudolf': 775/786 Rudolfestat; 1154 Mehthildis de Rodolvestat; 1212 Heinricus de Rotholvestad (in niederdeutscher Urkunde); 1225 Hermannus de Rodoluestat; 1217 ff. Pfarrer Bruno de Rudolvestat. 1306 heißt es Rudolfstat, 1350 stetchen Rodolfstat. Das *f* fehlt erstmalig 1348: Rudelstat. – Der Personenname gehört zu ahd. *hrōd, hruod* 'Ruhm' und *wolf* 'Wolf'.

Ruhla Kr. Eisenach, Bez. Erfurt; auf dem hohen nordwestl. Thüringer Wald, im Erbstromtal, südl. der Kreisstadt. 7000 E. – Spätmittelalterliches Waldarbeiterdorf; 1830 Marktflecken, zunehmend industrialisiert (Uhrenindustrie, Feinmechanik); Stadt seit 1896. Heute Elektrotechnik- und Elektronikzentrum.

R. liegt am gleichnamigen Bach (Erbstrom ist erst jüngere Bezeichnung seit 17. Jh.), der 1587 als Wasser die Ruhla genannt, hervortritt. Der Ort heißt seit 1378 (in der) Rula, 1512 dorf Rull, die Rwhla. – Sehr wahrscheinlich der 'Ort am rollenden Bach', zu ahd. **rollōn*, mhd. *rollen*, mnd. *rollen, rullen* 'sich drehend bewegen, wälzen', auch das dabei entstehende Geräusch bezeichnend. Wegen der Vokallänge muß auch an eine Vorstufe der Entlehnung aus lat. *rotula(re)*, nämlich **rodeln*, gedacht werden, das zu **rōln*, **rūln* kontrahiert wurde, vgl. franz. *rouler* aus gleicher Wurzel, auch obd. mundartl. *rodeln* 'rühren, quirlen'. Vergleichbar ist auch *Röhl*, Kr. Bitburg (Moselgebiet): 981 Růla, 1052 Růle.

Ruhland Kr. Senftenberg, Bez. Cottbus; in der nordwestl. Oberlausitz, im Urstromtal der Schwarzen Elster, südwestl. der Kreisstadt; an der Autobahn Dresden–Berlin. 4800 E. – Deutsche Burg und Dorfsiedlung bald nach 1200; um 1300 Stadtanlage (1397 hus und stat). Im 19./20. Jh. erweitert durch Arbeiterwohnsiedlungen für das Großkraftwerk Lauchhammer und Braunkohlengebiet Senftenberg.
In den Belegen für R. wechseln fast nur *-t* und *-d* im Auslaut: 1317, 1332, 1379, 1397 Rulant; 1363, 1395, 1399, 1451 Ruland. Daneben noch 1498 Rulanndt, 1476 zum Ruelandt; 1511 Roland. – Wohl der Ort 'zum *Roland*' (Personenname), da *Ruland* die früher geläufigere mitteldeutsche und oberdeutsche Form des Rufnamens Roland war. Eine Parallele zum Namentyp (bloßer Rufname) ist wohl das benachbarte *Ortrand* (vgl. dort). *Rōland/Rūland* entstand aus ahd. *Hrōd-* 'Ruhm' und *-land* 'Land'.

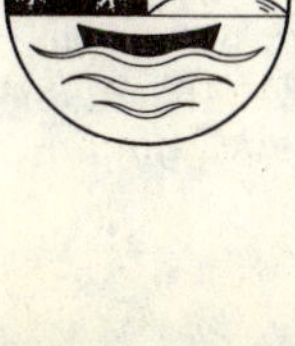

Saalburg Kr. Schleiz, Bez. Gera; an der Bleilochtalsperre und oberen Saale, im Thüringischen Schiefergebirge, südwestl. der Kreisstadt. 1100 E. – Deutsche Feudalburg kurz nach 1200, mit Burgsiedlung; → Städtchen (1311 oppidum).
Die Überlieferung beginnt mit der Nennung einzelner Herren von S.: 1216 ff. de Saleburc, Saleburg, Sa-

leburch, Salburk (1246), Saleborch (1307); der Ort ist 1311 ff. Salburg, Saleburg (1325) geschrieben. – S. ist eine Lagebezeichnung: 'die Burg bzw. Stadt *an der Saale*'. Zum Flußnamen vgl. Saalfeld.

Saalfeld Kreisstadt, Bez. Gera; am Nordrand des Thüringischen Schiefergebirges, am Westrand einer Saaletalweitung und Westende der Orlasenke. 33 500 E. – Sehr alte thüringische Siedlungskammer mit mehreren Siedlungskernen; seit 9. Jh. mit deutschem Königshof bzw. Sitz des karolingischen Herzogs der Sorbenmark und mit Benediktinerkloster 1071 (heute Schloß); Burg als Zentrum eines ausgedehnten Reichsgutkomplexes; frühstädtisch im 11. Jh. (1074 mercatus); Stadtgründung (Planstadt) nach 1170 (1208 civitas) durch Friedrich Barbarossa. Verkehrsknotenpunkt. Bekannt auch durch seine „Feengrotten".
Salauelda (curtis) erscheint zuerst 899 in einer Urkunde Kaiser Arnulfs. Zum Teil begegnen danach ähnliche latinisierte Formen: 942 nochmals Salauelda; 979 dagegen Salaveldon, Salefeldun; Widukind von Corvey schreibt in seiner Sachsengeschichte (um 965/970) zu 951 Salaveldun, Thietmar von Merseburg (1012/18) zu 951 ad Saleveldun. Eine Urkunde Ottos II. hat 976 Salefeldini (alter Lokativ); 1014 folgt Salaveld, 1056 und 1057 Salauelt, Salaueldon, 1071 Salaveld, Salveld. 1169 und 1190 heißt es Saleveld, 1199 villa regia Salvelt. Das markgräflich-meißnische Register von 1378 hat noch Saleveld; sonst gilt seit 1200 Salfelt, Salvelt, Salfeld. – S. ist ein ursprünglicher Landstrichname: '*das Gefilde an der Saale*', dazu auch *Saalfelden* in der Flußebene der salzburgischen *Saalach*. Der Flußname gehört zu den alteuropäischen Gewässernamen: **Sala*, beim antiken Geographen Strabo griech. *Salas* (um die Zeitwende), 782, 791 Sala fluvius, zu indoeurop. **sal-* 'fließendes Wasser, Strömung, Fluß'.

Sahlis s. Kohren-Sahlis

Salzelmen s. Schönebeck

Salzungen, Bad Kreisstadt, Bez. Suhl; am Südrand des Werratales zwischen Thüringer Wald und Rhön, südl. von Eisenach. 20 000 E. – Wohl schon germanische Siedlung an Salzquellen (Salzsee); im 8./9. Jh. mit karolingischem Königshof und Salzsiedehütten (775 genannt); später Rittersitz mit Marktsiedlung (12. Jh.); Planstadtanlage im 13. Jh. (1305 oppidum,

1306 civitas). Seit 1590 Saline (Gradierhäuser); seit 1821 Solbad (Kurort); Erweiterungen durch neue Wohnviertel seit etwa 1960.
Karl der Große beschenkte Kloster Hersfeld 775 mit Gütern in Salsunga, unter anderem mit Salzsiedehütten (Kotten, patellae ad sale facere, salinarii). Auch Kloster Fulda wurde 841 im Dorf (villa) Salzhunga (spätere Niederschrift) Eigentümer. Im Güterverzeichnis des Erzbischofs Lull(us) von Mainz um 800 erscheint Salzungen, jedoch in der Schreibung von etwa 1150. Salinae in Salzunga werden erneut erwähnt in einer Urkunde Ottos II. 973. Eine weitere echte zeitgemäße Namenform ist zu 929 mit Salzungun in den Fuldaer Traditionen verzeichnet. Bis etwa 1150 begegnet noch die Endung ahd. *-ungun*, von da an abgeschwächtes mhd. *-ungen* (1155 de Salzungen). – S. bezeichnete ‘die Leute bei den Salzquellen’, zu ahd. *salz*, altsächs. *salt* ‘Salz’. Vgl. auch Bad Langensalza und Salzwedel.

Salzwedel Kreisstadt, Bez. Magdeburg; im Nordwesten der Altmark, an der Jeetze. 22 800 E. – Altsächsische dörfliche Siedlung; seit 9./10. Jh. mit Burg; an alter Salzstraße von Lüneburg nach Magdeburg; Burgflecken (Zollstätte); → Stadt um 1190 (1196 oppidum, Altstadt); Neustadt 1247 gegründet; 1713 beide vereinigt.
Erzählende Quellen (Annalenwerke, Helmold von Bosau) erwähnen Saltwidele, -wedele zuerst zu 1112 (Helmold auch zu 1147, 1157, 1160, 1164). Auf etwa 1160 wird die Stendaler Marktgründungsurkunde datiert, in der auch Saltwidele erscheint; 1152 tritt ein Volrad de Saltwedele als Urkundenzeuge auf. Neben den *a*-Formen stehen seitdem auch niederdeutsche *o*-Formen: 1183 de Zoltwedele, 1219 und 1299 Soltwedele, 1252 Saltwedele, 1499/1500 Soltwedel. Nd. *Salt-/Solt-* wird erst im 16. Jh. durch hd. *Salz-* ersetzt. – S. ist wohl nach der Furt der alten Salzstraße von Lüneburg durch die Jeetze benannt: Das seltene *wedel*, altsächs. *widil(a)* ‘Furt’, ist eine Ableitung zu *waten*, mnd. *waden*, enthalten auch in *Wedel*, Kr. Stade, in Niedersachsen: 1004 Widila. Vgl. auch Bad Salzungen und Bad Langensalza.

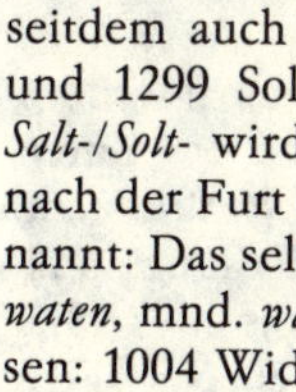

Sandau Kr. Havelberg, Bez. Magdeburg; im Tiefland südl. der Havelmündung am rechten Elbufer. 1200 E. – Altslawisches Fischer- und Schifferdorf; seit Mitte 12. Jh. mit markgräflich-brandenburgischer Burg an altem Elbübergang; Stadtanlage um 1250 (1272 civitas).
Die überlieferten Schreibformen für S. zeigen wenig

Varianten: 1184/92, 1208, 1252, 1256, 1261 u.a. Sandowe, 1243, 1290, 1305, 1316 u.a. Sandow; 1284 Zandow zeigt mit der *z*-Schreibung die Stimmhaftigkeit des anlautenden *s*- an. – Ob es sich um eine deutsche Bildung 'Ort in der *sandigen Flußaue*' oder um einen ursprünglichen altpolabischen Namen handelt, ist nicht sicher zu entscheiden. Sicher deutsche Bildungen sind *Sandau* bei Landsberg am Lech (1171 Sandowe) und *Sannau*, Kr. Delmenhorst (1139 Sandouwe). Die ersten Schreibungen könnten altpolab. *Sądov*, zum Personennamen *Sąd* (vgl. poln. *Sądów*), wiedergeben.

Sandersleben Kr. Hettstedt, Bez. Halle; im hügeligen Unterharzvorland, am rechten Ufer der Wipper, nordöstl. der Kreisstadt. 3000 E. – Frühmittelalterliches Dorf; seit 12. Jh. mit Burg der anhaltinischen Grafen; Burgflecken; → Städtchen seit 1300 (Rat 1386).

Das Bistum Meißen erhält 1046 von Kaiser Heinrich III. Güter in Scenderslebe. 1205 wird S. wiedererwähnt als Scandersleve, dann 1288, 1297 und 1316 als Scandesleve, 1313 Schandesleve, 1487 Schanderßleben, 1504 Schanderschleben. Erst danach muß eine Angleichung des Namens an Groß-*Santersleben* bei Haldensleben erfolgt sein, die zu *s*- im Anlaut führte. – S. war der 'erbliche Besitz eines *Skandahari* o. ä.', der wohl zu dt. *Schande* und *Schaden* gehört; vgl. angelsächs. *scand* 'Schurke', altdän. *skand* 'Teufel', ursprünglich wohl 'Schädiger, Schadenstifter' (mit Nasaleinschub?); andernfalls zu einem kaum germanisch bezeugten indoeurop. **(s)kand-* 'leuchten, glänzen, weiß, hell' und *hari* 'Heer'. Vgl. auch Bad Schandau.

Sangerhausen Kreisstadt, Bez. Halle; am Nordostrand der Goldenen Aue und am Südrand des Unterharzes, an der Gonna, westl. der Bezirksstadt. 32 800 E. – Altthüringische dörfliche Siedlung an alter Ost-West-Straße; → Marktflecken seit etwa 1100 (1194 oppidum); um 1250 Anlage der Neustadt (1263 civitas). Zentrum des Kupferschieferbergbaus.

780/802 erhielt Kloster Fulda eine Schenkung in Sangerhus; ebenso wird Sangerhus im Hersfelder Zehntverzeichnis um 830/50 genannt. Es folgen 991 Sangirhuson und seit 1110 Sangerhusen (1123/35, 1200, 1204, 1220, 1241, 1308 u.a.). Erst gegen 1500 beginnen die Formen auf *-hausen*. – Der Ort wurde nach der Tätigkeit seiner ersten Bewohner, den *Waldrodern*, benannt: ahd. *sangāri*, zu ahd. altsächs. *sengan* 'abbrennen, anbrennen, sengen, durch Brand roden'.

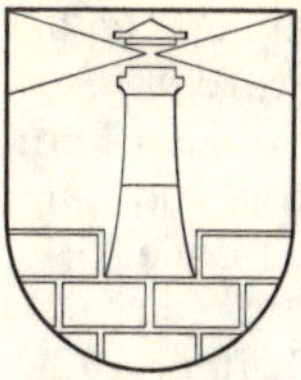

Saßnitz Kr. Rügen, Bez. Rostock; an der Ostküste der Insel Rügen (Halbinsel Jasmund), nördlichste Stadt der DDR. 14 900 E. – Mittelalterliche slawische Fischer- und Schiffersiedlung; seit 13. Jh. eingedeutscht; dörflich bis Mitte des 19. Jh.; Badeort seit 1860; Fährhafen (nach Trelleborg/Schweden) seit 1909. Seit 1949 Fischverarbeitungskombinat und Fischereikombinat. 1957 Stadt.

In der (dänischen) Röskilder Matrikel von etwa 1300 steht neben anderen Saszins (Sasznis?); erst im 16. Jh. wird S. wieder belegt als Sassenitz und Sassinitz. – Da eine ältere Überlieferungskette fehlt, bleibt die Deutung unsicher: etwa zu altpolab. *Sas*, aus nd. *Sasse* 'Sachse' (Deutscher?) oder zu altpolab. *sosna* 'Kiefer, Föhre'.

Sayda Kr. Brand-Erbisdorf, Bez. Karl-Marx-Stadt; im oberen Osterzgebirge an alter böhmischer Straße Brüx (heute Most) – Prag, südöstl. der Kreisstadt. 1500 E. – Um 1200 böhmische Straßenburg (Grenzburg) mit Burgsiedlung; → Städtchen vor 1250 (1250 oppidum; 1350 hus und stat); Zollstätte.

1207 und 1209 erscheint Zawidov, -ow und sein Kirchspiel in Urkunden des Klosters Osseg in Böhmen; 1289 lautet es Saydow, Seydowe, 1307 Saydowe, 1350, 1352 Saydow(e), 1375 Zaydaw, 1444 Zaida, 1474 Saida, 1542 Sayda. – Dem Namen liegt altsorb. alttschech. *Zavidov* 'Ort des *Zavid*' zugrunde; dieser Personenname ist sicher belegt.

Schafstädt Kr. Merseburg, Bez. Halle; im flachwelligen Lößgebiet, westl. der Kreisstadt, an der Laucha. 2800 E. – Altthüringisches Dorf; im 12./13. Jh. mit Ministerialenburg (Wasserburg); seit Ende 15. Jh. Marktflecken (1539 Stadtrecht).

Das Hersfelder Zehntverzeichnis von 830/850 (Teil A) nennt u.a. Scabstedi (Kopie des 11. Jh.). Eine Urkunde Heinrichs IV. hat 1088 in Scafestede in halb verhochdeutschter Form. Ortsübliche Aussprache (niederdeutsch) zeigen 1184 de Scapstede, 1213, 1216 de Scapstide, 1301 und 1347 de Scapstede. Allmählich setzen sich die hochdeutschen *Schaf*-Formen durch: 1203 Schafstede, 1315 und 1350 de Schafstete. – Sch. bezeichnete eine Siedlung, in der man *Schafe* hielt, auch das Stadtwappen zeigt das Tier: ahd. *scāf*, altsächs. *scāp*, mnd. *schāp* 'Schaf'; vgl. obersorb. *skop* 'Hammel'.

Schalkau Kr. Sonneberg, Bez. Suhl; am Südrand des Thüringer Waldes, im Ilztal, nordwestl. der Kreisstadt. 2400 E. – Altthüringisches Dorf an alter Fernstraßenkreuzung; im 12./13. Jh. mit Feudalburg (Schaumberg); Burgflecken; → Städtchen Ende 13. Jh. (1317 stat). Erholungsort.

In Schalken gab es 1232 einen Pfarrer, 1270 und 1294 schrieb man Scalken für den Ort, 1317 wieder Schalken, ebenso 1441; 1520 hieß es Schalka, 1555 Schalkaw. – Demnach ist Sch. ursprünglich der 'Ort der *Schalken*, Knechte, Dienstleute' gewesen, zu ahd. altsächs. *scalc* 'Knecht, Bursche'; das Wort ist auch enthalten in *Marschall* und *Seneschall* (Hofämter im Mittelalter).

Schandau, Bad Kr. Pirna, Bez. Dresden; im Elbsandsteingebirge, auf der rechten Elbterrasse an der Kirnitzschmündung, südöstl. der Kreisstadt. 4400 E. – Spätmittelalterlicher Flößer-, Fischer- und Elbschifferort; planmäßige Stadtanlage um 1400/1445 (statichen). Mineralbad seit 1799; heute Kur- und Erholungsort (Kneippkuren); „Bad" Sch. seit 1920. Zentrum der „Sächsischen Schweiz", Transitbahnhof zur ČSSR.

1437 heißt es: zu Schande, 1452, 1479 und 1480 zu Schanda; 1445 und 1467 Schandaw. – Im Oberdeutschen bezeichnet *die Schande* einen Ort, der durch Wasser, Wagen oder Weidevieh öfter stark geschädigt wird. Das erstere trifft für unser Sch. sehr genau zu: Bei Hochflut der Elbe und der Kirnitzsch stand oftmals das Hochwasser bis auf den Marktplatz. Zu *Schande* vgl. auch *Sandersleben*. Die sekundären Endungen *-a* bzw. *-au* stellen späte „veramtlichte", analogisch gebildete Formen dar.

Scheibenberg Kr. Annaberg, Bez. Karl-Marx-Stadt; im westl. Obererzgebirge, am Fuße des Scheibenberges (Tafelberg), südwestl. der Kreisstadt. 2600 E. – Bergstadtgründung 1521/22 nach Aufblühen des Silbererzbergbaues am Scheibenberg um 1515; 1530 Stadtrecht. Industrie- und Erholungsort; Posamenten-, Blechverformungsbetriebe, Roboterproduktion.

Ursprünglich der Name des Berges (Tafelberg), der volkstümlich mit einer *Scheibe* verglichen wurde: 1522 Berckstat uffm Scheybenberg, 1559 Scheubenbergk (hyperkorrekt), 1622 Scheiwenberg (mundartlich). – Mhd. *schībe* 'Scheibe' bezeichnete in älterer Zeit eine vom Baumstamm abgeschnittene Platte.

Schildau, Gneisenaustadt Kr. Torgau, Bez. Leipzig; am Westrand der Dahlener Heide, südl. der Kreisstadt. 1800 E. – Nach 1150 angelegtes deutsches Straßendorf; Marktgründung um 1180 (1350 oppidum); im 16. Jh. Flecken, Städtlein. Geburtsort Neidhardt von Gneisenaus (1760).

Erzählende Quellen nennen Schildow(e) bereits zu 1184 und 1195; 1198 ist ein Godefridus de Sildowe urkundlich erwähnt. Schildow ist weiterhin die dominierende Schreibung (1320, 1350, 1378) neben 1270 Schyldow und späterem Schildaw (1423, 1529, 1574). Es handelt sich um eine wohl metaphorische Benennung, vermutlich im Hinblick auf den *Schildauer Berg*, zu dessen Füßen sich die Stadt hinzieht; dieser könnte mit einem *Schildbuckel* oder der Wölbung des *Schildes* verglichen worden sein, zumal dies andere Namen wie *Schil(d)bach* 'Hügelbach' vermuten lassen.

Schirgiswalde/Šěrachow Kr. Bautzen, Bez. Dresden; im Lausitzer Gebirge, an der oberen Spree, nahe der Staatsgrenze zur ČSSR, südl. der Kreisstadt. 4100 E. – Anlage als deutsches Bauerndorf um 1250, mit Rittersitz; seit 1665 Stadtrecht; böhmische Exklave bis 1809.

Relativ spät wird 1376 Scherigiswalde erstmals genannt, gleich darauf 1401 Scheringiswalde, 1405 Schergiswalde, 1445 Scheringeswalde, 1490 Schergeßwalde, 1495 Schirgißwalde. – Falls im Erstglied nicht ein bereits abgeschwächter sorbischer Personenname *Širak* (bezeugt in Bautzen als 1359 Schirag, Scherag, 1400 Schirak, zu obersorb. *šěroki* 'breit') vorliegt, könnte man auch ein mnd. *scheringe* 'Weideordnung, -berechtigung' heranziehen; allerdings bilden Personennamen in Zusammensetzungen mit *-walde* die Mehrzahl der Fälle.

Schkeuditz Kr. und Bez. Leipzig; am Nordrand der Elster-Luppen-Aue zwischen Halle und Leipzig, nahe dem Autobahnkreuz; mit Messeflughafen für Leipzig. 14 800 E. – Altsorbischer Burgwall und Burgsiedlung an Elsterfurt; seit Mitte 10. Jh. mit deutscher Burg (Burgwardort). Stadtgründung um 1200 durch die wettinischen Markgrafen von Landsberg (1210 oppidum); seit 1272 Schloß der Bischöfe von Merseburg. Seit 19. Jh. stark industrialisiert.

Thietmar von Merseburg (1012/18) erwähnt zu 981 und 1015 die

Burg (urbs) Scudici, die Merseburger Bischofschronik zu 1021 Zcudici. 1118 ff. tritt mehrfach ein Werner de Cudicz, Zcudize, 1156 ff. ein Gottschalk de Zcuthiz, Schudicz, Zcudicz, Scudice, 1190 ff. ein Heinrich de Scudiz auf. 1210 schrieb man Sckudicz, 1346 Scudicz, 1469 Schkudicz, 1528 Schkeudytz, im 15. Jh. mundartl. Schkeitz. Vergleichbar ist Schkauditz bei Zeitz (um 1300 Zcudiz). – Es liegt altsorb. *skudy* 'arm, dürftig, geizig' zugrunde, als Personenname oder als Bezeichnung für das Gelände. In beiden Fällen ist die Ausgangsform *Skudici*.

Schkölen Kr. Eisenberg, Bez. Gera; im ostthüringischen Hügelland, östl. der Saale, nordwestl. der Kreisstadt. 1800 E. – Altsorbische dörfliche Siedlung; im 10./11. Jh. mit deutschem Königshof; im 12. Jh. mit Propstei des Klosters Pegau; um 1150 Marktflecken (1158 curtis cum foro); → Städtchen im 13. Jh. (1350 castrum et oppidum).

Eine von einer verlorenen Königsurkunde zu 1046 stammende spätere Abschrift zeigt ein sehr entstelltes Ihholani, das wohl als Shholani oder Szzolani zu gelten hat, denn 1068 lautet der Name Zcolani, Scolani, 1158 Zcolen, so auch 1261. Die Pegauer Annalen (Fortsetzung von 1196) berichten zu 1150 vom Kloster (cella) Scolen, die Lauterbergchronik zu 1223 von Zcholene. 1294 schrieb man Zscholen, 1350 Scholen, Scolen, 1447 zcue Schkolin, 1683 Schkölen. – Wahrscheinlich liegt altsorb. *skol-*, das eine felsige Stelle bezeichnete, zugrunde; die Siedler derselben nannte man *Skol'ane*.

Schleiz Kreisstadt, Bez. Gera; im südöstl. Thüringer Schiefergebirge, östl. der oberen Saale, an der Wisenta, an der Autobahn Berlin–Hirschberg. 8200 E. – Altsorbische dörfliche Siedlung des 10.–11. Jh.; im 12. Jh. mit deutschem Rittersitz; Burgflecken; → Altstadt um 1200; Neustadt nach 1250 angelegt (1285 civis genannt, 1297 oppidum); 1647–1848 Residenz der Fürsten von Reuß.

Pfarre und Pfarrer von Slowicz werden 1232 genannt, der Ort 1273 Slowiz, 1284 und 1291 Slewicz, Slewizc, 1297 Slouwicz. Slowicz und Slewicz wechseln dann weiter miteinander; 1516 heißt es schließlich Sleutz und bald darauf Schlaitz, Schlei(t)z. Der gerundete Diphthong *eu, öu* wurde mundartlich *ei, ai* gesprochen und drang auch in der amtlichen Namenform durch. Altsorb. *Slavici* bezeichnete die Siedlung bzw. Siedler des *Slava*.

Schlettau Kr. Annaberg, Bez. Karl-Marx-Stadt; im oberen Erzgebirge, im Quellgebiet der Zschopau, westl. der Kreisstadt. 3000 E. – Um 1200 als deutsches Bauerndorf angelegt an älterer Straße nach Böhmen, mit Rittersitz; Stadtgründung im 13. Jh. (1367 oppidum); Ende 15. Jh. Bergbauort (civitas); 1515 Bergstadt.

In tschechischen Urkunden steht 1351 und 1367 Sletyn, 1361 Slatyna, 1364/78 Schleteyn, was sowohl auf echter altsorbischer Grundlage als auch auf Slawisierung einer deutschen Bildung beruhen kann. Die weiteren Belege lauten: 1351 Slettin, 1379 zu der Slethin, 1406 und 1432 die Schlete, Slete, Ende 15. Jh. Sleten (Stadtsiegel), 1522 von der Schlette, 1548 Schlettaw. – Falls ein deutscher Name zugrunde liegt, wäre an mhd. *slate*, obd. *Schlatt, Schlett* 'Sumpf, Sumpfgras' oder an mundartl. rhein. *schlätt* 'Steingeröll im Bach' anzuknüpfen; falls es sich um einen altsorbischen Namen handelt, dann wohl um einen Personennamen: altsorb. *Zlětov* 'Ort des *Zlět*'.

Schleusingen Kr. und Bez. Suhl; am Südhang des Thüringer Waldes, über einer Talweitung der Schleuse auf einem Bergsporn, südl. der Bezirksstadt. 5700 E. – Althüringisches Dorf seit 11./12. Jh. (→ Unterstadt); Burg der Grafen von Henneberg 1223/32; Stadtanlage (Oberstadt) 1268 (civitas; 1307 oppidum cum foro); Schloß Bertholdsburg.

1232 und 1235 erfahren wir von dem Dorf (villa) Slusungen; die Schreibform des Namens bleibt weiterhin fast unverändert: 1262, 1268, 1288, 1293, 1307, 1317 Slusungen, 1287 de Slusungin. – Es bezeichnete die 'Leute an der *Schleuse* oder am *Wehr*': mhd. *sclūse* ist aus mlat. *sclūsa* 'Schleuse, Verschluß, Riegel' entlehnt; dieses zu indoeurop. **(s)klēu-/*(s)klū-* 'Riegel, Pflock', vgl. dt. *schließen*.

Schlieben Kr. Herzberg, Bez. Cottbus; im Niederungsgebiet der Kremitz, östl. der unteren Schwarzen Elster und der Kreisstadt. 2600 E. – Mittelpunkt eines altsorbischen Burgbezirks mit Burgwall bis Mitte 10. Jh.; danach deutsche Burg und Burgflecken; → Städtchen im 13. Jh. (1292 oppidum); Stadtrecht 1616.

Die Magdeburger Kirche erhielt 973 aus einigen ostelbischen Wohngauen, darunter Zliuuini, den Zehnten zugewiesen. 1181 ff. treten Ministerialen von Sch. auf: 1181 Gumpertus de Zliv[in]; 1228 de

Sliwne, 1238 de Zliwene, 1242 de Zliwin. 1269 wird in Zliwin geurkundet, 1292 die Stadt Slywen genannt. Sliwen bildet weiterhin die dominierende Schreibform (1298, 1362, 1377 u. a.). 1501 schreibt man erstmals Schlieben. Es handelt sich um einen altsorbischen Ortsnamen *Slivno* o. ä., zu *sliva* 'Pflaumenbaum', vielleicht aber auch zu *sliv* 'Zusammenfluß'.

Schlotheim Kr. Mühlhausen, Bez. Erfurt; im Nordwesten des Thüringer Beckens, an der Notter, östl. der Kreisstadt. 4900 E. – Altthüringisches Dorf; seit 9./10. Jh. mit Hof des fränkischen bzw. deutschen Königs; später Adelssitz (Burg); Planstadtanlage Anfang 13. Jh. (1277 civitas).

Im Erstglied des Namens dominieren anfangs die *e*-Formen: 876 Slethem, vor 900 Sletheim, 974 und 975 Sletheim. Von etwa 1150 an herrschen die *a*-Schreibungen vor: 1174 ff. Slatheim, 1253, 1271 Slatheym, ebenso 1350 und 1378. Erst 1754 fanden wir Schlottheim. – 'Die Wohnstatt im bzw. am *sumpfigen Ort*, wo Schilf wächst', zu mhd. mnd. *slāt, slatt* 'moorige Vertiefung; sumpfiger, mit Schilf bewachsener Ort'. Dazu auch *Schlottheim* bei Eggenfelden (Bayern): 1110 Slateheim, 1190 Slatheim; ferner *Schladebach* bei Markranstädt: 1196 Slatebach. Die anfänglichen *e*-Schreibungen dürften mundartlich bedingt sein (and. *ā* > *ē*).

Schmalkalden Kreisstadt, Bez. Suhl; am Südfuß des Thüringer Waldes, im Tal der Schmalkalde, nordwestl. der Bezirksstadt. 16 000 E. – Altthüringisches Dorf; seit 12. Jh. mit Burg Walraff (seit 1585 Schloß Wilhelmsburg); Burgflecken (Altmarkt); Ende 12. Jh. Stadt- bzw. Neumarktgründung (1227 civitas). Seit alters Eisenerzabbau und Kleineisenindustrie; heute Zentrum der Werkzeugindustrie; Ingenieurschule für Maschinenbau. Seit 1960 neue Wohnviertel.

Eine gefälschte Urkunde des Klosters Reinhardsbrunn bietet dennoch eine originale Form des Flußnamens zu 1039: flumen Smalachaldon; nach ihm ist der Ort entsprechend seiner Lage benannt: 874 villa Smalacalta, 1057 Smalekaldun. Seit dem 12. Jh. ist bereits die heutige Namenform erreicht: 1195 ff. (de) Smalkalden, Smalkaldin; noch 1519 Smalkalden. – Der 'Ort am *schmalen Kaltwasser*': germ. **Kalda*, der Oberlauf heißt noch heute *das Kalte Wasser*; dazu *die Kahl*, rechter Nebenfluß des Mains: 1288 Kalda; germ. *smala-*, ahd. altsächs. *smal* 'klein, gering, schlank, schmal', vgl. engl. *small* 'klein'.

Schmiedeberg, Bad Kr. Wittenberg, Bez. Halle; am Ostrand der Dübener Heide, südöstl. der Kreisstadt. 4900 E. – Deutsche Dorfgründung des späteren 12. Jh. in älterer sorbisch besiedelter Umgebung; → Städtchen im 13./14. Jh. (1350 civitas). Seit 1878 Eisenmoorbad.

In der Zeit der ersten Nachweise erscheint nur die Form Smedeberg (1206, 1328, 1350, 1380, 1449); 1503 dann Smydebergk. – 'Zur Schmiede an bzw. in den (Heide)bergen', zu mnd. *smēde, smedde* 'Schmiede(werkstatt)', mhd. *smitte.* Offenbar wurde hier in der Frühzeit Raseneisenerz verarbeitet. Vergleichbar sind *Schmiedeberg,* Kr. Angermünde (1319 Smedeberg), *Schmiedefeld* im Thüringer Wald u. a.

Schmölln Kreisstadt, Bez. Leipzig; am Südrand des alten Pleißengaus um Altenburg, südwestl. desselben am Sprottetal. 12900 E. – Bei altsorbischer Waldbauernsiedlung um 1040 Klostergründung der Benediktiner; um 1200 Burg- und Stadtanlage durch Reichsministerialen des Pleißenlandes an der Straße Altenburg – Gera (1331 hus und stat).

Bereits 1066 erscheint die Abtei, das Kloster (abbatia) Zmulna in einer Urkunde Heinrichs IV., auf deren Rückseite der Vermerk gemacht wurde: Traditio abbatie Zmellne (12. Jh.). 1138 wurde dieses Kloster von der Siedlung (locus) Zmolensis (latinisiert, sonst demnach Zmolen) nach Pforta bei Naumburg verlegt. Weitere Naumburger Urkunden (1140, 1168, 1170, 1171, 1205) schreiben in Zmŏlne, Smolne, Zmolnensis ecclesia; es folgen 1331 Smolne. 1350 Smolle[n], 1396 Smoln (Stadtsiegel), um 1550 Schmöllen. Die Umlautbezeichnung im 12. Jh. mit *e* für *ŏ* bildet eine Ausnahme, sie erfolgt sonst erst seit etwa 1500. – Die altsorbische Grundform des Ortsnamens ist *Smol'no* 'Ort, wo Pech gesotten, Harz gewonnen wird'.

Schneeberg Kr. Aue, Bez. Karl-Marx-Stadt; im oberen Westerzgebirge auf einem Bergrücken über dem Schlematal, dicht westl. der oberen Zwickauer Mulde und der Kreisstadt. 21800 E. – Um 1470 entstandene Bergstadt (Bergbausiedlung) am Schneeberg (1487 stetichen); 1939 das ursprünglich selbständige Städtchen Neustädtel – ebenfalls Bergstadt dicht südl. von Sch. auf älterer bäuerlich-dörflicher Grundlage seit Mitte des 15. Jh. – nach Sch. eingemeindet. Uranerzbergbau 1946–1958.

1446 wird der Snehberg mit Silberzechen genannt, 1453 nochmals Sneberg, 1471 gibt man die lateinische Übersetzung für den Namen: Mons nivis; 1487 stetichen auf dem Schneeberg, 1521 Schneberg. – Sch. ist also der 'Ort *am schneereichen, schneebedeckten Berg*'.
1454 beginnt auch die Überlieferung von *Neustädtel*: das Nuwestettel, 1464 (daz dorf) Nuwenstetlin, 1470 Nuwe stettichen, 1590 Naustatt, also 'zur neuen kleinen Wohnstatt'. Die *Nuwe-* und *Nau-*Form(en) zeigen die mitteldeutsche Lautung für hd. *neu* (geschrieben *newe*).

Schönberg Kr. Grevesmühlen, Bez. Rostock; im Nordwesten Mecklenburgs, südl. der Travemündung in die Ostsee, westl. der Kreisstadt. 5000 E. – Um 1200 angelegte Wasserburg und Burgflecken am Übergang der Straße Lübeck–Schwerin über die Maurine; Mittelpunkt des Landes Boitin; seit 1328 Residenz der Bischöfe von Ratzeburg; Städtchen seit Anfang des 16. Jh.; 1822 Stadt.
1219, 1235, 1256 werden in Sconenberge auf der Wasserburg der Bischöfe Urkunden ausgestellt; 1324 schrieb man Sconenberch, 1326 Schoneberch. Der Ort ist von Moränenhügeln umgeben, die das Motiv für die Namenwahl gaben: ein prunkender, lobender Name des Zeitalters der Ostsiedlung. Vgl. auch Schönebeck, Schöneck, Schönewalde.

Schönebeck Kreisstadt, Bez. Magdeburg; am Südrand des Mittelelbbogens, südl. der Bezirksstadt. 44 400 E. – Seit 1200 aus mehreren älteren dörflichen Siedlungen und Wüstungen zusammengewachsene Stadt an altem Elbübergang (Schönebeck, Salzelmen, Frohse, Schadeleben); Salzelmen und Frohse 1932 eingemeindet. – Schönebeck: alter Elbhafen und Salzhandelsplatz; Stadtanlage um 1200. – Frohse: frühmittelalterliches Dorf; seit 10. Jh. Burg mit Burgflecken; Burgward; 1230 Städtchen (oppidum). – Salzelmen: ursprünglich Dorf Elmen; 1291 Städtchen; 1831 Stadt; vor 1926 Groß-Salze, danach Bad Salzelmen. Verkehrsknotenpunkt (Elbhafen, Elbbrücke); Industrie- und Arbeiterwohnstadt. Chemische Grundstoffproduktion.
Schönebeck lautete 1194 Sconebeke, 1264 Schonebeck, 1352 Schonebecke. – Ein werbender, lobender Name; vgl. auch Schönberg, Schöneck, Schönewalde. *-beke* ist die niederdeutsche Form für hd. *-bach*.
Alte Formen für *Frohse* sind 961 und 1012, 1025 civitas Frasa; auch Thietmar von Merseburg verzeichnet 1012/18 die Burg (urbs) Frasa.

Von 973 an tritt daneben die *o*-Form: 973 Frosa, 1015/16 Frose, 1225, 1271 Vrose; 1238 wird die Saline (salina) Vrose genannt. – Wie bei den gleichnamigen Orten *Frose* nordwestl. von Aschersleben (936 Vraso, 950 Frasa) und dem ehemaligen *Frohse* in Magdeburg (später Alte Neustadt, 937 ff. Frosa) liegt wohl ein germ. **frōsa*/**frasa* 'Ort wo es sprüht, zischt, sprudelt, spritzt' zugrunde, das mit der Salzgewinnung in Zusammenhang stehen dürfte.

Salzelmen/*Großsalze* hieß 1124 Elmen, 1221 in Elmene, 1230 Helmene (mit anorganischem *h*-), 1399 Ilmene, 1309 up dem Salte, 1334 in salina Elmene, 1376 Salina (lat.), 1368 Magna Salina (lat.); 1352 Groczen Salcze, 1926 Salzelmen. – Der ältere Name *Elmena*, ein Bachname, der mit einem -*n*-Suffix gebildet ist, enthält ahd. *ëlm(boum), ilm(e)*, mnd. angelsächs. *elm* 'Ulme'. – Up dem Salte 'auf dem Salze, bei der Saline' kam auf, nachdem (1170 bezeugt) südl. des Dorfes Elmen die *Solquelle* genutzt wurde; um 1220 wurde nördl. von Elmen eine weitere erschlossen, um die sich Groß*salze* entwickelte.

Schöneck Kr. Klingenthal, Bez. Karl-Marx-Stadt; im oberen östl. Vogtland auf waldreicher Hochfläche, an der Quelle der Zwickauer Mulde, nordwestl. der Kreisstadt. 3600 E. – Deutscher Rittersitz; Burg mit Burgflecken, um 1200 angelegt; 1370 Stadtrechte; 1590 Marktflecken. Erholungsort, Wintersportplatz.

Ein prunkender, lobender Burgname des hohen Mittelalters: 1225 Herren de Schoenegge, 1274 de Schoneg, Schônenekke; 1327 castrum Schoneneck, 1384 Schoneke, 1438 zu Schonneck, 1579 czu Schöneck. – Der Name bezeichnet 'die Burg (und Stadt) *an der schönen Ecke, Kante*', zu mhd. *ecke, egge* 'Ecke, Kante, Spitze'. Vgl. auch Schönberg, Schönebeck, Schönewalde.

Schönewalde Kr. Herzberg, Bez. Cottbus; im Niederungsgebiet zwischen Niederem Fläming und Schwarzer Elster, nördl. der Kreisstadt. 1300 E. – Deutsches Bauerndorf vom Ende des 12. Jh.; → Städtchen im späten Mittelalter (1510 Städtchen oder Marktflecken).

Der 1208/09 bezeugte Magdeburger Stiftsgeistliche Wernherus de Sconenwalde könnte von hier stammen. 1346, 1380 ist Schonewalde, 1424 Schonenwalde, 1514 Schönwald bezeugt. Sch. ist ein werbender, lobender Name: '*zur schönen Waldsiedlung*'. Das Stadtwappen spielt mit einem grünen Baum auf den Namen an. Vgl. auch Schönberg, Schönebeck, Schöneck.

Schraplau Kr. Querfurt, Bez. Halle; im fruchtbaren Ackerbaugebiet der Querfurter Platte, an der Weida, nordöstl. der Kreisstadt. 2100 E. – Altthüringische Dorfsiedlung; seit dem 9. Jh. mit fränkischer Reichsburg bzw. Grafenburg; seit 12. Jh. Burgflecken; → Städtchen (Ende 15. Jh. Schulze und Schöffen).

Das bekannte Hersfelder Zehntverzeichnis (Kopie Ende des 11. Jh.) erwähnt Scrabanloch (um 830/50) und die Burg Scrabenlebaburg (zu Ende des 9. Jh.); letztere wird in einer Urkunde Ottos II. 979 Scroppenleuaburch geschrieben. Nur diese Burgbezeichnungen haben *-leben* (analog eingedeutet) an Stelle des echten *-lō* 'Wald, Niederwald, Holz, Gebüsch, bewachsene Lichtung', mhd. *lō(ch)*, das in allen anderen Belegen erhalten blieb: zu 1030 Scropponlo, 1130 ff. Herren de Scroppenlo; dann 1196 ff. de Srapelo, Scrappelo; seit 1276 Scrapelow(e), 1336 Scraplow(e), 1350 Schraplaw, 1470 Schrapla. – Es liegt wohl ein ursprünglicher Waldname zugrunde: der Wald, in dem gerissen, geschabt, gekratzt wurde (Baumrinde; Harzgewinnung?), zu mnd. *schrap(p)en* 'reißen, ritzen, kratzen, scharren, schaben'; evtl. auch ein '*Habichtswald*', zum Vogelnamen *Scrab, Screb* 'Sperber, Habicht, Bussard'.

Schwaan Kr. Bützow, Bez. Schwerin; in der Niederung der unteren Warnow, südl. von Rostock. 6100 E. – In slawischer Zeit Mittelpunkt einer Kleinlandschaft am Warnowübergang mit Feudalburg (1170) der Fürsten von Werle; Burgflecken nach 1200; → Städtchen (1276 oppidum).

Wie die Belege zeigen, ist der heutige Name erst eine Eindeutung des Vogelnamens *Schwan*: 1232 in Syuuan, 1269 ff. Sywan, 1275 Zywan, 1294 terra Sywan; dann aber 1279 Suan, 1290 Swan, 1389 Zwan. Auch in das Wappen wurde der *Schwan* aufgenommen. – Der Name geht auf einen altpolabischen Personennamen *Živan* zurück, der mit dem possessivischen Suffix *-j-* erweitert wurde, somit *Živań*. Vgl. auch Schwanebeck.

Schwanebeck Kr. Halberstadt, Bez. Magdeburg; in der westl. Magdeburger Börde, östl. des Huy, nordöstl. der Kreisstadt. 3200 E. – Dorf des frühen Mittelalters; seit 12. Jh. mit Feudalherrensitz (Burg); Burgflecken; → Städtchen im 13./15. Jh.

Ende 10. Jh. Suanebeke, 1123 ff. Herren de Swan(e, en)beke, Suan(e, en)beke, -biki, -bike; noch 1244 in

Suanebeke, 1351 to Swanbeke usw. – Sch. ist der 'Ort *am Schwanenbach*', zu altsächs. mnd. *swan* 'Schwan'. Vgl. auch Schwaan.

Schwarzenberg Kreisstadt, Bez. Karl-Marx-Stadt; im oberen Westerzgebirge, auf einem Hang zum Schwarzwassertal, südwestl. der Bezirksstadt. 16 400 E. – Um 1160 Burg und Burgsiedlung mit kleiner Rodungsherrschaft; Stadtgründung um 1300; „Städtchen" bis zum 19. Jh. (1450 stetlin); Entwicklung der „Neustadt" seit 1900. 1946–1958 Uranerzbergbau. Mit bekanntem Waschmaschinenwerk (Monsator).
Die Zuweisung der 1212 genannten Burg (castrum) Suarcenberc in einer Urkunde Friedrichs II. für den Böhmenkönig Ottokar zu unserem Ort ist umstritten, manche suchen es in Franken. Gesichert sind jedoch 1262 Suarcenberg, 1282 Swartzenbergk, 1319 Swarzinberc, 1382 und 1410 Swarczenberg. – Möglicherweise ursprünglich nur der Burgname. Die Farbbezeichnung *schwarz*, mhd. *swarz* 'dunkelfarben, schwarz, schmutzfarben', bezieht sich auf den dunklen Erzgebirgswald und ist auch im Namen des Baches enthalten, an dem Sch. liegt: die Scurnica 'Schwarzwaser' wird in der Zwickauer Urkunde von 1118 erwähnt.

Schwarzheide/Čorny Hózd Kr. Senftenberg, Bez. Cottbus; in der südl. Niederlausitz, im Heidegebiet an der kanalisierten Schwarzen Elster, südwestl. der Kreisstadt. 9600 E. – Bis Anfang der 20er Jahre unseres Jahrhunderts kleines sorbisches Heidedorf; infolge der Entwicklung des Lauchhammerwerkes und des Senftenberger Braunkohlenbergbaus rasche Erweiterung zum Arbeiterwohnort; seit 1967 Stadt; bis 1936 amtlich Zschornegosda.
1449 hieß es Cschörnegast, 1465 Czornegast, 1474 zu Czornegosde; *-gast* wurde eingedeutet. – Der heutige Name ist eine Übersetzung aus dem Sorbischen: altsorb. *čorny* 'schwarz' und *gozd* 'Heidewald'.

Schwedt Kreisstadt und Stadtkreis, Bez. Frankfurt; am Westrand der Oderniederung, in der östl. Uckermark. 50700 E. – Im 11./12. Jh. slawische (pommersche) Burg mit Burgsiedlung an altem Oderübergang und an der Odertalrandstraße nach Stettin (heute Szczecin); Stadtgründung durch die Markgrafen von Brandenburg nach 1250 (1265 civitas); Residenz der-

selben seit 1689 (Schloß Monplaisir). Seit 1959 VEB Petrolchemisches Kombinat (Erdölverarbeitungswerk); Industrie- und Arbeiterwohnstadt.
Von 1265 an ist Sch. oft bezeugt: 1265 Sczwet, Suuet, 1271 Zweth, 1284 und 1302 Zwet, 1288 Sweth; 1295 wird Zswet, 1299 Zwett (stagnum 'Teich, See') und Zweth geschrieben; noch im 16. Jh. Swedth, erst im 17. Jh. Schwedt. – Zu slaw. *svět* 'Licht'; dieses Wort taucht in der slawischen Namengebung öfter auf, ohne daß der Anlaß zur Benennung klar ist. Vielleicht bezeichnet es die *Lichtung* im Gegensatz zum Wald.

Schweinitz Kr. Jessen, Bez. Cottbus; am Nordufer der unteren Schwarzen Elster, in ihrer Niederung, östl. der Kreisstadt. 1500 E. – Im frühen Mittelalter Zentrum einer altsorbisch besiedelten Siedlungskammer entlang der Schwarzen Elster („Schweinitzer Ländchen"); seit 12. Jh. Burg und Burgflecken der Grafen von Brehna; → Städtchen um 1300 (1350 civitas).
Überliefert wird Sch. 1121 (spätere Kopie) als Swinze, 1194 ebenso in der urkundlichen Bestätigung für die ältere Verleihung; 1182 in Swinize, 1212/21 in Swiniz. 1462 heißt es Sweinitz, 1508 Schweinitz. – Sch. ist vermutlich ursprünglich der ältere Name des heutigen „Schweinitzer Fließes", an dessen Mündung in die Schwarze Elster Sch. liegt oder auch der Name des umliegenden Waldes *Svinica*, zu *sviňa*, also 'Wildschweinbach oder -wald'.

Schwerin Bezirks- und Kreisstadt, Stadtkreis; im nordwestl. Mecklenburg, an der Südwestecke des großen Schweriner Sees. 113 000 E. – Alter Zentralort des Obodritenstammes mit Burgwallinsel im Schweriner See bis etwa 1160 (Fürstensitz); um 1160 Stadtgründung durch den Sachsenherzog Heinrich den Löwen; Einsetzung eines Grafen von Schwerin (1163); seit 1171 Bistumssitz; mehrfache Stadterweiterung; seit Ende 15. Jh. Residenz des Großherzogtums Mecklenburg-Schwerin (bis 1918); Hauptstadt des Landes Mecklenburg 1945–1952, seitdem Bezirksstadt. Verkehrs-, Industrie-, Agrar- und Kulturzentrum.
Die älteste Erwähnung bietet Thietmar von Merseburg (1012/18) zu 1018 mit Zuarina; sehr oft nennt es um 1163/70 Helmold von Bosau in seiner Slawenchronik: Zuerin, Zwerin, Swerin (zu 1160 ff.). Die Pöhlder Annalen haben zu 1160 nochmals Zuarin (ensis) und die Ste-

derburger zu 1174 Zvarin. Seit 1160 heißt es dann jedoch stets Zverin, Zwerin, Suuerin, noch im 15. Jh. Swerin, seit dem 16. Jh. Schwerin. – Dem Namen liegt altpolab. *zvěř* 'wildes Tier' oder besser *zvěrin* 'Wildgehege, Tiergarten, auch Pferdegestüt' zugrunde, dazu das polnische Appellativum *zwierzyniec* in dieser Bedeutung.

Sebnitz Kreisstadt, Bez. Dresden; am Ostrand des Elbsandsteingebirges, an der oberen Sebnitz, an der Staatsgrenze zur ČSSR, östl. von Pirna an der Elbe. 12800 E. – Deutsches Waldbauerndorf vom Ende des 12. Jh.; planmäßige Stadtanlage um 1250 (1451 stetlin). Seit 1952 Kreisstadt. Bekannt durch seine Kunstblumenherstellung (seit 1854).
S. liegt am gleichnamigen Bach und wird seinen Namen von diesem übernommen haben: 1213 Zabeniza, 1223/41 Sabniza, Sebniza (Bach). 1291 wohnt ein Bauer Jacobus Sebenicz in Cölln bei Meißen, 1364 ein Bürger Hanns Zebnicz in Bautzen. Die Stadt taucht 1423 als Sebnicz erstmals auf, 1430 als zu der Sebenicz, 1541 Sebenitz. – Zugrunde liegt altsorb. *Žabnica* 'Froschbach', von *žaba* 'Frosch'.

Seehausen (Altmark) Kr. Osterburg, Bez. Magdeburg; in der nordöstl. Altmark, am Rande der Wische (Elbniederung), an der Aland, nördl. der Kreisstadt. 5500 E. – Altsächsisches Dorf an alter Fernstraßenkreuzung; seit 11. Jh. mit Burg und Burgsiedlung (Altstadt); nach 1170 Anlage der Neustadt (1196 oppidum) durch den Markgrafen von Brandenburg.
Die Schreibung des Namens bleibt seit Überlieferungsbeginn fast gleich: Sehusen (1174, 1196, 1253 usw.); lediglich 1225 begegnet Sehuzen, Zehusen, 1256 und 1443 Seehusen. Die späten *-hausen*-Formen entstammen der hochdeutschen Amtssprache. – Im ehemaligen Überschwemmungsgebiet der Wische bildeten sich sehr oft Tümpel und Seen, denen der Ort seinen Namen verdanken wird: altsächs. *sēo*, mnd. *sē* 'Landsee, Sumpfland'. Vgl. Seehausen (Börde).

Seehausen (Börde) Kr. Wanzleben, Bez. Magdeburg; inmitten der Magdeburger Börde, westl. der Bezirksstadt. 2700 E. – Altsächsisches Dorf, wohl mit Königshof im 10./11. Jh., dann Grafensitz und Gerichtsort (1144); Ende 12. Jh. → Marktflecken.
Die Überlieferung von S. lautet: 966, 1012, 1052, 1110, 1144, 1247 u. a. Sehusen, vereinzelt fehlt das

namenschließende *-n*: 1148 in Sehuse. – Der namengebende *See* lag westl. der Stadt, er ist später verlandet. Vgl. auch Seehausen (Altmark).

Seelow Kreisstadt, Bez. Frankfurt; auf dem westl. Höhenrand über dem Oderbruch, östl. von Berlin und nordwestl. der Bezirksstadt. 4700 E. – Älterslawische Höhenrandsiedlung bis Ende des 12. Jh.; seitdem deutscher Marktflecken; Etappenstation an der Straße Berlin–Küstrin (heute Kostrzyn) (1278 oppidum); Städtchen seit Anfang 14. Jh.; Kreisstadt 1952. Ort entscheidender Kampfhandlungen am Ende des zweiten Weltkrieges in der Schlacht um Berlin („Seelower Höhen").
S. schreibt man 1252 Zelou, 1278ff. Selowe und Seelow (z. B. 1308). Die späte Form Seelow deutet eine Anlehnung an dt. *See* an. Vergleichen läßt sich *Selau* bei Weißenfels (1169 Selowe). – Es liegt ein slawischer Ortsname *Želov* 'Ort des *Žel*' zugrunde.

Seifhennersdorf Kr. Zittau, Bez. Dresden; in der südöstl. Oberlausitz, an der Mandau, westl. der Kreisstadt, Grenzübergang zur ČSSR. 7800 E. – Deutsches Bauerndorf des 13. Jh. Seit 19. Jh. stark industrialisiert (Textilindustrie); Stadt seit 1974.
Das zusätzliche differenzierende Bestimmungswort erhielt S. wegen *Seifen*betriebes ('Erzwäsche') im späteren Mittelalter, und weil es weitere Hennersdorf in nächster Nähe gab, z. B. Dürrhennersdorf und Großhennersdorf. Latinisiert hieß es 1352 Henrici villa (apud Romberch = Rumburg in Böhmen, jenseits der Staatsgrenze), ebenso nochmals 1404; 1358 dann Heinrichstorf, 1447 Heynerstorff am Seyffe, 1584 Niederhennersdorf sammt den Seiffen, 1777 Hennersdorf in Seifen, 1836 Seifhennersdorf. – S. ist das 'Dorf des *Heinrich* bei den Erzseifen', zu mhd. *sīfe* 'Erzwäsche'. Vgl. auch den Kurort Seiffen im Erzgebirge.

Senftenberg/Zły Komorow Kreisstadt, Bez. Cottbus; in der südl. Niederlausitz, am rechten Ufer der Schwarzen Elster, Zentrum des niederlausitzischen Braunkohlenreviers. 30800 E. – Deutsche Burg des ausgehenden 12. Jh. in sorbischem Umland; planmäßige Stadtanlage 1260/70 (1279 civitas). Kreisstadt seit 1952.
S. schreibt man 1279 Sennftenberc, 1290 Senftenberc, 1301 Semften-

berch, 1410 zum Senfftenbergk. – Eine Lagebezeichnung wurde hier zum Stadtnamen: 'der Ort zum langsam, allmählich ansteigenden Berg', zu mnd. *senfte* (Adjektiv), *sanfte* (Adverb) 'sanft, sacht, mild'. Der sorbische Name gehört zu *komor, komar* 'Mücke' und bedeutet '*Bösen Commerau*' im Gegensatz zu *Commerau* bei Klix, Kr. Bautzen (1719 Dobry Komorow '*Guten K.*').

Seyda Kr. Jessen, Bez. Cottbus; nördl. der Mündung der Schwarzen Elster in die Elbe und der Kreisstadt, östl. von Wittenberg, in den südl. Ausläufern des Flämings. 1400 E. – Deutsche Burg des späten 12. Jh. bei dörflicher Siedlung; Burgflecken; → Städtchen (1501 Amtsstädtchen).

Auf der Burg Sydow sitzen 1235 die Schenken von Landsberg: 1270 de Sydowe; 1385 wiederum Sydow, 1506 Sydaw und Seydaw, 1574 schließlich Seyda. Es kann sowohl der Personenname *Žid* (daher *Židov* 'Ort des *Žid*') vorliegen, als auch das Wort *žid-*, das ein Gewässer bezeichnen konnte.

Siebenlehn Kr. Freiberg, Bez. Karl-Marx-Stadt; im mittelsächsischen Bergland, am Südhang zur Freiberger Mulde, nördl. der Kreisstadt, östl. des Zellwaldes an der Autobahn Dresden – Karl-Marx-Stadt. 2300 E. – Planmäßig um 1370 angelegtes Bergbaustädtchen (1449 stetelin). Heute Arbeiterwohnstadt.

'Zu den sieben Lehen' erscheint erstmals 1346 als Sybenlehen, dann 1348 Sybenleyn, 1388 Sybenlehn, 1449 Sebenlehen, 1451 zcu Siebinlehn. – Mhd. *lēhen* 'geliehener Besitz', im bäuerlichen Bereich auch 'Erbgut' (mitteldeutsch); bei S. handelt es sich um *Bergbau-Lehen.* Die Zahl *sieben* entspricht hier den tatsächlichen Verhältnissen, sie ist nicht – wie sonst oft – symbolisch gemeint; mhd. *siben*, md. auch *seben*, zeigt im Neuhochdeutschen Dehnung von *i* > *ie* (*ī*).

Sömmerda Kreisstadt, Bez. Erfurt; im Thüringer Becken, rechts der mittleren Unstrut, nördl. der Bezirksstadt. 21700 E. – Altthüringisches Siedelzentrum an alter Unstrutfurt; seit 11. Jh. mit Rittersitz (Burg); → Burgflecken (Oberstadt); Erweiterung durch die Unterstadt im 14. Jh.; 1459 Marktflecken; 16. Jh. Städtchen (1523 oppidum); Stadtrecht 1591. Heute mit bekanntem Büromaschinenwerk.

Kloster Fulda erhielt 876 in zwei Orten Sumiridi (item Sumiridi) älteren Besitz bestätigt, der aus einer Schenkung um 860 (Zusammenstellung 1155/65 Sumerde) stammte. In einem ähnlichen Güterverzeichnis von nach 918 heißt es ebenso Sumerde, 1191/97 Sumirde; 1268 wird Maior (Groß-) Somerde unterschieden von 1277 und 1318 bezeugtem Minor (Klein-) Somerde, die 1378 als Sômerde und Wenigin Sömerde verzeichnet werden. Die Kanzleischriftendung *-a* setzt sich erst im Laufe des 16. Jh. durch. – Ahd. *sumar*, mhd. *sumer* 'Sommer' wurde mit dem Suffix *-idi* verknüpft und bezeichnete den 'Ort *in der sommerlichen, warmen, fruchtbaren Gegend*'. Daß ein Landstrichname ursprünglich vorlag, bestätigen die nur wenige Kilometer westl. von S. gelegenen Orte *Gangloffsömmern, Lützen-, Mittel-, Haus-* und *Hornsömmern* (alt *Sumeringe*).

Sondershausen Kreisstadt, Bez. Erfurt; im Norden des Thüringer Beckens zwischen Hainleite und Windleite, an der (thüringischen) Wipper, nördl. der Bezirksstadt. 23 000 E. – Altthüringisches Dorf; im 8./9. Jh. mit fränkischer Zusiedlung und Grafenburg (Reichsgutkomplex); Burgflecken zur Stadt erweitert im 13. Jh. (1304 oppidum); im 14. Jh. Neustadtanlage; 1571–1918 Residenz der Grafen bzw. Fürsten von Schwarzburg-Sondershausen. Kaliwerk seit 1892.
1125 werden zwei Mainzer Ministerialen de Sundershusen genannt, 1144 Sůndershusun und 1174, 1175 Sundreshusun in älteren Schreibformen. Die *Sunders*husen-Belege setzen sich fort bis ins 18. Jh., erst 1753 Sondershausen. – Das Erstglied des Namens enthält entweder altsächs. *sundar* 'Sondereigentum' oder das Adjektiv '*gesondert*, abseits liegend' oder auch einen bereits verkürzten zweigliedrigen Personennamen mit diesem Erstglied, etwa *Sundarhari, Sundarolt, Sundarrät.*

Sonneberg Kreisstadt, Bez. Suhl; am Südhang des Thüringer Schiefergebirges, an der Steinach und Röden, nahe der Staatsgrenze zur BRD, südöstl. der Bezirksstadt. 28 500 E. – Ursprünglich im 12. Jh. Dorf Röthen im Röthental, an der Straße Coburg–Saalfeld; mit Herrenburg Sonneberg; Stadtgründung im 13. Jh. (1317 stetelyn); Stadtrecht 1349. Seit etwa 1850 Zentrum der Spielwarenindustrie (Spielzeugmuseum).
Röthen: 1225 wird der Pfarrer Gerlach de Roten genannt, 1260 ein Hermann de Roten und Roten 'under Sunber[g]', Sunnenberch. Seit 1291 werden beide Namen abwechselnd gebraucht: 1317 daz stetelyn zu Rôten und daz hus [Burg] zu Sunnenberg; 1350 in Rôten infra

(unter) castrum Sunnenberg. Seit 1381 verdrängte der Burgname '*zum sonnenbeschienenen Berg*' den ursprünglichen Siedlungsnamen, der seinerseits auf einem entsprechenden Bachnamen beruhte: *die Röte(n)*, zum Farbwort *rot*, ahd. mhd. *rōt*, daneben mhd. *rœten* 'rot werden', dazu auch das Substantiv *Rötel* 'roter Eisenkalk'. Vgl. auch Sonnewalde.

Sonnewalde/Grožišćo Kr. Finsterwalde, Bez. Cottbus; in der wasser- und waldreichen südl. Niederlausitz, nördl. der Kleinen Elster und der Kreisstadt. 1300 E. – Mittelpunkt einer schwach besiedelten altsorbischen Siedlungsinsel; Burgwall; seit etwa 1200 mit deutscher Herrenburg; Burgflecken; → Städtchen (1362 oppidum).
S. lautet 1255ff. öfter Sunnenwalde (1281, 1288, 1301, 1309, 1328, 1350 usw.); die erste *o*-Form verzeichnen wir 1436 czu Sonnewalde. – Ein lobender, euphorisierender Name: 'der Ort *im sonnenreichen Waldgebiet*', zu mhd. mnd. *sunne* 'Sonne'; die mitteldeutsche Form *sonne* ersetzte erst im 15. Jh. die ältere mittelniederdeutsche, wohl eine Gegenbezeichnung zu Finsterwalde (vgl. dort). Vgl. auch Sonneberg. Die historische niedersorbische Namenform bezeichnet die Burgstätte, vgl. dazu *Garz, Groitzsch* usw.

Spremberg s. Neusalza-Spremberg

Spremberg/Grodk Kreisstadt, Bez. Cottbus; in der waldreichen Niederlausitz, an der mittleren Spree, südl. der Bezirksstadt. 22300 E. – Vermutlich bereits im 10.–12. Jh. altsorbischer Burgbezirksmittelpunkt an altem Spreeübergang, um 1200 mit deutscher Burg; planmäßige Stadtanlage nach 1250 (1301 oppidum et castrum). Seit 1815 Kreisstadt; seit ausgehendem 19. Jh. Zentrum des niederlausitzischen Braunkohlenbergbaus (Kombinat Schwarze Pumpe; Kraftwerk Trattendorf).
S. als '(Hang)siedlung am Ufer der *Spree*' schreibt sich 1268 ff. (de) Sprewinberg, 1293 und 1301 Sprewenberch, 1297 de Sprewenberge, 1336 Sprewenberg; 1318, 1347 und 1353 Spremberg. – Der Flußname der *Spree*, um 1000 Sprewa, dürfte eine germanische (evtl. auch alteuropäische) Bildung darstellen: germ. **sprēwjan* 'sprühen, stieben, spritzen', indoeurop. **spreu-*. Vgl. auch Neusalza-Spremberg. – Der sorbische Name ist eine Verkleinerungsform: niedersorb. *grod* + *k*, zu *grod* 'Burg, Stadt', vgl. dazu *Garz, Greiz* usw.

Stadtilm Kr. Arnstadt, Bez. Erfurt; am Nordrand des Thüringer Waldes, im Tal der oberen Ilm, südöstl. der Kreisstadt. 5600 E. – Altthüringisches Dorf; um 1200 Stadtgründung durch die Grafen von Käfernburg (bei Arnstadt) an der Straße Arnstadt–Rudolstadt (Ilmübergang) (1199/1233 oppidum).

Neben *Stadtilm* gibt es noch ein *Dorfilm* bei Leutenberg, das ursprünglich die gleichen Namenformen wie St. bietet und nicht ganz leicht von diesem zu trennen ist, da die Zusätze *Dorf-* bzw. *Stadt-* erst seit dem ausgehenden 15. Jh. üblich wurden. Eine Fälschung des Klosters Reinhardsbrunn (um 1150) nennt zu 1114 Ilmine für St.; 1199/1233 und 1234, 1274 heißt es Ilmene; 1370, 1383, 1396 Ilmen, 1441 Stadilmen. – Der Name ist vom alteuropäischen Flußnamen der *Ilm* abgeleitet (1186 Ilmina). Vgl. auch Ilmenau.

Stadtlengsfeld Kr. Bad Salzungen, Bez. Suhl; in der nördl. Rhön, im Tal der Felda, westl. der Kreisstadt. 2700 E. – Frühmittelalterliches thüringisches Dorf; im 12./13. Jh. mit Ministerialenburg des Klosters Hersfeld; Stadtanlage im 13. Jh. (1306 stat).

Bereits vor 786 hatte Kloster Hersfeld in Lengesfeld in Thuringia (Schreibung um 1150) Besitz erworben. In Lengisfelt, Lengesvelt waren 1155ff. Hersfelder Ministerialen ansässig, die jedoch nicht ganz sicher von denen von *Schenklengsfeld* südöstl. von Hersfeld (BRD) zu trennen sind. 1186 und 1235 schreibt sich der Ortsname Lengisfelt, 1222 (de) Langhesuelt. – Das *s* in der Kompositionsfuge bereitet Schwierigkeiten: wohl zu mhd. *langes, lenges* 'der Länge nach, entlang'. Da St. an der Felda liegt, könnte das Zweitglied hier auch den Bachnamen ('Ort längs der Felda') und nicht unmittelbar das Gattungswort *-feld* meinen. *Die Felda* entspringt mit einem Quellbach auffälligerweise bei *Kaltenlengsfeld* östl. von Kaltennordheim, 15 km südl. von Stadtlengsfeld. Das sekundäre *Stadt-* wurde erst in jüngster Zeit zur Unterscheidung von den anderen genannten Lengsfeld angefügt.

Stadtroda Kreisstadt, Bez. Gera; östl. der mittleren Saale, südöstl. von Jena, im Tal der Roda, an der Autobahn Dresden–Eisenach. 5300 E. – Deutsches Dorf vom Ende des 12. Jh., wohl mit Rittersitz. Nach 1200 Klostergründung (Zisterziensernonnen) durch die Herren von Lobdeburg und Marktanlage; bald darauf Erweiterung durch die Oberstadt (1251 cives

genannt); Neustadt (Unterstadt) seit dem Spätmittelalter entstanden. Arbeiterwohnstadt für Jena, Land- und Forstwirtschaftsbetriebe.
1224 tritt der Probst des Klosters (de Roda) hervor, das selbst 1247 als monasterium Rode bezeugt ist. Letztere Form gilt weiterhin auch fast unverändert bis ins 20. Jh. für die Stadt, abgesehen von einzelnen latinisierten oder veramtlichten Rod*a*. Erst 1925 wurde *Stadt*roda amtlich, nachdem man sich durch Attribuierung mit *stat, stad* seit dem 14. Jh. geholfen hatte, um es von vielen anderen *Rode-* bzw. *Roda-*Orten zu unterscheiden: 1333 stad zcu Rode, 1370 Rode dy stat usw. – Ob zuerst der Ort oder der Bach *Rode/Roda* genannt wurde, ist kaum zu entscheiden; jedenfalls mhd. md. *rōd(e)* 'die Rodung'.

Stadt Wehlen Kr. Pirna, Bez. Dresden; im Elbsandsteingebirge, am rechten Elbufer, östl. der Kreisstadt. 1900 E. – Ursprünglich altsorbische Fischer- und Schiffersiedlung; Ende 12. Jh. Anlage eines deutschen Dorfes im Anschluß an diese Siedlung (Dorf Wehlen) und Errichtung einer Herrenburg; Ausbau zum Burgflecken und Städtchen seit 13. Jh. (1346, 1445 oppidum). Heute Erholungsort.
Der Ortsname lautet *Stadt Wehlen* zur Unterscheidung vom selbständig gebliebenen *Dorf Wehlen* westl. derselben. Um 1250 beginnt die Belegreihe mit Theodoricus (Dietrich) de Vylin; 1269 folgt die Burg (castrum) Wylin, 1271 Wilin, Wylin; seit dem 14. Jh. meist Welin, Welyn (1372, 1379, 1390, 1445), 1451 Welen, 1510 Welenn, 1543 nochmals Wilenn. Als „Ablenkung" bzw. Angleichung an Ortsnamen *Behlen/Böhlen* haben wenige Belege unbegründete *b*-Schreibung: 1485 Belen, 1494 Bilen, 1501 Bellen. – Möglicherweise handelt es sich um einen mythologischen Namen, altsorb. *Vilin*, zu *vila* 'Zauberin', allerdings ist das Wort nur in den süd- und ostslawischen Sprachen bekannt. Ansonsten muß ein possessivischer Ortsname *Velin* 'Ort des *Vel(a)*' angenommen werden; vergleichbar sind Ortsnamen wie *Vehlin*, Kr. Kyritz.

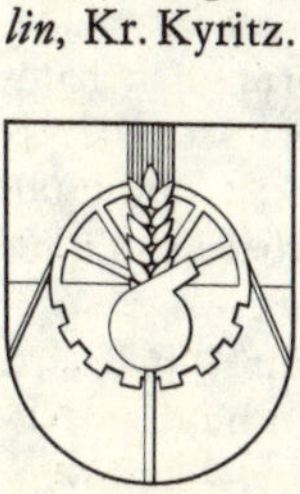

Staßfurt Kreisstadt, Bez. Magdeburg; im Süden der Magdeburger Börde, beiderseits der unteren Bode, südl. der Bezirksstadt. 26 200 E. – Frühmittelalterliche Siedlung an altem Bodeübergang; Salzgewinnungsort (Solbrunnen); vermutlich mit bereits fränkischem Königshof; seit 11./12. Jh. Burg und Burgflekken (vor 1035 Markt); → Stadt im 13. Jh. (1265 cives; 1276 oppidum); im 19./20. Jh. durch Kalisalzbergbau stark ange-

wachsen (Stadtteil Leopoldshall, 1946 eingemeindet); Kreisstadt seit 1952. Heute mit bekanntem Fernsehgerätewerk und mit Chemiebetrieben.
Nach den fränkischen Reichsannalen weilte 805 Karl der Große hier in Starasfurt; 970 kamen die Salzquellen in Stasfurdi an Kloster Dankmarsfeld. 983 und 1024 schrieb man Stesfordi. Seit 1035 lauten die Formen Stasvurde, -vorde, -forde, -vorte, phorde, 1477 Stasfurt. Merkwürdigerweise begegnet erst 1505 nochmals eine *rs*-Form, Starsfort, in einem Wittenberger Register, das aber wohl als Eindeutung aufgefaßt werden muß. – Da auch die *e*-Formen zu beachten sind und *Furt*bezeichnungen oft Tiernamen enthalten, könnte an ahd. *stero*, mnd. (ostfäl.) *stēr(e)* 'Widder, Schafbock' gedacht werden, mundartl. auch *star*. Allerdings paßt dessen schwache *n*-Deklination nicht zu dem belegten *s*. Oder sollte man es eher zu mnd. *star(e)*, anord. *stari*, angelsächs. *stǣr* 'Star (Sturnus vulgaris)' stellen?

Stavenhagen, Reuterstadt Kr. Malchin, Bez. Neubrandenburg; am Nordrand der Mecklenburgischen Seenplatte, südöstl. der Kreisstadt, nordwestl. der Bezirksstadt. 9200 E. – Bei deutscher Ritterburg in slawischer Umgebung um 1250 angelegte Stadt (1282 civitas). Heute Zentrum der Land- und Nahrungsgüterwirtschaft. Geburtsort von Fritz Reuter (1810); Ehrenbeiname Reuterstadt seit 1949.
St. ist benannt nach den Grundherren, den Rittern von Stove: 1252 Reimbertus miles de Stoue(n), Stouenhagen; 1260 de Stowenhachen, 1261, 1282 Stouenhagen; noch 1353 im Stadtsiegel Stovenhage(n). – *Stove* ist im Mittelniederdeutschen 'heizbarer Raum', bedeutungsgleich mit *Kemenate*; vielleicht ein Herkunftsname von *Stove* bei Harburg/Hannover.

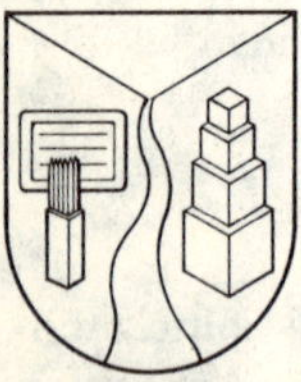

Steinach Kr. Sonneberg, Bez. Suhl; im Süden des Thüringer Schiefergebirges, im Tal der Steinach, nördl. der Kreisstadt. 7300 E. – Ursprünglich frühneuzeitliche Hammerwerkssiedlungen (seit etwa 1400); → Industriedorf und Marktflecken um 1800; Stadt seit 1920. Glas- und Plastverarbeitungsindustrie, Erholungsort und Wintersportplatz.
Frühbelegt ist nur der Bachname: 1162 flumen Steinaha. 1464 wird ein Schürfprivileg an der Steynach erteilt, 1555 ist die heutige Namenform aufgezeichnet. – St. ist der 'Ort *an der Steinach*, dem Steinbach', eine Ableitung mit ahd. *-aha*, mhd. *-ach* 'Bach'.

Steinbach-Hallenberg Kr. Schmalkalden, Bez. Suhl; am Südhang des Thüringer Waldes, südöstl. der Kreisstadt. 5900 E. – Steinbach: Dorf des hohen Mittelalters; mit der ehemaligen Burg (und dem Amt) Hallenberg allmählich zusammengewachsen; 1669 Marktflecken; 1936 Stadt. Werkzeug- und Metallwarenindustrie, Erholungsort.

Steinbach heißt seit 1308 Steinbach. – Die Ritter von *Hallenberg* sind seit 1228 de Haldenberg, Haltinberc genannt, die Burg selbst ebenso 1245 und 1268 (castrum Haldenberc). 1391 als Haldenburg, 1575 Hallenburg bezeugt; 1616 heißt es Hauß Hallenbergk. – Letzteres ist gebildet mit ahd. *halda*, mhd. *halde* 'Bergabhang'; ursprünglich ein echter Burgname.

Stendal Kreisstadt, Bez. Magdeburg; in der östl. Altmark, an altem Verkehrsknotenpunkt und an Übergang über die Uchte. 41 700 E. – Dörfliche altsächsische Siedlung des frühen Mittelalters; Anlage eines Fernhandelsmarktes und Stadtrechtsverleihung durch die Markgrafen von Brandenburg um 1160 (1196 civitas); Zusammenwachsen zur Gesamtstadt seit 1208 (1215 oppidum). Geburtsort J. J. Winckelmanns (1717).

Eine Fälschung des Michaelsklosters Hildesheim (11. Jh.) nennt zu 1022 Steinedal; die Marktgründungsurkunde (undatiert, um 1160) das Dorf (villa) Stendale. Diese Schreibung hält sich durch die Jahrhunderte neben Stendal (1215, 1243, 1258); 1336 heißt es nochmals Steindal. – St. ist der Ort am bzw. im steinigen Tal, zu altsächs. *stēn* 'Stein', altsächs. *dal* 'Tal'.

Sternberg Kreisstadt, Bez. Schwerin; im Westteil der Mecklenburgischen Seenplatte, nordöstl. der Bezirksstadt, am Sternberger See. 5300 E. – Stadtgründung an der Straße Schwerin – Rostock um 1240/50 durch den Fürsten von Mecklenburg-Parchim (1266 oppidum) mit Burg, später Residenzschloß. Kreisstadt seit 1952.

Die überlieferten Formen lauten: 1256 Sterneberg, 1265 Sterneberghe, 1266 Sternenberge, 1322 to Sterneberghe, 1409 Sterneberch, 1438 tom Sterneberg usw. – Wie das älteste Stadtsiegel ebenfalls zeigt (mit halbem Stern) ein symbolisierender Name: der *Stern* sollte der Gründung Glück verheißen. Mnd. *sterne* 'Stern'; ursprünglich wohl ein Burgname.

Stolberg (Harz) Kr. Sangerhausen, Bez. Halle; im Südharz, im Tal der Thyra, nordöstl. von Nordhausen. 2100 E. – Um 1200 von den Grafen von Honstein errichtete Feudalburg mit Burgflecken; → Städtchen im 13. Jh. Geburtsort Thomas Müntzers (um 1490). Luftkurort.

Die Honsteiner Grafen nannten ihre neue Burg und sich selbst seit 1210 (de) Stalberg, Stahelberch, Stal(e)berc usw. Die *o*-Formen sind nicht vor dem 16. Jh. belegt, als wohl bergmännisches *Stollen*, mhd. *stolle*, 'in den Berg getriebener waagerechter Gang' eingedeutet wurde. – Es liegt mhd. *stahel, stāl*, mnd. *stāl* 'Stahl; stählern, standfest' zugrunde, ein typischer hochmittelalterlicher Burgname. Vgl. auch Stollberg (Erzgebirge).

Stollberg (Erzgebirge) Kreisstadt, Bez. Karl-Marx-Stadt; am Nordrand des mittleren Erzgebirges, am Gablenzbach, südwestl. der Bezirksstadt. 13200 E. – Nach 1170 angelegtes deutsches Bauerndorf mit Ritterburg (späterer Name: Hoheneck) an alter böhmischer Straße; → Marktflecken; planmäßig zur Stadt ausgebaut nach 1300 (1343 civitas). Seit 1910 Kreisstadt. Straßenverkehrsknotenpunkt; Betriebe für Elektrotechnik und Elektronik, Maschinenbau, Metallwaren.

St. ist zunächst Burgname mit ansässiger Ritterfamilie: 1244 de Staleburc, 1267 ff. de Stalburch, 1294 de Stahelburch, 1299 castrum Stalburch. Noch 1437 stetchen zcu Stalburgk, 1478 ff. aber Stalberg, 1495 Stolbergk. – Zur Namenerklärung vgl. Stolberg (Harz).

Stolpen Kr. Sebnitz, Bez. Dresden; auf einem hohen Basaltkegel zwischen Elbsandsteingebirge und Lausitzer Gebirge, östl. der Bezirksstadt, an und über dem Tal der Wesenitz. 2200 E. – Im 12. Jh. zur böhmischen Oberlausitz gehörige Burg mit Burgflecken Jockrim (Altstadt); → Städtchen im 13. Jh.; Neustadt Stolpen nach 1300 angelegt; 13.–16. Jh. Residenz der Bischöfe von Meißen; seit 1559 kursächsische Festung.

1222 sitzt ein Ritter Moyko de Stulpen auf der markanten Felsenburg, die 1227 Stolp, 1233, 1316 usw. Stolpen genannt wird; noch 1378: uff sime huze zcum Stulpin. 1252 schrieb man Ztolp; 1462 nochmals Stulpen, 1478 Stolppen. – Dem Namen liegt altsorb. *stolp* 'Pfosten, Mauer', auch 'Vorrichtung im Fluß zum Fischfang' zugrunde, die Grundform ist *Stolpno*.

Das seltene und merkwürdige *Jochgrim* (so um 1276 und 1378, 1388 Jokrim, 1405 Jockerim; 1297 ein Dresdener Bürger: Bertoldus de Jochgrimme) ist wohl aus dem Rheingebiet hierher übertragen, und zwar von *Jockgrim* südl. von Germersheim, nordwestl. von Karlsruhe, das im Eckenlied des frühen 13. Jh. als Jochgrim erwähnt wird und offenbar einen *-heim*-Ortsnamen darstellt.

Storkow Kr. Beeskow, Bez. Frankfurt; im Niederungs- und Seengebiet zwischen unterer Spree und Dahme, am Nordende des Storkower Sees, südl. der Autobahn Frankfurt (Oder) – Berlin. 5000 E. – In zuvor slawisch besiedelter Kleinlandschaft deutsche Burg Ende 12. Jh. mit slawischer Burgsiedlung; → Städtchen im 13./14. Jh. (1450 Stadt).

Burg und Stadt St. heißen 1209 Sturkowe, Storkow; 1311 in Storkowe, 1347 Storko(w), 1346 Storckaw. – Offenbar ein 'Ort in der Storchenaue', zu mnd. *stork* 'Storch', mit Angleichung des Zweitgliedes an das landestypische *-ō(w)* oder direkt an *Beeskow*. Auch *Stork* als Personenname ist bezeugt, dazu Groß- und Klein*storkwitz* bei Pegau, Kr. Borna (12. Jh. Storckewitz, 1205 Storkuicz), doch bei dt. *-ouwe, -ō* nicht wahrscheinlich. Mnd. *stork* wurde schon früh ins Altsorbische entlehnt, so daß die Endung altsorb. *-ov* wiedergeben kann.

Stößen Kr. Hohenmölsen, Bez. Halle; am Nordrand der ostthüringischen Hügellandschaft, südl. von Weißenfels, an rechtem Wethauzufluß (Nautschke). 1300 E. – Bedeutender spätgermanischer Fundort (Gräberfeld) des 6. Jh.; danach altsorbische Siedlung; seit 10. Jh. mit deutscher Feudalherrenburg und Burgsiedlung; → Städtchen im 13. Jh. (1285 oppidum).

1281 und 1285, 1287 schreibt sich der Ortsname Stosene, um 1300 Stosen, ebenso 1350, 1378; 1458 Stoßen, 1532 Stosenn, 1575 Stoessen. – Der Name geht wahrscheinlich zurück auf altsorb. *Stošin* 'Ort des *Stoš*'.

Stralsund Kreisstadt und Stadtkreis, Bez. Rostock; am Westufer des Strelasunds, gegenüber der Insel Rügen, nordöstl. der Bezirksstadt. 73200 E. – Altslawische Siedlung an der engsten Übergangsstelle zur Insel Rügen (heute Rügendamm); Stadtgründung um 1200 durch den Fürsten von Rügen (1234 civitas nostra); Erweiterung durch die Neustadt um 1250; See-

handelszentrum, Hafenstadt (Hansestadt). Heute mit Volkswerft, Fischkombinat u.a.
St. hieß zuerst 1234 Stralowe, wurde dann jedoch mit mnd. *sund* 'Meerenge, Durchgang' kombiniert: 1240, 1246 Stralesund, 1248 in Stralsunde, 1258, 1295 Stralessund, 1525 Stralsundt. Daneben bis zum 16.Jh. auch nur Sund: 1317 (lat.) de Sundis, tome Sunde, 1525 vam Sunde. – Offensichtlich wurden die altpolabische und die deutsche Bezeichnung *Strela* + *Sund* miteinander zu einer Mischbildung verknüpft. *Stralow* gibt offenbar die Grundform *Stŕalov* wieder, zu *strěla* 'Flußarm, Ort an einer Landzunge', verstärkt durch das bedeutungsähnliche dt. *Sund*, das mit '*schwinden*' verknüpft wird. Vgl. auch Strehla.

Strasburg Kreisstadt, Bez. Neubrandenburg; in der nördl. Uckermark, in der hügeligen Moränenlandschaft südl. des Friedländer Bruches, westl. von Pasewalk. 8700 E. – Deutsche Burganlage vor 1250 in slawischer Umgebung und Rodungsgebiet; an der Straße Neubrandenburg – Stettin (heute Szczecin); um 1250 planmäßige Stadtgründung (1302 civitas) durch die Markgrafen von Brandenburg. Zentrum agrarischer Produktion mit Lebensmittel- und Baustoffindustrie.
Die Schreibungen lauten: 1277 Straceburch, 1302 Strassborch, 1323 Strateborch, 1335 tu Strazburg, 1395 stat czu Straßeburg usw. – St. ist die 'Straßenburg', zu mhd. *strâȝe*, mnd. *strâte* 'Straße'. Vergleichbar ist *Straßburg* im Elsaß, heute franz. *Strasbourg*.

Strausberg Kreisstadt, Bez. Frankfurt; am Südrand der Märkischen Schweiz, östl. von Berlin. 22 200 E. – Nach 1200 markgräflich-brandenburgischer befestigter Hof (curia); im Anschluß an diesen 1245–1254 Stadtanlage; 1254/56 Stiftung des Dominikanerklosters (markgräfliches Hauskloster); 1268 civitas. Arbeiterwohnstadt für Berlin.
Die erste urkundliche Nennung Sturzberch datiert von 1240; ihr folgt 1247 Struceberch im Namen des Stadtvogtes, eine andere Nennung, Strutzberch, wird zwischen 1231 und 1258 angesetzt. In der Magdeburger Bischofschronik wird Struzbergh schon zu 1240 angeführt, doch ist diese Form erst etwas später niedergeschrieben. Die weiteren Schreibungen sind: 1254 Struzeberch, 1259 Struceberc, 1268 Strucesberge, 1299 Struzberg, 1327 Strusperg; 1578 Strausberg usw. – Dt. *Strauß*, mnd. *strût*, 'Büschel, Aufwölbung' ist offenbar in den Na-

men erst eingedeutet worden, da vor 1284 (etwa 1273) der *Straussee* (aqua Struz) im Zusammenhang mit dem Ort genannt wird. Dieser wird nach seiner Form benannt worden sein: altsorb. oder altpolab. **Struč-*, zu **struk-* 'Schote, Hülse', da auch andere altsorbische Namenformen im Raum westl. von St. nachgewiesen wurden. Der Vogel *Strauß* ist unberechtigterweise – auch für das Stadtwappen – herangezogen worden.

Strehla Kr. Riesa, Bez. Dresden; am linken Hochufer der mittleren Elbe, nordwestl. der Kreisstadt. 5000 E. – Altsorbischer Burgwall am Elbübergang einer alten West-Ost-Fernstraße; seit Mitte des 10. Jh. deutsche Reichsburg mit Burgflecken; Burgwardmittelpunkt; → Stadt Ende des 12. Jh.; Burggrafensitz (1210 civitas). Elbhafen.
Thietmar von Merseburg (1012/18) erwähnt zu 1002 ff. mehrfach die Burg (urbs, civitas) Strela, Striela. 1065 schenkt Heinrich IV. dem Bistum Naumburg den Burgward Stråle. Danach sind ab 1166 Burggrafen von St. genannt: 1166 de Ztrele, 1183 de Strele, vor 1190 de Strale. Die Stadt schreibt man 1210 Ztrele, 1224 Strele, so etwa bis 1350. Ohne Endvokal folgen 1397 Strel, 1459 Strehel, 1485 Strehl, dann 1501 wieder (mundartlich) Strehle. Das kanzleischriftmäßige *-a* setzt sich seit dem 16. Jh. durch. – Sicher gehört der Name zu altsorb. *strěla* für einen Flußarm, eine Flußenge (?) (der Elbe), eigentlich 'Pfeil' (vgl. das Wappen); vielleicht metaphorisch für den blinkenden beweglichen Fluß. Vgl. auch Stralsund.

Suhl Bezirks- und Kreisstadt, Stadtkreis seit 1967, im Südwesten der DDR, in einem Talkessel am Südwestrand des mittleren Thüringer Waldes, an der Hasel/Lauter. 40 900 E. – Altthüringische Dorfsiedlung vom 10.–14. Jh. an alter Paßstraße über den Thüringer Wald; 1445 Flecken; 1527 Stadt; Eisenerzabbau und -verarbeitung seit dem 13. Jh.; seit 16. Jh. Waffenherstellung (Waffenmuseum). Von etwa 1850 an zusätzlich Fahrzeug- und Werkzeugmaschinenbau, Feinmechanik; starkes Wachstum seit 1952 (Erhebung zur Bezirksstadt).
S. ist erst relativ spät bezeugt; die thüringische Landgrafenchronik nennt Sula zu 1248, die später verfaßte Chronik des St. Petersklosters Erfurt Sule sogar schon zu 1238. Urkundlich heißt es erst 1318 by Sula, auch 1445 Sula, 1437 Sull, 1527 Suhla. – Zweifellos ist *Sula* ein ursprünglicher Bachname, dazu *die Suhl*, Nebenbach zur Werra süd-

westl. von Eisenach (1016 Sulaha fluvius) mit den Orten *Mark-, Wünschen-* und *Kupfersuhl*. Ahd. *sol, sul* bedeutet 'Schlammloch, Wälzlager des Wildes, Suhle'.

Sulza, Bad Kr. Apolda, Bez. Erfurt; im Osten des Thüringer Beckens, an der unteren Ilm kurz vor ihrer Mündung in die Saale, nordöstl. der Kreisstadt. 3600 E. – Altthüringische Siedlung bei Solquellen; im 11. Jh. Burg und Burgward; Burgflecken (Chorherrenstift 1063; Marktrecht 1064); → Stadt um 1250 (1267 cives genannt); Dorfsulza erst 1906 eingemeindet. Seit 1847 Solbad. Kur- und Erholungsort; Landmaschinenbau, Strick- und Wirkwarenproduktion.

In einer groben Fälschung des 18. Jh. auf 1029 verleiht Konrad II. einem Ritter von S. den Ort Sulcia salaria (Salz-Sulza) und diesem das Stadtrecht. Echt dagegen sind Königsurkunden von 1046, 1063 und 1064, in denen der Ort bzw. Burgward Svlza erwähnt wird und Marktrecht erhält (1064). Die Gosecker Klosterchronik erwähnt dann Sulze zu 1125 (geschrieben um 1150). Später schreibt man noch Sulza (1155), Sulcz(e) (1350) und Sulcza (1378), 1353 oppidum Sulcz. – Ahd. *sulza*, mhd. *sulz(e)* bedeutet 'Salzwasser, Sole' und steht im Ablaut zu *Salz*; demnach ist S. der 'Ort *an der Salzquelle*'. Vgl. auch Bad Sülze.

Sülze, Bad Kr. Ribnitz-Damgarten, Bez. Rostock; in der Recknitzniederung, südöstl. der Kreisstadt, östl. der Bezirksstadt. 2700 E. – Anfang 13. Jh. Salzgewinnungsort; um 1250 Erhebung zum Städtchen durch die Fürsten von Rostock (1286 civitas).

1243 erhielt Kloster Doberan das Recht zum Salzsieden in der Saline (salina) in Sulta, 1252 werden die Salzquellen bei (iuxta) Sulten genannt. 1262 wird in Sulta eine Urkunde ausgestellt. Das Rostocker Stadtbuch hat schon zu 1260 und 1261 die Saline (salina) in Sulta verzeichnet. 1287 heißt es Sulte, 1301 Sulten. – S. ist der 'Ort *an der Salzquelle*'; mnd. *sülte* 'Salzwasser, Sole', wurde in späterer Zeit verhochdeutscht (*t* > z). Vgl. auch Bad Sulza.

Tambach-Dietharz Kr. Gotha, Bez. Erfurt; im mittleren Thüringer Wald, im Tambacher Becken, an der Apfelstedt, südwestl. der Kreisstadt. 5700 E. – Um 1200 vom Kloster Georgenthal aus angelegte Dörfer Tambach und Dietharz; Tambach: → Marktflecken seit 16. Jh.; 1919 Vereinigung beider Orte und Erhebung zur Stadt. Erholungsort.

Zwei Reinhardsbrunner Fälschungen des 12. Jh. nennen zu 1039 Dambahc und zu 1044 Tambach als den Bach, der dem späteren Siedlungsnamen zugrunde liegt. Das Dorf (villa) Thanbach ist dann 1214 und 1251 als Tambach bezeugt; des weiteren bleibt es dann bei dieser Form. – *Dietharz* wird 1246 als Ditharz zuerst bezeugt, dann 1265 als Dithardis, 1333 als Ditharts. – T. ist der 'Ort *am Tannenbach*' (vgl. auch Tanna, Tannroda), D. ist der 'Ort des *Diethart*'. Letzteres ist ein sog. elliptischer (oder genitivischer) Name mit Auslassung eines ergänzenden Ortsnamenzweitglieds. Vergleichbar ist noch *Thambach* südwestl. von Coburg (BRD): 874 Tanbah.

Tangerhütte Kreisstadt, Bez. Magdeburg; in der südöstl. Altmark, am Tanger, nördl. der Bezirksstadt. 7300 E. – 1842 wurde beim mittelalterlichen Dorf Väthen ein Eisenhüttenwerk errichtet; 1922–1928 noch Väthen-Tangerhütte, seit 1928 nur noch T. genannt; Stadt seit 1935; Kreisstadt 1952.

T. ist eine ganz junge Bezeichnung: '*die Eisenhütte am Tanger*'. Vgl. auch Tangermünde. – Das ältere *Väthen* ist 1233 als in Vethene, 1296, 1375 Veten, 1488 to Vethen, 1637 Väthen überliefert. – Evtl. liegt ein altpolabischer possessivischer Name *Větin* 'Ort des *Věta*' zugrunde.

Tangermünde Kr. Stendal, Bez. Magdeburg; an der Mündung des Tanger in die Elbe, südöstl. der Kreisstadt. 12 500 E. – Frühmittelalterliche, evtl. noch spätgermanische Siedlung an alter Elbfurt; Anfang 9. Jh. wohl karolingische Reichsburg; im 10.–12. Jh. Burgwardmittelpunkt (Gau Belxem); Burgmarkt; → Burgflecken (1136 Zollstätte); Stadtgründung um 1200 durch die Markgrafen von Brandenburg (1275 civitas); Neustadt seit 15. Jh. Ehemalige Hansestadt. Verkehrsknotenpunkt (Elbbrücke, Elbhafen); Schiffsreparaturwerft. Altstadt, Denkmal der Backsteingotik, Stadtbefestigung fast vollständig erhalten.

Der 'Ort an der *Tangermündung*': Den Bachnamen überliefert Thietmar von Merseburg zusammen mit dem Ort zu 1009: civitas Tongeremuthi (mit altniederdeutschem *n*-Ausfall vor Reibelaut *th*) und Tongera. Bei der Elbzollverleihung durch König Lothar 1136 hat der Schreiber das anlautende *t*- als Präposition *t'* (*to*) aufgefaßt und Angermunde geschrieben. 1151 heißt es dann Taggeremunde (*gg* = Schreibung für *ng*), um 1160 (urbs) Tanghermunde, 1188 Tangeremunde usw. Die Pegauer Annalen (geschrieben um 1150) nennen die Burg (urbs) Tangermunde bereits zu 1039. – Beim Bachnamen *Tanger* ist von mnd. *tanger* 'bissig, kräftig, frisch' auszugehen, mit Verdunklung des *a* in Thietmars Dialekt zu *o*. Wegen der Bedeutung ist auch zu vergleichen angelsächs. *getang* 'nahe berührend, eng anliegend', altnord. **tangjan* 'verbinden', dazu auch hd. *Zange*. Vielleicht auch eine Ablautstufe zu indoeurop. **dn̥ĝhū-* 'lecken', dazu hd. *Zunge* und mnd. *tange* 'Sandrücken zwischen zwei Sümpfen'. Vgl. auch Angermünde, Tangermünde.

Tanna Kr. Schleiz, Bez. Gera; im östl. Thüringer Schiefergebirge bzw. westl. Vogtland, südl. der Kreisstadt, an der Wettera. 2100 E. – Um 1200 entstandenes deutsches Rodungsdorf; → Städtchen im 15. Jh. (1494 Stadtrecht). Heute mit Textil- und Bekleidungsindustriebetrieben.

1232 eröffnet der Pfarrer in Tanna die Reihe der Nachweise für den Ort; 1279 und 1296 ist die Kirche in Thanna erwähnt, 1240 Tan, 1280 das Dorf (villa) Tanne. 1344 ist die Rede von Objekten by der Tannen gelegin, 1349 czu der Thanne. – Ursprünglich ist T. der 'Ort *im Tann, im Tannenwald*', zu mhd. *tan(n)* 'Wald' (Maskulinum). Da der Baum *Tanne* und oft auch Ortsbezeichnungen davon Feminina sind (mhd. *tanne* 'die Tanne, die Fichte'), ist dieses Genus auf den Ortsnamen übergegangen. Vgl. auch Tambach-Dietharz, Tannroda.

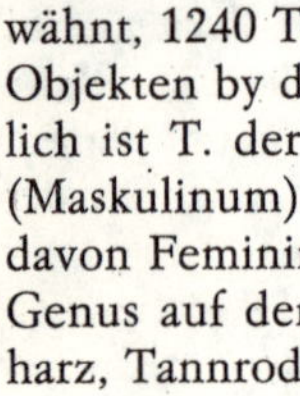

Tannroda Kr. Weimar, Bez. Erfurt; im Hügelland der waldreichen Landschaft an der mittleren Ilm, südl. der Kreisstadt. 1600 E. – Rodungssiedlung mit Herrensitz des 12. Jh.; → Burgflecken; Städtchen im 13./14. Jh. (1403 stat). Ferien- und Erholungsort, Holz- und Papierverarbeitungsfabriken.

Von 1100 bis etwa 1200 ist nur Rode für den Ort bezeugt (1103/16, 1174, 1203); seit 1194 Thannenrode, 1257 Tannenrot, 1266, 1295 de Tannenrode, 1363 Tannrode, 1460 Thannrode. Auslautendes kanzleigemäßes *-a* ist seit etwa 1550 zu verzeichnen. – Der

Name bezeichnet *'die Rodung'*, dann differenzierend *'die Rodung im Tann* bzw. *in den Tannen'*. Vgl. auch Tambach-Dietharz, Tanna; zu *Roda* auch Stadtroda.

Taucha Kr. und Bez. Leipzig; nordöstl. der Bezirksstadt, an der Parthe. 14 200 E. – Frühe altsorbische Siedlung mit Burgwall (Winneberg) am Parthenübergang; seit Mitte 10. Jh. deutsche Burg und Burgward; Erweiterung des Burgfleckens nach 1174 zur Stadt durch den Erzbischof von Magdeburg (1220 oppidum et castrum). Heute Wohngemeinde für Leipzig. Bekannt durch sein Kombinat Industrielle Mast.

Um T. geht es mehrfach bei Thietmar von Merseburg (1012/18): zu 979 Cothug, zu 981 Cotug, zu 1015 Cotuh. Eine Urkunde Heinrichs II. zu 1004 hat Chut bzw. C[o]tuh (Abschrift des 11. Jh.). Die einsilbige Form Tuch dominiert dann seit 1174 bis etwa 1450. 1484 erscheint dann Tauch, 1541 Tauche, 1551 Taucha. – Da im Niederdeutschen *g* nach Vokal oder zwischen Vokalen als Reibelaut gesprochen wird (z. B. *Tag*, wie *Dāch*), sind die *g*-Formen Thietmars als *ch*-Formen aufzufassen. Wegen der Betonung auf dem zweiten Glied fiel das anlautende *ko-*, das im Sorbischen auch als Präposition aufgefaßt werden konnte, aus. Am ehesten geht der Ortsname, falls nicht eine noch ältere indoeuropäische Grundlage vorhanden war, auf altsorb. *kotuch* 'Stallung', entsprechend poln. *kotuch* 'Brutkäfig, Gefängnis', im Russischen 'kleiner Stall' zurück und gibt einen Hinweis auf Viehzucht.

Teichel Kr. Rudolstadt, Bez. Gera; am Südhang der Ilm-Saale-Platte, dicht nördl. der Kreisstadt. 570 E. – Altthüringische Siedlung; im 12.–14. Jh. Burgbezirksmittelpunkt; Burg der Grafen von Schwarzburg; → Flecken; Städtchen im 14. Jh. (1417 stat). Kleinste Stadt der DDR. Arbeiterwohnort des Chemiefaserkombinats Schwarza.

Kloster Fulda erhielt um 1076 Güter in Tucheldi. Nach einer großen zeitlichen Lücke wird erst 1417 Tuchelde die stat wieder erwähnt, dann nochmals um 1450 Tuchilde. Danach fiel die Endung *-de* ab und es steht 1484 Tuchil, 1506 Tuchel, 1535 Teuchell. Letzteres wurde – wohl unter Eindeutung von *Teich(el)* – zu T*ei*chel entrundet (mundartlich). – T. ist der 'Ort, wo es Rinnen oder Rinnsale gibt', zu mhd. *tiuchel* 'Röhre, Rinne'. T. liegt an einem Nebenbach zur *Rinne*; eine Bildung mit ahd. *-idi*.

Teltow Kr. und Bez. Potsdam; Zentrum der gleichnamigen Landschaft am Südwestrand Berlins, am Teltowkanal (vor 1906 Teltowfließ), östl. der Bezirksstadt. 15 600 E. – Planmäßige Stadtgründung um 1230 an alter Fernstraßenkreuzung; wohl mit slawischer Vorbesiedlung; markgräflich-brandenburgisch (1265 civitas). Heute mit bekanntem elektrotechnischem Betrieb (VEB Reglerwerk).
Die Schreibung dieses Ortsnamens zeigt durch die Jahrhunderte hindurch keine wesentlichen Veränderungen; neben Teltowe (seit 1265, 1273, 1289 usw.) steht lediglich (seltener) Teltow (1299, 1311, 1375, 1450), das sich jedoch seit dem 15.Jh. durchsetzt. Der gleichlautende Landschaftsname begegnet zuerst um 1230 in der um 1280 verfaßten Markgrafenchronik. – Die Stadt ist nach der Landschaft benannt, diese nach dem Fluß *Telte*, dessen Name evtl. eine ältere germanische oder indoeuropäische Grundlage hat. Im Altpolabischen lautete der Name wohl *Tel'tov* 'Ort an der *Telte*'; jedenfalls nicht *Telętov*, zu *telę* 'Kalb'.

Templin Kreisstadt, Bez. Neubrandenburg; in der wald- und seenreichen südwestl. Uckermark, südl. der Bezirksstadt. 15 600 E. – Vor 1200 altslawische Fischersiedlung; bald nach 1250 Stadtgründung durch die Markgrafen von Brandenburg; an alter Süd-Nord-Straße nach dem Oderhaff (1308 stadt); Kreisstadt seit 1816. Bildungs-, Kultur- und Erholungszentrum; Nahrungsmittel-, Holz- und Bauindustrie.
Mit wenig Varianz in der Schreibung ist dieser Ortsname überliefert: 1270, 1308, 1314, 1317 Templyn; 1287, 1301, 1305, 1314, 1317 usw. Templin; nur 1304 Tempelin. – Die altpolabische Grundform läßt sich nicht mehr sicher angeben. Evtl. liegt altpolab. *Tąplin*, im Deutschen mit Umlaut von *a* > *e*, zugrunde; wohl zu *tępy* 'stumpf'. Der Name kann mit dem See, an dem T. liegt, zusammenhängen, aber auch mit einem Personennamen *Tąp-l-*.

Tennstedt, Bad Kr. Bad Langensalza, Bez. Erfurt; im westl. Thüringer Becken, in einem Bachgrund parallel zur mittleren Unstrut, nordöstl. der Kreisstadt. 3 100 E. – Altthüringisches Dorf; im 8.Jh. karolingisches Königsgut (Burgberg westl. der Stadt ehemaliger Königshof?); im 12.Jh. landgräflicher Ministerialensitz auf einer Wasserburg; mit Burgmarkt; nach

1200 → Marktflecken; Stadt (1275 civitas); Vorstadt Osthöfen (1419). Schwefelquelle seit 1811 genutzt.
Kloster Hersfeld erhält 775 von Karl dem Großen Einkünfte unter anderem aus dem Königsgut (fiscus) Dannistath, das im Güterverzeichnis des Klosters um 800 als Dennistede wiedererscheint. Danach erwirbt auch Kloster Gandersheim 877 im Dorf (villa) Tennisteti Rechte, die während des 10. und 11. Jh. öfter bestätigt werden: 947 Tennistedi, 956 in Tennisteti, 1074 in Tenestede usw. 932 wird der Hersfelder Besitz in Tennistat nochmals beurkundet. 1107 läßt Heinrich V. in Tennisteti eine Urkunde für den Havelberger Bischof ausstellen, 1350 lautet der Name in Tenstete, Tennestete. Ein Gandersheimer Zinsregister des 13. Jh. unterscheidet Magnum und Parvum Dennestede. – T. ist die 'Wohnstatt *beim Tannen-, Fichtenwald*', zu germ. **dannio-*, altsächs. *dennia*, ndl. *den* (indoeurop. **dhanuo-*) 'Tanne, Fichte, Nadelbaum', doch ist sachlich und sprachlich auch ahd. *tenni* 'Tenne', fläm. *den* 'Dreschplatz auf freiem Felde', mnd. *denne* 'Lagerstätte, Niederung, Waldtal', indoeurop. **dhen-* 'Fläche, flacher Boden, Bodensenke', nicht auszuschließen. Die wechselnde Anlautschreibung mit *d-* oder *t-* spiegelt den wechselnden Einfluß hochdeutscher und niederdeutscher Schreiber wider; das Zweitglied *-stedi, -steti* beruht auf einheimischer, ursprünglich mitteldeutsch-niederdeutscher Grundlage.

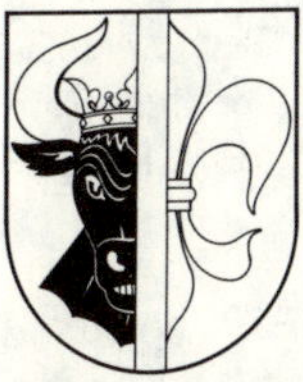

Tessin Kr. und Bez. Rostock; im nordmecklenburgischen Tiefland, am Ufer der Recknitz, südöstl. der Bezirksstadt. 4200 E. – Altmecklenburgische slawische Burg und Burgsiedlung; um 1200 eingedeutscht; → Burgflecken; Stadtrecht um 1300 (1343 oppidum). In der Namenüberlieferung begegnen nur die Formen Tessyn (1253, 1301, 1343) und Tessin (nach 1400). Sie weisen auf altpolab. *Těšin* 'Ort des *Těš* oder *Těša*', Personenname zum Stamm *těch-/těš-* 'Freude, Trost'.

Teterow Kreisstadt, Bez. Neubrandenburg; in der Mecklenburger Schweiz, am Nordrand der Mecklenburgischen Seenplatte und an der Südspitze des Teterower Sees, nordwestl. der Bezirksstadt. 11300 E. – Altslawische Siedlung mit Burgwall im Teterower See (1171 von den Dänen zerstört); Stadtgründung durch die mecklenburgischen Fürsten von Werle um 1200 (1272 oppidum). Landwirtschaftszentrum; Erholungsort.
Erstgenannt wird Thiterow 1272, 1288 wird nochmals in Thitterowe

geschrieben, daneben seit 1285 Teterowe, 1288 Theterowe, 1352 Tetrow, 1353 Thetherow. – Der Name geht auf altpolab. *tetrev'* 'Auerhahn u. a. Wildhühner' oder einen Personennamen zurück.

Teuchern Kr. Hohenmölsen, Bez. Halle; am Südwestrand der Leipziger Tieflandsbucht, in einer Talweitung des Rippachs, südwestl. der Kreisstadt. 5000 E. – Zentrum eines altsorbischen Siedelgaues mit Wallburg; seit Mitte 10. Jh. deutsche Burg mit Burgflecken (Königsgut); Ministerialensitz; seit Anfang 12. Jh. Zusiedlung deutscher Handwerker und Bauern; → Marktflecken (1135 Zolleinnahmestätte) (1317 oppidum). Die Ausstattungsurkunde Ottos II. für das Bistum Zeitz von 976 nennt erstmalig den Wohngau (pagus) Ducharin, eine weitere Urkunde Heinrichs II. von 1004 das Herrschaftsgebiet (territorium) Tucherin. Von ihm spricht zu 981 Thietmar von Merseburg in seiner Chronik (1012/18) als dem Gau (pagus) Tuchurini. 1040 und 1042 erscheint der Burgward Tuchorin, Thvchorin in zwei Urkunden Heinrichs III., 1068 Tucheri in einer Urkunde Heinrichs IV. Zu 1080 (geschrieben um 1150) erwähnen die Pegauer Annalen als Gegner Wiprechts von Groitzsch Bethericus de castello Tuchern und Tuchere. 1135 folgt Thuchrini, 1140 Tucherin (villa), 1168 ff. sehr oft die ansässige Ritterfamilie de Tucherin, Tucher(e)n, Tuchere, Duchere. Im 14. Jh. heißt es meist Tuchern, 1466 Teuchern, 1487 Tewchern. – Der altsorbische Name lautete wohl *Tuchorina* o. ä. und bezieht sich auf *tuchor* 'Sumpf', einer Bildung zu *tuchnuti* 'muffig werden, faulen'. Vom Gau ging der Name auf den Ort über.

Teupitz Kr. Königs Wusterhausen, Bez. Potsdam; im Heide- und Seengebiet von Dahme und Spree, südöstl. der Kreisstadt, an der Autobahn Dresden–Berliner Ring, am Teupitzer See. 2000 E. – Slawisches Fischerdorf mit Burgwall im Teupitzer See; seit 13. Jh. Herrensitz, niederlausitzische Kleinherrschaft; → Burgflecken; Städtchen (1449 stetlein).
Die Formen Tupcz, Tuptz (to dem Tuptz) treten 1307, 1353, 1357, 1375, 1413, 1449 auf, neben Tupicz, Tupitz 1350, 1375 und Tüptz 1350, 1367. Schließlich wird auch Tupczk (1347, 1353, 1499) geschrieben. Der Diphthong *eu* (aus *ṻ*) erscheint erstmals 1546 mit Teuptzig, dann 1624 Teupz, endlich 1775 in Teupitz. – Es liegt ein altsorbischer Personenname *Tupk* vor, der mit dem possessivischen Suffix *-j-* zum Ortsnamen *Tupč* erweitert wurde.

Thale Kr. Quedlinburg, Bez. Halle; am Austritt der Bode aus dem Harz, südwestl. der Kreisstadt. 16700 E. – Im 9. Jh. Klostersiedlung „Wendhausen"; bis ins 18. Jh. dörflich; Errichtung von Eisenhütten(werken) seit 16. Jh. und 1771 (Eisenerzabbau seit 1445); starke Industrialisierung seit etwa 1850; Stadt 1922. Erholungsort, bekannt durch Drahtseilbahn zum „Hexentanzplatz" und die „Roßtrappe".
Kloster *Wendhausen*: Zu 828 wird in den Schenkungen für Kloster Corvey an der Weser Uuinedahusun erwähnt; 840 Winithohus, 936 Winethahusun, zu 936 (später geschriebene Vita der Königin Mathilde) Winithehusen, 1046 in Winedhuson; 1544 heißt es: 'Winedhausen, welches man itzo nennet Thael' (Register des Stifts Gernrode). Im 16. Jh. wurde es aufgelöst und in zwei Rittergüter verwandelt. – *Thale*: 1231 Dal, 1298 villa Vallis (lat.), 1311 in dem Dale, Dale, 1340 Dahl, 1501 thom Dale, 1556 Thall. – Wendhausen bedeutet 'zu den Häusern der Wenden (Slawen)', zu and. *Wineda*, ahd. *Winida*, germ. **Winithōz*, alter Volksname der *Veneter*, von den Germanen auf die Slawen übertragen. – Thale ist die 'Siedlung *im Tal, zum Tale*', zu altsächs. *dal*, ahd. *tal* 'Tal, Einsenkung'. Vgl. auch Thalheim.

Thalheim Kr. Stollberg, Bez. Karl-Marx-Stadt; im Tal der Zwönitz, südl. der Bezirksstadt, östl. der Kreisstadt. 8500 E. – Deutsches Bauerndorf vom Ende des 12. Jh.; infolge Aufnahme der Strumpfwirkerei seit 1730 allmähliche Verstädterung; 1925 Stadt. Heute mit bekannter Strumpfwirkerei: VEB Kombinat ESDA.
Die Schreibungen lauten: 1447 Talheim, 1460 Tolheym, 1466 Talheym, 1540 Thalheim. – T. ist 'die *Wohnstatt, Heimstatt im Tal*'. Das *o* im Beleg von 1460 beruht auf mundartlicher Lautung. Vgl. auch Thale.

Thamsbrück Kr. Bad Langensalza, Bez. Erfurt; links der oberen Unstrut, dicht nördl. der Kreisstadt, im westl. Thüringer Becken. 1000 E. – Altthüringisches Dorf am Unstrutdurchgang bzw. an der Unstrutbrücke; im 12. Jh. landgräflicher Ministerialensitz auf der Burg; Stadtgründung um 1190; alter Gerichtsort (1206 civitas).
Kloster Fulda erhielt zwischen 780 und 802 Einkünfte in Tungesbrucgen (Kopie um 1160); 1174 ff. werden die ansässigen landgräfli-

chen Ministerialen de Tungeßbrucken, Thungisbrucken genannt, die Stadt dann 1206 Tungesbrucken, so auch 1318 und 1319 geschrieben; 1315 in Dungisbrukin, 1328 Tungisbrucke. Eine Um- und Eindeutung von *Thomas* (Personenname) tritt seit 1350 ans Licht; das Lehnbuch Friedrichs des Strengen verzeichnet neben altem Thungispruken und Tungesbrucke(n) auch Tumes-, Thomas-, Thomsbrucken; 1445 heißt es zu Thomesbrugken, 1526 zu Thommesbrugk, 1724 Thambsbrück. – Das Erstglied enthält wohl einen germanischen Personennamen *Dung, Tung*, der eine Vokalvariante zu ahd. *thing, ding* 'Volksversammlung, Gerichtsverhandlung' darstellt, dazu Namen wie *Thingolt* (*Thingwalt*), *Thingolf* u. a. und Ortsnamen wie *Dingsheim* im Elsaß: 1116 Dungenesheim, *Düngstrup*, Kr. Oldenburg: 1151 Thungestorp. Sollte bei Überlieferungsbeginn bereits eine Verkürzung des Erstgliedes vorliegen, wäre auch an den *Thunginus* 'Gerichtsvorsitzender' des fränkischen Rechts zu denken, der zur Wurzel germ. **þwëng-* 'zwingen, bannen', ahd. *dwingan*, älter *thwingan*, gehört. *T(h)oms-* und *T(h)ams-* sind Kurzformen für biblisches *Thomas*.

Tharandt Kr. Freital, Bez. Dresden; am Ostrand des Tharandter Waldes, südwestl. der Bezirksstadt, an der Wilden Weißeritz. 3300 E. – Um 1200 errichtete Burg auf Bergsporn über dem Weißeritztal; Name des Burgfleckens: Granaten; → Städtchen im 16. Jh. (1600 stedlein). Gründung der Forstlehranstalt Heinrich Cottas 1811; seit 1816 Forstakademie, jetzt Sektion der Technischen Universität Dresden. Erholungsort.

T. ist ursprünglich nur der Name der Burg: 1216, 1228 Tarant, 1242, 1250 apud (bei) Tarantum (lat.); 1216 ist auf ihr ein Boriwoi, 1242 ein Borwin de Tarant bezeugt. 1267 schrieb man in Tharante, 1344 zu dem Taranden, 1350 Tarant und Tarandum, 1476 under dem Tarandt. – *Granaten* heißt 1501, 1530 das Städtchen unter der Burg: 1528 Granath vnder dem Schloß Tharandt, angeblich nach den hier gefundenen Halbedelsteinen (Granaten). Wir halten jedoch das „Hineinhören" des Wortes *Granat* in den undurchsichtigen Namen *Tarant* für zumindest mitbeteiligt bei dieser Benennung. Der Burgname setzte sich dann für den gesamten Siedlungskomplex wieder durch. Er stellt eine metaphorische Bezeichnung mittels mhd. *tarant*, entlehnt aus altfranz. *tarente* 'Spitze, Stachel, Skorpion', auch 'Belagerungsgerät', dar, das der Rittersprache um 1150/1250 ganz geläufig gewesen sein muß; wohl zur Wurzel indoeurop. **ter-* '(durch)bohren', dazu griech. *toros* 'Meißel'. Vergleichbar ist *Tarantsburg, -berg*, heute *Dornsberg*, im Vintschgau (Südtirol).

Themar Kr. Hildburghausen, Bez. Suhl; im südl. Vorland des Thüringer Waldes, rechts der oberen Werra, nordwestl. der Kreisstadt. 3700 E. – Altthüringisches Dorf an alter Werrafurt; Hennebergischer Vogteisitz (Burg) seit 12./13. Jh.; Burgflecken; Städtchen im 13. Jh. (1303 cives genannt).

In Tagamari werden 776/796 Güter an Kloster Fulda und 799 in Dagamari an Kloster Milz verschenkt. Um 1206 wird ein Bauer (colonus) de Teymar erwähnt, 1276 der Stadtvogt (villicus) de Teimer. 1287 ff. lauten die Belege Teymer, Theymer, 1370 nochmals: stat czu Teymmar. Die heutige Form Themar ist vom 16. Jh. an überliefert. – In den mitteldeutschen Mundarten wird *g* zwischen Vokalen vokalisiert und es entsteht ein Diphthong *ai* oder *ei*, was auch unser Name bezeugt (vgl. *hagan* > *hagin* > *hain*). Da in diesem Gebiet Personennamen im Genitiv weitverbreitet sind (mit Aussparung eines Grundwortes, etwa bei *Dietharz* in Tambach-D.), darf man die ältesten *-mari*-Belege als lateinische Genitivendung interpretieren. Dies wird gesichert durch die Form 'in Tagamares' im Fuldaer Traditionskodex Eberhards um 1160. T. ist demnach der '*Ort des Tagamar*'. Dieser Personenname ist gebildet entweder von germ. **daga*- 'Tag, lichte Zeit' oder kelt. *dago*- 'gut', verbunden mit *-mār* 'berühmt'. Er war besonders im Altfränkischen und Altsächsischen beliebt, auch *Dagobert, Dagawulf* (> *Thakulf*), *Dagarēd* u.a. Keltische Benennung ist hier nicht auszuschließen, da im oberen Werraraum um das keltische Oppidum, die spätere *Steinsburg* bei Römhild, keltische Bevölkerung nachgewiesen ist.

Thum Kr. Zschopau, Bez. Karl-Marx-Stadt; im mittleren Erzgebirge, nördl. des Greifensteinmassivs, südwestl. der Kreisstadt, südl. der Bezirksstadt. 4000 E. – Deutsches Bauerndorf vom Ende des 12. Jh.; seit etwa 1300 Bergbau auf Zinnerz; im 14./15. Jh. → Bergstädtchen (1407 Markt, 1522 oppidulum). Im 19./20. Jh. stärker industrialisiert (Strumpfwirkerei).

Der Pfarrer de Thume eröffnet 1389 die Belegreihe für den Ort, der 1407 Thumb bzw. von dem Thume heißt, 1442 zcum Thum, 1492 zum Thume, 1501 zcum Dhume, 1522 Thum. – Da mit dem älteren Namen 'Niederdorf' für das spätbezeugte Thum zu rechnen ist ('Oberdorf' hieß ursprünglich der obere Ortsteil von Thum), könnte dieses erst von niedersächsischen (Harzer) Bergleuten als Ortsbezeichnung mitgebracht worden sein: and. *dōm*, mhd. *tuom* bedeutete neben 'Herrschaft, Besitz' auch 'Gerichtsstätte, -ort'. Dies legt vor allem auch der rote Turm des Stadtsiegels auf Bergbauurkunden als Symbol für die Gerichtsstätte nahe (Berggerichtsort?).

Torgau Kreisstadt, Bez. Leipzig; im breiten Urstromtal der Mittelelbe, links des Flusses, nordöstl. der Bezirksstadt. 21600 E. – Frühmittelalterlicher Marktort bzw. Handelsplatz (Elbhafen) an altem Fernstraßendurchgang durch die Elbe (altsorbische Zeit); seit Mitte des 10. Jh. deutsche Burg mit Burgflecken; Burgward (später Burg Hartenfels der Wettiner); Stadtanlage Ende des 12. Jh. durch den Markgrafen von Meißen (1119 mercatus 'Burgmarkt'; 1267 civitas). 1945 hier Zusammentreffen der sowjetischen und amerikanischen Truppen. Heute mit Elbhafen, Flachglaskombinat, Steingutwerk, Landmaschinenbau.
Zwecks Erlangung einer echten Urkunde Heinrichs II. 1004, in der Turgua genannt wird, wurde kurz zuvor eine Vorurkunde auf 965 gefälscht, die Torgua urbs aufweist. 973 bestätigte Otto II. eine verlorene Urkunde Ottos I. für das Erzbistum Magdeburg, in der Turguo stand. 1119 folgt dann Thurgowe, 1181 ff. Ministerialen de Thurugowe, Turgowe (so weiter im 13. Jh.), 1234 ist Torgowe Ausstellungsort einer Urkunde; 1285 heißt es de Torgaw, 1331, 1350 nochmals Turgow(e), Torgow, 1382 Turgaw. – Der altsorbische Ortsname lautete *Torgov*, gebildet zu *torg* 'Marktort'. Das sehr häufige *u* statt *o* vor *r* + Konsonant ist (dt.) mundartlich bedingt.

Torgelow Kr. Ueckermünde, Bez. Neubrandenburg; in der Ueckermünder Heide, an der Uecker, südl. des Oderhaffs und der Kreisstadt. 13 900 E. – Altslawisches Fischerdorf nahe dem Burgwall (bei Eggesin); nach 1250 Zusiedlung deutscher Bürger um die Burg der brandenburgischen Markgrafen; 1690 Amtsstädtchen; 1945 Stadt. Seit 19. Jh. mit Eisengießerei und Blechbearbeitungswerk, Maschinenbau (VEB „Max Matern"). Nach 1945 Anbau neuer Wohngebiete.
Mit diesem Namen wurde außer der Burg auch das umliegende Heidewaldgebiet bezeichnet: 1270 in merica Turglowe, 1271 Torglowe in merica, 1320 in der Heide tů deme Tuchglove; 1281 castrum Turglowe, 1283 Torgelow, 1288 Turiglow, 1298 Turgelow, 1301 Torgelow. 1454 schrieb man einmalig Thuriglovo. – Der altpolabische Ortsname geht auf *Turoglovy* zurück. Es handelt sich um einen Bewohnernamen, der mit *tur* 'Auerochs' und *glova* 'Kopf' gebildet

wurde, also etwa Leute mit 'Auerochsenköpfen' bedeutet; demnach ein Spottname.

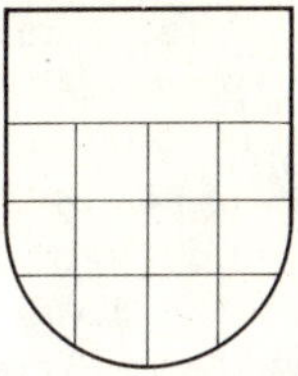

Trebbin Kr. Luckenwalde, Bez. Potsdam; an der Nutheniederung, südl. des Teltow, nördl. der Kreisstadt. 4500 E. – Altslawische Siedlung nahe dem Burgwall von Kliestow; um 1200 Errichtung einer deutschen Burg (1216 burgwardium); Burgflecken; → Städtchen nach 1250 (oppidum 1373).

Die Namenschreibungen für T. zeigen wenig Varianz: 1212 ff. Arnoldus de Trebin, Trebbin; 1216, 1307, 1442 Trebin; 1317, 1357, 1373 Trebyn; 1375, 1500 Trebbin. – Sie lassen sich einerseits auf den possessivischen altpolabischen Ortsnamen *Trebin* 'Ort des *Treba*', andererseits auf *trebyńi* 'Rodung' zurückführen.

Trebsen Kr. Grimma, Bez. Leipzig; im Tal links der mittleren Mulde, nördl. der Kreisstadt. 3100 E. – Altsorbische Fischersiedlung vor 1100; danach deutsche Burg mit Burgflecken; Wasserburg Herrensitz (→ Rittergut); → Städtchen um 1500 (1518 stetlein).

Die Ritterfamilie von T. tritt seit 1161 sehr oft in Urkunden hervor: de Trebecin, Trebezin, Trebizin, Trebcin, Tribezin; der Ort schreibt sich 1206 Trebzin, 1286 Trebzyn, 1330 Trebessin, 1445 Trebissen, 1427 Trewesen, 1516 Trebssen. – Der Name gehört wohl zu altsorb. *Treb-sin, Treb-šin, Treb-čin* 'Ort des *Treb-s, Treb-š, Treb-k*'.

Treffurt Kr. Eisenach, Bez. Erfurt; im Werratal, rechts des Flusses, an den westl. Ausläufern des Hainich, südwestl. von Mühlhausen, nördl. der Kreisstadt. 3200 E. – Altthüringisches Dorf an der Werrafurt; seit etwa 1100 mit Burg; Burgsiedlung; Stadtanlage durch den Landgrafen von Thüringen Anfang 13. Jh. (1269 villicus genannt; 1333 stat).

T. ist der 'Ort *bei den drei Furten* (durch die Werra)'. Zuerst ist auch hier die ansässige Ritterfamilie bezeugt: 1104 de Drivurte, 1151 ff. de Drevorte, Drevorde, Trifurte, Driuorde, Driforde u. a. Die Erfurter Annalen verzeichnen zu 1232 Driforte, 1269 wird urkundlich Drifort, 1333 Drefurt, 1378 Drevord, Dryfort, 1498 zu Dreffurdt, 1517 Dreffurt geschrieben. – Das Zahlwort *drei* lautete mhd. *drī*, mnd. *drē*; da T. nahe der Sprachgrenze lag, wechselten die hochdeutschen und mitteldeutschen bzw. niederdeutschen Formen sehr oft miteinander;

die *t*-Schreibung erklärt sich wohl durch eine Angleichung an '*treffen*'. Das Zweitglied *-furt* lautete md. *fort*, nd. *ford*.

Treuen Kr. Auerbach, Bez. Karl-Marx-Stadt; im mittleren Vogtland zwischen Trieb und Göltzsch, in waldreicher Höhenlage östl. der Talsperre Pöhl, an der Autobahn Karl-Marx-Stadt–Plauen, nordwestl. der Kreisstadt. 8700 E. – Um 1200 gegründetes deutsches Rodungsdorf; im 13. Jh. Burg der Vögte von Plauen; → Flecken (1390 stat). Im 18.–20. Jh. stärker industrialisiert (Webereien). Heute Wollstoff-, Kunstleder-, Wachstuchfabrikation.
Der *eu*-Laut im Ortsnamen T. wird in den Belegen recht unterschiedlich wiedergegeben, die *u*- und *uy*-Formen müssen als die älteren Schreibungen angesehen werden: vor 1320 zu Druen, 1328 Drůhen, 1359 zcu Drůn, 1410 Druyne; 1329 und 1390 Drewen, 1367 Drewe, 1412 Dreuhen, 1441 Dreuen, so noch 1639; erst 1758 Treuen. – Sie lassen den altsorbischen Waldnamen *Drevno* o. ä., zu *drevo* 'Holz, Wald, Baum', gut erkennen. Vgl. auch Drebkau.

Treuenbrietzen Kr. Jüterbog, Bez. Potsdam; am Nordhang des Flämings, an der Nieplitz, nordwestl. der Kreisstadt. 7000 E. – Slawisches Dorf vor 1100; danach deutsche Burg und Burgward; Burgflecken; → Stadtanlage 1250 (1290 civitas) durch die Markgrafen von Brandenburg; im 15. Jh. Amtsstädtchen.
1209 und 1216 ist der Burgward in Breszna bzw. Bricene genannt, von 1208 an die Ministerialenfamilie de Brezne, Briezne, Bre(c)zna, Briz(e)na u. ä. 1290 heißt die Stadt Bricene, Bryzene, 1296 Bryzna, 1301 Brizena, Britzne, Brezcene, 1356 zu der Briczene, 1360 tzur Brytzen, 1444 Britzen. 1436 verzeichnen wir erstmals Trewenbriessen, dann 1499 in Trewn Britzen. – Das jüngere zusätzliche Erstglied wird der Volksüberlieferung nach als 'die dem Markgrafen *treue Stadt B.*' (im Gegensatz zu anderen Städten) erklärt; andere meinten, es handele sich um '*das trockene Brietzen*' im Gegensatz zum 'nassen' *Wriezen* an der Oder, da mundartl. *trocken dröge, dröje* lautete, das als hd. '*treu*' verstanden werden konnte. Die Treue der Stadt zum echten Markgrafen in den Kämpfen um den 'Falschen Waldemar' und danach (seit 1348) dürfte die erste Deutung bestätigen. Der Name geht auf altpolab. *Brezno, Brezina* 'Birkenort' zurück. Der slawische Name der Birke, *breza*, steckt in vielen Ortsnamen der DDR, z. B. *Bresen, Briesen, Prießnitz*.

Tribsees Kr. Stralsund, Bez. Rostock; an der Trebel-Recknitz-Niederung, südwestl. der Kreisstadt, östl. der Bezirksstadt. 4000 E. – Altslawisches Burgbezirkszentrum mit Burgflecken; seit Mitte 12. Jh. deutsche Burg; Stadtgründung durch die Fürsten von Rügen um 1250 (1267 Rat, 1285 Lübisches Recht).

1136 übergab König Lothar von Sachsen den Flecken (provincia) Tribusses dem Bischof Otto von Bamberg als Missionsgebiet; das Land (terra) Tribuzes (1170, 1221), Trib(b)uses (1261, 1289) wird danach noch öfter genannt. Die Burg, seit 1140 erwähnt, ist dann sehr oft Ausstellungsort für Urkunden: 1140 (Kopie 12./13. Jh.) castrum Treboses, 1182, 1193 Tribuses; 1221 Tribuzes, 1225 Tribuses, 1231 Tribeses. 1276 Tribezes, 1299, 1304 Tribeses u. a. 1558 verzeichnen wir erstmals die moderne Form Tribsees. – Man hat diesen Ortsnamen wohl zu einem Personennamen *Trebuch, Trebuš* zu stellen (mit anderer Personennamenendung in Trebbin, Trebsen), doch ist die Ableitung nicht mehr sicher anzugeben.

Triebes Kr. Zeulenroda, Bez. Gera; am gleichnamigen Bach, am Nordostrand des Thüringer Schiefergebirges, nordöstl. der Kreisstadt. 4600 E. – Deutsches Dorf vom Ende des 12. Jh. in schwach altsorbisch besiedelter Gegend, mit Rittersitz. Infolge stärkerer Industrialisierung seit Mitte 19. Jh. stark angewachsen (Spinnerei und Weberei); Erhebung zur Stadt 1919.

Es ist wahrscheinlich, daß der 1122 im Dobnagau erwähnte Bach *Striboz* die Grundlage für diesen Ortsnamen abgab. Letzterer ist 1209 als de Tribuz im Namen der ansässigen Adelsfamilie erstbezeugt. Weiter verzeichnen wir 1407 von Tribis, 1503 Tribies, 1581 Trybess, 1757 Triebes. – Der Bachname enthält wohl den altsorbischen Götternamen *Stribog*, der, mit dem Suffix *-j-* erweitert, die altsorbische Grundform *Stribož* ergab, die nach Abfall des *s-* an Ortsnamen mit *Trieb-/Treb-* angeglichen wurde.

Triptis Kr. Pößneck, Bez. Gera; im Osten der Orlasenke, östl. der Kreisstadt, an der Autobahn Berlin–Hirschberg. 5000 E. – Altsorbische dörfliche Siedlung vor 1100; seitdem deutsche Burg mit Burgflekken der Herren von Lobdeburg; → Stadt im 13. Jh. (1328 hus und stad).

Die Namenformen blieben seit Überlieferungsbeginn relativ gleichförmig: 1212, 1288, 1293, 1324, 1328, 1331, 1350 stets

Triptes; daneben 1317, 1328, 1331 Tryptes; 1327 erstmals Triptis, 1378 und 1382 Tryptis usw. – Dieser offenbar altsorbische Ortsname konnte noch nicht befriedigend geklärt werden; von altsorb. **Treb-* kann wegen der konsequenten *p*-Schreibungen wohl kaum ausgegangen werden, eher von altsorb. *trepetati* 'zittern', obersorb. *třepjetać*, tschech. *třepetati*, dazu das Substantiv *trepet*, vielleicht als Gewässername (? *Trepet-š*), zu vergleichen mit dem ostslawischen Bachnamen *Trepečanka*.

Uebigau Kr. Herzberg, Bez. Cottbus; in der Niederung der mittleren Schwarzen Elster, südl. der Kreisstadt. 2600 E. – Altsorbische dörfliche Siedlung (Fischersiedlung); um 1200 Errichtung einer deutschen Herrenburg und Entwicklung zum Städtchen; Stadtrecht um 1300 (1303 civitas).

Die historischen Nachweise lauten: 1235 Ubigowe, 1251 Vbegowe, 1298 und 1303 in Ubegowe; 1285, 1286, 1353 Ubgowe, 1424 Ubbigow. – Auszugehen ist wohl von altsorb. *Uběgov*, zu *uběg* 'Flucht, Fluchtort (Versteck?)', dazu *uběgati* 'fortlaufen'. Ein Personenname kommt kaum in Frage, denn ein solcher ist bisher nicht bezeugt. Vergleichbar sind noch *Übigau, Uebigau* in den Kreisen Dresden und Großenhain.

Ueckermünde Kreisstadt, Bez. Neubrandenburg; an der Mündung der Uecker in das Oderhaff, nordöstl. der Bezirksstadt. 11800 E. – Altslawische Fischersiedlung; seit Mitte 12. Jh. mit pommerscher Burg; Burgflecken; → Stadt seit 13. Jh. (1276 civitas); Fischereihafen, Holzverarbeitung (im Hinterland die große Ueckermünder Heide).

Der Landschaftsname dürfte mit dem Flußnamen identisch sein, von diesem ist auch der Stammesname der *Uckrer* abgeleitet; zu 934 spricht Widukind von Corvey in seiner Sachsengeschichte von den 'Sclavi qui dicuntur Uchri' bzw. den 'Vucrani', diese beiden Formen bieten auch andere Chronisten und die Urkunden: 948 Vuucri (Bistumsausstattung für Brandenburg), 965, 973 und 975 Ucrani in weiteren Urkunden Ottos I.; 1161 und 1188 Vuucri. Das Land: 1178 provincia Vcra, 1183 Vkra, 1179 Vkere, 1195 ff. Vc(c)re, 1250 terra Vkera. 1168 und 1178 wird der Ort lateinisch nur umschrieben: super introitum fluminis Vcrensis (oberhalb der Mündung der Uecker); 1223 heißt es dann Vcramund, 1242 in Vkeremunde; 1276 Ucremunde, 1284 Vkermund(e), usw. – Der Flußname *Ukra*, älter **Okara* o.ä., läßt sich evtl. mit der *Oker* im Harz vergleichen, die eine alteuropäische Bildung auf *-ara/-ira* darstellt. Andererseits hat man den Namen auf eine Entsprechung von lit. *vikrus* 'gelenkig, wendig', zu indoeurop. **u̯eik-* 'biegen, winden', zurückgeführt. Die altpolabische Form lautete wohl *Vkra*, die des Bewohnernamens *Vkŕane*.

Ummerstadt Kr. Hildburghausen, Bez. Suhl; im südl. Vorland des Thüringer Waldes, an der Rodach, an der Staatsgrenze zur BRD, südl. der Kreisstadt. 600 E. – Altthüringisches Dorf des frühen Mittelalters; während des 13. Jh. Ausbau zum Städtchen durch die Grafen von Henneberg (1245 Schultheiß, 1290 civis genannt; 1319 oppidum); zeitweise Amtsstädtchen.
Die in Fuldaer Güterverzeichnissen zu 837 und 838 und nochmals zu etwa 870 genannte Dorfmark (villa bzw. marca) Untrangeuui, Undrungeuui, Untargeuuo dürfte kaum mit U. gleichgesetzt werden können. Für dieses folgt eindeutig erst 1223, 1245, 1317 Umerstat, 1319 und 1326 Vmmerstat, 1429 Omerstat, usw. – Am nächsten kommt der bereits kontrahierten Form im Erstglied ein germanischer Personenname *Ōdmār* (älter *Audomār*), zu altsächs. *ōd-*, ahd. **ōt-* 'Besitz, Wohlstand, Reichtum, Glück' und *-mār* 'berühmt'. Ersteres ist auch enthalten in ahd. *alōd* 'Vollbesitz, Allod' und mhd. *kleinōt* 'Kleinod'.

Usedom Kr. Wolgast, Bez. Rostock; im Südteil der gleichnamigen Insel, am gleichnamigen See, gegenüber der Peenemündung in das westl. Oderhaff, südöstl. der Kreisstadt. 3100 E. – Slawische Burg und Burgsiedlung des 10.–13. Jh.; Stadtgründung durch den Pommernherzog um 1250 (1240 vicus, 1267 oppidum); seitdem Eindeutschung (1298 Lübisches Recht). Fischereihafen, Erholungsort.

Das altrügische Zentrum ist früh und oft bezeugt, weil Missionsbischof Otto von Bamberg 1125 und 1128 hier missionierte: 1125 Uznoimia civitas, 1128 Uznoim civitas; auch von dem Stamm (gens) Uznoimi (Volk der U.) wird dabei berichtet. 1140 ist die Burg (castrum) Huznoim (mit anorganischem *h*-) erwähnt, 1175 der Burgflekken (suburbium) Uznoim, Vznom(iense), 1159, 1164 Uznam, 1177 und 1187 Vznum, im 13. Jh. meist Uznam, Vsznam, Uznom (schon 1182); 1256 nochmals Vsnoym; 1305 Vznum, 1331 Vzenym. Die erste Form mit *d* statt *n* verzeichnen wir 1321 mit Uzdem, 1420 dann Usedum. Für den Inselnamen konnte bisher keine befriedigende Erklärung gegeben werden. Möglicherweise liegt eine Bildung zu slaw. *znoj* vor in der Bedeutung 'Strom, Gewässer' (auch 'Glut, Hitze'), dazu gehört das Verb *znojiti*, das mit *u*- präfigiert werden konnte. In weiterer Bedeutung könnte der Inselname **Uznojim* die umflossene, von Wasser umspülte, aber auch von der Sonne stark beschienene Insel bezeichnet haben. Ob eine Beziehung zu dem tschechischen Ortsnamen *Znojmo*, früher dt. *Znaim*, in Südmähren vorliegt, bleibt unsicher. Eine noch ältere (indoeuropäische) Grundlage kann für *Usedom* nicht ausgeschlossen werden.

Vacha Kr. Bad Salzungen, Bez. Suhl; am Nordrand der Rhön, am linken Werraufer, westl. der Kreisstadt; unmittelbar an der Staatsgrenze zur BRD. 4300 E. – Althüringisches Fischerdorf des frühen Mittelalters an einem Werraübergang; Klosterhof des Reichsklosters Fulda im 9. Jh.; um 1180 Stadtanlage mit Burg des Abtes von Fulda (1186 oppidum).

In einer Fälschung um 1160 wird etwa 814/817 die Villikation Vahche dem Kloster Fulda zugewiesen; da das Kloster später noch hier begütert ist, dürfte es sich um unseren Ort handeln (ein weiteres *Klein-Vacha* liegt nördl. von Eschwege, ein *Vachdorf* bei Themar an der oberen Werra). Um welches V. es sich bei einer Fuldaer Schenkung zu 817 in Fahhonoro marcu (Vachener Mark) handelt, läßt sich nicht sicher klären, vermutlich ist es aber auch unser Ort. Erst

1155/65 erscheint das Dorf (villa) Vahcha wieder (nach älterem Verzeichnis von nach 1015), 1172 als Facha, 1180 und 1182 als in Vacho, 1186 Vache (Fuldense oppidum). Weiterhin heißt es überwiegend Vache. – Ahd. *fah*, mhd. *vach* ist ein 'Fischwehr', eine 'Abteilung eines Raumes oder Gewässers (zum Fischfang)', *Vacha* ist also der Ort bei einem solchen.

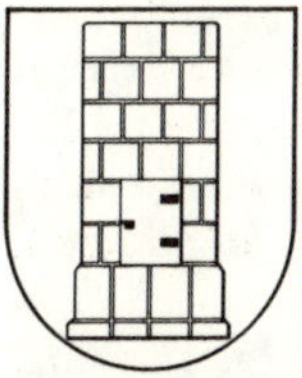

Velten Kr. Oranienburg, Bez. Potsdam; westl. der mittleren Havel (Seitenkanal), südwestl. der Kreisstadt; an der Autobahn Berlin–Rostock. 8300 E. – Deutsches Dorf der Herrschaft Kremmen seit 13. Jh. Seit 19. Jh. Industrialisierung (Kachelofenproduktion, vgl. das Stadtwappen) und Arbeiterwohnstadt für Oranienburg; Stadt seit 1935.

V. ist die 'Wohnstatt *im Felde*': 1350 Velten, 1375 Feltheim, 1378 Feltem, 1459 Velten. – Ein vermutlich aus der Halberstädter Pflege (966 Veltheim) durch Siedler übertragener Name, da *-heim*-Namen hier ungewöhnlich sind. Auch in den Niederlanden gibt es zwei *Velten* (976 Felthem). Mhd. mnd. *vëlt* 'freie Fläche, offenes Feld'.

Vetschau/Wětošow Kr. Calau, Bez. Cottbus; am Südrand des Oberspreewaldes und an der Autobahn Cottbus–Berliner Ring, nordöstl. der Kreisstadt. 9000 E. – Deutsche Burg und Burgsiedlung des 13. Jh. (Herrschaftsmittelpunkt) in älterer slawisch besiedelter Umgebung; → Städtchen Anfang des 16. Jh. (1548 Stadtrecht). Bekannt durch Bau des Großkraftwerkes Lübbenau-Vetschau 1960–1967.

Das erste Zeugnis für den Ort scheint ein Schreiberversehen zu enthalten: 1302 Veczicz, sonst stets *-ow*/*-aw*: 1383 Weczczow, 1395 Veczow, 1421, 1494 Fetschow, 1434 Vetczaw, 1449 Feczschaw. – Auch dieser Name scheint übertragen worden zu sein, und zwar von *Vetschau*, Kr. Aachen: 1215 Vetzou. Dieses wird erklärt als **Fiscăvum*, 'zu einem Fiskus (Königsgut) gehörig'.

Vierraden Kr. Angermünde, Bez. Frankfurt; am Ostrand der Uckermark, kurz vor der Mündung der Welse in die Oder, dicht nördl. von Schwedt, nordöstl. der Kreisstadt. 700 E. – Um 1300 errichtete pommersche Burg und Burgflecken bei älterer Mühlensiedlung; 1515 Erweiterung zum Städtchen.

Der Name erscheint öfter in lateinischer Übersetzung; lat. *rota* 'Rad' ist enthalten in 1284 apud (bei) Rotas, 1321 Quattuor Rotas (vier Räder). 1288 erstmals dt. Verraden, 1311 to den vier Raden, 1331 de Verrade, 1347 to de Virraden, 1499 zum Virraden, 1515 zum Vierraden. – Mnd. *rad* 'Rad', auch 'Mühlrad', bildete den älteren Plural auf *-en*; mnd. *vēr, vir, vier* 'vier' (Zahlwort). Also 'zur Mühle mit den vier Rädern'. Im Brandenburgischen gab es als Gegenstück noch eine Siedlung *Zweiraden* (1331 de Tuuerade, 1315 prope Duas Rotas).

Wahrenbrück Kr. Bad Liebenwerda, Bez. Cottbus; an der mittleren Schwarzen Elster, gegenüber der Mündung der Kleinen Elster in diese, nördl. der Kreisstadt. 650 E. – Deutsche Burg (Warte) an einer Brücke über die Elster gegen Ende des 12. Jh.; Burgflecken; → Städtchen um 1300 (1340 oppidum).

Das 1202 und 1210 erstgenannte Uuardenbruke steht in gefälschten Urkunden. Kurz zuvor, nämlich 1199, ist jedoch bereits eine echte Urkunde in Uuardenbruke ausgestellt; 1248 und 1251 schreibt man de bzw. in Wartenbrucke, 1275 in Warthenbrukke; auch 1377 heißt es Warten-, Wartembrucke. Ein Stadtsiegel des 16. Jh. hat czu Wardenbrucke, das von 1657 aber Warenbruck. – W. bezeichnet die 'Warte, Wache an der (Elster)Brücke', zu mhd. *warte*, mnd. *warde* 'Ort, von dem aus gespäht, ausgeschaut wird, Wartturm, Wachtposten'. Die Lautfolge *rd* wurde mundartl. zu *r-* assimiliert; die heutige Schreibung zeigt Anlehnung an das Verbum *(be)wahren*; vgl. auch die *Wartburg* bei Eisenach: alt *Wartberg.*

Waldenburg Kr. Glauchau, Bez. Karl-Marx-Stadt; im westl. mittelsächsischen Bergland, beiderseits der Zwickauer Mulde, nordöstl. der Kreisstadt. 4800 E. – Um 1170 durch den Reichsministerialen Hugo von Wartha/Waldenburg errichtete Burg als Herrschaftszentrum in Neurodungsgebiet; an altem Muldenübergang der Fernstraße Altenburg – Prag mit Dorf

Altwaldenburg; Altstadt W. am südl. Ufer um 1200, Neustadt W. am Nordufer um 1300 angelegt (1317 civitas und antiqua civitas); seit dem Spätmittelalter Schloß der Herren von Schönburg-W. Bis Anfang des 20. Jh. bekannt durch seine Töpferei; heute Keramikwerkstätten, außerdem Trikotagenherstellung, Transformatorenbau. In der Nähe der bekannte Grünefelder Park im englischen Naturparkstil.
Die Namenschreibungen zeigen wenig Varianten: 1199 ff. de Waldinberg, Waldenberc, -berch (bis etwa 1350). Daneben verbreitet sich seit 1279 Waldenburg, -burch, 1336 Waldinburg, 1428 Waldenburg. – Mhd. *walt* (*waldes*, Genitiv) bildete einen alten Plural auf *-en* (wie auch *-felder* bzw. *-felden* in Ortsnamen); es hatte ursprünglich die Bedeutung 'nicht kultiviertes, wildbewachsenes Land'. Demnach ist W. 'die Burg bzw. der Berg in den Wäldern'. Vgl. auch Waldheim.

Waldheim Kr. Döbeln, Bez. Leipzig; in einem Talkessel der unteren Zschopau, im mittelsächsischen Bergland, südwestl. der Kreisstadt. 11500 E. – Ende des 12. Jh. entstandene deutsche Burg mit Bauerndorf; nach 1200 → Burg- bzw. Marktflecken (1286 oppidum) an Übergang einer alten böhmischen Straße über den Fluß; Burg (→ Schloß → Strafanstalt). Wenige Kilometer südl. der Stadt die bekannte Talsperre mit Burg Kriebstein. Heute mit Sitzmöbelherstellung, Kosmetik-, Textil-, Elektrogeräte- und Lebensmittelbetrieben.
Zuerst treten zwei Ritter von W. auf: 1198 de Woltheim, 1271 de Waltheim. Der Name des Ortes bleibt dann weiterhin unverändert: 1286, 1324, 1445, 1465 Waltheim, 1455 Waltheym. – Die Burg und Siedlung wurde nahe dem Burgward *Gozne* des 10. Jh. angelegt und knüpft wahrscheinlich noch an dessen sorbischen Namen (*Gvozd-n*, zu *gvozd* 'Bergwald, Heidewald') an: '*die Wohnstatt im Walde*'. Die *o*-Form beruht auf mnd. *wold*, die Urkunde wurde im niederdeutschen Sprachgebiet ausgestellt. Vgl. auch Waldenburg.

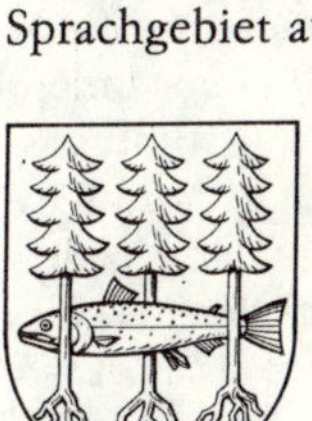

Waltershausen Kr. Gotha, Bez. Erfurt; am Nordfuß des Thüringer Waldes, in einem Nebental zur Hörsel, südwestl. der Kreisstadt. 13800 E. – Ausgangsort für eine Altstraße über den Thüringer Wald; seit frühem 12. Jh. Burgsiedlung unter der Burg Tenneberg der Landgrafen von Thüringen; nahe bei deren Kloster Reinhardsbrunn (seit 1085); Stadtanlage Ende des 12. Jh. (1209 villicus genannt). Heute mit Gummikombinat und Fahrzeugwerk; Puppen- und Spielwarenherstellung.

1209 ist der Stadtvogt (villicus) de Walterishusin bezeugt, 1289 Bürger (cives) in Waltershusen. Diese Form wiederholt sich laufend bis ins spätere 15. Jh.; seit dieser Zeit tritt dann der Diphthong im Zweitglied in Erscheinung. – Die Burg *Tenneberg* ist nach dem 1186 erwähnten Berg (mons) Deneberg benannt, 1168 wird ein Heidenricus de Teneberc in einer Urkunde für Kloster Breitungen an der Werra erwähnt. Der Name ist zu and. *dennia, denne* 'Tannen- oder Fichtenholz' zu stellen. W. ist die Siedlung eines *Waltheri, Walt(h)er*, zu ahd. *walten* 'herrschen' und *heri* 'Herr'.

Wanzleben Kreisstadt, Bez. Magdeburg; inmitten der Magdeburger Börde, an der Sarre, südwestl. der Bezirksstadt. 5500 E. – Frühmittelalterliches Dorf an der Straße Halberstadt–Magdeburg; Königsgutbezirk im 9. Jh.; seit 10. Jh. Burg und Burgward; Ministerialensitz des Stifts Gandersheim; Burgflecken; 1376 zur Stadt erhoben durch die Erzbischöfe von Magdeburg. Heute mit großem Agrar-Industrie-Komplex.
W. ist 893 und 968 als Uuanzleua, 946 als Wantesleba, 947 als Uuanzlova, 956 Uuanzleua in Königsurkunden bezeugt. Thietmar von Merseburg (1012/18) schreibt Wonclava. 1145 folgt Wanzlova, 1167 de Wanzleue, 1172 de Wanzeleue usw. 1491 gilt Groten Wantsleve. – W. ist wohl der 'Familienbesitz eines *Wanzo* (älter *Wantiso*)', zu germ. **wantuz* 'Handschuh', dazu noch heutiges nd. *Wanten* 'gestrickte Handschuhe'; nicht zum slawischen zweigliedrigen Personennamen *Vęceslav* gehörig.

Waren (Müritz) Kreisstadt, Bez. Neubrandenburg; in der Mecklenburgischen Seenplatte, am Nordende des Müritzsees, westl. der Bezirksstadt. 23000 E. – Altslawisches Siedlungszentrum (Fischerdorf); Stadtgründung um 1270 durch die Fürsten von Werle (1292 civitas); Neustadt nach 1300 entstanden; 1347–1425 mecklenburgische Residenz. Erholungsort, Verkehrsknotenpunkt; Lebensmittel-, Forstwirtschafts- und Fischereibetriebe; Schiffsschraubenwerk.
Die Überlieferung von W. beginnt mit dem Land (terra) Warne 1218, 1298; der Stadtname hat jedoch anfangs die gleiche Form: 1230, 1273, 1278, 1288, 1292, 1299, 1399 Warne. Erst seit dem 16. Jh. treten die Formen Waaren, Wahrn, Wahren, Waren auf. – Der Name ist am ehesten aus altpolab. *Varin(a)* 'Stelle mit siedendem, wallendem Wasser, einer Quelle', zu *variti* 'kochen', abzuleiten. Vgl. auch Warin.

Warin Kr. Sternberg, Bez. Schwerin; im Nordwesten der Mecklenburgischen Seenplatte, am gleichnamigen See, nordöstl. der Bezirksstadt, südöstl. von Wismar. 3800 E. – Altslawisches Fischerdorf; 1284 Burg der Bischöfe von Schwerin als Nebenresidenz errichtet; Burgflecken um 1300; → Stadt (1306 oppidum).

Im Gegensatz zum Ortsnamen Waren endet dieser stets auf *-in*: 1178, 1186, 1189, 1229, 1272, 1297 usw. stets Warin; daneben seltener Waryn (1229, 1235, 1236, 1249 u.a.). – Zur Namenerklärung vgl. Waren.

Warnemünde s. Rostock

Wasungen Kr. Meiningen, Bez. Suhl; in der Werrasenke, am Oberlauf des Flusses, an der Mündung der Katz in die Werra, nördl. der Kreisstadt. 4400 E. – Altthüringische bzw. bereits spätgermanische Fischersiedlung; seit 1150 Burg der Herren von W. mit Burgflecken (1190 castrum cum burgo); → Stadt im 13. Jh. (1301 oppidum). Bekannt durch seinen Karneval. Reich an erhaltenen historischen Fachwerkbauten.

Eine Adlige Kunihilt schenkte Kloster Fulda 874 Besitz im Dorf (villa) Uuasunga. Erst nach großer zeitlicher Lücke werden seit 1157 wieder Herren von Wasungen genannt, Burg und Burgflecken Wasungen und 1183/90, seitdem in unveränderter Schreibung (1289 in Wasungin; *-in* ist nur Schreibvariante). – W. bezeichnet '*die Leute auf dem feuchten Rasengelände*', zu ahd. altsächs. *waso* 'Rasen', mnd. *wasem* 'Dunst, Wasserdampf', mnd. *wase* 'feuchter Erdgrund, Schlamm, Rasen'.

Wegeleben Kr. Halberstadt, Bez. Magdeburg; im hügeligen Harzvorland, an der Mündung des Goldbachs in die Bode, östl. der Kreisstadt. 4000 E. – Frühmittelalterliches Dorf; seit 11. Jh. mit Burg der Herren von W.; Stadtgründung um 1200 (1267 oppidum).

Die älteren Namenformen zeigen *i*, erst allmählich setzt sich *e* durch: 1109/20 in Wigenlove, zu 1132 Wigelevo, 1136 Wiegenlove; 1120 ff. sehr häufig bezeugt die Familie de Wegeleve, Wigeleve(n), Wigenleve, u.ä. Seit 13. Jh. Wegeleve, Wegheleve, Wegenleve; *-leben* ist schriftsprachlich seit dem 16. Jh. – W. ist wohl der '*Familienbesitz eines Wīgo*', zu altsächs. *wīg* 'Kampf'; vgl. auch zweigliedrige Personennamen wie *Wīgbert, Wīgbald, Wīgmann, Wīg(n)and* usw. Offenbar wurde *wig-* an altsächs. mnd. *weg* 'Weg' angeglichen.

Weida Kr. und Bez. Gera; am Nordostrand des Thüringer Schiefergebirges, am Zusammenfluß von Auma und Weida, südl. der Bezirksstadt. 11500 E. – Im Anschluß an ältere sorbische Siedlung um 1080 Errichtung einer deutschen Burg (Schloß Osterburg, erhalten); Burgflecken; Altstadtgründung nach 1160 durch die Vögte von W. (1209 civitas); Neustadt um 1250 (1267 nova et antiqua civitas). Heute Textilindustrie, Leder- und Schuhwarenproduktion.
Das Burggebiet (territorium urbis) Wida erwähnen die Pegauer Annalen zu 1080 (verfaßt um 1150). Im 12. Jh. sind die Ministerialen, später Herren von W. oft genannt: 1122 de Withaa, 1143 ff. de Wida, Wyda; 1209 die Stadt: Wida, in dieser Form und Wyda weiter bis Ende des 15. Jh., danach Weida. – W. ist ursprünglich Bachname: der 'Ort *am Weidenbach*', zu ahd. *wīda,* mhd. *wīde* 'Weide (salix)'. Man rechnete auch mit einer Namenübertragung durch die Herren von W. von einer Wüstung *Wida* bei Windeberg nordöstl. von Mühlhausen (1139 Henricus de Wida, 1381 Wyda), doch spricht wohl die Angabe der Pegauer Annalen dagegen.

Weimar Kreisstadt und Stadtkreis, Bez. Erfurt; im Südosten des Thüringer Beckens, in einer Talweitung der mittleren Ilm, östl. der Bezirksstadt. 62 800 E. – Schon in den ersten Jahrhunderten u. Z. punkthaft germanisch besiedeltes Gebiet; später altthüringische dörfliche Siedlung; seit 8./9. Jh. karolingische Grafenburg mit Burgflecken; Stadtgründung vor 1250 (1254 civitas); später Stadterweiterungen; seit 1372/82 Residenzstadt von Sachsen-Weimar; thüringische Landeshauptstadt 1920–1948; Kreisstadt 1952. Stadt der deutschen Klassik (Nationale Gedenkstätten); Hochschulstadt (Musik, Architektur und Bauwesen); Tagungsort der Nationalversammlung 1919. Nordwestl. der Stadt auf dem Ettersberg Nationale Mahn- und Gedenkstätte Buchenwald.
Graf Wilhelm von W. wird ohne Ortsnennung schon 949 in einer Urkunde Ottos I. genannt. Seine gleichnamigen Nachfolger erscheinen weiter in Urkunden und Annalenwerken, z. B. zu 1061 Willehelmus de Wimare bei Lampert von Hersfeld. In einer Kopie des 12. Jh. zu 975 steht Wimares als Ausstellungsort einer Urkunde Ottos II., der einzige derartige *s*-Beleg, bei dem der Schreiber offenbar den Genitiv

eines zweigliedrigen Personennamens eingedeutet hat. Der Sächsische Annalist (nach 1150) nennt Wimmeri, Wimmare, Wimmere zu 965, 1002 und 1060; die Altzeller Annalen schreiben zu 1053 Wymar (jüngere Form); schließlich erwähnen Thietmar von Merseburg Wimari, Wimeri zu 984 und 1002 (geschrieben 1012/18), die Gosecker Chronik Wimare zu 1040/70. 1123/37 begegnet nochmals ein Graf Ulrich de Wimare, seitdem wechseln die Formen Wimar(e) und Wymar ständig miteinander. Die Kennzeichnung des neuhochdeutschen Diphthongs *ei* beginnt um 1500. – W. bezeichnet den 'Ort *bei dem heiligen See*', zu ahd. altsächs. *wīh* 'heilig' und ahd. *-mari*, *-meri* 'See, stehendes Gewässer, sumpfiges Gelände'. Der gleiche Name *Weimar* findet sich auch bei Marburg und Kassel (Hessen).

Weißenberg / Wóspork Kr. Bautzen, Bez. Dresden; am Nordostrand der Oberlausitzer Lößhügellandschaft bzw. am Südrand des nordoberlausitzischen Heide- und Seengebietes, am Löbauer Wasser nördl. von Löbau. 1200 E. – Stadtgründung auf wilder Wurzel kurz nach 1200 nahe dem altsorbischen Burgwall Gröditz durch den böhmischen König als Landesherren der Oberlausitz (1228 oppidum); später grundherrliches Städtchen.
Wizenburg, Wizenburch ist 1228 und 1238 erstgenannt; 1437 tritt erstmals Weisinberg auf. – W. war offensichtlich eine Parallelgründung zu *Rothenburg* östl. von Niesky (1264 de Rotenburg), bei dem das Zweitglied ebenfalls zwischen *-burg* und *-berg* schwankte. Die Farben *weiß* und *rot* scheinen beim Rittertum im 12./13. Jh. besonders beliebt gewesen zu sein; mhd. *wīȝ* 'weiß, helleuchtend'. Die obersorbische Namenform geht auf die deutsche zurück. Vgl. auch Weißenfels, Wittenberg(e), Wittenburg.

Weißenfels Kreisstadt, Bez. Halle; an der mittleren Saale, südl. von Merseburg und der Bezirksstadt, auf der niederen Saaleterrasse und den beiderseits des Flusses ansteigenden Hängen. 41200 E. – Altsorbische Siedlung (Tauchlitz) an altem Saaleübergang; seit 10./11. Jh. deutsche Grafenburg mit Burgflecken (Burgmarkt); regelmäßige Stadtanlage durch die meißnischen Markgrafen 1185 mit Umbenennung der Gesamtstadt; später Amtssitz; wettinische Nebenlinienresidenz seit 1546 (Schloßneubau 1660/93). Im 19./20. Jh. stark industrialisiert (Schuhfabrikation, Maschinenbau).

Zwei glatte auch inhaltliche Fälschungen zu 1047 und 1076, die Vyczenvelcz und Wyzinvelse nennen, sind völlig unzeitgemäß und unverwertbar. Urkundlich echte Überlieferung nennt seit 1190 mehrfach den wettinischen Grafen Dietrich von Wizenvels, Wyzenvels, Wicinvels, -vils; dann 1203 Wizinvels; 1230, 1268, 1328 Wizenvels, 1350 Wyszenvelz, 1378 Wizzinvels, Wissinfels; 1445 dann zcu Weyssenvels. – Ein typischer hochmittelalterlicher Burgname: '*zur weißen, helleuchtenden Felsenburg*'. Vgl. auch Weißenberg, Wittenberg(e), Wittenburg.

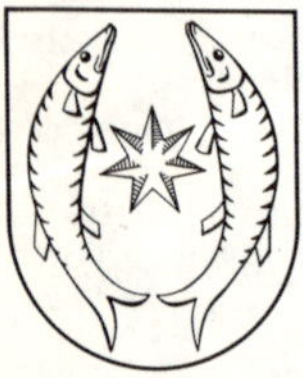

Weißensee Kr. Sömmerda, Bez. Erfurt; im Zentrum des Thüringer Beckens, an der ehemals wasserreichen Helbeniederung, vor deren Mündung in die mittlere Unstrut, nordwestl. der Kreisstadt. 3800 E. – Altthüringische Fischersiedlung; seit 11./12. Jh. (1168) mit (landgräflicher) Burg (ältere Burg: die Runneburg); Burgmarkt nach 1100 (Altmarkt); Planstadtgründung nach 1168 (1212 civitas). Landwirtschaftszentrum; Arbeiterwohnstadt für Sömmerda.
Die Reinhardsbrunner Annalen vermelden zu 1168 den Baubeginn einer Burg am Albus Lacus (lat. Weißer See), die Landgrafengenealogie schreibt Wissinsehe. 1174 hieß es Wyszense, 1201 Wizinse; 1212, 1225 Wicense, 1265 Wissensee, Wicinse, 1378 Wizzinse, Wissinse; Ende 15. Jh. (Kopie, datiert auf 1198) Weissensehe. – W. ist 'der Ort bzw. die Burg *am weißen See*'. Die ehemaligen beiden Seen sollen wegen des *weißen Gipsbodens* hell geleuchtet haben; sie wurden 1704 und 1788 trockengelegt. Vgl. auch Weißwasser.

Weißwasser / Běła Woda Kreisstadt, Bez. Cottbus; in der südöstl. Niederlausitzer (Muskauer) Heide, an kleinem linken Zufluß zur Neiße, südöstl. der Bezirksstadt. 28600 E. – Spätmittelalterliches sorbisches Heidedorf. Seit 1872 industrielle Glasproduktion (heute VEB Haushalt- und Verpackungsglas; Ingenieurschule für Glastechnik; Porzellan- und Baustoffwerke); rascher Bevölkerungszuzug führte 1935 zur Erhebung zur Stadt; Arbeiterwohnort für die Braunkohlenindustrie (Tagebau Nochten) und Großkraftwerk Boxberg nach 1945.
Der deutsche Name darf als Übersetzung eines älteren sorbischen Bachnamens **Běła (voda)* betrachtet werden, er ist 1351, 1357 als Wyzzenwazzer, 1459 als Weissenwasser, 1552 als Weißwasser bezeugt. Also der 'Ort *am Weißbach*'. Vgl. auch Weißensee.

Welzow/Wjelcej Kr. Spremberg, Bez. Cottbus; im Niederlausitzer Heide- und Braunkohlengebiet zwischen Senftenberg und Spremberg, westl. der Kreisstadt. 6200 E. – Bis 1969 (Stadterhebung) sorbisches Heidedorf; infolge des Braunkohlenbergbaus seit Ende des 19. Jh. starkes Wachstum; Arbeiterwohnstadt.

Der Name ist erst spät original überliefert. Die Abschrift eines Rezesses von etwa 1280 ist verlorengegangen, die Namenschreibung nicht mehr festzustellen. 1547 hieß es von der Welcze, 1551 Weltzsche, 1753 Weltza. – Der Name ist wohl aus dem altsorbischen Adjektiv *velči*, älter *vilči* 'zum Wolf gehörig' abzuleiten, gleichbedeutend mit Ortsnamen wie *Vilkov*, später *Wilkau, Welkau, Wölkau.*

Werben Kr. Osterburg, Bez. Magdeburg; am Nordostrand der Altmark, in der Niederung der Wische, südl. der Havelmündung in die Elbe, nordwestl. von Havelberg. 1300 E. – Frühmittelalterliche slawische Wallburg; Zentrum des Mintgaues mit Reichsburg im 10./11. Jh.; Burgflecken; → Städtchen um 1190 (1196 oppidum, 1225 civitas).

Die alte Reichsburg ist in Urkunden wie Chroniken und Annalen oft bezeugt: 993 (civitas) Uuirbina; zu 1006 bei Thietmar von Merseburg (1012/18) castrum Wiribeni, weiter 1032 Wirbeni, 1033/34 Wirbina; 1157, 1160, 1196 Wirbene, 1225 ff. Werben und Werbene. – Der Name ist abzuleiten aus altsorb. *Virbina/Virbno* 'Weidenort', zu altsorb. *virba* 'Weide (Baum)', obersorb. *wjerba*, tschech. *vrba.*

Werdau Kreisstadt, Bez. Karl-Marx-Stadt; an den Hängen des oberen Pleißetales, westl. von Zwickau. 21200 E. – Deutsches Bauerndorf vom Ende des 12. Jh.; Ende 13. Jh. Straßenmarktanlage durch die Herren von Schönfels oder Vögte von Plauen (1304 civitas). Seit 19. Jh. stark industrialisiert: Textilindustrie, Kraftfahrzeugbau, Maschinenbau.

Der erste Nachweis lautet 1230 Viride und stellt anscheinend eine formale Latinisierung dar. Von 1304 an heißt es zunächst Werde (auch 1318, 1358, 1411), 1474 Werdaw, 1551 Werdau. – W. ist der 'Ort *am, auf dem Werde*', zu ahd. *warid, werid*, mhd. *werde* 'Flußinsel, -ufer, erhöhtes Land zwischen Gewässern', auch 'Halbinsel'. Vergleichbar sind hier *Bischofs-*, *Elster-* und *Hoyerswerda, Liebenwerda.* Die Endung *-au* ist analogisch zu Zwick*au* und Crimmitsch*au* gebildet worden. Das Dorf *Werdau*, Kr. Torgau, hieß 1314 Werde. Vgl. auch Werder und die zuvor genannten auf *-werda*.

Werder Kr. und Bez. Potsdam; zwischen den Havelseen, westl. der Bezirksstadt. 9500 E. – Altslawischer Burgwall auf einer Havelinsel in vordeutscher Zeit; nach 1150 markgräflich-brandenburgische Ministerialenburg; Burgflecken; im 13. Jh. → Städtchen (1317 oppidum). Zentrum des havelländischen Obstbaugebietes, mit Ingenieurschule für Gartenbau und Obstverarbeitungsbetrieb.
Der Ort trug stets dieselbe Namenform und Schreibweise Werder (1317, 1330, 1375), 1469 tu deme Werder, 1540 zum Werder. – Zur Namenerklärung vgl. Werdau; *werder* ist die mittelniederdeutsche Form.

Werneuchen Kr. Bernau, Bez. Frankfurt; auf dem Barnim, nordöstl. von Berlin, am Stienitzfließ, südöstl. der Kreisstadt. 3600 E. – Markgräflich-brandenburgische Straßenwarte um 1240 bei älterer slawischer Dorfsiedlung; → Städtchen vor 1300 (oppidum); Stadt seit 1865.

Die ältere Namenform war Warnow(e): 1247, 1249, 1300, 1375; 1450 hieß es Wernowe. Es wurde dann mit Bernau verglichen und zur Unterscheidung mit dem Verkleinerungssuffix nd. *-ken*, hd. *-chen* versehen: 1541 Bernauiken, 1549 Bernoicken, 1570 Werneucken; 1572 Bernäuchen, 1586 Wernöwichen, 1672 Wernöchen, 1683 Werneuchen. – Es liegt ursprünglich der altpolabische Ortsname *Varnov* vor, zu *varn* 'Rabe', wie in mehreren Ortsnamen *Warnow, Warnin* usw.

Wernigerode Kreisstadt, Bez. Magdeburg; am Nordrand des Harzes, an der Holtemme, südwestl. von Halberstadt und der Bezirksstadt. 35 300 E. – Rodungssiedlung vom Anfang des 11. Jh. mit feudalem Fronhof, letzterer um 1110/20 ersetzt durch die Burg der Grafen von W.; 1229 Burgflecken zur Stadt erhoben; Neustadt im 13. Jh. angebaut. Ausgangspunkt der Harzquerstraße und -querbahn, Touristikzentrum. Seit 19. Jh. vielseitige industrielle Entwicklung (Werkzeug- und Maschinenbau, Elektromotoren, Arzneimittel, Schreibwaren, Baustoffe usw.); Schloß seit 1949 Feudalmuseum.
Die Grafen von W. treten seit 1112 auf, doch anfangs ohne Nennung

ihres Stammsitzes; erst ab 1121 heißen sie de Werniggerode, Werningerode, Wirniggerothe, Wereningeroth(e) u.ä. Der Stadtname lautet 1129 ff. bereits Werningerode, 1141 Wereningeroth, um 1260 Werningerode, 1379 Wernyngerode, 1535 Wernigerode. – Es handelt sich um die '*Rodung der Leute eines Wern(o) oder Warn(o)*'; diese sind Kurzformen zu zweigliedrigen Namen mit den entsprechenden Erstgliedern (*Wernher* usw.), die beide zum Volksnamen der *Warnen* gehören. Der zweimalige Nasal wurde um den zweiten erleichtert: *-ing* > *-ig*.

Wesenberg Kr. Neustrelitz, Bez. Neubrandenburg; im Ostteil der Mecklenburgischen Seenplatte, am Woblitzsee (Havelquellgebiet), südwestl. der Kreisstadt. 3400 E. – In slawisch vorbesiedelter Landschaft um 1250 Burg mit Burgmarktanlage durch die mecklenburgischen Fürsten von Werle; Stadtrecht 1278 nach Erwerb durch die Markgrafen von Brandenburg. Heute Erholungsort.

Die ansässigen Ritter wie der Ort nennen sich 1257 ff. de bzw. in Wesenberg(h)e, Wesenberg(h). 1278 und im brandenburgischen Lehnregister von 1499/1500 heißt es ausnahmsweise Wesenburg bzw. Weßenborch neben Wesemberch. – Der Name erinnert an *Wiesenburg*, Kr. Belzig (1190 Wesenburch), und ist vielleicht von dort übertragen; zu mnd. *wese* 'Wiese'.

Wettin Saalkreis, Bez. Halle; im Porphyrhügelland auf dem Ostufer der mittleren Saale, nordwestl. der Bezirksstadt. 3100 E. – Vor 919 slawische Grenzburg mit Burgsiedlung; danach deutscher Burgwardort und Grafenburg; Burgflecken; → Städtchen seit Mitte des 12. Jh.; Stammburg der Wettiner Markgrafen und späteren Fürsten.

Vitin ist erstgenannt in einer Urkunde Ottos I. von 961; seit 997 öfter im Namen der Grafen und Burggrafen von Witin, Wyttin, Within. 1105 erscheint der Ort Witin in den Stader Annalen, 1185 urkundlich Within, 1259 Wyttin. Formen mit *e* treten erst seit dem 14. Jh. auf: 1331 Wettyn, 1345 tů Wettin. – Der Ortsname enthält altsorb. *Vitin* 'Ort des *Vit, Vita*'. Dieser Personenname gehört zu einem altertümlichen slawischen Personennamenstamm *Vit-*, dessen genaue Bedeutung nicht mehr bekannt ist, der aber in zahlreichen zweigliedrigen Personennamen wie altpoln. *Witosław; Miłowit, Radowit, Siemowit* usw. vorliegt.

Wiehe Kr. Artern, Bez. Halle; am Südostrand der Goldenen Aue zwischen Finne und Unstrut, südöstl. der Kreisstadt. 2500 E. – Sehr alte thüringische Siedlung; seit 9./10. Jh. Königsgutkomplex mit Königshof; später Burg und Burgflecken; → Stadt im 13. Jh. (1312 cives genannt).

Der früh und oft bezeugte Ortsname begegnet zuerst als Wihe im Besitzverzeichnis des Klosters Hersfeld um 800 (in kopialer Schreibung von etwa 1150). Danach verzeichnen ihn einige Königsurkunden des 10./11. Jh.: 933 in Uuihe (Kopie 12. Jh.), 965 Uuiha, 998, 1047/50 Uuihi, 1053 Wihe, 1067 Wihiae (latinisiert). Thietmar von Merseburg schreibt zu 1014 Wi; 1047/50 heißt es nochmals (castellum) Wihi. Das 12.–15. Jh. schreiben dann Wie, Wy(e), Wi. 1382 tritt die *h*-Schreibung wieder auf: Wihe; auch das Stadtsiegel von etwa 1550 hat Wihe. – Da auch die Umwohner 998 als *Uuigsezi* 'im Sumpfland (der unteren Unstrut) Ansässige' bezeichnet werden, darf der Name mit Sicherheit zu mnd. *vī(g), vīhe* 'Sumpf, Bruch', also 'zum (Ort im) Bruch, Sumpf', gestellt werden.

Wildenfels Kr. Zwickau, Bez. Karl-Marx-Stadt; auf einer Anhöhe über der oberen Zwickauer Mulde, südöstl. der Kreisstadt. 2600 E. – Burg mit Burgsiedlung vom Ende des 12. Jh.; → Städtchen im 13./14. Jh. (1425 sloß vnd stad). Arbeiterwohnstadt für Zwickau-Planitz.

W. ist ein typischer Burgname des 12./13. Jh.: die Burg '*zum wilden, wildbewachsenen Felsen*'. 1222 ff. sind zuerst die Burgherren de Wildenuels, -fels, 1233 Burgleute de Wildinfels genannt, 1341 die Burg Wyldenuels, 1425 sloß vnd stad Wildenfels.

Wilkau-Haßlau Kr. Zwickau, Bez. Karl-Marx-Stadt; an der oberen Zwickauer Mulde, dicht südl. der Kreisstadt. 12000 E. – Um 1200 in locker altsorbisch vorbesiedelter Gegend deutsches Bauerndorf Wilkau; seit 16. Jh. dicht dabei Rittergut und Gutssiedlung Haßlau; von etwa 1850 an Zusammenwachsen beider Orte infolge Industrialisierung (Steinkohlenbergbau); 1934 Erhebung zur Stadt. Arbeiterwohnstadt für Zwickau.

Der Doppelort entstand aus der Kernsiedlung *Wilkau*, die 1432, 1439, 1460 als Wilkaw, 1551 als Wilckaw bezeugt ist. – Wilkau gehört zum altsorbischen Appellativum *vil'k* 'Wolf' (*Vil'kov*) oder zu einem entsprechenden Personennamen *Vil'k*.

Haßlau: Die hinzugekommene Rittergutssiedlung hieß zunächst 1540 und 1625 die Hasel (Haßel), 1593 in der Haßlaw. Die Endung beruht daher auf Angleichung an W. – Zu mhd. *hasel* 'Haselstrauch', der 'Ort am Haselbusch'.

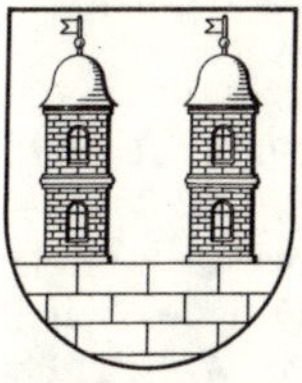

Wilsdruff Kr. Freital, Bez. Dresden; im östl. mittelsächsischen Bergland, nördl. des Tharandter Waldes, westl. der Bezirksstadt an der Autobahn Dresden–Karl-Marx-Stadt–Leipzig (Raststätte). 4800 E. – Deutsches Bauerndorf vom Ende des 12. Jh. mit Herrensitz (später Schloß); Stadtanlage um 1260 (1281 oppidum). Landwirtschaftszentrum, Fahrzeug- und Maschinenbau, Möbelfabrikation.

Wie die Belege deutlich zeigen, ist W. das 'Dorf eines *Wieland*': 1259 Wilandestorf, 1260 ff. die Ritterfamilie de Wi-, Wylandesdorf, 1294 die Burg (castrum) Willanstorff; 1298 Wilansdorf. Von 1428 treten die verkürzten Namenformen auf: 1428 Wilissdorff, 1466 Wilstorff, 1468 Wilsdruff, mit *r*-Umstellung wie noch heute. – Der Name des sagenhaften germanischen Schmiedes *Wieland* wird zu altnord. *vēla* 'kunstfertig arbeiten', angelsächs. *vela, veola, viola* 'Schatz, Reichtum, Glück' gestellt.

Wilsnack, Bad Kr. Perleberg, Bez. Schwerin; in der Westprignitz, am Rande der Elbniederung, südöstl. von Wittenberge, an der Karthane. 3400 E. – Im frühen 12. Jh. slawisches Dorf an einer Altstraßenkreuzung; seit etwa 1150 eingedeutscht; → Städtchen um 1390 (seit 1384 Wallfahrtsort, Heiliges Blut von W.), gefördert von den Bischöfen von Havelberg (1397 oppidum). Seit 1907 Eisenmoorbad; „Bad" W. seit 1929.

Seit Überlieferungsbeginn blieb der Name fast unverändert: 1300 Wilsnack, 1384 Vvilsnak, 1424 tu Wilsnack. – Dem Namen liegt altpolab. *vilšňak* 'Erlengehölz', zu *ol'ša* 'Erle', zugrunde, entsprechend auch russ. *olešnjak*.

Wilthen/Wjelećin Kr. Bautzen, Bez. Dresden; im Lausitzer Gebirge, in muldenartigem Bachtal westl. zur oberen Spree, südl. der Kreisstadt. 6200 E. – Sorbisch-deutsche Dorfgründung kurz nach 1200 mit Herrengut; erst im 16./17. Jh. angewachsen zum Flekken (1668 Stadtrecht). Seit 1872 Weinbrandbrennerei (heute VEB).

1222 heißt der Ort Welentin und Welintin, 1276 ff. de Willentin, 1324 Wyllinthyn, 1412 Weletin, 1469 Willetin, 1481 Wilten, 1555 Wilthen. Als sorbische Form ist 1680 Welezin, 1835 Weleczin, 1843 W'elecin dokumentiert worden. – W. ist altsorb. *Velętin* 'Ort des *Velęta*'; der Personennamenstamm *Vel-* ist im Slawischen sehr häufig.

Wismar Kreisstadt und Stadtkreis, Bez. Rostock; an der Südspitze der Wismarer Bucht, an der südwestl. Ostseeküste, südwestl. der Bezirksstadt. 57000 E. – Wohl schon vorslawischer Fischerei- und Seehandelsplatz, später Obodritenburg (? = Rerik?); Frühstadt ausgebaut zur Planstadt um 1200 (1211 portus, 1251 civitas) durch den Fürsten von Mecklenburg (mit Residenz); Neustadt vor 1260 entstanden; Hansestadt seit 1358. Überseehafen, Fischereihafen; seit 19. Jh. Schiffbau (heute Mathias-Thesen-Werft).
In einer nach 1200 gefälschten Urkunde wird für 1171 vom Hafen (portus) Wissemer gesprochen. Auch die Urkunde, die zu 1167 vom Wasser, Gewässer (aqua) Wissemara spricht, ist um 1250 gefälscht worden. Die echte Bezeugung von W. beginnt mit 1211 (in portu ...) Wissemer, 1229, 1230, 1237 Wissemaria, Wyssemaria, 1246 Wismarie, 1257 stat to der Wissemar(e), 1443 heißt es dann Wismar. – Wegen der Bedeutung des Platzes muß mit hohem Alter und evtl. mit Umdeutung des Namens durch die Obodriten gerechnet werden. Möglicherweise hat ursprünglich die Wismarer Bucht einen entsprechenden Namen mit dem Zweitglied germ. *-mari* 'Meer' gehabt, das Erstglied könnte zu germ. *wisu-, wisi-* 'gut, vortrefflich' gehören (dazu der Volksname *Wisigothae*). Andererseits gibt es zweigliedrige germanische Personennamen mit diesem Erstglied und germ. *-mari* 'berühmt', etwa den Vandalenkönig *Visimar*, doch kann ein bloßer Personenname kaum eine Stellenbezeichnung bilden. Dies aber ist möglich im Slawischen mit Hilfe des possessivischen Suffixes *-j-*, das im Deutschen keine Spuren hinterließ: etwa altpolab. **Vyšemeŕ* 'Ort, Burg eines *Vyšemer*'.

Wittenberg (Lutherstadt) Kreisstadt, Bez. Halle; am Südrand des Flämings und Nordufer der Mittelelbe, nordöstl. der Bezirksstadt. 52500 E. – In altsorbisch vorbesiedelter Gegend Mitte 10. Jh. deutsche Burg und Burgflecken an einer Elbrandstraße und Elbfurt; seit alters Elbschiffahrts- und Elbhandelsplatz; Burgwardmittelpunkt; seit 12./13. Jh. Sitz der

askanischen Grafen bzw. Herzöge und Kurfürsten von Sachsen (bis 1525); planmäßige Stadtanlage Anfang des 13. Jh.; 1502 Gründung der Universität W. (1817 mit Halle vereinigt), Wirkungsstätte Martin Luthers seit 1512 (lutherische Reformation 1517ff.). Wohnstadt für die Stickstoffwerker des benachbarten Piesteritz.
Die Überlieferung zeigt nur Schreibvarianten: 1187, 1189/90, 1270, 1293 Wittenberg, 1230 Witthenberge, 1295 Wittenberch, 1309 Wittenberck, 1313 Wyttenbergh, 1370 Wittinberk usw. – Ein schmükkender Name: die 'Stadt bzw. Burg *am helleuchtenden Berg*', zu mnd. *wit* (altsächs. *hwīt*) 'weiß, leuchtend'. Eine altsorbische Parallele dazu bietet der Name *Belgern* (vgl. dort). Vgl. Wittenberge, Wittenburg, Weißenberg, Weißenfels.

Wittenberge Kr. Perleberg, Bez. Schwerin; in der Westprignitz, an der Mündung der Stepenitz in die Elbe, südwestl. der Kreisstadt. 33100 E. – Bereits vordeutsche Burg und Burgsiedlung an altem Elbübergang aus der Altmark nach Norden; deutsche Burg der Herren Gans (von Putlitz) in der Nähe der Altsiedlung nach 1147 errichtet; Stadtanlage bald nach 1200 durch den Markgrafen von Brandenburg (1264 civitas). Elbschiffahrtsplatz, Umschlaghafen; Zellstoffwerke, Bekleidungsindustrie, Nähmaschinenproduktion.
Für diesen hochmittelalterlichen Burgnamen und Stadtnamen bestand wohl die gleiche Motivation wie für *Wittenberg*. Die Urkunde, die ihn 1226 zuerst nennt, ist allerdings eine Fälschung. 1239 und 1273 erscheint er in echter Urkunde als Uittenberge (W-), 1264 als Wittemberga, 1300 in Wittemberge, 1321 Wittenberghe. – Hier hat sich im Zweitglied – im Gegensatz zu Wittenberg – die alte *e*-Endung des Lokativs erhalten. Zur Namenerklärung vgl. Wittenberg, vgl. auch Wittenburg, Weißenberg, Weißenfels.

Wittenburg Kr. Hagenow, Bez. Schwerin; auf der Südwestabdachung des Mecklenburgischen Landrükkens, im Tal der Motel, südwestl. der Bezirksstadt. 5800 E. – Seit 1150 deutsche Burg mit zugehörigem Landbezirk an der Straße Boitzenburg–Schwerin, in slawischer Umgebung; Burgsiedlung um 1190/1200; → Stadt (1226 civitas). Landwirtschaftszentrum.
1154, 1167, 1194, 1208 usw. wird das Land (provincia bzw. territorium) Wittenburg, -burgh, -burch mehrfach bezeugt, 1194 auch Ratsleute de Wittenburgh und 1222 der Pfarrer von Wittenborch. Weiter-

hin folgt meist Wittenborg(h). – Zur Namenerklärung vgl. Wittenberg, vgl. auch Wittenberge, Weißenberg, Weißenfels.

Wittichenau/Kulow Kr. Hoyerswerda, Bez. Cottbus; im nördl. Oberlausitzer Teich- und Heideland, am Klosterwasser, südl. der Kreisstadt. 3300 E. – Bald nach 1250 beim sorbischen Dorf Kulowc von Witticho von Kamenz angelegtes Städtchen (1286 civitas); zur Klosterherrschaft von Marienstern gehörig. Heute Arbeiterwohnort des Braunkohlenbergbaus um Hoyerswerda.
W. ist 'die Gründung des *Witticho* (von Kamenz)': 1248 Witegenowe, 1264 Witiginowe, 1349 Witthgnow (böhmische Urkunde), 1374/82 Witchenow, 1658 Wittichenau. – Der altsorbische Name lautete 1641 z Kulowa, 1719 Kulow, Nowy Kulow. – Der Personenname *Wittich(o)* gehört zu ahd. *witu*, altsächs. *widu* 'Wald', erweitert mit einem kosenden *-ch*-Suffix. – *Kulow* dürfte zu *kul-* 'Biegung' gehören.

Wittstock Kreisstadt, Bez. Potsdam; in der Ostprignitz, an der Dosse und Autobahn Berliner Ring – Rostock. 11500 E. – Im 9./10. Jh. slawische Burg mit Burgsiedlung am Scharfenbergrand über der Dosseniederung; Burgward; seit etwa 1150 Burg der Bischöfe von Havelberg (bis 1548); Burgflecken → Stadt um 1220 (1248 civitas) in der Niederung.
Die Burg Wizoka wird in der verfälschten und auf 946 (statt 948) vordatierten Havelberger Bistumsurkunde ersterwähnt und erscheint wieder als Wizoca und Wizoka in den Bestätigungsurkunden von 1150 und 1179. 1271, 1273 schrieb man Wiztok, 1251 Wizstoc, 1284 Wizstock. 1277 tritt erstmals Witstock auf, aber noch 1415 steht Wistok neben 1441 Witstok. – W. enthält das in Ortsnamen sehr häufige slawische Adjektiv *vysoky* 'hochgelegen', hier in der weiblichen Form *Vysoka.* Das altpolabische Adjektiv bezieht sich auf die höhergelegene Burg, die Stadt liegt in der Dosseniederung.

Woldegk Kr. Strasburg, Bez. Neubrandenburg; am Nordostrand des Mecklenburger Landrückens, an den Helpter Bergen, südöstl. der Bezirksstadt. 4 200 E. – Markgräflich-brandenburgische Burg und Burgsiedlung nach 1200 an der Straße Neubrandenburg – Prenzlau in einem Neurodungsgebiet; Stadtanlage um 1250 (1298 civitas).

Wie viele andere zeigt der Name von Anfang an eine Schreibung, die der heutigen ähnlich ist: 1230 de Woldegen, 1271 de Woldegge, in Woldege, 1298 Woldegk, 1304 van Woldekke, 1317, 1440 Woldegge. – W. ist ein hochmittelalterlicher Burgname, hd. *Waldeck(e)*: die Burg an der Spitze der Helpter Berge, die früher wohl stärker bewaldet waren; mnd. *wold* 'Wald', mnd. *egge, egke* 'scharfe Kante, Ecke'.

Wolfen Kr. Bitterfeld, Bez. Halle; an der östl. Fuhneniederung, dicht nordwestl. der Kreisstadt. 32 600 E. – Mittelalterliches Dorf am Rande eines Heidewaldgebietes; im 15./16. Jh. zeitweilig bzw. teilweise wüst (Neuanbau 1550). Infolge Industrialisierung seit 1895 rasches Anwachsen: Farbenfabrik, 1910 ff. Filmmaterialproduktion, früher Agfa, heute VEB Filmfabrik Wolfen (ORWO), Produktion von Schädlingsbekämpfungsmitteln, Schwefelsäure und Pharmazeutika. Erhebung zur Stadt 1958.
W. ist erst relativ spät bezeugt: 1400, 1450 Wulffen, 1485 Wulffin, 1492, 1575 Wolffen. – Die Bezeichnung '(Ort) *bei den Wölfen*' könnte als indirekte Kennzeichnung für die abgelegene Lage, etwa am Walde, gedient haben, doch ist für diesen Raum um Bitterfeld auch mit Niederländersiedlung und hier vielleicht mit Namenübertragung zu rechnen: In Frage käme ndl. *Wulven* bei Utrecht (1200 Woluenne, Wluinne); mhd. *wolf*, altsächs. *wulf*, mnd. *wulf, wolf* 'Wolf'.

Wolgast Kreisstadt, Bez. Rostock; am Peenestrom (Peenemündung) in den Greifswalder Bodden gegenüber der nördl. Insel Usedom, östl. von Greifswald. 16 600 E. – Altslawische Fischer- und Schiffersiedlung mit Kultstätte; Anfang 12. Jh. pommersche Burg und Burgsiedlung; Erhebung zur Stadt durch den Pommernherzog um 1250 (1259 civitas); Seehandelsplatz (Hansestadt); Schiffbau seit 19. Jh. (Peenewerft). 1952 Kreisstadt.
W. ist einer der Orte, den Missionsbischof Otto von Bamberg auf seiner Pommernreise aufsuchte und der deshalb von den Chronisten und Biographen des Bischofs schon zu 1123, 1125 und 1128 genannt wird: Die Viten haben Hologost(a) und Ologost, Helmold von Bosau schreibt (1165/70) Woligost, -gast. Die Urkunden bieten 1140, 1188 Wologost, 1186 Wolegost, 1197 Wolegast, 1229, 1259 Wolgust; seit etwa 1250 allgemein Wolgast (1250, 1331 usw.). Die Formen *Walo-*,

Wala- und *-gast* (z. B. bei Saxo und in der Knytlingasaga vom Ende des 12. Jh.) stellen Germanisierungen des Namens dar. – Man hat von dem altpolabischen Personennamen *Voligost*, der mit dem possessivischen Suffix *-j-* erweitert wurde, auszugehen. Er steckt auch im Namen des *Wulstbaches* in Thüringen.

Wolkenstein Kr. Zschopau, Bez. Karl-Marx-Stadt; im mittleren oberen Erzgebirge, auf einem Plateau hoch über dem tiefeingeschnittenen Zschopautal, südl. der Kreisstadt. 2000 E. – Kurz vor 1200 errichtete Burg und Burgflecken der Herren von Waldenburg (vgl. dort) als Zentrum einer Rodungsherrschaft; Burgflecken; → Städtchen im 13. Jh. (1323 oppidum).
W. ist die '*Felsenburg in den Wolken*', dazu auch *Wolkenburg* an der Mulde bei Penig (1286 Wolkenberc): seit 1241 fast unverändert als Wolkenstein überliefert (1241, 1293, 1323); daneben 1401 Wulkenstein, 1439 Wulkinstein, 1501 Wulkensteynn. – Zu mhd. *wolken*, md. *wolke* 'Wolke'; die *u*-Formen zeigen mundartlichen Einfluß.

Wolmirstedt Kreisstadt, Bez. Magdeburg; am Südrand der Colbitz-Letzlinger Heide und Nordufer der Ohre, kurz vor deren Mündung in die Elbe, nördl. der Bezirksstadt. 11500 E. – Frühmittelalterlicher befestigter Ort an Ohre- und Elbübergängen, nahe der Hildagsburg, in z. T. altsorbischer Umgebung; 1009 deutsche Reichsburg; im 12. Jh. Sitz markgräflich-brandenburgischer Ministerialen; seit 1319 erzbischöflich-magdeburgisch; Burgflecken; → Städtchen im 13./14. Jh. (1363 stadt). Handelsplatz, Textil- und Lederproduktion; heute Meßgerätebau und Arbeiterwohnstadt für das nahe Kaliwerk Zielitz.
Einen wertvollen Hinweis für den Namen W. gibt uns Thietmar von Merseburg (1012/18), der zu 1009 vermerkt: urbs nostra Walmerstidi, Sclavonice autem Ustiure, eo quod Ara et Albis fluvii hic conveniunt (unsere Burg W., auf slawisch aber *Ustiure*, da wo Ohre und Elbe zusammenfließen). 1159 ist dann ein Gottschalk de Vulmerstede, Wolmerstede, 1179 ein Berthold de Vvlmerstede erwähnt. Seit etwa 1200 überwiegt Wolmerstede, neben seltenerem Wulmerstede. – Der Name bezeichnet die '*Wohnstatt des Waldemär* oder *Walahmär*'; diese Personennamen enthalten altsächs. *waldan* 'herrschen' oder germ. *walh* 'Romane', kaum altsächs. *wola, wala* 'Wunsch, Begehr' und germ. *märi* 'berühmt'. Der slawische Name beruht auf *ust'e* 'Mündung' und *Ure* 'Ohre'.

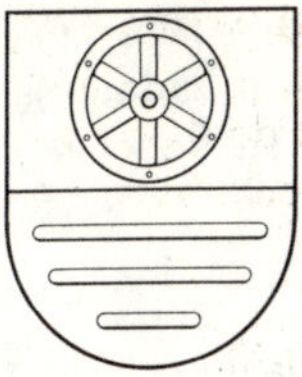

Worbis Kreisstadt, Bez. Erfurt; am Südfuß des Ohmgebirges im westthüringischen Eichsfeld, an der oberen Wipper, nahe der Staatsgrenze zur BRD. 3800 E. – Altthüringische Siedlung an altem Straßenpaß ins untere Eichsfeld (Duderstadt/BRD); um 1200 Marktort (1238 W. forense) mit Herrenburg (Harburg); → Städtchen vor 1250 (1255 civitas). Seit 19. Jh. Textilindustrie, Holzverarbeitung; heute elektronische Datenverarbeitungsanlagen; 1952 Kreisstadt.

W. ist 1162 als in Wurbeke überliefert. Angesichts der weiteren Belege, unter denen nie mehr *-beke* auftritt, wird man verunsichert, ob dies die Grundlage des Namens repräsentiert oder es als verkehrte Rücksetzung aus *-(b)ize* (sog. Zetazismus, *k* wurde vor hellen Vokalen zu *z*) aufzufassen ist, da sonst doch *-beki, -biki* hin und wieder noch erscheinen müßte. 1209 heißt es dann Kirchworvece und de Wurbeze, 1238 Worveze, Worbeze, 1221, 1246 de Worbeze, 1253 de Worvece, 1269 Worbicze, 1276 Marchtworbize, 1289 Wurbiz, noch 1350 Worbiz, Wurbiz, aber bereits 1299 auch Worbis, 1389 Worbes. – Bis auf weiteres müssen wir uns an den *Wurbeke*-Beleg von 1162 halten und einen ursprünglichen Bachnamen annehmen, der im Erstglied wohl mhd. *wuor* enthielt, dem ein mnd. **wōr* 'Damm im Wasser, Wehr' entsprochen haben wird. *-beze* und *-bize* wären dann konsequente palatalisierte Formen für nd. *-beki* bzw. *-biki* 'Bach'. Die Konsonantengruppe *-rb-* konnte bei niederdeutscher Artikulation leicht zu-*rv*-übergehen. Evtl. lassen sich die Bachnamen *Worbke* und *Wörbke* im Kr. Soest und im ehemaligen Schaumburg-Lippe vergleichen. Also der 'Ort am *Worbike, Wurbach*'.

Wörlitz Kr. Gräfenhainichen, Bez. Halle; am Südrand der breiten Elbaue, östl. von Dessau, nördl. der Kreisstadt. 2500 E. – Altsorbischer Burgwall mit Burgsiedlung bis Mitte des 10. Jh.; seitdem deutsche Burg und Burgward; Burgflecken; → Städtchen durch Zuzug flämischer Kolonisten vor und nach 1200 (1440 stat). Bekannt durch seinen 1765–1809 angelegten Landschaftspark im englischen Stil.

Aufgrund einer echten Urkunde Heinrichs II. von 1004 wurde eine entsprechende Fälschung, datiert auf 965, angefertigt: Erstere hat urbs Vverlazi, letztere Verliazi. Erst 1134/70 folgt dann Worgelez, ebenso 1196. 1207, 1228 und 1288 erscheint Wergeliz, 1304 Worgeliz, 1323 und 1440 Worlicz. – Möglicherweise erfolgte eine Eindeutung von altsächs. *wurgil* 'Strick', entsprechend altisländ. *virgill*, zu 'würgen, drehen, zusammenschnüren', auch mhd. *wergel* 'Würger', mundartl. md. *wärgel, wurgel.* Die altsorbische Namenform könnte zu *vrěti* 'sieden, wallen', *vredlo* 'Quelle' oder einem Personennamen mit -*l*-Suffix gehören.

Wriezen Kr. Bad Freienwalde, Bez. Frankfurt; Zentralort am Westrand des Oderbruchs, an der Alten Oder, östl. von Berlin, südöstl. der Kreisstadt. 6700 E. – Altslawische Siedlung Alt-Wriezen am Heiderandgebiet und Übergang ins Oderbruch; dabei Stadtanlage durch die Markgrafen von Brandenburg vor 1247 (1247 oppidum, 1303 civitas). 1247 ist Wrecne überliefert. Seit 1300 begegnen dann mehrere abweichende Schreibungen: 1300 de Wricenne, Vritzna; 1303 in Wrizna; 1320 in Wrezna, Wrizna; 1337 stat tur Wrecen, 1343 tu der Wryzcen, 1420 czu Wretzin, usw. – Es liegt altpolab. *Vresno* o. ä., zu *vres* 'Heidekraut', zugrunde, enthalten in vielen slawischen Ortsnamen.

Wurzbach Kr. Lobenstein, Bez. Gera; im Süden des Thüringer Schiefergebirges, im Talkessel der Sormitz nahe der Staatsgrenze zur BRD, westl. der Kreisstadt. 2600 E. – Deutsches Rodungsdorf nach 1200; im 16. Jh. Eisengewinnung, Schieferabbau; Marktrecht 1757; im 19. Jh. Flecken; 1930 Stadt. Erholungsort. Metallwaren-, Holzwaren- und Kartonagenbetriebe. 1250 ist eine Schenkung in Vorcbach bezeugt, 1278 schrieb man Wurzbach, ebenso 1504. – Der 'Ort *am Krautbach*', zu mhd. *wurz* 'Kraut, Pflanze', verwandt mit nhd. *Wurzel* und *Gewürz.*

Wurzen Kreisstadt, Bez. Leipzig; an altem Muldenübergang (via regia) bzw. an der Kreuzung mit einer Nord-Süd-Straße, östl. der Bezirksstadt, am Ostufer der Mulde. 19800 E. – Vor 929 altsorbische Burg und Burgsiedlung als Zentrum des Kleingaues Neletici; danach deutscher Burgward; städtische Anfänge noch vor 1100 (Altstadt, 1114 Zoll erwähnt); Anlage der Planstadt nach 1150 durch den Bischof von Meißen; bischöfliche Residenz seit 1489; altes Handelszentrum mit Stapelrecht. Seit 19. Jh. stark industrialisiert (Eisengießerei, Maschinenbau, Kartonagen, Lebensmittel); bekannt durch das Backwarenkombinat „Albert Kuntz" (Dauerbackwaren).

Eine Urkunde Ottos I. (in Abschrift des 11. Jh.) bietet zu 961 den Namen Vurcine; Thietmar von Merseburg erwähnt die Burg (urbs) Vurcin bzw. Vurzin zu 981, 1015 und 1077. Eine Urkunde Ottos III. schreibt 995 Vrscini; 1050 folgt Wrcin, im 12./13. Jh. mehrfach Worzin, Worczin, Worcin, 1219 Wurzin, 1411 Wurczen, 1539 Wurzen. – Die altsorbische Grundform dürfte *Vorčin-/Vurčin-* oder *Vorcin-/Vurcin-* gelautet haben, am ehesten zu einem Personennamen *Vorč/Vorc* usw.; zu *vorčeti* 'knurren', evtl. auch als Gewässerbezeichnung, die auf das Geräusch des Wassers (der Mulde) Bezug nahm; vergleichbar ist der slowenische Bachname *Vrčica.*

Wusterhausen (Dosse) Kr. Kyritz, Bez. Potsdam; am Mittellauf der Dosse, im Süden der Prignitz, südöstl. der Kreisstadt. 3200 E. – Altslawischer Burgwall mit Siedlung an Dosseübergang; nach 1150 eingedeutscht; Burgflecken; → Stadt 1250/60 (1291 civitas) durch die Markgrafen von Brandenburg bzw. Herren von Plotho.

Wustrehuse ist 1232 Ausstellungsort einer Urkunde, ebenso 1277 Wuzsterhusen, 1236 ist ein Diethard de Wosterhusen genannt; 1293 heißt es Wosterhuse und Wusterhusen, 1301 und 1320 Wosterhusen, 1375 im brandenburgischen Landbuch Wusterhusen. Das hd. *-hausen* ist auf amtlichen Gebrauch seit dem 16. Jh. zurückzuführen. – Nd. *-hūs(en)* wurde in den ursprünglich echt altpolabischen Namen eingedeutet: *Vostrožna*, zu *ostrog* 'mit Palisade befestigter Ort'. Vgl. auch Königs Wusterhausen, Ostritz.

Zahna Kr. Wittenberg, Bez. Halle; am Südrand des Flämings, am gleichnamigen Bach, nordöstl. der Kreisstadt. 4500 E. – Vor dem 12. Jh. kleiner altsorbischer Burgbezirksmittelpunkt; seitdem deutsche Burg mit Burgflecken (Kleinherrschaft); → Stadt im 13./14. Jh. (1326 consules et concives); 1388–1430 Residenz der Herzöge und Kurfürsten von Sachsen-Wittenberg.

Zcane erscheint erstmalig 1161, in gleicher Form auch 1189; 1187 als Burgward Zane. Das 13./14. Jh. hat weiterhin Zane (1326), Zan (1332), von der Tzane (1324), de Czane (1329, 1389); 1528–1533 folgen schließlich von der Zcan, zur Zane. Ganz vereinzelt begegnet latinisiertes Zanis (1292), Zanys (1325). – Der Bachname ist kaum aus dem Altsorbischen zu erklären. Vielleicht liegt ein alteuropäischer Gewässername vor, der noch näherer Klärung bedarf, da mit dem Abfall eines *Mar-/Mor-* bei einem evtl. möglichen **Mročane/*Marčane* (vgl. Berlin-*Marzahn*) kaum gerechnet werden kann (zu altsorb. *mroka*).

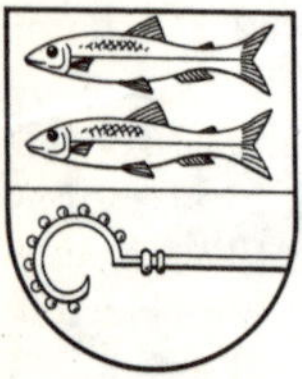

Zarrentin Kr. Hagenow, Bez. Schwerin; am Südende des Schaalsees im westl. Mecklenburg, an der Staatsgrenze zur BRD, südwestl. der Bezirksstadt. 2500 E. – Altslawisches Fischerdorf vor 1447; danach eingedeutscht; seit 1246 mit Zisterziensernonnenkloster; seit 17. Jh. Marktflecken; Stadt nach 1918.

Erstgenannt ist die Pfarrei Zarnethin im Jahre 1194; sie tritt auch im Ratzeburger Zehntregister von 1230 als Tsarnetin auf. 1216 wird – latinisiert – von dem Dorf (villa) Sarnotino gesprochen und 1246 vom Tsarnestrom (aqua). Von 1251 an häufen sich die Nennungen: 1251, 1252 Tsernentyn, 1252 Tsernetin, 1258 Sternetin, 1279 ff. Tzarn(e)tin, Zarntin usw. – Dem Namen liegt altpolab. *Čarnotin* 'Ort des *Čarnota*' zugrunde; der Personenname gehört zu altpolab. *čarny* 'schwarz'.

Zehdenick Kr. Gransee, Bez. Potsdam; an der oberen Havel, nördl. von Berlin und am Westrand der Schorfheide, südöstl. der Kreisstadt. 12500 E. – Altslawischer Burgwall mit Burgsiedlung an einem Havelübergang; nach 1147 deutscher Burgward; Burgflecken; → Stadt durch die Markgrafen von Brandenburg um 1250 (1281 civitas); mit Zisterzienserkloster. Seit 19. Jh. Industrialisierung: Holzverarbeitung, Bekleidung, Baustoffkombinat.

Am Anfang der Überlieferung steht 1211 der Pfarrer in Cedenich; 1216 folgt der Burgward Cedenic, 1257 das gleichnamige Kloster. 1265 schreibt man Zedenick, 1288 und 1297 Cedenik, 1273 Zedenic, 1500 Czedenick, 1541 Zehdenick. – Der Name steht wohl im Zusammenhang mit dem bei Thietmar von Merseburg zu 972 genannten Ort Cidini, später dt. *Zehden*, heute poln. *Cedynia*. Die Deutung bereitet Schwierigkeiten, man dachte an die slawische Wurzel *sěd-*

'sitzen, sich setzen', doch ist der Anlaß einer solchen Benennung unbekannt.

Zeitz Kreisstadt, Bez. Halle; am Südrand der Leipziger Tieflandsbucht und Mittellauf der Weißen Elster. 44000 E. – Zentrum eines altsorbischen Siedelgaues mit Burgwall (Bosau) und Burgsiedlung; seit Mitte des 10. Jh. deutsche Königsburg und Burgward, Mittelpunkt der Mark Zeitz; 968–1028 Bistumssitz (danach nach Naumburg verlegt); frühstädtisch seit etwa 1030/50 (Kaufleutesiedlung am Brühl, Markt der Unterstadt), planmäßig angelegte Oberstadt um 1150, um 1200 Erweiterung (Neumarkt); 1135 Zollstätte, 1154 Marktkirche erwähnt, 1147 civitas, 1250 nova civitas. Seit 968 bischöfliche Residenz bzw. Nebenresidenz (seit 1657/78 Schloß Moritzburg, wettinische Nebenlinie Zeitz-Weißenfels). Textilveredlung, Maschinenbau, Hydrierwerk; VEB Zemag (Ausrüstung für Brikettfabriken), VEB Zekiwa (Kinderwagen), Süßwaren-, Kosmetik-, Lederwaren-, Metallwarenbetriebe.
Eins der drei 968 gegründeten sorbenländischen Bistümer ist Citice, 976 hat ein Kleriker in den Namen seine antiken Literaturkenntnisse eingedeutet und schreibt (einmalig) Itaca (Ithaka, Insel an der griechischen Westküste, nach Homer die Heimat des Odysseus). Citice (und latinisierte Ableitungen wie Citicensis, -e) bildet die Normalform in den zahlreichen Zeitzer und Naumburger Bistumsurkunden des ausgehenden 10. und 11. Jh., auch bei Thietmar von Merseburg (1012/18). Daneben begegnet auch die *z*-Schreibung: 995 Zitici, und die *a*-Endung: 1004, 1060 Citiza (latinisiert). Vom 12. Jh. an tritt die verkürzte Form auf: 1135 Zyza, 1140 Cice, 1147 Cize, 1223 Cice, 1286 Czitze, 1443 Cicz. Der Diphthong *ei* wird kenntlich gemacht seit etwa 1460: 1468 zu Czeicz, 1480 Zceitz. – Der Name ist am ehesten zu altsorb. *sit* 'Binse, Gelände mit viel Binsen oder Riedgras', Grundform *Sitc, Sitica* o. ä., zu stellen, doch ist er möglicherweise aus einer noch älteren vorslawischen Schicht umgedeutet.

Zella-Mehlis Kr. und Bez. Suhl; Doppelstadt in einem Talkessel am Südhang des Thüringer Waldes, nördl. der Bezirksstadt. 15400 E. – Kurz nach 1100 an alter Straße über den Thüringer Wald errichtete Mönchszelle des Klosters Reinhardsbrunn bei Friedrichroda; neben dieser Entstehung der Wald- und Bergbausiedlung Mehlis (später Eisenhammer); Zella wurde 1645 zum Marktflecken, Mehlis 1892 zur Stadt erhoben; Dop-

pelstadt seit 1919. Industrie- und Arbeiterwohnstadt; Werke für Datenverarbeitungsanlagen, Werkzeugmaschinen, Elektrogeräte, feinmechanische Erzeugnisse u. a.; Erholungs- und Wintersportzentrum.
Zella heißt 1111/12 Cella Sancti Blasii, 1357 zu der Celle sannct Plasius, 1581 von der Zehl, 1642 Zella. – Lat. *cella* ist die 'Mönchszelle, Klause', ursprünglich 'Kammer'. Dazu auch die Ortsnamen *Probstzella, Alt-* und *Neuzelle, Paulinzella.*
Mehlis heißt 1111 (Wald)Elisis, 1210, 1250 de Mels, 1357 Meles, 1440 zu Mels, 1512 Melíß, 1581 Meleß, Melíß, 1642 Melis. – Das anlautende *m-* in Mehlis ist vermutlich von der Präposition *zum* an den Namen *Elisis* gezogen worden, der auffällig an den Namen *Elsaß* anklingt, das als 'Sitz außer Landes, draußen' (aus *Eli-saʒ*) zu erklären ist und sachlich hier ebenfalls passend wäre (im einsamen Gebirgswald). *-siss* für *-sass* ist in Thüringen geläufig gewesen, etwa *Neusiß* südwestl. von Arnstadt. Als zweite Möglichkeit ergibt sich die Waldbenennung nach dem *Alessen-/Alissenkraut* 'Waldstorchschnabel'.

Zerbst Kreisstadt, Bez. Magdeburg; in der Nutheniederung, östl. der Mittelelbe, südwestl. des Flämings, südöstl. der Bezirksstadt. 19400 E. – In altsorbischer Zeit Hauptort des gleichnamigen Gaues, mit Burgwall; seit Mitte des 10. Jh. deutsche Herrenburg (Wasserburg) und Burgward; 1148 ff. Ansiedlung niederländischer Siedler (Stadtteil Ankuhn); planmäßige Stadtanlage um 1200 (1209 civitas); seit etwa 1250 anhaltinisch; fürstliche Residenz 1603–1697. Heute Werkzeug- und Maschinenbau, Plastfabrikation, Gemüsebau.
Der Landschaftsname steht zeitlich an der Spitze der Überlieferung: Das Bistum Brandenburg erhielt 948 u. a. den Gau (provintia) Cieruisti (1161 erneut bestätigt), das Erzbistum Magdeburg 973 den Zehnten in Kiruisti (*k-* steht für *c-* oder *z-*, falsche Rückbildung aufgrund des sog. Zetazismus *k* > *z*). 1003 verschenkt Heinrich II. Königshufen in teritorio Zerbiste; 1188 bestätigt der Papst dem Bistum Brandenburg u. a. das Herrschaftsgebiet (provincia) Zierwisti. Diesen folgt der Burg- und Burgwardname, bei Thietmar von Merseburg zu 1007/08: urbs Ziruuisti. Die Stadt schreibt man 1213 de Tserewist, 1214 Scerewist, 1253 Tserewist, 1276 Zerwist, 1387 Zcerwest, 1404 Czerbst. – Dem Namen liegt altsorb. *Čirvišče*, zu *čirv'* 'Wurm', obersorb. *čerw* zugrunde, gemeint sind offenbar die Larven von Schildläusen, aus denen ein roter Farbstoff gewonnen wurde, weshalb im Slawischen *čeŕveny* 'rot' bedeutet. Mit dem Namen der *Sorben* (wie etwa bei *Zörbig*) hat dieser Ortsname nichts zu tun.

Zeulenroda Kreisstadt, Bez. Gera; im Nordosten des Thüringer Schiefergebirges, über den Tälern der Triebes und Weida, südl. der Bezirksstadt. 14 500 E. – Um 1250 entstandenes deutsches Rodungsdorf; von den Vögten von Weida und Gera 1438 zur Stadt erhoben (Nahmarktort). Früher Strumpfwirkerei, Textilwarenherstellung, Möbeltischlerei; heute VEB Ostthüringische Möbelwerke, Maschinenbau (VEB WEMA). 1952 Kreisstadt.
1325 erhält Kloster Heilig Kreuz bei Saalburg Einkünfte in Zulenrode, 1387 wird der Priester von Czewlnrode erwähnt, ebenso 1415 zcu Czewlinrode. 1438 schrieb man Czeullenrode, 1501 Ul(l)enrode, 1510 Zewlrode, 1553 zu Zeilenroda. – Der Name wurde bisher als '*zu Eulenrode*, zur Rodung im Eulenwald' erklärt, zu mhd. *iule* 'Eule', was wegen des Diphthongs *eu* aus *iu* berechtigt ist. In dem Beleg von 1501 wäre dann der Umlaut des *u* (*ü̆*) noch nicht gekennzeichnet. Versuche, einen slawisch-deutschen Mischnamen in Z. zu sehen, zu den altsorbischen Personennamen *Sulan, Sulen* als Erstglied, vermögen das *eu* nicht zu erklären, es wäre dann *Zaulenrode* zu erwarten. 1553 Z*ei*lenroda läßt die mundartliche Entrundung des *eu* erkennen.

Ziegenrück Kr. Schleiz, Bez. Gera; im Thüringer Schiefergebirge, östl. der Saaletalsperre Hohenwarte, an der tiefeingeschnittenen oberen Saale, westl. der Kreisstadt. 1 100 E. – Vor 1250 entstandenes Fischer- und Waldbauerndorf mit Herrensitz (Burg); Burgflekken; → Städtchen um 1300 (1328 hus und stat; 1331 hus und eyn stetichen darunder). Erholungsort.
Die Belege lauten: 1258, 1260 Cygenruke, 1320, 1327 Zigenruck, 1331 Zegenrucke, 1347, 1350 Zcigenruck(e), 1382 Czeginrucke. Das Stadtsiegel von 1403 hat Cigenrucke. – Ursprünglich der Name eines Höhenzuges bei der späteren Stadt: der 'Ort *am Ziegenrück(en)*', zu mhd. *rück(e), ruck(e)* 'Rücken, Rückgrat, Anhöhe' und mhd. *zige, zege* 'Ziege'.

Ziesar Kr. Brandenburg, Bez. Potsdam; am Südrand des Fiener Bruches im nördl. Flämingvorland, an der Autobahn Berliner Ring – Magdeburg, südwestl. der Kreisstadt. 2 500 E. – Vor Mitte des 10. Jh. slawischer Burgwall und Burgsiedlung hinter dem damals wohl noch seenhaften Fiener Bruch (von der Kreisstadt aus gesehen), seitdem deutscher Burgward, Burgflek-

ken; Straßenmarktanlage durch die Bischöfe von Brandenburg nach 1200; seit etwa 1350 Bischofsresidenz (1375 castrum et oppidum); markgräflicher Vogtsitz.
In der Gründungsurkunde für das Bistum Brandenburg 948 erscheint die Burg (civitas) Ezeri, 1216 der Burgward Jesere. Zuvor nennt 1198 eine markgräfliche Urkunde den Priester von Jezere. So schreibt man auch 1214 ff. Bereits 1204 jedoch beginnen die Belege mit der Präposition *za-* im Anlaut: 1204 de Segesere, 1228 Seggesere, 1254 Seiesere, 1266 Seygezere, 1289 de Segesere; 1372 schreibt man in Zeieser, 1393 Zyeser, 1459 Ziegesar, Zieser, 1500 Zießer. – Da mundartl. *g-* wie *j-* gesprochen wurde, konnte es auch für *j-* geschrieben werden. Altpolab. *Zajezeře* 'Flur, Ort hinter dem See', zu *jezer(o)* 'See'.

Zittau / Žitawa Kreisstadt, Bez. Dresden; in flachem Becken am Nordfuß des Zittauer Gebirges, an der Mündung der Mandau in die Neiße, am Dreiländereck (Staatsgrenzen DDR, VR Polen und ČSSR). 41 900 E. – Altsorbische Siedlung an dem Fernweg Böhmen – Ostsee; mit böhmischer Herrenburg und Burgflecken vor 1250; Stadtgründung um 1250 durch den böhmischen König (1275 civitas). Fernhandelsplatz; später Textil- und Metallindustrie, Textilveredlungsbetriebe; LKW-Werke (Robur), Papier- und Kartonagenbetriebe, Glasschmuckwaren, Brauerei; Touristikzentrum.
1238 ff. werden öfter böhmische Herren auf der Burg Z. genannt: de Sitauia, Sitavia, Syttauia (latinisierte Formen). 1250, 1290 schreibt man den Stadtnamen Sittaw, 1305 Sithow, um 1326 von der Sytow, 1343 die Sithe. Um 1350 beginnen die z-Schreibungen: 1350 Zyttavia, 1355 Zittaw, so auch 1399, 1448, 1533. – Der Ortsname wird aus altsorb. *Žitava* 'Getreideort', zu *žito* 'Getreide, Korn', erklärt, der Anlaut z- beruht wohl auf der Einwirkung des deutschen Artikels *die*: (in) *d*(ie) *Sitte*.

Zöblitz Kr. Marienberg, Bez. Karl-Marx-Stadt; im mittleren Obererzgebirge, östl. der Kreisstadt. 2 800 E. – Alter Rastort an mittelalterlicher Straße nach Böhmen bei der Burg Lauterstein (um 1150 Nidperc = Neidberg) in der gleichnamigen Herrschaft Lauterstein; Anlage des Städtchens nach 1200. In der neueren Zeit bekannt durch seine Serpentindrechslerei; Metallspielwarenherstellung. Erholungsort.
Die *-itz*-Endung ist in diesem Ortsnamen nicht ursprünglich: Z. heißt

1323 Czoͤbelin, Zcobelin, 1401 Czobeleins, 1488 Czobeliß, 1497 Czobellis, Czoblis, Tzobliz, Zöblis; 1539 dann Zöblitz. – Es muß von der Verkleinerungsendung dt. *-līn* + genitivisches *-s* ausgegangen werden (wie bei *Brünlas* < *Brünlīn* + *s*), womit der Name zu diesem im Erzgebirgsraum häufigeren Typ auf *-s* gehört. Mhd. *zobelīn* 'der kleine Zobel' war der Übername (Beiname) des Pelzhändlers oder Kürschners, vgl. den Familiennamen *Zöbelein*. Der Name des pelzliefernden Tieres ist früh ins Deutsche entlehnt worden, es erscheint auch im Wappen. *-līns* wurde zu *-lis*, *-litz* abgeschwächt und angeglichen.

Zörbig Kr. Bitterfeld, Bez. Halle; im Tiefland zwischen unterer Saale und Mulde, an der Mündung des Strengbaches in die Fuhne, westl. der Kreisstadt. 5300 E. – Altsorbische Burg mit Burgbezirk; seit Mitte 10. Jh. deutscher Burgwardort; Stadtanlage um 1200, mit Herrensitz (12. Jh. ff.; 1253 oppidum). Agrarzentrum, Arbeiterwohnstadt für Bitterfeld und Wolfen.

Das Magdeburger Moritzkloster erhält 961 u.a. den Zehnten aus dem Burgward (civitas) Zurbici; 1157 erscheint dieser nochmals als Zurbice. Auch Thietmar von Merseburg erwähnt Zurbizi zu 1009 und die Burg (urbs) Curbici zu 1015. Die Form Zurbice ist nochmals 1156 und 1181 bezeugt. Offenbar hat man um 1200 *-bici* als palatalisierte Form für nd. *-biki* 'Bach' aufgefaßt und vermeintlich „richtiges" *-biki/-beke* seitdem geschrieben und gesprochen: 1207 ff. heißt es oft Zurbeke (1207, 1218, 1224) neben 1242 Zorbeke, 1258 Sorbeke, 1330 in Czorbeke, 1332 in Zorbecke, 1404 Zcorbegk. Die Umlautbezeichnung für *ö* tritt erst seit dem 16. Jh. auf. – Der Name enthält den Namen der *Sorben*, altsorb. *Surbi/Sorbi*, erweitert mit *-ici*: *Surbici/Sorbici*.

Zossen Kreisstadt, Bez. Potsdam; an der Notteniederung im Teltow, südl. von Berlin. 6500 E. – Dörfliche slawische Altsiedlung am Rande großer Heidewaldgebiete; seit Anfang des 13. Jh. mit deutscher Herrenburg (niederlausitzische wettinische Kleinherrschaft); → Städtchen um 1300 (1355 stat und hus).

Die Überlieferung des Namens Z. beginnt 1320 mit Szozne, Sossen; 1347 folgt in Zcosna, 1349 zu der Zcossen, 1355 czu der Czossen. Diese beiden Schreibungen dominieren auch im 15. Jh. – Der Name ist aus altsorb. *sosna* 'Kiefer', evtl. als Plural *Sosny* oder als Kollektivum *Sosńe*, zu erklären.

Zschopau Kreisstadt, Bez. Karl-Marx-Stadt; im mittleren Erzgebirge, am Mittellauf des gleichnamigen Flusses, südöstl. der Bezirksstadt. 10700 E. – Flußübergangsstelle an alter böhmischer Straße Halle–Leipzig–Altenburg–Chemnitz (heute Karl-Marx-Stadt)–Prag mit Rastort. Deutsches Rodungsgebietszentrum nach 1170 (Herren von Waldenburg, zum pleißnischen Reichsterritorium gehörig, später markgräflich-meißnisch) mit Ministerialenburg („Wildeck"); Stadtanlage kurz nach 1200. Im Spätmittelalter Fuhrgewerbe und Handwerkerort (Weberei, Gerberei, Schuhmacherei, Töpferei), seit 19. Jh. Textilbetriebe, Motorradwerke (MZ). Kreisstadt seit 1952.
Die 'Siedlung *an der Zschopau*'. Dieser Flußname ist um 1150 als Scapha, 1226 als Scapa, 1292 Schapa überliefert. Um die Stadt handelt es sich bei 1286 und 1292 Schape, 1297 von der Schape, 1291 de Schapa, 1296 de Zcapowe; 1350 nochmals dy Schape, 1378 Scape. Von 1380 an erscheint anlautend der Zischlaut *tsch-*: 1383 Czschapa, 1384 zcu der Zschape, 1406 Czschope, 1454 stat czur Tschape, 1495 Tzschopa, Tschopp, Zschobe, 1527 Zsoppaw. – Die Bedeutung des Flußnamens läßt sich nicht sicher klären: Die meisten Erzgebirgsflüsse und -bäche tragen altsorbische Namen, außer den beiden Mulden und der Elbe, die alteuropäische bzw. germanische Namen haben. So könnten die ältesten Schreibungen *sc-*, *sch-* Versuche deutscher Schreiber darstellen, den vorliegenden altsorbischen Anlaut *šč-* wiederzugeben oder ein deutsches Wort (altsächs. *skap*, mnd. *schap* 'Gefäß, Trog, Mulde, Becken, Schale') einzudeuten. Alteuropäisches Alter dürfte kaum anzunehmen sein, dann müßte allenfalls alteurop. **(s)kop-*, **(s)kap-* vorliegen, das 'schneiden, spalten, graben' bedeutete und im Slawischen als russ. *ščap* 'Anhieb eines Baumes', *ščepa* 'Holzspan', *ščepat'*, *ščepit'* 'spalten', slowen. *ščap* 'Stock' erhalten ist. Demnach evtl. **Ščapava* 'eingeschnittener, eingegrabener Fluß'. Die germanisch-deutsche Entwicklung hätte aus alteurop. **(s)kab-* germ. **skap-* ergeben müssen, das als hd. *Schaff* im Namen der *Schefflenz* (Schwaben) erhalten ist.

Zwenkau Kr. und Bez. Leipzig; in der südl. Leipziger Tieflandsbucht, am Ostrand der Elsteraue, südl. der Bezirksstadt. 9800 E. – Altsorbischer Burgbezirksmittelpunkt südl. des ehemaligen großen Waldgebietes der Harth (durch Braunkohlenabbau verschwunden); Burgwall und Burgsiedlung; seit Mitte des 10. Jh. deutsche (königliche, dann bischöflich-

merseburgische) Burg (Schloßberg) und Burgflecken; 1195 Markt(forum); 1475 Stadtrecht erneuert. Vor 1900 Floßholzhof (Elsterflöße) zur Versorgung Leipzigs mit Bau- und Nutzholz; jetzt Arbeiterwohnort des Braunkohlenbergbaus (Böhlen-Espenhainer Revier).
Das Bistum Merseburg erhielt 974 von Otto II. die Burg (civitas) Zuenkouua, was Heinrich II. 1004 bestätigte. Thietmar von Merseburg schrieb 1012/18 Zuencua. Der Zwenkauer Forst wird 997 von Otto III. vergeben: forestum Zuengouua. 1195 wird der Markt in Zwencowe genannt, die Merseburger Bischofschronik hat zu 1119 Zwenckowe, zu 1283 Czwenckaw (spätere Niederschrift). 1548 heißt es Zwenckaw. – Der Name ist am ehesten auf altsorb. *Zvękova*, zu *zvęk* 'Laut', zurückzuführen, wobei der Anlaß zur Namengebung nicht mehr bekannt ist; vielleicht liegt ein Zusammenhang mit der Burg vor, in der bei Gefahr Glocken geläutet wurden (wie bei altruss. *Zvenigorod*). Er entspricht dem tschechischen Ortsnamen *Zvíkov*.

Zwickau Stadtkreis und Kreisstadt, Bez. Karl-Marx-Stadt; im nordwestl. Erzgebirgsvorland, an der Zwickauer Mulde, südwestl. der Bezirksstadt. 122 600 E. – Im 10./11. Jh. Zentrum eines sorbischen Kleingaues an altem Übergang einer böhmischen Straße über den Fluß; Teil des Reichslandes Pleißenland im 12. Jh. (1118 Zollstätte, Burg und Burgmarkt); mehrstufiger städtischer Ausbau seit etwa 1140/50, besonders nach 1206 (1212 oppidum); später markmeißnische Stadt. Im Spätmittelalter Tuchmacherei, Fernhandel, Bergbau. Stadt der frühbürgerlichen Revolution (Wirkungsstätte Thomas Müntzers 1521); Steinkohlenbergbau seit 19. Jh., Kraftfahrzeugbau (heute Trabant-Werke), Maschinenbau, Textilfabrikation, Bekleidungsindustrie, Farben und Lacke u. a. Hochschulstadt (Pädagogische Hochschule „Ernst Schneller", Ingenieurschulen). Geburtsstadt Robert Schumanns. – Stadtteil *Planitz*: ehemaliges hochmittelalterliches Bauerndorf mit Herrensitz; seit 1924 selbständige Stadt; seit 1945 Stadtteil von Z.
In Abschrift des 14. Jh. wird das 'Territorium' Zcwickaw zu 1118 zitiert; 1121 erfahren wir weiteres über Zwiccowe, ebenso 1145, 1192 in Zwicowe; 1160, 1206 (in) Zwikowe; 1350 Zwickow(e), 1367 Czwickaw, 1464 Czwigke (mundartlich). – Vermutlich wurde dt. *Zwick* 'Zweiteilung, Abzweigung' (wie noch in *Zwickel* 'Keil') in einer altsorbischen Vorform eingedeutet; sie kann *Cvikava* gelautet und sich auf das Rauschen des Wassers (der heutigen Zwickauer Mulde) bezogen haben, vgl. das obersorbische Verb *kwičeć* neben poln. *kwikać*, tschech. *kvíkat*, verwandt mit dt. *quieken*. Die westslawische An-

lautgruppe wäre in diesem lautnachahmenden Verb entsprechend russ. *cvikat'* durch *cv-* vertreten (obersorb. *kwěć* gegenüber russ. *cvet* 'Blume'). Im Obersorbischen begegnet, davon abgeleitet, das Substantiv *kwikawa* 'Eule, Kauz'.

Zwönitz Kr. Aue, Bez. Karl-Marx-Stadt; im mittleren Erzgebirge, am gleichnamigen Bach und Kühnhaider Wasser, nordöstl. der Kreisstadt. 9400 E. – Um 1200 angelegtes deutsches Bauerndorf an alter böhmischer Straße (Gebiet des Klosters Grünhain); infolge aufkommenden Bergbaus → Bergstädtchen seit 1458 (1460 forum, 1475 oppidum, 1501 stetlin, stetil). Im 19. Jh. erneut stark industrialisiert (Schuhfabrikation, Textilwaren, Meßgeräte).

Anscheinend ein Bachabschnittsname, da der Unterlauf den Namen Chemnitz trug (vgl. hier Karl-Marx-Stadt): 1286 Zwenicz, 1431 Czwencz (oder -niz?), 1460 Czwenicz, 1475 Zcwenicz (im Stadtsiegel), 1555 Dorff Zwenitz; daneben 1458 Zcwinitz, 1526, 1554 Zwinitz. – Die *ö*-Schreibung kam erst im 17./18. Jh. auf. Für den langen mundartlichen *ē*-Laut konnte mundartlich auch *ī* eintreten (ebenso für *ȫ*). Der altsorbische Bachname lautete *Zvenica* o. ä., er gehört zu *zv(e)něti* 'tönen, tosen' und bezieht sich auf das schnell dahinfließende Wasser.

Abkürzungsverzeichnis

ahd.	althochdeutsch
aleman.	alemannisch
altbulg.	altbulgarisch
altdän.	altdänisch
altengl.	altenglisch
alteurop.	alteuropäisch (das auf europäischem Boden bis etwa 1200/800 v. u. Z. gesprochene Indoeuropäisch)
altfränk.	altfränkisch
altfranz.	altfranzösisch
altfries.	altfriesisch
altisländ.	altisländisch
altnord.	altnordisch
altpolab.	altpolabisch (etwa 7.–15. Jh., untergegangene Sprache der Elb- und Ostseeslawen)
altpoln.	altpolnisch
altruss.	altrussisch
altsächs.	altsächsisch (Hauptdialekt des Altniederdeutschen)
altslaw.	altslawisch
altsorb.	altsorbisch (das vom 7.–15. Jh. gesprochene Sorbisch)
alttschech.	alttschechisch
and.	altniederdeutsch (im wesentlichen altsächsisch)
angelsächs.	angelsächsisch
betr.	betreffend
Bez.	Bezirk
bzw.	beziehungsweise
dän.	dänisch
d. h.	das heißt
dt.	deutsch
E.	Einwohner
eigtl.	eigentlich
engl.	englisch
evtl.	eventuell
ff.	und folgende
fläm.	flämisch
fränk.	fränkisch
fries.	friesisch
frühnhd.	frühneuhochdeutsch (etwa 1350–1650)
gall.	gallisch (im römischen Gallien gesprochenes Keltisch)
galloroman.	galloromanisch (romanisiertes Gallisch)
germ.	germanisch
got.	gotisch
griech.	griechisch
hd.	hochdeutsch (im Süden des deutschen Sprachge-

	bietes gesprochenes Deutsch, vgl. auch ahd., mhd., nhd.)
indoeurop.	indoeuropäisch
Jh.	Jahrhundert
kelt.	keltisch
Kr.	Kreis
lat.	lateinisch
lett.	lettisch
lit.	litauisch
md.	mitteldeutsch (Übergangsdialekte zwischen dem Nieder- und Oberdeutschen; mit dem Oberdeutschen zusammen das Hochdeutsche bildend)
mhd.	mittelhochdeutsch
mlat.	mittellateinisch
mnd.	mittelniederdeutsch
mundartl.	mundartlich
nd.	niederdeutsch
ndl.	niederländisch
nhd.	neuhochdeutsch
niederfränk.	niederfränkisch
niedersorb.	niedersorbisch
nördl.	nördlich
norw.	norwegisch
o. ä.	oder ähnliche(s)
obd.	oberdeutsch
obersorb.	obersorbisch
österr.	österreichisch
ostfäl.	ostfälisch
östl.	östlich
ostmd.	ostmitteldeutsch (die östlichen Dialekte des Mitteldeutschen)
poln.	polnisch
pomoran.	pomoranisch (die ehemals in Pommern gesprochenen westslawischen Dialekte)
rhein.	rheinisch
russ.	russisch
s.	siehe
S.	Seite
schweiz.	schweizerisch
serbokroat.	serbokroatisch
slaw.	slawisch
slowen.	slowenisch
sog.	sogenannt
südl.	südlich
tschech.	tschechisch
u. a.	und andere(s)
u. ä.	und ähnliche(s)
u. E.	unseres Erachtens
ukrain.	ukrainisch
u. ö.	und öfter
usw.	und so weiter
u. Z.	unserer Zeitrechnung
vgl.	vergleiche
volkslat.	volkslateinisch (das Lateinisch der Spätantike)
v. u. Z.	vor unserer Zeitrechnung
westdt.	westdeutsch
westfäl.	westfälisch
westl.	westlich
westmd.	westmitteldeutsch (die westlichen Dialekte des Mitteldeutschen)
westnd.	westniederdeutsch
westslaw.	westslawisch
z. B.	zum Beispiel
z. T.	zum Teil

Zeichenerklärung

*	erschlossene sprachliche Form
<	sprachlich entstanden aus
>	sprachlich entwickelt zu
→	Entwicklung der Siedlung zu … bzw. Nebenfluß, -bach zu …
[ ]	ergänzt oder rekonstruiert
/	Schrägstrich zwischen zwei Jahreszahlen, z. B. 1380/93: Die Namennennung ist in den Zeitraum 1380 und 1393 zu datieren, Datumangabe fehlt in der betreffenden Urkunde.
–	Bindestrich verknüpft mit Jahreszahlen, z. B. 1250–1280: Der Name ist in dieser Zeitspanne mehrfach bezeugt.

Abkürzungen der Sprachbezeichnungen werden nur in Verbindung mit den entsprechenden Sprachformen verwendet.

Stadtgeschichtliche Fachausdrücke und ihnen entsprechende lateinische Quellenbegriffe

advocatus, villicus	(Stadt)vogt
Altstadt	ältere Stadtanlage (Stadtkern), an welche eine jüngere Neugründung (Neustadt) enger oder lockerer angeschlossen wurde
Bergstadt	vorwiegend von Bergbaubetrieben beherrschte oder gekennzeichnete Stadt
Burg	durch Erdwälle, später Mauern geschützter Platz; s. Volksburg, Herrenburg, Reichsburg, Dynastenburg (Grafen- oder Bischofsburg), Wasserburg
Burgbezirk	in der näheren Umgebung einer frühfeudalen Burg liegendes, zu ihr als Zentralort gehörendes Siedlungsgebiet
Burgflecken, Burgmarkt	in unmittelbarer Nachbarschaft einer Feudalburg entstandene Markt- oder Handwerkersiedlung mit teilweiser Versorgungsfunktion für die Burg
Burgsiedlung	s. Vorburgsiedlung
Burgwall	meist auf erhöhtem Gelände angelegte Befestigungsanlage des frühen Feudalzeitalters mit verschiedener Wallkonstruktion um den zu schützenden Innenraum
Burgward, -wart	befestigter Mittelpunkt mit zugehörigem besiedeltem Umland im frühfeudalen deutschen Staat an und ostwärts von Elbe und Saale vom 10.–12. Jh., vgl. auch Burgbezirk
burgwardium	Burgward, -wart
castrum, castellum	Burg, Schloß
cella	Mönchsniederlassung, Zelle
civis, Plural cives	Bürger
civitas	bis etwa 1100 Bischofsstadt, Römerstadt, Volksgemeinde, Wohngebiet, danach Bürgergemeinde

claustrum	Kloster
comes	Graf
curtis	Großhof
Dorf	ländliche, agrarische Gruppensiedlung mit bäuerlicher Gemeinde (Dorfgemeinde)
Dynastenburg	(Stamm)sitz eines feudalen Hochadelsgeschlechtes oder eines kirchlichen Oberherrn
ecclesia	Kirche
fiscus	Königsgutverwaltung, -bezirk
Flecken, Marktflecken	zur vollen Rechtsstadt tendierende zentralörtliche Siedlung mit Handelsverkehr (Nahmarkt) und Gewerbeniederlassungen
forum, forensis	Marktplatz, Marktgeschehen, Marktbewohner, Marktstatus
Frühstadt	Frühstufe der mittelalterlichen Bürgerstadt (Handels- und Gewerbestadt) im 9.–10. Jh.
Gau	weitgehend offene (waldarme), dichter bewohnte, durch vorherrschende Landwirtschaft gekennzeichnete Siedellandschaft, Gefilde; z. B. Pleißengau (an der Pleiße), Harzgau (Harzvorland), Helmegau (an der thüringischen Helme), Bardengau (Langobardengau an der Niederelbe)
Graf	Inhaber einer Grafschaft, Stellvertreter des Königs in dieser, Gerichtsvorsitzender, militärischer Befehlshaber; auch Landgraf, Burggraf u. a.
Gründungsstadt	s. Planstadt
Herrenburg	befestigter Feudalherrensitz, Herrschaftszentrum
iudicium	Urteil, Gericht
Königshof	Wirtschaftshof des Königs, der die königliche Tafel zu beliefern und das königliche Gefolge zu versorgen hatte
Landstadt	Stadt, die in ihrem Charakter den bäuerlichen Gemeinden ähnlich blieb
locator	Siedlungsunternehmer, Ortsgründer
locus	Ort, Stelle, Siedlung, Wohnplatz
Lokation	Siedlungsanlage, Orts- bzw. Stadtgründung
Markgraf	königlicher Befehlshaber einer Grenzmark mit umfassenden Vollmachten im frühen Mittelalter

Markt, Marktort	Siedlung mit Handelsverkehr (Jahrmarkt, Wochenmarkt) und Handelseinrichtungen (Marktplatz), mit entsprechendem Marktrecht, jedoch noch ohne volles Stadtrecht
Marktflecken	s. Flecken
mercator, -es (Plural)	Kaufmann, -leute
mercatus	Marktverkehr, Handelsverkehr, Markt
miles	Ritter, berittener Adliger
Ministeriale	Angehöriger des niederen Adels, der im Dienste eines höheren Feudalherrn stand
ministerialis	Dienstmann, niederer Adel
monasterium	Kloster
munitio	befestigter, ummauerter Ort
Neustadt	in einem wiederholten Stadtgründungsakt bzw. in einem Stadterweiterungsakt entstandene Stadtsiedlung neben einer bereits länger bestehenden Altstadt
op(p)idum	Landstadt, Marktflecken
pagus	Gau, Wohngebiet, Ortsgemarkung
placitum	Gerichtsverhandlung, -stätte
Planstadt, Gründungsstadt	rational geordnete Stadtanlage, die überwiegend in einem einzigen Lokationsakt errichtet wurde
portus	Stapelplatz, Handelsstation am Wasser
provincia	Landschaft, Herrschaftsgebiet
Reichsburg	unmittelbar dem Reich bzw. dem König unterstehende, von Burggrafen oder Reichsministerialen befehligte Feudalburg
salina	Salzsiedestätte
Schloß	überwiegend landesherrliche oder Hochadelsburg, ‚festes Haus', ‚Residenz', permanent oder zeitweilig bewohnt, seit dem 13./14. Jh. zunehmend an die Stelle der älteren Feudalburgen tretend
scultetus	Schulze, Dorfvorsteher, Stadtvogt
silva	Wald
Stadtgründung	Rechtsakt, der eine ländliche Siedlung mit zentralörtlichen Funktionen ausstattete, sie aus dem all-

	gemeinen Landrecht heraushob und privilegierte, oft verknüpft mit einer Lokation
Stadtrecht	verfassungsmäßig gewährter Sonderstatus für eine Bürgergemeinde (Kommune), Zusicherung der Autonomie, eines eigenen Rechtsbereiches (Weichbild) und anderer Vorrechte
Stadtvogt	stadtherrlicher (königlicher oder landesherrlicher) Beauftragter in einer Stadt, Vertreter der stadtherrlichen Interessen und Belange
suburbium	Vorburgsiedlung, Siedlung unter der Burg
terra	Land, Herrschaftsgebiet
territorium	Herrschaftsgebiet
urbanus	Stadtbewohner, Burgmann
urbs	Burg, Burgwall, später Stadt
vicus	meist gassenartige Handels- und Handwerkersiedlung bei Burgen und in Städten
villa	Dorf, älter Landgut, ländliche Gruppensiedlung
villicatio(n)	feudaler größerer Güterkomplex des frühen Mittelalters mit zentralem Haupthof
villicus	s. advocatus
Volksburg	ur- oder frühgeschichtliche, große, erhöhte, geschützte Zufluchtsstätte für die Umlandbewohner
Vorburgsiedlung, Burgsiedlung	in Anlehnung an eine feudale Herrenburg entwikkelte Markt- oder Handwerkersiedlung mit Dienstleistungsverpflichtungen an den Burgherrn oder die Burgbesatzung
Wasserburg	mit einem Wassergraben umgebene Niederungsburg
Weichbild, nd. Wikbelde, Weichbildrecht	Geltungsbereich eines verliehenen Stadtrechts
wilde Wurzel	Ortsanlage auf vorher unbesiedeltem Waldland
Zentralort	Siedlung mit überörtlichen Funktionen, Handels-, Gewerbe- und Verkehrszentrum

Weiterführende Literatur zur Ortsnamenkunde

Bach, A., Deutsche Namenkunde. Band II 1 und 2: Die deutschen Ortsnamen. Heidelberg 1953, 1954.

Berliner Beiträge zur Namenforschung. Hrsg. von H. H. Bielfeldt und T. Witkowski. Weimar 1967 ff. Bisher 5 Bände, davon 4 Brandenburgisches Namenbuch.

Deutsch-Slawische Forschungen zur Namenkunde und Siedlungsgeschichte. Hrsg. von E. Eichler, W. Fleischer, R. Große, A. Neubert und H. Walther. Halle 1956 ff. Berlin 1961 ff. Bisher 35 Bände.

Eichler, E., Studien zur Frühgeschichte slawischer Mundarten zwischen Saale und Neiße. Berlin 1965.

Eichler, E., Slawische Ortsnamen zwischen Saale und Neiße. Ein Kompendium. Band I: A–J. Bautzen 1985.

Kleine Enzyklopädie Deutsche Sprache. Hrsg. von W. Fleischer, W. Hartung, J. Schild und P. Suchsland. Leipzig 1983, S. 322–334.

Kleine Enzyklopädie Die deutsche Sprache. Hrsg. von E. Agricola, W. Fleischer und H. Protze. Band II. Leipzig 1970. Deutsche Namenkunde. S. 639–738.

Namen deutscher Städte. Von einem Autorenkollektiv. Wiss. Taschenbuch. Berlin 1963.

Namenforschung heute. Ihre Aufgaben und Ergebnisse in der DDR. Von einem Autorenkollektiv. Berlin 1971.

Schwarz, E., Deutsche Namenforschung. Band II: Orts- und Flurnamen. Göttingen 1950.

Sowjetische Namenforschung. Hrsg. von E. Eichler, W. Fleischer, A. V. Superanskaja. Berlin 1975.

Trautmann, R., Die elb- und ostseeslavischen Ortsnamen I, II. Berlin 1948, 1949.

Trautmann, R., Die slavischen Ortsnamen Mecklenburgs und Holsteins, Berlin 1950^2.

Walther, H., Namenkundliche Beiträge zur Siedlungsgeschichte des Saale- und Mittelelbegebietes bis zum Ende des 9. Jahrhunderts. Berlin 1971.

Wegweiser zur Namenforschung. Von einem Autorenkollektiv. Halle 1962.

Witkowski, T., Grundbegriffe der Namenkunde. Berlin 1964.

Ortslexika:
Ortslexikon der Deutschen Demokratischen Republik. Zusammengestellt und bearbeitet von H. Adomeit. Berlin 1974.
Sorbisch-deutsches und deutsch-sorbisches Ortsnamenverzeichnis der zweisprachigen Kreise der Bezirke Dresden und Cottbus. Zusammengestellt von B. Rachel und H. Noack. Bautzen o.J. [1969].

Umfassendere Auskunft über die bisher publizierten Arbeiten zur Namenforschung in der DDR gibt der unter dem Titel „Namenforschung in der DDR (1949–1984)" veröffentlichte Forschungsbericht, vorgelegt zum XV. Internationalen Kongreß für Namenforschung, Leipzig 13.–17. August 1984, mit umfassender Bibliographie in: Namenkundliche Informationen Heft 45 (1984), Karl-Marx-Universität Leipzig.

Weitere Angaben zur Geschichte der einzelnen Städte sind enthalten in: Lexikon Städte und Wappen der Deutschen Demokratischen Republik. 2., neubearbeitete und erweiterte Auflage. Leipzig 1984.

Rückläufiges Register der Städtenamen

Bad Gottleuba
Lobeda
Kölleda
Weida
Mittweida
Apolda
Remda
Friedrichroda
Zeulenroda
Tannroda
Stadtroda
Sömmerda
Bad Liebenwerda
Elsterwerda
Bischofswerda
Hoyerswerda
Sayda
Seyda
Berga
Eckartsberga
Vacha
Lauscha
Laucha
Taucha
Flöha
Gotha
Rötha
Hartha
Lucka
Berka
Bad Berka
Magdala
Kahla
Strehla
Ruhla
(-Mehlis) Zella
Grimma
Auma
Jena
Zahna
Rehna
Brehna
Dohna
Limbach-Oberfrohna
Tanna
Pirna
Borna
Leuna
Nebra
Bad Bibra
Kelbra
Gera
Elstra
Riesa
Geisa
Pausa
Lauta
Bad Langensalza
(-Spremberg)Neusalza
Bad Sulza
Greifswald
Lengefeld
Kranichfeld
Saalfeld
Lengenfeld
Osterfeld
Bitterfeld
Stadtlengsfeld
Eisfeld
Mansfeld
Römhild
Friedland
Ruhland
(-Erbisdorf) Brand
Ortrand
Stralsund
Burg Stargard
Calbe
Kalbe
Pritzerbe
Schwarzheide
Sonnewalde
Schönewalde
Liebenwalde
Bad Freienwalde
Luckenwalde
Fürstenwalde
Mittenwalde
Finsterwalde
Geringswalde
Dippoldiswalde
Schirgiswalde
(-Finow)
Eberswalde
Leinefelde
Hasselfelde
Ludwigsfelde
Oebisfelde
Orlamünde
Warnemünde
Angermünde
Tangermünde
Ueckermünde
Wernigerode
Elbingerode

Harzgerode
Bleicherode
Brotterode
Gernrode
Arendsee
Gebesee
Königsee
Gransee
Falkensee
Weißensee
Laage
Wittenberge
Güntersberge
Wiehe
Thale
Halle
Dahme
Meerane
Frohse
Lieberose
Müllrose
Tangerhütte
Glashütte
Aue
Plaue
Neustadt-Glewe
Klötze
Mühltroff
Wilsdruff
Naunhof
Oberhof
Adorf
Hennigsdorf
Brand-Erbisdorf
Hermsdorf
Bernsdorf
Münchenbernsdorf
Ehrenfriedersdorf
Neugersdorf
Seifhennersdorf
Großröhrsdorf
Ohrdruf
Zörbig
Penig
Leisnig
Coswig
Gröbzig
Belzig
Leipzig
Geising
Jüterbog
(-Buchholz) Annaberg
Feldberg
Goldberg
Radeberg
Bad Schmiedeberg
Markkleeberg
Schneeberg
Müncheberg
Perleberg
Sonneberg
Kirchberg
Hirschberg
Freiberg
Havelberg
Mühlberg
Stollberg
Stolberg
Kemberg
Spremberg
Neusalza-Spremberg
Scheibenberg
Greiffenberg
Marienberg
Mückenberg
Falkenberg
Frankenberg
Callenberg
Steinbach-Hallenberg
Bad Dürrenberg
Wesenberg
Eisenberg
Weißenberg
Senftenberg
Richtenberg
Altenberg
Rastenberg
Fürstenberg
Wittenberg
Leutenberg
Schwarzenberg
Schönberg
Sternberg
Oderberg
Elsterberg
Landsberg
Altlandsberg
Rheinsberg
Strausberg
Herzberg
Burg
Annaburg
Heldburg
Radeburg
Magdeburg
Ronneburg
Arneburg
Merseburg
Frohburg
Saalburg
Camburg
Naumburg
Waldenburg
Brandenburg
Neubrandenburg
Rothenburg
Nienburg
Oranienburg
(Bad) Blankenburg
Eilenburg
Derenburg
Ilsenburg
Altenburg
Wittenburg
Meyenburg
Boizenburg

Quedlinburg
Bernburg
Dornburg
Loburg
Osterburg
Strasburg
Augustusburg
Freyburg
Franzburg
Creuzburg
(-Kirchhain) Doberlug
(-Dietharz) Tambach
Leimbach
(-Oberfrohna)
Limbach
Reichenbach
Großbreitenbach
(-Hallenberg)
Steinbach
Auerbach
Ebersbach
Oberweißbach
Wurzbach
Eisenach
Steinach
Großenehrich
Ellrich
Rodewisch
Gadebusch
Lommatzsch
Pretzsch
Delitzsch
Dommitzsch
Groitzsch
Barth
Baruth
Bad Wilsnack
Friesack
Schwanebeck
Schönebeck
Osterwieck
Schöneck
Pößneck
Zehdenick
Köpenick
Bad Lausick
Eibenstock
Rostock
Wittstock
Brück
Kindelbrück
Wahrenbrück
Königsbrück
Thamsbrück
Ziegenrück
Woldegk
Niemegk
Rerik
Pasewalk
Pritzwalk
Bismark
Neumark
Stendal
Gräfenthal
Klingenthal
Biesenthal
Oberwiesenthal
Joachimsthal
Hohenstein-Ernstthal
Freital
Röbel
Berggießhübel
Salzwedel
Bürgel
Teichel
Neustädtel
Brüel
Suhl
Gefell
Radebeul
Potsdam
Anklam
Waldheim
Kaltennordheim
Thalheim
Dardesheim
Schlotheim
Parchim
Stadtilm
Usedom
Oranienbaum
Thum
Hoym
Schwaan
Bad Doberan
Öderan
Lassan
Lübben
Schlieben
Ebeleben
Wegeleben
Eisleben
Alsleben
Großalsleben
Ermsleben
Haldensleben
Sandersleben
Aschersleben
Oschersleben
Hadmersleben
Wanzleben
Werben
Hohenleuben
Bad Düben
Wilhelm-Pieck-Stadt
Guben
Vierraden
Schmalkalden
Dresden
Lübtheen
Wolfen
Stavenhagen
Gardelegen
Clingen
Hecklingen
Meiningen

Gröningen
Heringen
Schleusingen
Regis-Breitingen
Heldrungen
Wasungen
Bad Salzungen
Bergen
Hainichen
Gräfenhainichen
Markneukirchen
Großräschen
Mutzschen
Werneuchen
Lychen
Wilthen
Köthen
Gnoien
Aken
Neukalen
Dahlen
Stadtwehlen
Böhlen
Grevesmühlen
Schkölen
Salzelmen
Kremmen
Grimmen
Jarmen
Stolpen
Waren
Gehren
(-Sahlis) Kohren
Trebsen
Langewiesen
Hohenmölsen
Bad Kösen
Jessen
Nossen
Zossen
Nordhausen
Seehausen
Hildburghausen
Mühlhausen
Bad Frankenhausen
Sangerhausen
Wusterhausen
Königs Wusterhausen
Sondershausen
Waltershausen
Meißen
Golßen
Stößen
Greußen
Velten
Ribnitz-Damgarten
Lehesten
Güsten
Plauen
Nauen
Treuen
Wriezen
Lenzen
Wurzen
Treuenbrietzen
Bautzen
Lützen
Siebenlehn
Raguhn
Doberlug-Kirchhain
Blankenhain
Großenhain
Grünhain
Geithain
Trebbin
Elterlein
Königstein
Bad Liebenstein
Lobenstein
(-Ernstthal)
Hohenstein
Benneckenstein
Falkenstein
Wolkenstein
Bärenstein
Lichtenstein
Hartenstein
Lauenstein
Frauenstein
Freyenstein
Hohnstein
Roßwein
Malchin
Genthin
Kröpelin
Fehrbellin
Templin
Berlin
Penzlin
Demmin
Alt-Ruppin
Neuruppin
Warin
Schwerin
Eggesin
Tessin
Zarrentin
Prettin
Wettin
Ketzin
Döbeln
Egeln
Mügeln
Mücheln
Schmölln
Döbern
Belgern
Teuchern
Möckern
Gommern
Könnern
Artern
Kühlungsborn
Dargun
Löbejün
Penkun

Themar
Weimar
Wismar
Ziesar
Werder
Kitzscher
Lauchhammer
Weißwasser
Bad Elster
Neukloster
Lauter
Geyer
Triebes
Tribsees
Worbis
Brandis
(-Breitingen) Regis
Kohren-Sahlis
Zella-Mehlis
Ranis
Triptis
Wildenfels
Weißenfels
Neuhaus
Lebus
Cottbus
Putbus
Liebstadt
Jöhstadt
Rudolstadt
Heiligenstadt
Johanngeorgenstadt
Eisenhüttenstadt
Arnstadt
Bernstadt
Halberstadt
Ummerstadt
Neustadt
Halle-Neustadt
Karl-Marx-Stadt
Schafstädt
Burgstädt
Bad Lauchstädt
Dingelstädt
Markranstädt
Buttstädt
Gerbstedt
Cochstedt
Buttelstedt
Allstedt
Ballenstedt
Kroppenstedt
Bad Tennstedt
Wolmirstedt
Hettstedt
Schwedt
Tharandt
Treffurt
Frankfurt
Erfurt
Querfurt
Staßfurt
Radegast
Wolgast
Zerbst
Forst
Ludwigslust
Herrnhut
Löbau
Schildau
Bad Schandau
Sandau
Lindau
Werdau
Pegau
Übigau
Torgau
Lugau
Nerchau
Vetschau
Crimmitschau
Glauchau
Olbernhau
Drebkau
Zwickau
Luckau
Netzschkau
Schalkau
(-Haßlau) Wilkau
Zwenkau
Bad Muskau
Calau
Plau
Schraplau
Wilkau-Haßlau
Roßlau
Mylau
Prenzlau
Rabenau
Lübbenau
Heidenau
Wittichenau
Ilmenau
Lunzenau
Bernau
Zschopau
Dessau
Schlettau
Zittau
Grabow
Lindow
Jerichow
Malchow
Krakow
Buckow
Storkow
Beeskow
Neubukow
Gützkow
Seelow
Torgelow
Marlow
Hagenow
Rathenow
Eberswalde-Finow
Rhinow

Teterow
Mirow
Güstrow
Dassow
Brüssow
Teltow
Altentreptow
Bützow
Barby
Niesky
Lübz
Schleiz
Greiz
Annaberg-Buchholz
Märkisch-Buchholz
Kamenz
Garz
Tambach-Dietharz
Oschatz
Colditz
Gröditz
Schkeuditz
Peitz
Zeitz
Zöblitz
Beelitz
Neustrelitz
Rochlitz
Görlitz
Wörlitz
Putlitz
Dömitz
Planitz
Sebnitz
(-Damgarten) Ribnitz
Schweinitz
Premnitz
Zwönitz
Oelsnitz
Pulsnitz
Saßnitz
Jeßnitz
Gößnitz
Lößnitz
Loitz
Teupitz
Ostritz
Bad Köstritz
Kyritz
Crivitz
Oberlungwitz
Meuselwitz
Gartz
Klütz

Staatsgrenze
Bezirksgrenze
Kreisgrenze
Stadtkreis

Bezirke:

1 Berlin
2 Cottbus
3 Dresden
4 Erfurt
5 Frankfurt
6 Gera
7 Halle
8 Karl-Marx-Stadt
9 Leipzig
10 Magdeburg
11 Neubrandenburg
12 Potsdam
13 Rostock
14 Schwerin
15 Suhl

Kreise:

H.-E. Hohenstein-Ernstthal
Kli. Klingenthal
K-M.-St. Karl-Marx-Stadt
Rei. Reichenbach
Schw. Schwarzenberg

0 20 40 60 km